权威·前沿·原创

皮书系列为
"十二五""十三五"国家重点图书出版规划项目

"三农"舆情蓝皮书

BLUE BOOK OF
PUBLIC OPINIONS ON AGRICULTURE,
RURAL AREAS AND FARMERS

中国"三农"网络舆情报告 （2018）

THE REPORT ON ONLINE PUBLIC OPINIONS ON CHINA'S
AGRICULTURE, RURAL AREAS AND FARMERS (2018)

农业农村部信息中心／编

社会科学文献出版社
SOCIAL SCIENCES ACADEMIC PRESS (CHINA)

图书在版编目(CIP)数据

中国"三农"网络舆情报告.2018/农业农村部信息中心编.--北京:社会科学文献出版社,2018.8
("三农"舆情蓝皮书)
ISBN 978-7-5201-3186-5

Ⅰ.①中… Ⅱ.①农… Ⅲ.①三农问题-研究报告-中国-2018 Ⅳ.①F32

中国版本图书馆CIP数据核字(2018)第174338号

"三农"舆情蓝皮书
中国"三农"网络舆情报告(2018)

编　　者/农业农村部信息中心
主　　编/钟永玲
副 主 编/张祚本

出 版 人/谢寿光
项目统筹/陈　颖　薛铭洁
责任编辑/薛铭洁　周爱民

出　　版/社会科学文献出版社·皮书出版分社(010)59367127
　　　　　地址:北京市北三环中路甲29号院华龙大厦　邮编:100029
　　　　　网址:www.ssap.com.cn
发　　行/市场营销中心(010)59367081　59367018
印　　装/三河市龙林印务有限公司

规　　格/开　本:787mm×1092mm　1/16
　　　　　印　张:23.25　字　数:352千字
版　　次/2018年8月第1版　2018年8月第1次印刷
书　　号/ISBN 978-7-5201-3186-5
定　　价/98.00元

皮书序列号/PSN B-2017-640-1/1

本书如有印装质量问题,请与读者服务中心(010-59367028)联系

▲ 版权所有 翻印必究

中国"三农"网络舆情报告（2018）编委会

顾　问	雷刘功　蒋安全
主　任	王小兵
副主任	张　国
委　员	刘军萍　李祥洲　郭　峰　张向飞　傅铭新 任万明　吴炳科　韩　涛　高兴明　李　彪
主　编	钟永玲
副主编	张祚本
撰稿人	（以姓氏笔画为序）

于海珠	马　妍	王平涛	王明辉	王　钧
王晓丽	韦　科	邓　玉	艾　青	叶　庆
白　晨	朱　林	刘文硕	李冬冬	李会影
李祥洲	李　智	李婷婷	吴炳科	邹德姣
宋卫国	张文静	张　百	张伟利	张向飞
张　珊	张祚本	张笑琪	张　雪	赵劲松
赵　娟	赵　婧	赵善仓	赵　霞	钟永玲
饶珠阳	钱永忠	徐月洁	徐　英	殷　华
高兴明	郭　峰	浦碧雯	黄　莎	梁贻玲
韩　姣	韩　涛	傅铭新	焦铁锋	鲁　明
曾　元	雷政达	廉亚丽	廖家富	戴　芬

主要编撰者简介

雷刘功　中国农村杂志社总编辑。主要研究方向为农业农村新闻舆论、农业新闻宣传、"三农"政策传播。曾在农业部办公厅工作，长期负责新闻舆论工作，牵头制定了多个农业农村新闻舆论工作的政策文件和规章制度，建立了农业系统新闻发言人制度。多次组织策划农业农村部重要会议、重大活动的新闻发布和新闻宣传工作，特别是在处置涉农突发舆情事件、引导涉农热点舆论等方面，有着丰富的实战经验。围绕农业农村新闻舆论工作，在《中国记者》《农民日报》《农村工作通讯》等重点报刊发表专业文章多篇，包括《新媒体环境下的涉农舆情应对》《关于做好农业新闻舆论工作的思考》《准确把握农业新闻宣传的几个重点问题》《关于做好农业宣传工作几个问题的思考》等。

蒋安全　环球时报社副总编辑，环球舆情监测中心主任，《人民日报》高级记者，文学博士。曾任人民日报社驻非洲中心分社首席记者。读书期间发表过《试论叙事与词体的关系》《词的题材演进轨迹及宋词题材的构成》《试论作为小词接受者的苏轼》《诗人的悲剧和悲剧的诗》《宋代道教文学刍论》等学术论文。从事媒体工作后，在《人民日报》等报刊发表过《"东瀛"与"西天"》《倾听非洲的声音》《珍爱非洲诗意家园》《从"倒萨"到"绞萨"》等国际评论和《持久合作，助力非洲农业现代化》等国际报道。

王小兵　农业农村部信息中心主任。主要研究方向为农业农村信息化、"三农"政策、农业市场监测预警。围绕大数据、农业农村信息化、农业市场化相关领域，在《经济日报》《农民日报》《农村工作通讯》《大数据》

等重点报刊发表专业文章多篇,包括《农业信息化与大数据》《大数据驱动乡村振兴》《深入推进水果产业供给侧结构性改革 加快实现高质量发展》《聚焦聚力 推进农业大数据发展应用》《以智慧乡村行动示范引领乡村振兴战略实施——从海南省石山互联网农业小镇看乡村振兴》。组织编制《"十三五"全国农业农村信息化发展规划》《"互联网+"现代农业三年行动实施方案》等规划计划。

张　国　农业农村部信息中心副主任。主要研究方向为农业农村信息化、农产品流通、农产品营销、农业品牌化。国家发改委生活性服务业标准化专家、国家开发银行农产品流通项目专家、中国物资与采购协会冷链委专家、农业部冷链物流标准工作组副组长等。组织编写《中国农业农村信息化发展报告》《中国农产品批发市场发展报告》《中国农业展会发展报告》《中国农产品品牌发展研究报告》《全国农产品产地市场发展纲要》等,参与编写数十个以国务院、相关部门及农业农村部名义发布的"三农"政策文件。

李祥洲　中国农业科学院农业质量标准与检测技术研究所(农业农村部农产品质量标准研究中心)政策与信息研究室主任、学术委员会委员,三级研究员,硕士生导师,《农产品质量与安全》副主编、编辑部主任,兼任全国无公害农产品认证评审委员会委员。主要研究方向为农产品质量安全信息资源管理。近年来主要致力于农产品质量安全网络舆情分析与预测研究,主持完成国家农产品质量安全风险评估项目计划等项目课题30余项,主编、参编著作16部,发表科研论文100余篇,制定国家农业行业标准3项,主持完成的"农产品质量安全舆情风险监测与分析"被评为中国农业科学院"十二五"农产品质量安全亮点研究成果奖。创刊《农产品质量安全舆情快报》受到农业农村部及国务院食安办的高度重视,主笔撰写的我国农产品质量安全舆情年度分析报告连续多年受到农业农村部领导批示肯定。

李 彪 中国人民大学新闻学院副教授、中国人民大学新闻与社会发展研究中心副主任、《中国社会舆情年度报告》系列蓝皮书主编、人民网新媒体智库特约研究员。2010年获得中国人民大学新闻学院传媒经济学博士学位，2010~2012年在中国人民大学经济学院从事理论经济学博士后研究工作。主要研究方向为新媒体传播、网络舆情。出版《谁在网络中呼风唤雨——网络舆情传播的动力节点和动力机制研究》《舆情：山雨欲来——网络事件传播的空间结构和时间结构》《直击人心：社交媒体时代新闻发布与媒体关系管理》《社交网络时代的舆情管理》《新闻传播的大数据时代》等著作。

钟永玲 农业农村部信息中心舆情监测处处长，高级经济师。主要研究方向为涉农网络舆情、农业经济。负责实施农业农村部舆情监测及信息化进展追踪项目。主持农业农村部软科学课题"大数据视角下的'三农'网络舆情传播规律及引导机制研究""农产品滞销网络舆情的生成机理及引导研究"等。在《农民日报》《中国信息界》《信息化研究》等报刊发表（或合作发表）论文70余篇。主编或参编《中国"三农"网络舆情报告（2016~2017）》等论著十余本。获得北京市科技进步三等奖2项。

张祚本 农业农村部信息中心舆情监测处副处长，助理研究员。主要研究方向为"三农"网络舆情、农业信息化。先后参与国家社科基金、国家软科学、国家信息化专家委、中央网信办、农业部软科学等多项重大课题研究。主要研究成果有副主编《中国"三农"网络舆情报告（2016~2017）》等论著4本、参编论著6本，在《信息化蓝皮书》《中国信息年鉴》《中国信息化》《中国信息界》《农村工作通讯》等期刊上发表论文20篇。主要代表作有《全媒体时代"三农"网络舆情工作的思考》《浅析我国涉农网络舆情的日历效应》等。

摘　要

本书在网络媒体、论坛、博客、微博、微信、客户端等全媒体数据监测基础上，全面梳理了2017年中国"三农"网络舆情状况，盘点了年度热点话题，分专题、分地区，全方位、多维度解析了"三农"舆情概况和舆情发生、发展特点及其规律，回溯了热点舆情事件，呈现了境外媒体声音，并对2018年我国"三农"网络舆情热点进行了展望。

本报告认为，2017年，农业农村改革相关舆情引发舆论高度聚焦，成为推动全年"三农"舆情热度上涨的重要因素。特别是党的十九大提出实施乡村振兴战略，成为全年"三农"舆情的"重头戏"。监测数据显示，2017年"三农"舆论关注热度进一步上升。全年涉农新闻和帖文总量245.2万篇，同比增长31.8%。其中，新闻报道量增长22.9%，社交媒体相关帖文量增长35.9%。媒体和网民对2017年"三农"话题的关注点各有侧重，其中农业生产与粮食安全、农村土地、农产品市场、农民工、产业扶贫、农产品质量安全是共同关注的焦点。

本报告对农业生产与粮食安全、农村土地、农产品质量安全、农业农村信息化、产业扶贫、农村环境、农民工七个"三农"常热话题进行舆情分析，重点解读媒体和网民关于这些话题关注的角度、热点、焦点等。

本报告认为，在农业生产与粮食安全方面，质量兴农、绿色发展受到高度聚焦，农业生产的机械化、智能化成为贯穿整个农业生产季节的报道热点，各地新型农业经营主体和新型职业农民展现的新气象也受到积极关注。水稻亲本去镉技术、巨型稻、海水稻等农业科技进步成果在微博中赢得网民数十万次点赞。在农村土地方面，党的十九大报告提出"第二轮土地承包到期后再延长30年"受到高度聚焦，承包地确权登记颁证的显著成效广受舆论肯定，农村集体产权制度改革试点扩围、农村"三块地"改革试点延期等改革举措持续吸引舆论目光，各地改革实践也引发积极关注。在农产品质量安全方面，全年没有发生重大舆情事件，网络舆情总体走势持续稳定向好，农产品质量安全依法监管、科学治理受到舆论聚焦，禁限用农兽药的违规使用仍然是舆论的核心关注，基于"三微一端"的"1+3"舆情传播模式渐成气候等趋势需要引起注意。在农业农村信息化方面，媒体报道逐渐走向"细"和"实"，微信舆情异军突起，成为影响舆情走势的重要力量，农民手机应用技能培训、电商减贫大会、首届全国新农民新技术创业创新博览会等事件被舆论积极关注。在产业扶贫方面，各地具有"特色优势"的农业产业扶贫模式被媒体争相报道，电商平台积极与涉农产业结合助农增收情况受到关注，产业扶贫面临的产品同质化、供大于求等问题也引发舆论思考和建言。在农村环境方面，农业面源污染治理多点突破，"绿色发展"主基调受到肯定，秸秆等农业废弃物综合利用广受关注。农村工矿污染问题多发，成为高热舆情爆发口。在农民工方面，舆论关注重点主要集中在政府部门对农民工工资支付、农民工返乡就业创业等方面的保障举措，农村留守儿童身心健康、意外伤害等问题引发网民广泛讨论。

本报告讨论了"演员孙艺洲吐槽哈尔滨烧秸秆事件""沈阳'问题大葱'致寿光百余只羊死亡事件""浙江湖州偷埋病死猪事件""江西九江镉污染大米事件""欧洲氟虫腈污染鸡蛋事件"等2017年网络热点事件，回溯事件发展脉络，梳理归纳媒体和网民主要观点，并做简要点评、总结。

本报告对北京市、吉林省、上海市、江苏省、山东省、广西壮族自治区、陕西省、甘肃省八个省区市2017年"三农"网络舆情进行分析，盘点各地区"三农"网络热点话题和热点事件。

本报告还介绍了2017年国外媒体和港澳台媒体对我国"三农"的报道情况。

目 录

Ⅰ 总报告

B.1 2017年"三农"网络舆情分析及2018年展望
.... 钟永玲 张祚本 李婷婷 / 001
　一　2017年"三农"网络舆情总体概况 .... / 002
　二　2017年"三农"网络舆情传播特点 .... / 013
　三　2017年"三农"常热话题舆情分析 .... / 019
　四　2018年"三农"网络舆情热点展望 .... / 027

Ⅱ 分报告

B.2 农业生产与粮食安全舆情报告 .... 钟永玲 张文静 / 031
B.3 农村土地舆情报告 .... 张祚本 赵劲松 / 046
B.4 农产品质量安全舆情报告
　................ 李祥洲 钱永忠 邓 玉 廖家富 宋卫国
　　　　　　　　　　　　　　　　　戴 芬 赵善仓 廉亚丽 / 061
B.5 农业农村信息化舆情报告 .... 韦 科 / 078
B.6 产业扶贫舆情报告 .... 张祚本 赵 娟 李冬冬 / 089

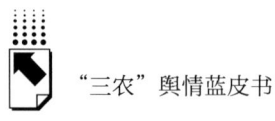

B.7 农村环境舆情报告…………………………… 李婷婷 张 百 / 102

B.8 农民工舆情报告……………………………… 李婷婷 赵 婧 / 116

Ⅲ 热点篇

B.9 演员孙艺洲吐槽哈尔滨烧秸秆事件的舆情分析
　　…………………………………………… 张文静 张 珊 / 130

B.10 沈阳"问题大葱"致寿光百余只羊死亡事件的舆情分析
　　………………………………………………………… 邹德姣 / 140

B.11 浙江湖州偷埋病死猪事件的舆情分析 …………… 王明辉 / 150

B.12 江西九江镉污染大米事件的舆情分析 …… 马 妍 刘文硕 / 161

B.13 欧洲氟虫腈污染鸡蛋事件的舆情分析 …… 叶 庆 张伟利 / 172

Ⅳ 区域篇

B.14 北京市"三农"舆情分析
　　………………………… 白 晨 朱 林 王晓丽 韩 姣 / 185

B.15 吉林省"三农"舆情分析
　　………………………… 郭 峰 焦铁锋 赵劲松 李会影
　　　　　　　　　　　　　 徐 英 于海珠 雷政达 / 198

B.16 上海市"三农"舆情分析 ……………………………张向飞 / 213

B.17 江苏省"三农"舆情分析
　　………………………… 傅铭新 王平涛 赵 霞 徐月洁 / 224

B.18 山东省"三农"舆情分析
　　………………………… 浦碧雯 王 钧 黄 莎 李 智 / 238

B.19 广西"三农"舆情分析 …… 吴炳科 饶珠阳 曾 元 梁贻玲 / 256

B.20 陕西省"三农"舆情分析 ………… 韩 涛 殷 华 艾 青 / 270

B.21 甘肃省"三农"舆情分析
.... 高兴明　鲁　明　张　百　赵　婧 / 288

Ⅴ　境外篇

B.22 港澳台媒体涉大陆"三农"舆情分析 .... 张笑琪　张　雪 / 304
B.23 国外媒体涉中国"三农"舆情分析 .... 张笑琪　张　雪 / 317

Abstract .... / 334
Contents .... / 337

皮书数据库阅读使用指南

总报告
General Report

2017年"三农"网络舆情分析及2018年展望

钟永玲　张祚本　李婷婷[*]

摘　要： 2017年"三农"网络舆情总量较上年明显增长。乡村振兴战略、农业绿色发展、农村土地制度改革、产业扶贫等话题引发广泛关注。政府部门涉农信息发布和议程设置更加主动，舆情应对和舆论引导更加有效。新闻媒体依然是"三农"新闻舆论的中坚力量，其传播方式更鲜活、语境更亲民。微博涉农话题设置凸显爱农助农情怀，"短视频+直播"发挥良好舆情效应。微信公众号"三农"舆论声势不

---

[*] 钟永玲，农业农村部信息中心舆情监测处处长，高级经济师，主要研究方向为涉农网络舆情、农业经济；张祚本，农业农村部信息中心舆情监测处副处长，助理研究员，主要研究方向为"三农"网络舆情、农业信息化；李婷婷，农业农村部信息中心舆情监测处舆情分析师，主要研究方向为涉农网络舆情。

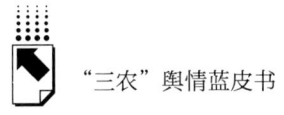

断壮大,话题制造水平和传播能力不断增强。展望2018年,乡村振兴战略实施中各地的探索、实践及农村土地制度改革、农业高质量发展、农村创业创新、脱贫攻坚总攻战中的产业扶贫、全球化背景下的食品安全等话题将继续成为舆论关注热点。

关键词: "三农"舆情　乡村振兴　质量兴农　农业绿色发展　农村创业创新

党中央、国务院始终高度重视"三农"工作。"三农"战线按照"五位一体"总体布局和"四个全面"战略布局要求,紧紧围绕农业供给侧结构性改革主线,着力推进农业现代化,2013年起,粮食生产能力连续稳定在1.2万亿斤以上,2017年农民人均收入突破1.3万元,农村新产业新业态蓬勃发展,在国民经济发展和社会稳定中发挥了"压舱石"作用。2017年,我国喜迎党的十九大,媒体积极关注和报道五年来农业农村发展取得的辉煌成就,乡村振兴战略、农业绿色发展、农村创业创新、产业扶贫等成为热议话题。总体来看,2017年"三农"新闻舆论工作发挥了弘扬主旋律、传递正能量的积极作用,"三农"网络舆论生态呈现健康、理性态势,为乡村振兴战略顺利实施提供了强有力的舆论支撑。

一　2017年"三农"网络舆情总体概况

据对网络媒体涉农新闻和社交媒体涉农帖文监测,2017年"三农"舆情总量较上年明显增长。全年涉农新闻和帖文总量245.2万篇,同比增长31.8%。总体来看,媒体和网民对2017年"三农"话题的关注点各有侧重,其中农业生产与粮食安全、农村土地、农产品市场、农民工、产业扶贫、农产品质量安全成为共同关注的焦点。中央一号文件发布、党的十九大报告提出乡村振兴战略及中央农村工作会议就此做出具体部署等是舆情热度排前三位的热点事件。

（一）2017年"三农"网络舆情数量及话题结构变化特点分析

1. "三农"新闻舆情总量同比增长22.9%，农业生产与粮食安全话题增幅最大，转基因话题降幅最大

监测数据显示，全年涉农新闻舆情总量82.7万篇，同比增长22.9%。农业生产与粮食安全、产业扶贫、农村土地是网络媒体关注度排行前三位的热点话题，其新闻量分别为27.3万篇、11.1万篇、7.9万篇，三者合计占全年新闻舆情总量的55.9%（见图1）。

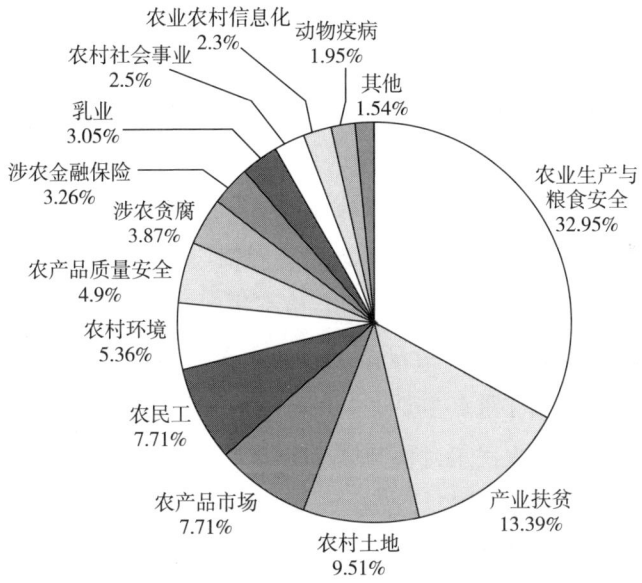

图1　2017年媒体新闻舆情"三农"话题占比

与上年相比，2017年农业生产与粮食安全、农村土地、产业扶贫、农产品市场、农村环境、农产品质量安全、涉农贪腐、涉农金融保险、农村社会事业9个话题新闻舆情量出现不同程度的增长。其中，农业生产与粮食安全、农村土地、产业扶贫、涉农金融保险、涉农贪腐等话题增幅较大。2017

年农业供给侧结构性改革深入推进,粮食生产再获丰收,总产量超过1.2万亿斤,为历史第二高产年,农业种植结构的"调优调绿"引发舆论聚焦,推动农业生产与粮食安全话题新闻舆情量同比增长71.4%,达27.3万篇;产业扶贫是打赢脱贫攻坚战的关键举措,各地产业扶贫实践和成果受到媒体持续关注,新闻舆情量11.1万篇,同比增长36.2%;农村土地话题热度持续居高,土地制度改革成为关注核心,承包地确权登记颁证的成效受到舆论肯定,第二轮土地承包到期后再延长30年、农村集体产权制度改革试点扩围等改革举措引发关注,新闻舆情量7.9万篇,同比增长50.5%;乡村振兴大背景下,"钱从哪儿来"受到热议,涉农金融保险话题持续升温,新闻舆情量2.7万篇,同比增长33.4%;2017年我国继续保持反腐败高压态势,"三农"领域"蝇贪""蚁贪"案件一经公布即被关注,新闻舆情量3.2万篇,同比增长18.9%。

转基因、乳业、农民工、农业农村信息化等话题新闻舆情量较上年有不同程度下降。其中,2017年媒体对转基因话题的关注主要集中在监管和科普两个方面,舆情总体平稳,未现高热话题,相关新闻舆情量由2016年的近1.5万篇降至2017年的不足0.5万篇,降幅达67.4%。2017年我国乳品质量安全水平继续提升,乳制品抽检合格率达到食品行业最高水平,① 问题乳品舆情明显减少,话题舆情量由上年的4.3万篇降至2.5万篇,降幅达41%;农民工话题关注重点主要集中在农民工工资支付保障、农民工返乡创业等方面,全年鲜见农民工讨薪等热点舆情事件,相关新闻舆情量由上年的近10万篇降至不足6.4万篇,降幅35.9%(见图2)。

2. "三农"帖文舆情总量同比增长35.9%,农产品市场话题增幅最大,农产品质量安全话题降幅最大

监测数据显示,2017年涉农帖文舆情总量达162.5万篇,同比增长

---

① 董峻:《农业部:我国生鲜乳产品的抽检合格率达99.8%》,新华网,http://www.xinhuanet.com/2018-01/19/c_1122284690.htm;吴晓薇:《宋昆冈:2017年我国乳制品抽检合格率达到食品行业最高水平》,中国经济网—经济日报,http://www.ce.cn/cysc/sp/info/201801/18/t20180118_27785177.shtml。

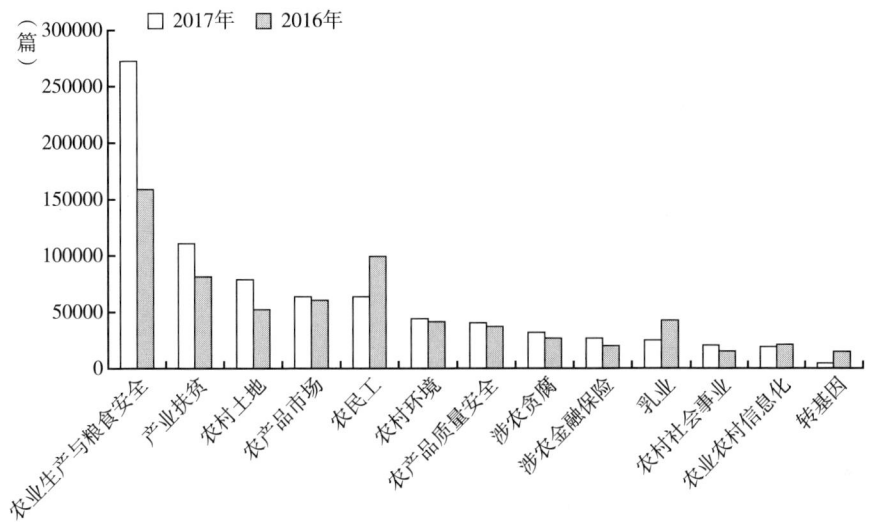

图 2　2016~2017 年媒体新闻舆情"三农"话题量对比

35.9%。农业生产与粮食安全、农产品市场、农村土地是网民涉农帖文关注度排行前三位的热点话题，其帖文量分别达 46.9 万篇、29.7 万篇、23.7 万篇，三者合计占涉农帖文总量的 61.7%（见图 3）。

与上年相比，2017 年农产品市场、农业生产与粮食安全、农村环境、涉农贪腐、农村土地等话题帖文舆情量上涨明显。作为民生基础，农产品市场话题始终牵动网民神经，2017 年蔬菜、猪肉、鸡蛋等重点农产品市场运行情况一直被老百姓所关注，第十五届中国国际农产品交易会、中国国际茶业博览会等重大活动备受瞩目，美国牛肉时隔 14 年重返中国市场也引发讨论。在多重因素推动下，农产品市场话题帖文舆情量同比增长 6.1 倍。我国在农业绿色发展、新型农业经营主体培育等方面的政策举措引发热烈期待，水稻亲本去镉技术获突破、巨型稻试种成功、"海水稻"亩产最高超 600 公斤等农业科技进步成果在微博中赢得网民数十万次点赞，推动农业生产与粮食安全话题的帖文舆情量也迅猛上涨，同比增长 4.9 倍。随着"绿水青山就是金山银山"理念深入人心，农村环境话题热度明显上涨，政府部门在畜禽粪污资源化利用、秸秆禁烧、美丽乡村建设等方面的举措引发越来越多

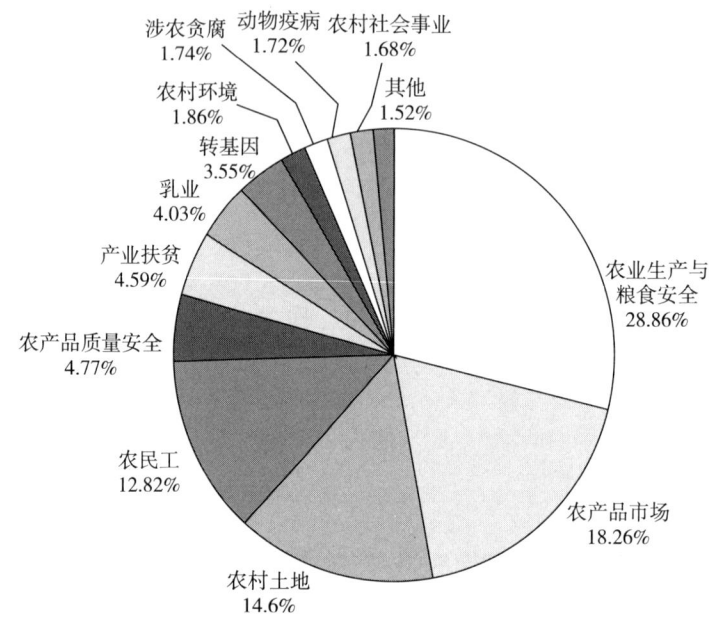

图3　2017年涉农帖文各类话题舆情量占比

关注，推动相关帖文量同比增长22.2%。涉农贪腐话题增幅也很明显，达到18.8%，网民通过社交媒体举报发生在身边的腐败问题，对纪检监察部门通报的涉农贪腐案件拍手称快。农村土地也是网民持续关注的话题，相关帖文舆情量同比增长18.5%。往年个别地区强征强拆等恶性事件是高热舆情爆发口，这一问题在2017年明显改观，农村土地制度改革成为核心议题，特别是党的十九大报告提出"第二轮土地承包到期后再延长30年"引发舆论聚焦。

农产品质量安全、农业农村信息化、产业扶贫等话题帖文舆情量同比降幅较大。其中，农产品质量安全话题降幅最大，达66.8%。2017年，各地政府部门持续加强农产品质量安全监管，负面舆情事件明显减少，相关帖文量也随之减少。农业农村信息化舆情降幅达61.9%，该话题行业性和专业性较强，网民帖文议题主要集中在农村电商方面，热度较上年明显下降。此外，产业扶贫话题降幅达51%，随着脱贫攻坚稳步推进，产业扶贫话题相关舆情主要集中在各地日常举措及成果方面，网民关注热情明显下降（见图4）。

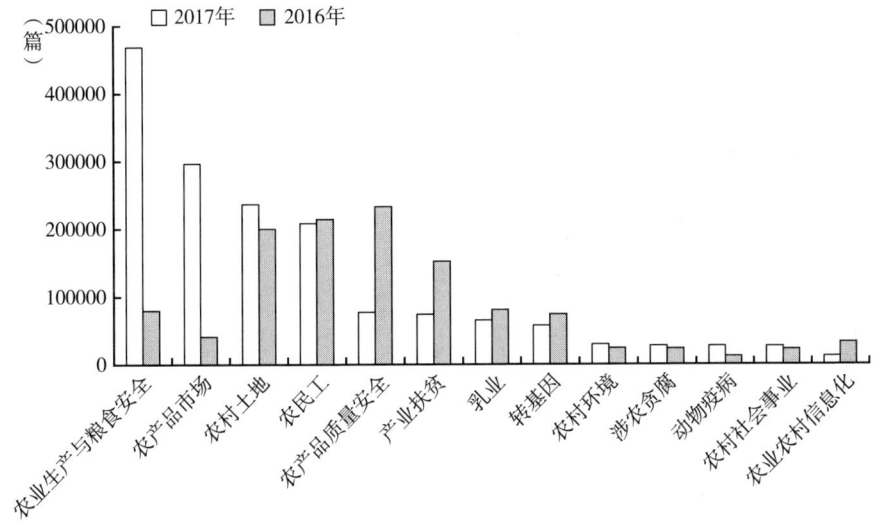

图4　2016～2017年涉农帖文各类话题舆情量对比

（二）2017年"三农"舆情热点事件排行

在对2017年1～12月"三农"舆情热点事件的新闻、帖文进行监测和统计的基础上，我们通过加权计算得出热点事件的舆情热度，进而整理出排名居前100位的热点事件（见表1）。

表1　2017年"三农"舆情热点事件TOP 100

排名	热点事件	月份	首发媒体	舆情热度
1	党的十九大报告提出实施乡村振兴战略	10	新华网	48718
2	中央一号文件连续第14次聚焦"三农"	2	新华网	24269
3	中央农村工作会议全面布局乡村振兴战略	12	新华网	19845
4	欧洲氟虫腈污染鸡蛋事件	8	微信公众号"华侨新天地"	18778
5	袁隆平宣布水稻亲本去镉技术获突破	9	《农民日报》	14839

续表

排名	热点事件	月份	首发媒体	舆情热度
6	H7N9流感疫情致禽蛋市场低迷	2	央广网	14495
7	全国两会代表委员热议"三农"话题	3	新华网	13658
8	微信文章《我是范雨素》刷屏互联网	4	微信公众号"正午故事"	13297
9	国土部、住建部联合发布《利用集体建设用地建设租赁住房试点方案》	8	国土资源部网站	12585
10	环保组织曝华北地区现超级工业污水渗坑	4	微信公众号"两江环保"	12192
11	天价彩礼致部分地区农民"因婚返贫"	1	新华网	11609
12	中央经济工作会议:科学制定乡村振兴战略规划	12	新华网	10901
13	大型政论专题片《将改革进行到底》激发农村改革共鸣	7	中央电视台	10664
14	全国鸡蛋价格连续下跌8个月,产能过剩是主因	6	《经济参考报》	8520
15	"塑料紫菜"假视频重创紫菜行业	2	新浪微博	8304
16	美国牛肉时隔14年重返中国市场	6	国家质量监督检验检疫总局(简称国家质检总局)网站	7749
17	习近平总书记强调"一定绣好'精准扶贫'这朵花"	3	新华网	7542
18	国新办新闻发布会:韩长赋、陈晓华解读《中共中央 国务院关于稳步推进农村集体产权制度改革的意见》	1	中国网	7418
19	全国食品安全宣传周启动:尚德守法共治共享食品安全	6	新华网	7250
20	我国首批"海水稻"收割评测,亩产最高超600公斤	9	新浪微博	7052
21	首届中国国际茶叶博览会在杭州成功举办	5	浙江在线	7037
22	习近平总书记在太原主持召开深度贫困地区脱贫攻坚座谈会	6	新华网	6818
23	国家食品药品监督管理总局(简称国家食药监总局)公布婴幼儿配方乳粉注册品牌名单	8	国家食药监总局网站	6432
24	中办、国办印发《生态环境损害赔偿制度改革方案》	12	新华网	6372

续表

排名	热点事件	月份	首发媒体	舆情热度
25	第十五届中国国际农产品交易会精彩纷呈，农业产业百花齐放	9	《农民日报》	6355
26	袁隆平"全程飚英语"向世界介绍超级杂交水稻	7	新浪微博	6329
27	十二届全国人大五次会议记者会：农业部部长韩长赋就"推进农业供给侧结构性改革"答问	3	中国网	6320
28	中办、国办印发《关于创新体制机制推进农业绿色发展的意见》	9	新华网	6304
29	国务院办公厅印发《保障农民工工资支付工作考核办法》	12	中国政府网	6246
30	法国乳企巨头兰特黎斯深陷沙门氏菌污染事件	12	新华网	6238
31	党的十九大报告对"坚决打赢脱贫攻坚战"进行全面部署	10	新华网	6207
32	世界互联网大会聚焦互联网精准扶贫	12	国际在线	6187
33	中国未列入麦当劳停用抗生素鸡首批名单	8	新华网	5681
34	演员孙艺洲曝哈尔滨秸秆焚烧问题	11	新浪微博@孙艺洲	5493
35	鸡蛋价格持续下跌，舆论调侃"火箭蛋"成为"伤心蛋"	5	《期货日报》	5389
36	沈阳"毒大葱"致山东寿光百余只羊死亡	8	微信公众号"我们的农耕"	5331
37	国务院常务会议：部署建立解决农民工工资拖欠的长效机制	2	新华网	5263
38	政府工作报告：严肃查处假脱贫、被脱贫、数字脱贫	3	新华网	5015
39	农村"三块地"改革试点延期	9	《中国国土资源报》	4947
40	河北邯郸超级杂交水稻单季亩产创新高	10	新浪微博	4947
41	多个小麦主产区出现气象灾害和病虫害，"抗灾保丰收"成关注主题	5	齐鲁网	4916
42	中科院成功创制优质超高生物量水稻新种质——巨型稻	10	《长沙晚报》	4813
43	全国人大常委会审议《农村土地承包法修正案(草案)》	10	新华网	4703

续表

排名	热点事件	月份	首发媒体	舆情热度
44	中共中央、国务院印发《关于加强耕地保护和改进占补平衡的意见》	1	新华网	4687
45	中储粮南阳万吨小麦被忘7年后变质	5	中国新闻网	4534
46	国务院办公厅印发《2017年食品安全重点工作安排》	4	中国政府网	4519
47	李克强总理为鲁甸农民工讨薪,被拖欠工资48小时后到账	1	中国政府网	4360
48	刘强东到河北省阜平县平石头村当村干部	11	新浪微博@刘强东	4347
49	国务院印发《关于建立粮食生产功能区和重要农产品生产保护区的指导意见》	4	中国政府网	4335
50	江西资溪县"农民在建房遭强拆"事件	1	微信公众号"时间NEWS"	4327
51	舆论称赞首届全国新农民新技术创业创新博览会"有影响更有'黑科技'"	11	《农民日报》	4287
52	甘肃景泰县副县长蹭"黑豹乐队保温杯"热点,推介家乡枸杞	9	新浪微博	4229
53	2017年全国粮食总产量61791万吨,为历史第二高产年	12	国家统计局网站	4187
54	《农药管理条例》发布施行	6	中国政府网	4033
55	国务院办公厅印发《关于加快推进畜禽养殖废弃物资源化利用的意见》	6	中国政府网	3959
56	崔永元开卖非转基因食品	5	澎湃新闻网	3881
57	普洱茶致癌争论引发网络围观	9	微信公众号"方舟子"	3800
58	全国食品安全宣传周农业部主题日活动:农业部公布农产品质量安全十大谣言	6	农业部网站	3787
59	农业部部长韩长赋在全国两会部长通道上表示"相信有一天外国人会来中国买奶粉"	3	人民网	3776
60	山东、河北、河南等多地鸡蛋价格呈现恢复性上涨	8	央广网	3766
61	江西赣州一乡干部动员拆农村"空心房"时遭袭身亡	3	澎湃新闻网	3734
62	农业部等五部委印发《全国奶业发展规划(2016~2020年)》	1	农业部网站	3679

续表

排名	热点事件	月份	首发媒体	舆情热度
63	浙江湖州偷埋病死猪事件	9	新浪微博	3655
64	河南新乡块村营村小麦被环保组织检测出镉超标	5	财新网	3613
65	夏粮再获丰收,"质优价高"成关注焦点	7	国家统计局网站	3594
66	中办、国办发布《关于加快构建政策体系培育新型农业经营主体的意见》	5	新华网	3581
67	"火箭蛋"一路下跌,多地蛋价进入"两元"时代	4	《农民日报》	3533
68	"有商家制造塑料大米"引发多方辟谣	2	微信公众号"谣言过滤器"	3511
69	图片报道"3岁儿子路口等父返家过年33岁父亲赶路24小时归来"感动网民	1	新华网	3477
70	《2016年农民工监测调查报告》:总量增加、结构优化、收入趋缓	4	国家统计局网站	3455
71	央视3·15晚会曝光个别饲料企业非法添加违禁兽药	3	中央电视台	3424
72	央视曝光"海淘奶粉"60%不合格	9	中央电视台	3397
73	国务院印发《"十三五"国家食品安全规划》	2	新华网	3366
74	农业部就农业绿色发展五大行动有关情况举行新闻发布会	5	农业部网站	3347
75	内蒙古农民无证收购玉米获刑再审改判无罪	2	央视网	3334
76	政府工作报告:锲而不舍解决好农民工工资拖欠问题	3	央视网	3315
77	十九届中央全面深化改革领导小组第一次会议提出"拓展宅基地制度改革试点范围"	11	中央电视台	3264
78	媒体和政府部门合力辟谣"虾体内有白色寄生虫"	5	新浪微博@江苏网警	3259
79	"双11"农村电商再创佳绩,电商扶贫受期待	11	新华网	3210
80	视频"17吨香瓜卖不动,七旬瓜农露宿街头"引发厦门市民爱心接力	7	梨视频	3175
81	美国牛肉进入中国一月有余,舆论关注市场情况	8	《新京报》	3135

续表

排名	热点事件	月份	首发媒体	舆情热度
82	农业部举行"推进质量兴农,确保农产品消费安全"新闻发布会	8	农业部网站	3095
83	人力资源和社会保障部(简称人社部)印发《拖欠农民工工资"黑名单"管理暂行办法》	9	人社部网站	3084
84	农业部等三部委印发《关于加快发展农业生产性服务业的指导意见》	8	农业部网站	3040
85	螃蟹上市季节相关谣言再起,多地食药监部门专业辟谣	9	微信公众号"台州市场监管"	2958
86	多地辟谣"市民吃大盘鸡、泡椒凤爪感染H7N9"	1	微信公众号"定兴在线"	2952
87	武汉出台鼓励市民下乡"黄金20条",最高奖10万元	4	新浪微博@武汉发布	2860
88	央视《焦点访谈》连续聚焦农村电商	4	中央电视台	2859
89	山东、河南、陕西等省部分地区洋葱(圆葱)滞销问题被集中关注	6	新浪微博	2857
90	袁隆平入驻青岛国际院士港,把"豪宅别墅"当成"田间地头"	7	秒拍视频	2826
91	云南镇雄县17岁留守少年因亲情冷漠除夕夜自杀	2	微信公众号"镇雄微生活"	2747
92	中办、国办印发《关于支持深度贫困地区脱贫攻坚的实施意见》	11	新华网	2728
93	国务院常务会议:进一步扶持和培育新型农业经营主体	12	中国政府网	2720
94	第八届中国奶业大会举行,质量提升和消费信心提振成关注热点	6	中国质量新闻网	2658
95	南方洪涝、北方干旱致局部农业损失较重,农业部门积极组织抗灾	7	农业部网站	2569
96	食品专家辟谣"西瓜400天不腐烂是喷了防腐剂"	8	秒拍视频	2488
97	国家发展和改革委员会(简称国家发改委):2018年小麦最低收购价格下调	10	国家发改委网站	2486

续表

排名	热点事件	月份	首发媒体	舆情热度
98	山东、河南等地蒜薹滞销现象被舆论称为"蒜你完"	5	《北京青年报》	2236
99	新疆西牧乳业被通报使用过期原料	11	国家食药监总局网站	1760
100	水稻生物学家、中国工程院院士朱英国逝世	8	湖北网络广播电视台	1722

注1："三农"舆情事件热度＝新闻量×0.6＋微信量×0.2＋微博量×0.1＋论坛量×0.05＋博客量×0.05。（下同）

注2：本报告所分析内容主要为2017年舆情。根据《第十三届全国人民代表大会第一次会议关于国务院机构改革方案的决定》（2018年3月17日第十三届全国人民代表大会第一次会议通过），国务院组成部门进行了调整，改革后，除国务院办公厅外，国务院设置组成部门26个。其中，新组建的农业农村部于2018年4月3日正式挂牌。故此，本报告中涉及国务院相关机构名称的，均使用当时的名称。（下同）

根据统计分析结果，全年有13个事件的舆情热度超过10000，与上年数量持平。其中，涉及农业农村改革的重大会议及政策部署等成为舆论重点关注内容。特别是2017年10月党的十九大报告首次提出实施乡村振兴战略，成为舆论焦点，相关舆情热度高达48718，位列2017年"三农"舆情热点事件排行第1位；居第2位的中央一号文件舆情热度升温，2017年相关舆情热度达24269，较上年上升6507；中央农村工作会议继续吸引舆论关注，2017年相关舆情热度达19845，与上年基本持平；农产品市场话题备受瞩目，蔬菜、猪肉、禽蛋等农产品市场情况依旧是舆论关注热点，2016年4月猪肉价格因持续上涨被舆论戏称为"飞天猪"，相关舆情热度高达15561，2017年2月人感染H7N9流感疫情频发导致禽蛋市场低迷，相关舆情热度高达14495；扶贫相关话题仍然保持较高热度。2016年的甘肃康乐杨改兰事件、东西部扶贫协作座谈会以及全国扶贫开发工作会议三个事件引发高度关注，舆情热度位列排行前10位，2017年，部分地区天价彩礼使农民"因婚返贫"现象引发舆论关注，其舆情热度达11609，排第11位。

二 2017年"三农"网络舆情传播特点

总体来看，本文整理的排行前100的"三农"舆情热点事件涵盖了

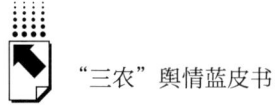

2017年"三农"网络舆情的各个领域、各个话题。基于传播角度对以上事件进行分析研究,可以总结出全年"三农"网络舆情传播的以下五个特点。

(一)农业农村改革引发舆论聚焦,推动"三农"舆情热度不断上涨

2017年,农业农村改革相关舆情引发高度聚焦,成为推动全年"三农"舆情热度上涨的重要因素。特别是党的十九大提出实施乡村振兴战略,成为全年"三农"舆情的"重头戏"。中央一号文件、中央农村工作会议、全国两会代表委员热议"三农"等涉及农业农村改革的话题也吸引舆论积极关注。在排行前100位的热点事件中,农业农村改革相关事件有23个,比上年减少1个,但其舆情热度合计超过21万,比上年提高50530;全年13个舆情热度超过10000的事件中,农业农村改革相关事件有7个;全年舆情热度平均值6065,有32个事件舆情热度高于平均值,其中农业农村改革相关事件有11个(见表2)。

表2 2017年前100位事件中农业农村改革相关事件舆情热度统计

年度	前100位事件全年舆情热度总值	农业农村改革相关事件舆情热度总值	农业农村改革相关事件(个)	全年舆情热度超过10000事件(个)	舆情热度超过10000的农业农村改革相关事件(个)	全年舆情热度平均值	全年舆情热度超过平均值事件(个)	舆情热度超过平均值的农业农村改革相关事件(个)
2017	606545	210983	23	13	7	6065	32	11
2016	593612	160453	24	13	5	5934	34	8

从2017年"三农"舆情热点事件热度走势看,舆情热度较高的2月、8月、10月和12月,均有涉及农业农村改革的重大会议举行或政策部署出台。2月,中央一号文件发布,推高舆论关注热情。8月,农业部召开新闻发布会介绍推进质量兴农确保农产品消费安全有关情况,农业部、国家发改

委等就"加快发展农业生产性服务业"联合印发指导意见,国土资源部(以下简称国土部)、住房和城乡建设部(以下简称住建部)就"利用集体建设用地建设租赁住房"发布试点方案,一系列政策举措持续吸引舆论目光。10月,党的十九大做出实施乡村振兴战略的重大部署,引发舆论强烈共鸣,其热度在2017年所有舆情事件中排行首位,也推动当月舆情热度攀至全年峰顶,达到71873。12月,中央经济工作会议,特别是中央农村工作会议部署乡村振兴战略的具体任务,再次推动舆情热度迅速攀升(见图5)。

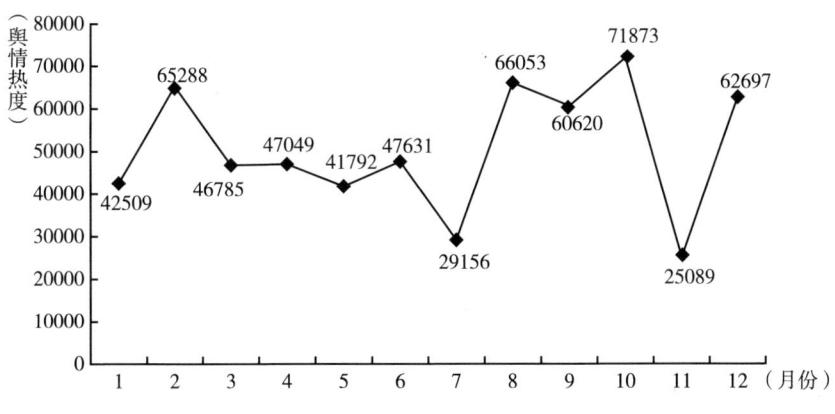

图5 2017年"三农"舆情热点事件(TOP 100)热度走势

(二)主流媒体积极参与"三农"新闻宣传,助力构建"三农"舆论良好生态

2017年,主流媒体对"三农"领域表现出高度关注热情,在"三农"舆情传播和舆论生态构建中发挥了重要作用。其中,新闻媒体继续承担着"三农"新闻舆论中坚力量的角色。在2017年"三农"舆情排行前100位的热点事件中,由新闻媒体首发的有54个(见图6),较2016年增加9个。针对党中央、国务院一系列"三农"重大政策举措和农业农村改革诸多成就,新闻媒体积极践行"走转改",深入农村、贴近农民、关注农业,成为

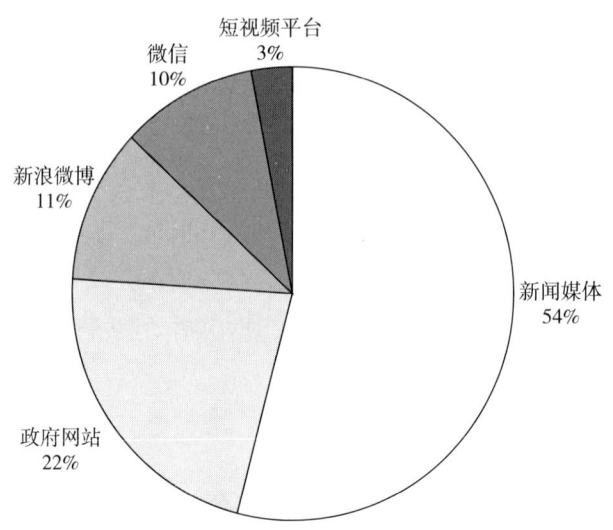

图6 2017年"三农"舆情热点事件(TOP 100)首发媒体分布

"三农"故事的忠实记录者和传播者。全年来看,在一系列高热"三农"舆情事件中,新闻媒体在相关舆情发生发酵中的引导作用至关重要。中央一号文件甫一发布,新闻媒体就立即跟进做全面深入解读,从而引发舆论关注热潮。农视网和今日头条联合编制的《2017年中央一号文件网络舆情数据报告》显示,2017年中央一号文件相关新闻报道的阅读量达800余万次,是上年的4倍;阅读时长20余万小时,相当于看了40余万次新闻联播。[①] 9月底,中办、国办《关于创新体制机制推进农业绿色发展的意见》印发后,《人民日报》、新华社等纷纷刊发农业部部长韩长赋的权威解读,使得农业绿色发展理念深入民心。同时,新闻媒体融合发展进程加快,"报、网、端、微"一体化建设逐步完善,构建起集"文、图、声、像"于一体的全媒体生态,使其传播更加灵活亲民,进一步提升了"三农"新闻宣传的效果。9月,中央电视台播出视频纪录片《辉煌中国》,其中展示的黑龙江利用卫星导航无人拖拉机耕地、山东使用无人机为万亩小麦施肥等党的十八大

---

① 李正穹:《中央一号文件为农民增收提供政策机遇 获网民持续热追》,中国青年网,http://news.youth.cn/gn/201702/t20170213_9114655.htm。

以来我国农业农村经济发展成就引发舆论积极关注。对此,新浪微博"@央视财经"官微发布相关视频,其播放量高达554万次。10月11日,《长沙晚报》报道称中国科学院研制出最高可达2.25米的巨型稻,引发媒体集中跟进报道。其中,腾讯网视频报道"跟姚明差不多高的水稻"观看量高达567万次,新浪微博"@腾讯新闻"相关帖文网民转发、评论、点赞总量达8.3万余次。党的十九大做出实施乡村振兴战略重大部署后,媒体迅速展开形式多样的宣传和解读。其中,中国乡村之声专门设计了以玉米为原型的卡通形象"棒哥",并制作了嘻哈动漫音乐短片《乡村振兴棒棒哒》,这一宣传方式展现出强烈的现代感和代入感,引发舆论热情关注。

(三)微博成为网民涉农言论的集中平台,聚拢"三农"舆论超高人气

2017年,微博涉农帖文总量同比大幅增长,整体呈现话题量大、关注度高、互动性强等特点,成为"三农"热点舆情的"温度计""投影仪"。返乡创业、脱贫攻坚、美丽乡村、助力解决滞销卖难等多个微话题人气爆棚,引发网民线上线下积极参与。从内容看,点赞家乡、关爱"三农"是网民微话题的主旋律,许多网民线上积极参与"转、评、赞",线下努力通过实际行动爱农助农。7月,河南七旬瓜农在厦门卖瓜遭遇滞销。对此,新浪微博"@梨视频"制作了相关短视频并发起微话题"七旬瓜农露宿街头",引发舆论高度关注,视频播放量达1000余万次,话题阅读量超过195万次,事件最终以"滞销变脱销"的暖人结局收场。除此之外,新浪微博还涌现出"我为美丽乡村代言""丰收的家乡"等多个热点微话题,网民纷纷晒图片、亮视频,展现乡村美景、宣传家乡美食,为家乡绿水青山喝彩加油,为家乡特色农产品鼓劲吆喝,相关阅读量高达2000余万次。

值得关注的是,"短视频+直播"方式在农村宣传和产品推介销售方面的作用日益明显。2017年网络直播平台稳健发展,截至12月,网络直播用户规模已达4.22亿,其中,真人秀直播用户2.2亿,占网民总体规模的28.5%。在此趋势下,农村短视频、"农村网红"等相关内容频现互联网。

网络直播已成为农村风貌展示的新窗口、乡村文化宣传的新通道、农民营销增收的新途径。借助微博直播,相关农产品展销会、特色农产品推介等纷纷网罗了大批粉丝。"直播挖山药""直播卖冰糖橙""直播抓跑步鸡"等形式活泼、抓人眼球的宣传和销售方式令网民耳目一新,取得良好的推介效果。一些特色农产品、政府官员、新农人借此成为网络红人。其中,陕北生态家庭农场经营者"@绥德二后生"通过微博直播推介山地苹果,引发10万人在线观看,粉丝量迅速涨到2万人。新疆尉犁县副县长何淼利用其个人微博"@新疆何淼"推介当地冬枣,57秒的短视频三天的播放量即超过9万次,冬枣销售了五六吨,何淼也因其亲民、朴实的风格而被舆论亲切地称为"卖枣副县长"。①黑豹乐队鼓手赵明义"保温杯里泡着枸杞"的图片在互联网上热传,"保温杯泡枸杞"被舆论称为养生标配。甘肃景泰县副县长周春材抓住这一机会,在黑豹乐队演唱会现场拉起"甘肃景泰枸杞,保温杯必配!"等横幅推介景泰枸杞。这一"蹭热点""搭便车"式的营销赢得舆论点赞。

(四)微信平台成为涉农舆情重要源头,推动"三农"舆论声势不断壮大

2017年,微信平台正成为涉农信息的重要源头,其首发率、自采率、落地率不断提高,传播力、影响力不断增强。在排行前100位的热点事件中,首发自微信平台的有10个,较上年增加4个。沈阳"问题大葱"致寿光百余只羊死亡、江西九江"镉大米"等热点事件,均由微信公众号首次曝光。得益于各级农业部门政务微信、社会各类涉农组织机构微信的快速发展,微信涉农话题已覆盖各行业、各环节、各领域。总体来看,微信涉农话题在发布数量、内容深度、传播效果等诸多方面都在赶超微博。这一态势在涉农重大政策文件、重要会议活动等方面表现尤为明显。很多微信公众号厚植行业和专业优势,一方面加强涉农权威信息发布、最新政策解读和重大活

---

① 王哿、蒋子文:《郡县之治 | 新疆"视频卖枣"副县长:好产品不推广也卖不出去》,澎湃新闻,http://www.thepaper.cn/newsDetail_forward_1789944。

动推介，为新闻媒体跟进相关涉农报道提供大量有价值的信源；另一方面积极传播惠农政策、生产技术、创业经验、市场动态等，进一步促进"三农"舆情的发生发酵。依托微信平台，一大批涉农微信公众号向涉农新媒体方向演化，进一步壮大"三农"舆论声势。

（五）政府部门涉农新闻舆论工作更加主动有效，营造"三农"舆论理性氛围

从政府部门新闻舆论工作角度看，2017年农业农村部门推进信息公开、加强信息发布，客观理性的"三农"舆论氛围进一步形成。其中，农业部全面推进政务公开，就"农村集体产权制度改革""推进农业供给侧结构性改革""农业绿色发展五大行动""畜禽粪污资源化利用""产业扶贫""农村承包地确权登记颁证"等社会热点和公众关切的问题先后召开22场新闻发布会，起到解读政策、回应热点的舆论"吹风机"效果。在应对涉农突发事件中，相关部门"第一时间发声"，也起到了澄清传言、稳定人心的舆论"压舱石"作用。2017年7月底，欧洲多国发生氟虫腈污染鸡蛋事件，引发国内民众对鸡蛋食用安全的担忧。对此，国家质检总局迅速发布权威信息指出，欧洲鸡蛋未获准进入中国内地市场，农业部接连下发两个通知加强农药使用和蛋禽养殖安全管理，并组织开展检查。一系列权威回应和处置举措，有效防范和化解了舆情风险，稳定了市场和消费者信心。此外，政府部门在舆情应对和舆论引导中更加主动、自信，屡屡获得民众点赞。2017年，一些地方在治理畜禽养殖污染过程中简单、粗暴地"一禁了之、一拆了之"，引发民众不满。对此，中纪委、环保部、农业部先后发声，"野蛮拆迁违法可举报""养殖环保一刀切是滥作为""禁养拆迁要补偿"等权威表态，赢得舆论肯定。

三 2017年"三农"常热话题舆情分析

（一）农业农村改革：乡村振兴战略鼓舞人心，激发热烈反响

2017年，农业农村改革各项工作稳步推进，诸多成就备受瞩目。党的十九大前夕，农业农村"砥砺奋进的五年"被聚焦。《人民日报》《农民日报》等主流媒体纷纷以专题报道、系列报道的形式展开综合评述。农业部韩长赋部长从粮食生产能力、农业供给侧结构性改革、现代农业建设、农村改革、农业绿色发展和农民收入六个方面概括了党的十八大以来农业农村经济形势六个"新"的特点，① 被舆论认为是对过去五年农业农村发展鲜明特点的高度凝练，并纷纷点赞我国农业农村五年发展成就。10月，党的十九大提出实施乡村振兴战略，舆论反响热烈，开幕第二天，相关网络新闻信息量即达1.7万余篇。网民在新闻跟帖中热烈讨论，认为乡村振兴战略让农村发展有了"新航标"，实实在在说出了老百姓的心声。从十九大报告首次提出，到12月底中央农村工作会议部署相关重点任务，乡村振兴频频见诸各类网络平台，成为2017年"三农"舆情热度排行第一位的热点事件。舆论对乡村振兴战略展开了多角度多层面的讨论和建言。有舆论认为，乡村振兴战略是对农村定位的再认识，是对"'三农'问题重中之重"的继承和创新发展，资源要素配置将进一步向"三农"倾斜，农业农村发展的短板将加快补齐。有舆论认为，产业兴旺是乡村振兴的基石，首先要发展现代农业，其次要把农业绿色发展的美好蓝图变为现实，让农业农村尽快"绿"起来"靓"起来。还有网民说，相信在国家乡村振兴战略好政策的带动下，我们家乡发展的前景会更加美好，全面建成小康社会未来可期。

（二）农业绿色发展：绿色生产方式实现多点突破，备受舆论好评

各地农业部门牢固树立并积极践行绿色发展理念，大力推动农业绿色发展。2017年，农业绿色发展政策密集部署，获得舆论好评。2月，中央一号文件提出深入推进农业绿色化，舆论称赞这是利在千秋的重大举措，能够为子孙后代留出生产和发展空间。5月，农业部部署实施畜禽粪污资源化利用等农业绿色发展五大行动，舆论认为这牵住了农业发展的"牛鼻子"。紧接

---

① 《农业农村经济发展势头向好 呈现"六个新"》，国务院新闻办公室网站，http://www.scio.gov.cn/xwfbh/xwbfbh/wqfbh/35861/37151/zy37155/Document/1564993/1564993.htm。

着,中办、国办《关于创新体制机制推进农业绿色发展的意见》于9月出台,这是党中央首个关于推进农业绿色发展的文件。舆论对此予以高度评价,赞其绘就了农业绿色发展的路线图,是中国农业发展方式的战略选择。

2017年,我国农业绿色发展多个方面取得突破,农业生产和农业面源污染治理是舆论关注的重点。农业生产方面,"调优调绿"成为关键词。舆论为各地春耕开展的绿色高产高效创建"叫好",称其"绿"了农业、"美"了乡村、"鼓"了腰包,魅力无限。围绕绿色发展,农业转型升级备受舆论瞩目。各地粮食生产从"多产粮"转向"产好粮",新型经营主体从"靠政策"转向"找市场",引发舆论积极点赞。舆论指出,种植结构调整使得种粮效益增加,实现了丰收与增收"两头甜"。还有舆论指出,农业黑科技的应用正在促使传统农业加快向现代农业转型,中国农业的故事将会越来越精彩。2017年末,《人民日报》、新华社等媒体纷纷发布盘点文章称,围绕农业供给侧结构性改革的主线,农业绿色发展之路更加清晰,粮食生产结构进一步调优、生产方式进一步调绿、产业进一步调顺。①

在农业面源污染治理方面,畜禽粪污资源化利用是报道热点。国务院办公厅专门针对畜禽养殖废弃物资源化利用发布指导意见。农业部也印发《畜禽粪污资源化利用行动方案(2017~2020年)》,并于2017年6月底在长沙召开全国畜禽养殖废弃物资源化利用会议。舆论称,为"猪粪"开会,这在中国历史上还是第一次,畜禽粪污治理迎来前所未有的大手笔,国家对养殖环保的重视提升到新高度。在各地各部门联手推动下,畜禽养殖废弃物资源化利用成效逐步显现,江西、山东猪粪"变身"优质固态有机肥,猪粪从"讨人嫌"变身"香饽饽",成为猪场的新盈利点。此外,秸秆发酵生产蘑菇、秸秆加工家具、秸秆制成可降解地膜等秸秆综合利用的有益做法备受关注。舆论称秸秆正在经历"72变",从污染源头变成"绿色宝藏"。

---

① 胡璐、高敬:《我国将持续推进化肥农药等农业投入品减量》,新华网,http://www.xinhuanet.com/2017-12/29/c_1122187926.htm。

（三）农村土地制度改革："承包地到期再延长30年"最受关注

2017年，农村土地制度改革步入"深水区"，舆情关注热度持续居高，相关新闻报道量和社交媒体帖文量均有明显增加，在新闻和帖文中均排在年度第3位。其中，党的十九大报告中提出的"第二轮土地承包到期后再延长三十年"受到高度关注。党的十九大召开短短数天内，微信平台相关话题就产生数篇阅读量达10万+文章。舆论对此予以高度评价，称其切中了农业发展的根基性问题，切中了农民最关心的问题，给他们吃下了"定心丸"，是农业农村农民的福音。

从全年热点舆情看，农村承包地确权登记颁证、农村集体产权制度改革等被舆论标注为关键词。2017年，28个省份推进农村承包地确权登记颁证工作，全国试点总体进展顺利，确权面积占第二轮家庭承包耕地账面面积的82%。舆论称其"全面提速"，为农村各项改革筑牢了基础、开启了空间，并对2018年农村承包地确权收官之年满怀期待。农村集体产权制度改革试点从29个增至129个，累计有6.7万个村和6万个组完成改革，股金分红2840亿元。① 对此，舆论称"试点扩围"为各地农业农村发展增添了无穷动力，给农民带来了实实在在的好处。"三块地"改革审慎务实推进，改革试点延期引发广泛讨论。舆论指出，"试点延期"反映出中央态度谨慎，改革应认真总结阶段性成果，围绕待解问题充分试验，不断完善顶层设计。

同时，各地农村土地制度改革的积极尝试也成为关注热点。四川设立农地流转履约保证保险、湖北武汉鼓励市民下乡租赁空闲农房创业、宁夏平罗县推出农民以地养老模式等受到广泛关注。舆论表示，正是有了农村土地制度的系列创新和改革，才迎来"三农"发展大好机遇，中国经济增长的"下一个风口"必将是农村发展。

---

① 董峻：《为乡村振兴战略提供重要制度支撑——农村集体产权制度改革进展综述》，新华网，http://www.xinhuanet.com/politics/2018-01/30/c_1122338569.htm。

(四)农村创业创新:新农人群体成为农村"香饽饽"

2017年,农业农村成为创业者创新发展、创造财富的新领地。在政府部门一系列政策扶持下,农村创业创新的活力和效能得到充分释放,相关话题成为舆论关注热点。5月,中办、国办《关于加快构建政策体系培育新型农业经营主体的意见》出台,鼓励农民工、大中专毕业生、退伍军人等群体返乡下乡创办领办新型农业经营主体。农业部密集出台多项举措,通过创建农村创业创新园区、举办农村双创项目创意大赛、推介双创带头人典型等方式,不断完善农村创业创新机制,为农村创业创新提供坚实保障。国家发改委、财政部、人社部等在农业政策性金融支持、返乡创业人员培训等方面给予大力扶持。各地政府部门也积极发力,加强政策创新、制度创新,积极推动各项返乡创业政策落地。微信公众号中出现大量文章,其中不少阅读量达10万+。这些文章汇总介绍农村创业创新各项帮扶举措,大到项目申请的扶持政策,小到用水用电的优惠措施,向创业者提供了有效参考。有微信公众号直接向农民工喊话:"过完年别走啦!返乡创业这么多红利何须再背井离乡。"

国家发改委《农村一二三产业融合发展年度报告》数据显示,2017年,全国返乡创业人员超过740万人,其中返乡农民工536.5万人,占72.5%。舆论对"农民工老板""硕士农场主""退伍军人合作社"等高素质的新农人倍加关注,对他们采用的新技术、新模式、新业态予以高度聚焦。种养融合、产销融合、农旅融合等创意发展模式,屡屡成为舆论关注热点。双创人员规模不断壮大,为我国带来新的发展红利,舆论给予积极评价。有舆论称,新农人群体是乡村振兴的生力军,他们带回新观念的"火种",重塑着农村经济版图和乡土社会文明,激活了新农村。舆论表示,尽管还有困惑与难点,但新农人改变农村面貌的点点滴滴都值得鼓与呼,因为他们足音正健,给人以无限的希望,昭示着奋进的中国。①

---

① 双瑞、沈洋、李平:《人回来了,村庄活了!"雁归经济"激活新农村》,半月谈网,http://www.banyuetan.org/chcontent/jrt/20171010/237367.shtml。

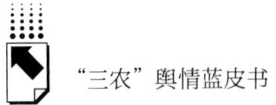

（五）农产品市场：农业品牌建设成为舆论共识

2017年，"菜篮子"依然牵动民心，部分地区肉蛋蔬菜价格波动成为关注热点。上半年，全国多地鸡蛋价格出现持续下跌，网民调侃"鸡蛋遭遇本命年"，"倒霉蛋""伤心蛋"等网络衍生词纷纷出现。5~6月，全国多地蔬菜价格持续回落，不时有媒体和自媒体曝出个别蔬菜品种滞销信息。其中，山东、河南等地蒜薹滞销，舆论称"蒜你狠"变成"蒜你完""蒜你跌得狠"。对此，舆论指出"供需失衡"是主因，并从做好产业规划、完善市场信息化建设等方面积极建言。也有舆论认为，出现滞销卖难的农产品，大多数是没有品牌的农产品，特色和品牌产品所受影响要明显小得多。有媒体以"胶州大白菜"和"胶州的大白菜"为例予以说明——"胶州大白菜"一直保持每棵30元的高价，堪称"卖出了肉价"，但"胶州的大白菜"经常卖每斤几毛钱。① 舆论据此指出，高品质和好品牌是赢得市场的关键。

从舆论关注情况看，2017年，我国农业品牌建设步伐明显提速，相关话题屡屡成为舆论关注焦点。中央一号文件对"推进区域农产品公用品牌建设"做出明确部署。农业部将2017年确定为"农业品牌推进年"，举办了一系列重大活动。其中，全国农业品牌创建大会诸多亮点引发舆论瞩目，"走在品牌路上，农业大有希望"深得舆论认同；中国国际茶业博览会发布"中国十大茶叶区域公用品牌"、举办国际茶咖对话，一系列活动吸引舆论广泛关注；第十五届中国国际农产品交易会发布"中国百强农产品区域公用品牌"、举办我为家乡品牌农产品代言公益活动，引发舆论积极点赞。舆论指出，我国目前已涌现出一大批叫得响、过得硬的农产品品牌，农业正由"吃饭农业"向"品牌农业"转型。

---

① 乔金亮：《我国农产品品牌建设任重道远 向世界展示中国农业力量》，中国经济网－经济日报，http://www.ce.cn/cysc/newmain/yc/jsxw/201707/12/t20170712_24159294.shtml。

（六）农产品质量安全：舆情热度下降、谣言依然多发

2017年，社交媒体农产品质量安全相关帖文舆情量出现66.8%的同比降幅，农产品质量安全话题舆情热度总体下降。2013~2016年，农产品质量安全曾连续4年成为最受网民关注的热点话题。但2017年，其舆情热度退至网民热点话题排行第5位。究其原因，一方面，农产品质量安全平稳向好，给网民上了"放心锁"；另一方面，社会各界积极支持网络谣言治理，令农产品质量安全谣言无地滋生、无处藏身。2017年，农业部坚持质量兴农，一手抓生产，一手抓监管，全年农产品质量安全监测总体合格率比上年提高0.3个百分点，达97.8%。此外，2017年多起农产品质量安全热点事件虽依然引发网民高度关注，但得益于政府部门的快速反应和有效应对，事件都得到了妥善处置，相关舆情也快速平息，未出现衍生或反转。

此外，微博微信等社交平台中，农产品质量安全谣言依然多发。从内容上看，这些谣言大多为旧谣新传、无中生有，如"大闸蟹靠激素养肥""吃大盘鸡感染H7N9"等谣言，被辟谣多次仍反复出现。从方式上看，很多谣言借助视频手段快速传播。如"塑料紫菜""西瓜400天不腐烂是喷了防腐剂""黄瓜打吊瓶注射激素""杨梅注胶""一头猪的遗言"等谣言，均以视频形式发布。谣言对于农产品尤其是鲜活农产品的影响是致命的。"塑料紫菜"谣言致使紫菜行业受到重创，"蜜桃打防腐剂"谣言致使山东临沂桃农损失惨重……为避免发生谣言伤农现象，政府部门、行业协会、新闻媒体及相关社会组织等多方力量形成合力，对谣言进行及时回应、快速澄清、坚决打击。农业部发布"农产品质量安全十大谣言真相"，引发舆论呼吁"转发，让农民不再背黑锅"；公安部连出重拳，让多起谣言发布者受到法律制裁，网民直呼"真给力"。舆论表示，谣言对行业发展和社会稳定造成的影响不容忽视，必须依法严厉打击、加大惩处力度，震慑造谣者。

（七）脱贫攻坚：产业扶贫挑起"大梁"获点赞

2017年，脱贫攻坚继续成为热点话题。习近平总书记在全国两会上强

调"绣好精准扶贫这朵花",党的十九大报告提出"脱真贫、真脱贫",一系列重大部署引发舆论聚焦。在全国齐心努力下,2017年我国脱贫攻坚交出亮丽"成绩单":全国农村贫困人口减至3046万人,贫困发生率为3.1%,分别比上年末减少1289万人、下降1.4个百分点。舆论对此给予高度评价,认为这展现了中国特色社会主义制度的巨大优越性。

作为脱贫攻坚的战略重点,农业产业扶贫受到媒体高度关注。《人民日报》、新华社等媒体通过图文并茂方式,广泛推介了江西赣南脐橙、广西百色芒果、河北平泉蘑菇、甘肃定西马铃薯等特色产业在带动当地群众脱贫致富中的重要作用。有舆论表示,从单向扶贫到产业对接,产业扶贫挑起了脱贫攻坚"大梁"。舆论期望多方合力筑牢农业产业基础,合力攻下贫困堡垒。针对龙头带动、榜样示范等产业扶贫模式,媒体予以积极报道。农业部举办"农业产业化龙头企业产业扶贫榜样推介活动",京东推出"跑步鸡""游泳鸭"扶贫项目等引发积极反响。舆论认为,产业扶贫需要龙头带动、榜样先行,不断总结提炼典型模式,合力推动贫困户增收致富。此外,电子商务在助力农业产业扶贫上的成效获得舆论认同。"双11"期间,多家电商推出扶贫主题活动,有效促进了贫困地区农产品的销售,"电商扶贫"因此成为热词。舆论称赞电商扶贫大放异彩、大有可为。

(八)乳业:质量提升赢得消费者认可

2017年,我国乳品质量安全继续保持稳步提升。统计数据显示,我国生鲜乳产品抽检合格率、生鲜乳乳蛋白率抽检平均值、乳脂肪抽检平均值分别为99.8%、3.2%、3.8%,达到发达国家水平。国内乳品质量提升也不断提振消费信心。有媒体援引尼尔森、欧瑞国际等市场调研公司统计数据称,2017年,国产奶粉行业增速升至8%,3年内首次出现回升,进而缩小了与国外品牌之间的市场差距。有舆论说,十年磨一剑,国产奶粉销售额重新增长,是中国乳业走向质量复兴的力证,国产奶粉又"牛"起来了!

全年看,"品质与品牌"成为舆论核心话题。品质保障上,政府部门的监管举措备受肯定,舆论称乳品质量安全最好成绩源自政府最严监管。

1月,《全国奶业发展规划(2016~2020年)》出台,对奶源安全保障、规模养殖标准化等方面做出详细部署。舆论指出,奶业规划为奶业发展指明了方向,是奶业发展的"强心剂",是奶业人的"定心丸"。2月,农业部召开促进奶业振兴座谈会,提出现代奶业建设"五大行动",启动"中国小康牛奶行动"。对此,舆论表示,奶业振兴"剑已出鞘",中国奶业将呈现全新面貌。8月开始,国家食药监局陆续发布婴幼儿配方乳粉注册获批企业名单,引发持续关注。舆论认为,这是奶粉市场的"防火墙",随着二孩政策的实施和消费信心的高涨,中国奶业发展大有看头。品牌发展上,"品牌引领发展"成为舆论共识。7月,在中国奶业D20峰会上,参会奶企展示优质产品、讲述品牌故事,引发媒体关注。舆论表示,民族奶业振兴的主角是企业,D20企业要发挥好榜样带头作用,用品质铸品牌,用品牌引领中国奶业发展。

(九)农民工:治欠保支新进展成为关注焦点

2017年,农民工讨薪热点舆情主要出现在1月。李克强总理在春节前为云南鲁甸农民工甘永荣讨薪,引发舆论热议。舆论认为,当前,保障农民工工资支付长效机制不断完善,日益发挥积极作用。有舆论将2017年称为保障农民工工资支付的"制度建设年",一系列保障农民工工资支付的政策举措相继出台实施。3月,政府工作报告提出,"锲而不舍解决好农民工工资拖欠问题"。随后,相关部门连发大招:国务院办公厅针对保障农民工工资支付工作印发考核办法;人社部出台行动计划明确"治欠保支"时间表,发布管理办法将拖欠农民工工资企业列入"黑名单";住建部发布上线全国建筑工人实名制管理平台等,引发媒体持续报道。一年来,通过制度的不断完善和持续推进,农民工工资拖欠势头得到有效遏制。全国查处的欠薪案件数量、涉及的农民工人数和拖欠工资数额都明显下降。

四 2018年"三农"网络舆情热点展望

2018年是贯彻党的十九大精神、实施乡村振兴战略的开局之年,也是我国发端于农村的改革开放40周年。2018年初,中央一号文件发布,全面部署实施乡村振兴战略。农业部于年初出台《关于大力实施乡村振兴战略 加快推进农业转型升级的意见》,部署全国推进质量兴农绿色兴农品牌强农、深入实施"农业质量年"行动相关工作。展望2018年,"三农"网络舆情热点或将来自以下几个方面。

(一)深化农村改革推动实施乡村振兴战略将成为舆论关注核心

乡村振兴战略是新时代做好"三农"工作的总抓手。农村最重要、最核心的生产要素是土地。当前,深化农村改革推动实施乡村振兴战略已成为舆论核心议题。作为农业农村改革的重头戏,农村土地制度改革必然成为关注焦点。有舆论指出,盘活土地资源将是真正实现乡村振兴的关键。2018年,农村承包地确权登记颁证、农村"三块地"改革等将迎来收官,农村宅基地"三权分置"改革试点将积极推进,农村集体产权制度改革试点也将扩围至300个县,相关改革举措将引发舆论对农村土地制度改革话题的持续关注。

(二)加强农业供给侧结构性改革推进农业高质量发展将继续受到舆论关注

乡村振兴首先要产业振兴,实现乡村振兴必须把农业产业发展摆在突出位置。当前,我国农产品供求矛盾主要表现为绿色、优质、生态农产品供给不足,因此,推进农业绿色发展、高质量发展是现代农业发展的迫切需要。2017年,农业部已将推进农业绿色发展确定为农业供给侧结构性改革的主攻方向。2018年,将继续推动农业高质量发展,从以增产为导向转为以提质为导向,由"量变"升华到"质变",质量兴农、绿色兴农、品牌强农将成为关键。随着相关举措的落地实施,农业品牌建设、耕地轮作休耕、化肥农药使用"双减"增效、畜禽粪污和秸秆资源化利用等将成为舆论关注焦点。

（三）推进农村创业创新培育农业农村发展新动能备受舆论期待

舆论普遍认为，乡村振兴战略的重要任务是激发农民的精气神，释放乡村发展新活力。在此愿景下，农村创业创新被寄予厚望。2017年，该话题引发良好舆情效应，农村双创产生的勃勃生机和宏大气象让舆论备感振奋。舆论认为，农村创业创新风生水起，返乡下乡双创人员数量日益增长、队伍庞大，其中蕴含着巨大的人口红利和发展红利。2018年，随着各地农村创业创新优惠政策不断落地，农村创业创新规模将继续壮大，进而推动农村一二三产业加快融合，为现代农业发展带来新型要素、培育新型业态，为农村改革发展带来新渠道、新模式，为农业农村发展提供新动能。丰富的实践探索和多模式的案例启示也将成为媒体争相报道的舆情素材。

（四）发挥产业扶贫关键作用助推脱贫攻坚仍将被寄予厚望

产业扶贫是实现"五个一批"的重要措施。近两年来，各地因地制宜大力推动适合本地的农业特色产业发展，给贫困地区带来了"钱景"，拔除了"穷根"，积累了许多宝贵经验。舆论称赞，打赢脱贫攻坚战，产业扶贫是关键；产业"车头带"，脱贫"跑得快"。党的十九大报告对"坚决打赢脱贫攻坚战"进行了总体部署，被舆论称为"脱贫攻坚战总攻令"。2018年，作为脱贫攻坚的重头戏，产业扶贫将继续发挥积极作用，相关话题也将一如既往受到舆论关注和讨论。

（五）经济全球化背景下的食品安全和农产品质量安全继续吸引舆论目光

经济全球化背景下，食品安全和农产品质量安全话题的"蝴蝶效应"日益凸显，即便是偶发性的小问题，也会被网络舆论聚焦和放大，进而形成被广泛关注的舆情话题，影响其他行业和地域。2017年，多个农产品质量安全热点舆情事件出现话题衍生现象：辽宁沈阳"问题大葱"致山东寿光百余只羊死亡，引发各地严查大葱、加强监管；麦当劳在全球多国停用抗生

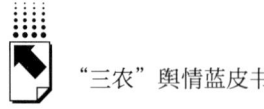

素鸡，首批名单中却没有中国，引发舆论对国内养殖抗生素使用问题的讨论；美国牛肉重返中国市场，引起舆论对进口牛肉食用安全的担忧；欧洲发生氟虫腈污染鸡蛋事件，引发舆论对国内鸡蛋质量安全的关注。2018年，食品安全和农产品质量安全话题将被持续讨论，发生热点舆情事件的概率较大。

参考文献

高云才：《我国粮食生产坚定向优向绿步伐》，《人民日报》2017年11月21日。

郁静娴：《农村土地确权面积超十一亿亩 占二轮家庭承包耕地的百分之八十二》，《人民日报》2017年11月30日。

常钦：《我国农产品质量安全合格率达97.8%》，《人民日报》2018年2月8日。

陈炜伟：《2017年末农村贫困人口减至3046万人》，《人民日报》2018年2月2日。

钱瑜、王子扬：《配方注册红利下的国产奶粉新考》，《北京商报》2018年2月9日。

夏芳：《"奶粉新政"利好国产大品牌 伊利奶粉去年销量增长20%超行业增速》，《证券日报》2018年1月12日。

韩秉志：《去年查处欠薪案14.3万件同比下降38.8%》，《经济日报》2018年1月21日。

钟永玲、张祚本、李婷婷、王明辉：《为乡村振兴提供有力舆论支撑——2017年我国"三农"舆情回眸》，《农民日报》2018年2月1日。

分 报 告
Sub-report

B.2 农业生产与粮食安全舆情报告

钟永玲 张文静[*]

摘 要： 2017年，农业生产与粮食安全舆情总量较上年增长2倍多；下半年热点事件较上半年多；地方媒体积极发声，首发的热点事件数量较上年明显增长。农业供给侧结构性改革对质量兴农、绿色发展的重点部署受到高度聚焦，农业生产"向优向绿"成为贯穿全年的焦点话题；农业科技创新广受肯定，"水稻亲本去镉技术获突破""海水稻亩产600公斤""巨型稻试种成功"等水稻科技攻关成果赢得网民数十万次的点赞；新型农业经营主体和新型职业农民相关的顶层设计和配套文件接连出台，被称为破解"谁来种地"问题的政策红利，引发舆论持续关注。

---

[*] 钟永玲，农业农村部信息中心舆情监测处处长，高级经济师，主要研究方向为涉农网络舆情、农业经济；张文静，北京乐享天华信息咨询中心舆情分析师，主要研究方向为涉农网络舆情。

关键词： 农业生产 粮食安全 绿色发展 科技创新 新型农业经营主体

2017年是推进农业供给侧结构性改革的深化之年，我国粮食生产再获丰收，农业发展"向优向绿"备受肯定。全年农业生产与粮食安全话题的舆情量总量74.2万篇，同比增长2.1倍。其中，新闻报道量27.3万篇，增长72.0%；社交媒体相关帖文量46.9万篇，增长4.9倍。农业供给侧结构性改革对质量兴农、绿色发展的重点部署受到高度聚焦，农业生产的机械化、智能化成为贯穿整个农业生产季节的报道热点，各地新型农业经营主体和新型职业农民展现的新气象也受到积极关注。水稻亲本去镉技术、巨型稻、海水稻等农业科技进步成果在微博中赢得网民数十万次点赞。

一 热点事件排行及舆情传播特点分析

通过对2017年1～12月涉及农业生产与粮食安全的新闻、帖文进行监测，并加权计算，得出相关热点事件的舆情热度，据此列出排行前40位的热点事件（见表1）。

表1 2017年农业生产与粮食安全热点事件TOP 40

排名	热点事件	月份	首发媒体	舆情热度
1	中央一号文件连续第14次聚焦"三农"	2	新华网	24269
2	袁隆平宣布水稻亲本去镉技术获突破	9	《农民日报》	14839
3	党的十九大报告：培育新型农业经营主体，实现小农户和现代农业发展有机衔接	10	新华网	8505
4	中央农村工作会议：深化农业供给侧结构性改革，走质量兴农之路	12	新华网	7176
5	"海水稻"亩产最高超600公斤	9	新浪微博	7052
6	袁隆平用英语演讲向世界介绍超级杂交水稻	7	新浪微博	6329

续表

排名	热点事件	月份	首发媒体	舆情热度
7	十二届全国人大五次会议记者会：韩长赋就"推进农业供给侧结构性改革"答问	3	中国网	6320
8	中办、国办印发《关于创新体制机制推进农业绿色发展的意见》	9	新华社	6304
9	全国两会"农业生产与粮食安全话题"	3	新华网	6302
10	河北邯郸超级杂交水稻单季亩产创新高	10	新浪微博	4947
11	多个小麦主产区出现气象灾害和病虫害，"抗灾保丰收"成关注主题	5	齐鲁网	4916
12	湖南长沙巨型稻试种成功	10	《长沙晚报》	4813
13	中储粮南阳万吨小麦被忘7年后变质	5	中国新闻网	4534
14	国务院发布《关于建立粮食生产功能区和重要农产品生产保护区的指导意见》	4	中国政府网	4335
15	2017年全国粮食总产量61791万吨 为历史第二高产年	12	国家统计局网站	4187
16	夏粮再获丰收"质优价高"成关注焦点	7	国家统计局网站	3594
17	中办、国办发布《关于加快构建政策体系培育新型农业经营主体的意见》	5	新华网	3581
18	农业部等3部门联合印发《关于加快发展农业生产性服务业的指导意见》	8	农业部网站	3040
19	袁隆平入驻青岛国际院士港把"豪宅别墅"当成"田间地头"	7	秒拍视频	2826
20	国务院常务会议确定进一步扶持和培育新型农业经营主体的措施	12	中国政府网	2720
21	南方洪涝、北方干旱致局部农业损失较重 农业部门积极组织抗灾	7	农业部网站	2569
22	2018年小麦最低收购价格下调	10	国家发改委网站	2486
23	水稻生物学家、中国工程院院士朱英国逝世	8	湖北网络广播电视台	1722
24	舆论关注持续阴雨天气给"三秋"生产造成的影响	10	农业部网站	1543
25	农业部发布"十三五"全国新型职业农民培育发展规划	1	农业部网站	1510
26	十九大新闻中心举行"农业科技创新"集体采访	10	新华网	1430
27	农业部等6部门联合印发《关于促进农业产业化联合体发展的指导意见》	10	农业部网站	1401

续表

排名	热点事件	月份	首发媒体	舆情热度
28	江西种粮大户给农民发308万元"年终奖"	1	中国新闻网	990
29	中储粮郑州代储库将发红的小麦运往面粉厂	3	澎湃新闻网	949
30	《耕地质量等级》国家标准发布	1	新华网	891
31	粮食主产区全力防控病虫害保秋粮	8	农业部网站	873
32	国新办政策吹风会:培育新型农业经营主体推进现代农业发展	12	中国网	860
33	国家粮食局等3部门下发紧急通知,要求做好秋粮收购工作	11	国家粮食局网站	658
34	农业部就"十八大以来我国种业改革创新情况"举行新闻发布会	10	农业部网站	584
35	全国新型职业农民培育工作推进会:今年将培育100万以上新型职业农民	6	《山西日报》	545
36	北大荒"头米"拍出1888元	9	新浪微博	503
37	种子行业最大问题:进口的按粒卖、国产的论斤卖	8	《经济参考报》	437
38	"收割机指数"绘就中国麦收新图景	6	新华网	424
39	农业部就耕地轮作休耕制度试点进展情况举行发布会	9	农业部网站	389
40	春耕备耕期间部分地区"毁约弃耕"现象受关注	2	《湖北日报》	197

对以上40个热点事件进行分析,总结出以下舆情特点。

1. 2017年下半年舆情热度居高,10月热点事件最为集中

从发生时间看,2017年下半年出现的农业生产与粮食安全相关热点事件在数量和舆情热度上均高于上半年。其中,上半年热点事件共有14个,事件舆情热度总值为59763;下半年热点事件有26个,事件舆情热度总值为91786。下半年秋收及各地秋粮收获中展现的科技创新成果,党的十九大前夕农业改革发展成就综述,十九大报告关于小农户与现代农业发展有机衔接等方面的部署,中央农村工作会议等重要会议召开,重大政策密集出台,

使得下半年热点事件明显增加。特别是 10 月热点事件达到 8 个,为年内的月度峰值(见图 1)。

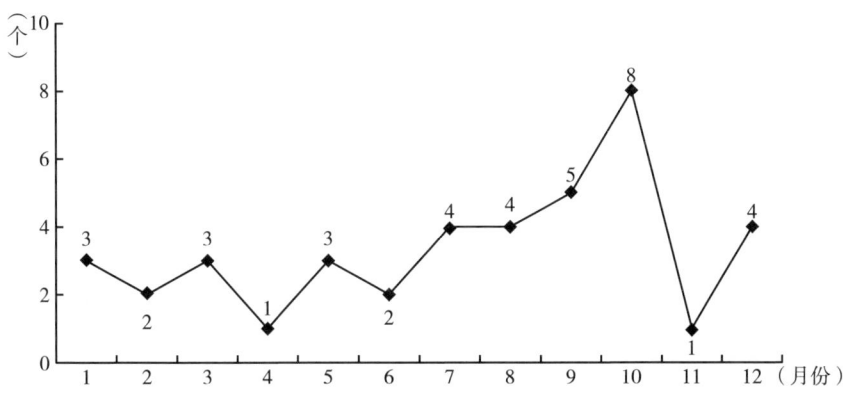

图 1　2017 年农业生产与粮食安全热点事件发生时间分布

从舆情热度值看,上述 40 个农业生产与粮食安全热点事件的舆情热度总值为 151549,每月均值为 12629。从各月热点事件的舆情热度看,全年共有 7 个月的舆情热度超过均值。上半年舆情热度最高的时间点出现在 2 月,中央一号文件连续第 14 次聚焦"三农",对农业供给侧结构性改革做出深入部署,舆论关注热情明显高涨。3 月的舆情热度也居于高位,全国两会相关话题占据热度值的大部分比重,农业部部长韩长赋针对"推进农业供给侧结构性改革"答记者问,以及两会代表委员对农业生产与粮食安全相关话题的建言和讨论引发大量报道。5 月,国办出台意见"培育新型农业经营主体",多个小麦主产区出现气象灾害和病虫害,中储粮南阳曝出"万吨小麦遗忘 7 年后变质",在 3 个事件的热度叠加下,当月舆情热度高于全年均值。7 月,舆情热度再次上涨,夏粮收获、多地农业遭受气象灾害的相关消息同时成为当月热点。袁隆平是 7 月的焦点人物,社交媒体中出现的袁隆平"用英语介绍超级稻""把别墅当成水稻研发基地"等消息引发大量刷屏。9~10 月,舆情热度居于全年高点。这两个月共计出现了 13 个热点事件,其中有 6 个事件与农业科技创新相关,水稻科技攻关惊喜不断,成为关注重点。还有4个事件涉及农业改革部署和政策举措，主要涉及农业绿色发展、农业产业化联合体发展、新型农业经营主体培育等方面。12月，全国粮食再获丰收，中央农村工作会议部署"深化农业供给侧结构性改革"，国务院会议接连部署对新型农业经营主体的培育和扶持等信息推动舆情热度再次攀高（见表2）。

表2 2017年农业生产与粮食安全热点事件各月舆情热度

月份	1	2	3	4	5	6	7	8	9	10	11	12
舆情热度	3391	24466	13571	4335	13031	969	15318	6072	29087	25709	658	14943

2. 农业改革部署、农业科技创新相关热点事件排行居前2位

从热点事件的主题分布看，农业改革部署和政策举措相关的热点事件数量最多，有15个。其中，新型农业经营主体和新型职业农民相关扶持举措密集发布，在15个事件中有8个属于此类。农业供给侧结构性改革的制度体系不断完善，推进农业绿色发展、建立粮食生产功能区和重要农产品生产保护区等配套政策接连出台。农业科技创新相关的热点事件有7个。关注点主要在两方面，一是政府层面对农业科技创新总体情况的通报，如十九大新闻中心举行"农业科技创新"集体采访、农业部新闻发布会通报十八大以来我国种业改革创新情况；二是水稻科技攻关成果，"水稻亲本去镉获突破""海水稻亩产600公斤""巨型稻试种成功""超级稻亩产创新高"等引发持续高热舆情。农业"向优向绿"相关的热点事件有7个，粮食生产的质量效益成为关注核心，夏粮丰收"质优价高"、北大荒"头米"拍出1888元、江西种粮大户给农民发308万元"年终奖"等受到热议。粮食生产和流通环节隐忧相关的热点事件有4个，春耕期间部分地区出现"毁约弃耕"现象，粮食收储过程曝出的中储粮"万吨小麦被忘7年变质""小麦发红"等问题广受关注。农业灾害相关的热点事件有4个，主要是夏收和秋收季节气象灾害和虫害对农业生产造成的影响，"抗灾保丰收"成为核心话题。农业科学家相关的热点事件有3个，杂交水稻专家袁隆平、水稻生物

学家朱英国,献身农业、忘我工作,为我国农业科技进步做出的卓越贡献受到舆论高度评价(见图2)。

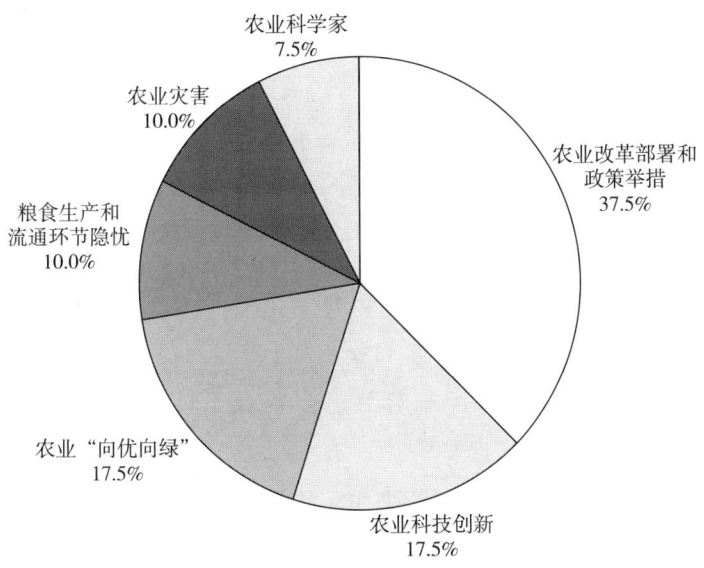

图2 2017年农业生产与粮食安全热点事件主题分布

此外,上述6个关涉主题中,有4个主题在事件数量上出现两两相同情况,但在舆情热度上存在较为明显的差异。如,农业科技创新、农业"向优向绿"两个主题,均出现7个事件,但在舆情热度上,农业科技创新相关事件的热度值为34089,农业"向优向绿"的热度值为22285(见表3)。

表3 2017年农业生产与粮食安全热点事件各主题舆情热度

主题	农业顶层设计和政策举措	农业科技创新	农业"向优向绿"	农业灾害	粮食生产和流通环节隐忧	其他
舆情热度	68282	34089	22285	9900	6117	10876
事件数量	15	7	7	4	4	3

3. 地方媒体积极发声,社交媒体与新闻媒体在信息首发能力上的差距缩小

从事件首发媒体看,新闻媒体和政府网站继续成为信息发布的主要

平台，事件数量分别为21个、14个，总占比达87.5%。但2017年的首发媒体也出现了新特点。一是新闻媒体中，地方媒体首发的热点事件数量有明显增长。2017年新闻媒体首发的21个热点事件中，地方媒体首发的有5个。《山西日报》、湖北网络广播电视台、《长沙晚报》等媒体充分利用地域优势，分别对当地发生的"巨型稻试种成功""水稻专家朱英国逝世"等重大涉农事件，以及在当地召开的"全国新型职业农民培育工作推进会"等重要行业会议进行第一时间报道。而2016年由新闻媒体首发的23个热点事件，均来自《人民日报》、新华网等中央媒体，没有地方媒体首发情况。二是社交媒体首发的事件在数量和舆情热度上，与新闻媒体的差距缩小。2017年，来自新浪微博和短视频平台的热点事件有5个，2016年由社交媒体首发的热点事件仅有1个。从舆情热度看，2017年排行前10位的热点事件中，有3个出自新浪微博，分别为青岛"海水稻亩产超600公斤"、袁隆平用英语演讲向世界介绍超级杂交水稻、河北超级杂交水稻亩产创新高，均是网民发自事件现场的第一手报道（见图3）。

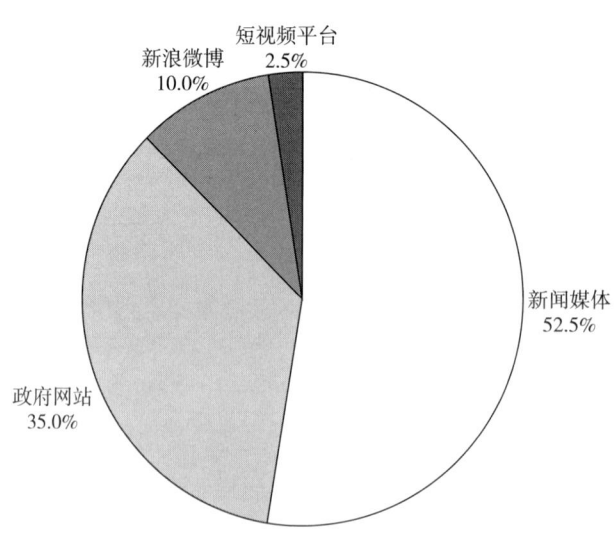

图3　2017年农业生产与粮食安全热点事件首发媒体分布

二 热点舆情回顾

1.供给侧结构性改革精准发力,农业发展"向优向绿"备受肯定

2017年,农业供给侧结构性改革步入纵深,质量兴农、绿色发展的改革重点日益明朗,相关政策体系加速形成,引发各界高度聚焦。2月,中央一号文件对农业供给侧结构性改革做出全面布局,对绿色、优质、安全进行了详细部署,释放了转变农业发展导向的鲜明信号,被舆论称为"塑造中国农业未来的关键之举"。4月,国务院针对粮食生产功能区和重要农产品生产保护区建设发布指导意见。有舆论指出,优化农业区域布局将带来农产品质量效益和市场竞争力的稳步提升,是农业供给侧结构性改革打出的又一手好牌。9月,中办、国办发布意见,提出创新体制机制推进农业绿色发展,为农业发展方式转变再添政策动力,引发舆论强烈共鸣,农业绿色发展理念深得民心。此外,2017年公共财政进一步向"三农"倾斜,中央财政对高标准农田建设和耕地轮作休耕试点的投入分别达到287亿元、25.6亿元。[1] 国务院发布专门意见,提出涉农资金统筹整合的长效机制,提高涉农资金配置和使用效率,为推进农业供给侧结构性改革、落实乡村振兴战略注入源源不断的活力。针对上述一系列重磅部署,舆论认为农业供给侧结构性改革的指向性和精准性不断提高,我国农业领域的"天花板"和"紧箍咒"将被一一击破,绿色生态、长效发展的现代农业舒展新颜。

党的十八大以来的五年,我国农业生产在结构调优、方式转绿方面取得显著成效:截至2017年,籽粒玉米累计调减5000万亩、粮改饲面积超过1300万亩、轮作休耕试点面积扩大到1200万亩、化肥农药使用量提前实现零增长。[2] 舆论对此予以积极肯定,农业生产"向优向绿"也成为贯穿全年

---

[1] 《中央财政安排25.6亿元扩大耕地轮作休耕试点面积》,新华社,http://www.xinhuanet.com/energy/2017-06/21/c_1121182889.htm。

[2] 汪亚:《五个字六方面看五年来农业农村经济工作亮点》,新华网,http://www.xinhuanet.com/politics/2017-12/29/c_129778919.htm。

的焦点话题。春耕期间,"绿色"成为媒体报道的高频词。各地春播春管"农药化肥做减法质量效益做加法"、稻渔综合种养等积极举措引发重点关注。《农民日报》《经济日报》等媒体指出,绿色有机观念渐入人心、优质农产品播种面积大幅增加、"一粮独大"的局面明显改变,"大水大肥猛药"明显减少,春耕中的"加减法"凸显了田野间的新变革。夏粮收获后,单产、品质、效益的"三提升"成为关注焦点。河南、山东、河北等地小麦呈现的"质优价高"特点引发大量报道。舆论认为,主动调结构、瞄准供给侧和绿色生产,三大积极转变实现了夏粮增产与增收的"两头甜"。12月,国家统计局通报的"全国粮食总产量12358亿斤""历史上第二高产年"等情况受到广泛关注。[①] 舆论认为,在粮食播种面积减少、高产作物大幅调减等情况下,全国粮食的再获丰收主要得益于粮食单产水平的增加,这也充分说明了农业供给侧结构性改革取得的积极成效。

2.科技创新"藏粮于技",现代农业带来诸多惊喜

2017年,现代农业发展中的新特点新气象持续吸引舆论目光,农业生产呈现的机械化、智慧化获得赞叹连连。春耕春管期间,植保无人机、免耕播种机、喷灌机等成为各地田间地头的"常客",舆论笑称春耕上演"机器总动员"。粮食收获时节,联合收割机、旋耕机、秸秆打捆机等表现亮眼,舆论称粮食收割已从"开镰"变"开机"。同时,智慧农业也不断拓宽现代农业的发展思路,各地呈现的智能化育秧、大数据构建收割机指数、卫星指挥农民种地等便捷高效的农业生产方式,让舆论感叹"现代农业有颜值也有产值,务农者赚了面子还鼓了腰包"。舆论充分肯定科技创新对现代农业的支撑作用。2017年,农业部、科学技术部(以下简称科技部)等部门分别针对农业科技发展、农业农村科技创新发布规划部署,引发积极评价。舆论称,政策托底农业科技创新,现代农业还将大展宏图。

从关注情况看,我国种业科技创新成为报道重点。《经济日报》总结了

[①] 《2017年全国粮食在种植结构调整优化基础上再获丰收》,国家统计局网站,http://www.stats.gov.cn/tjsj/sjjd/201712/t20171208_1561538.html。

十八大以来的种业"三变",称科研转化的"肠梗阻"得到突破,"小散弱"格局初步改变,被洋种子占领的"失地"逐步收复。9月,农业部在新闻发布会上对我国种业发展情况的通报也被媒体大量转述报道,"亮点突出""取得新成效"等词组被广泛设置在报道标题中。舆论期待多方合力"把民族种业搞上去",相信"种业的明天会更加美好"。粮食收获时节,高产优质的小麦、水稻、玉米等农作物品种为全年粮食丰收做出的积极贡献备受舆论肯定。其中,水稻科技取得的长足进步成为秋收季的热点话题。9月末,"海水稻"亩产超600公斤、① 水稻亲本去镉技术取得突破等消息在微信、微博等社交平台持续刷屏。10月中旬,湖南长沙巨型稻试种成功、② 河北邯郸超级杂交水稻单季亩产创新高等消息引发网民积极评价和大量点赞。11月上旬,"分子模块设计"育种水稻亩产超900公斤、广西"超级稻+再生稻"亩产首次突破1500公斤等消息再次成为热点话题。同时,中国水稻在"一带一路"相关国家的出色表现也被广泛报道。新华网等媒体报道了尼泊尔、菲律宾、巴基斯坦等国种植中国杂交水稻、"绿旱"水稻的情况,称节水、产量高、收益高等特点让当地农民尝到了甜头。《人民日报》说,中国水稻取得的一项项技术突破不断给世界带来惊喜,见证了大国责任与担当。

3. 政策破题"谁来种地",农民职业化振奋舆论

"谁来种地"是农业供给侧结构性改革需要解决的大问题,也是舆论关注的热点问题。2017年,新型农业经营主体和新型职业农民相关的顶层设计和配套文件接连出台,被称为破解"谁来种地"问题的政策红利,引发舆论持续关注。全国两会期间,习近平总书记用"爱农业、懂技术、善经营"9个字定义新型职业农民。中央一号文件、党的十九大报告对培育新型农业经营主体做出明确部署。5月,中办、国办专门出台意见,为新型农业

---

① 王伟、张磊、袁娉:《我国首茬试种"海水稻"开镰亩产突破600公斤》,央广网,http://china.cnr.cn/news/20170929/t20170929_523969776.shtml。
② 钱娟:《长沙高产"巨人稻"试种成功个头超2米亩产过吨》,长沙晚报网,http://www.icswb.com/h/151/20171010/490980.shtml。

经营主体培育提供了全方位的政策支持。12月,国务院常务会议针对新型农业经营主体进一步部署了扶持和培育政策举措。同时,农业部明确了新型职业农民培育发展目标,提出2017年培育新型职业农民100万人以上,到2020年全国新型职业农民总量将超过2000万人。此外,农业部、财政部、国家发改委等部门先后出台加快发展农业生产性服务业、推动农业产业化联合体发展等配套文件,积极回应新型农业经营主体和新型职业农民的所需所盼。针对上述一系列政策,舆论充分肯定,称这是"帮助农民、提高农民、富裕农民"的切实举措,并寄望新型农业经营主体和新型职业农民积极发挥引领作用,带动小农户一起发展,共享农业发展的收益和红利。

各地新型农业经营主体和职业农民展现的积极气象成为报道热点。2017年初,新华社、中国新闻网持续关注江西、四川等地新型农业经营主体助农增收,"种粮农民获百万元年终奖"带来的示范效应振奋舆论。江西安义县种粮大户凌继河流转的土地面积达19000亩,连续6年给为他管理农田的种粮能手发年终奖,2017年奖金总额达308万元,奖金最高的农民获得了30余万元。[①] 四川眉山好味稻水稻专业合作社给300多名种粮农民发620多万元"大红包"。[②] 舆论认为,种粮农民的百万元年终奖,彰显了现代农业发展的巨大潜力和无穷魅力,农民的新型化和职业化定位,也将吸引更多的人群投身其中。春耕期间,各地新型农业经营主体积极调结构、主动找市场,引发集中报道。《人民日报》、新华社等媒体分赴黑龙江、河南等农业大省走访调研,称新型农业经营主体从绿色有机、高端高利润等方面谋划农业发展路径,在市场意识、品牌观念、主动开拓市场能力等方面都有明显提升,"以销定产备春耕"成为主调。此外,破解"谁来种地",不仅要"有人种地",还要能够"安心种地"。各地政府部门在财税、信贷等方面给新型农业经营主体带来的实质利好也被广泛关注。央视《焦点访谈》及《新华每

---

① 郭强:《"百万元年终奖"要如何变成千万元红利?——一个种粮大户的供给侧改革新路》,新华网,http://www.xinhuanet.com/local/ghjh/2017-01/08/c_1120268144.htm。

② 姚永亮、陈健:《"谁说种粮不赚钱?"——四川眉山一合作社为农户发放620万元"红包"》,新华网,http://www.xinhuanet.com//ghjh/2017-01/22/c_1120363842.htm。

日电讯》等报道了江西、吉林等地设立专项资金用于新型农业经营主体贷款风险补偿，从农机购置补贴、免耕播种等新技术补贴、土地收益保障贷款等多方面进行扶持的举措，称新型经营主体对扩大规模种植"底气十足"。

4. 毁约弃耕、粮食"新三高"和"新卖难"问题引发关注

2017年，粮食生产过程中出现的毁约弃耕，粮食购销环节存在的"新卖粮难"和"新三高"现象引发广泛关注和积极建言。2~4月，《瞭望》新闻周刊、央视《焦点访谈》等媒体先后报道了山东、安徽、河南等省个别地区出现的种粮大户毁约弃耕现象，并提醒重视由此引发的土地流转价格走低问题，避免给小农户的种粮积极性造成影响。综合媒体报道，导致毁约弃耕的原因主要有：粮价走低、种粮成本高、农田水利基础设施落后、粮食仓储设备缺乏、惠农政策落实不到位、融资贷款难、农业保险保障力弱等。舆论建议出台与种粮大户直接挂钩的粮食补贴机制，呼吁种粮大户积极参与农业供给侧结构性改革，不断强化市场意识和创新意识，并提醒政府部门加强对资本下乡资格审查和指导规范，提前防范风险。

11~12月，《瞭望》新闻周刊接连发文，关注粮食"新三高"和"新卖难"问题。报道指出，粮食市场化改革有效缓解了产量、进口量和库存量高企的"老三高"问题，但对高品质粮食、高效运力和高额资金需求的"新三高"挑战凸显，还须从优化粮食生产和加工布局、扩充粮食运输的"绿色通道"、拓宽融资渠道等方面精准发力。报道还关注了南方部分产粮大县稻比米贵、产区稻谷价格比销区贵、国产大米价格比进口大米贵问题，以致大米加工企业从销区回购粮食。报道认为"回流粮"反映了粮食产区的新卖粮难问题，当务之急是通过改革粮食生产经营体系，理顺粮食市场的流通秩序。

三　启示与建议

2017年，农业生产与粮食安全话题的舆论关注热情明显上涨。从舆情总量看，全年新闻报道和社交媒体相关帖文量较上年增加2.1倍，其中，帖

文量增幅更为明显，增长4.9倍。从热点事件看，全年排行前40条的热点事件舆情热度总值为151549，较上年增长3.2%。从微博、微信中出现的单条帖文的关注度看，以转发量为标准，在全年排行前240条的"三农"热点微博中，涉及农业生产与粮食安全话题的有47条，较上年增加31条；以相同文章数为标准，在全年排行前240条的"三农"热点微信文章中，涉及农业生产与粮食安全的有35篇，增长21篇。

话题热度增加的原因主要有三个方面。一是改革见真章、出实效，增加了舆论关注的主动性。2017年，随着农业供给侧结构性改革的深入推进，我国农业发展质量效益方面的成绩有目共睹。根据传播学中的"精神交往"理论，物质生产决定了传媒的生产和传播。舆论真切感受到改革给农业、农村、农民带来的实质利好，关注的能动性自然也不断增加。二是农业科技的吸引力和农业科学家的感召力，增强了舆论关注的积极性。2017年农业科技是全年农业生产中的亮丽风景，强力吸睛。9月，"@央视财经"播放了黑龙江等地农业机械化、智能化的纪录片，感慨"中国农民老洋气了"，视频播放量达550万次。10月，"@南派三叔"在微博中呼吁"为海水稻打call"，当月转发量突破11万次；"超级稻启动收割"的消息一经发布，即在搜狗微信平台热搜排行中位列第一。此外，袁隆平、朱英国等农业科学家也表现了强大感召力。9月，"@央视新闻"呼吁为袁隆平的"稻香"点赞，当月该条微博点赞量达52万次。水稻生物学家朱英国逝世，新闻媒体和微信公众号以"深切悼念"为主题发布大量报道，网民在新闻跟帖中动情追忆。三是新闻宣传的精准发力，提升了舆论的认知度。一方面，有关部门的政策解读专业且通俗易懂。一年来，农业部通过新闻发布会、部长韩长赋发文解读等方式，对农业绿色发展、新型农业经营主体培育、发展农业生产性服务业等政策举措进行详细解读，其中的"保障全国人民能够到点开饭""粮食产量适当增减将是常态""为城里人搞绿"等阐述既朴实又直达核心精神。另一方面，新闻媒体的全媒体生态建设日臻成熟，发挥了积极的舆论引导作用。中央一号文件发布后，新闻媒体"报网端微"联动，展开全面深入解读，推动舆论关注热度快速上涨，相关资讯的阅读量较2016年增长 4 倍①。

农业发展需要聚拢人才,吸引人气是第一要务。一方面,继续推动改革深入,切实落实改革部署,积极倾听来自"田间地头"的舆论反馈,直面发展中的新问题,并精准发力破解隐忧,给有能力、有意愿投身农业的人们充分的政策自信,让舆论充分感受到农业"政能量"。另一方面,政府部门继续加强与媒体合作,主动适应舆论新生态,从舆论兴趣点着眼,不断发掘能够充分释放宣传效应的媒体平台和传播技术手段,让"政能量"不断转化为"正能量"。可以通过 H5、短视频、直播等方式让"三农"宣传出新出彩,也可以联合有影响力的新闻媒体、农业大 V、农村"网红",实现新闻宣传与农业经济效益的"双赢"。

参考文献

曾金华:《今年中央财政投入 287 亿元支持 2500 万亩高标准农田建设》,《经济日报》2017 年 12 月 22 日。

梁欢欢:《水稻亲本去镉技术获突破》,《农民日报》2017 年 9 月 25 日。

史自强、郝群英:《超级杂交水稻单季亩产创新高》,《人民日报》2017 年 10 月 17 日。

陈力丹:《精神交往论——马克思恩格斯的传播观》,中国人民大学出版社,2008 年 7 月。

管建涛、杨哲:《粮食市场化改革成效显著》,《瞭望》2017 年第 52 期。

万怡、秦远明、秦宏:《粮食主产区缘何吃销区"回流粮"》,《瞭望》2017 年第 45 期。

---

① 李正穹:《中央一号文件为农民增收提供政策机遇获网民持续热追》,中国青年网,http://news.youth.cn/gn/201702/t20170213_9114655.htm。

B.3
农村土地舆情报告

张祚本 赵劲松*

摘 要： 2017年，农村土地话题舆情总量较上年有所增长。农村承包地确权登记全面提速，"第二轮土地承包到期后再延长30年"受到聚焦；农村集体产权制度改革试点扩围，改革红利成为关注重点；农村"三块地"改革试点延期，"宅基地租赁、养老"等实践探索引发热议。农村土地制度改革持续吸引舆论目光，媒体矩阵式传播产生良好宣传效果；农村土地矛盾相关舆情热度明显下降，其中出现的新动向值得关注。

关键词： 农村土地制度改革 土地确权 农村集体产权 "三块地"改革

2017年，农村土地话题的关注热度再攀新高。全年网络媒体相关新闻和社交媒体相关帖文量合计达31.6万篇，同比增长25.4%。其中，新闻报道量7.9万篇，增长51.9%；帖文量23.7万篇，增长18.4%。往年个别地区强征强拆等恶性事件是高热舆情爆发口，这一问题在2017年明显改观，农村土地制度改革成为核心议题。党的十九大报告提出"第二轮土地承包到期后再延长30年"受到高度聚焦，承包地确权登记颁证的显著成效广受

---

* 张祚本，农业农村部信息中心舆情监测处副处长，助理研究员，主要研究方向为"三农"网络舆情、农业信息化；赵劲松，吉林省农村经济信息中心科长，高级农艺师，主要从事涉农网络舆情监测、研判及分析。

舆论肯定，农村集体产权制度改革试点扩围、农村"三块地"改革试点延期等举措持续吸引舆论目光，各地改革实践也引发积极关注。舆论评价，农村土地制度改革稳定了民心，盘活了资源，激发了乡村振兴的内生动力。

一 热点事件排行及传播特点分析

通过对2017年1～12月农村土地话题的新闻、帖文进行监测，并加权计算，得出相关热点事件的舆情热度，据此列出排行前40位的热点事件（见表1）。

表1 2017年农村土地热点事件TOP 40

排名	热点事件	月份	首发媒体	舆情热度
1	党的十九大报告:第二轮土地承包到期后再延长30年	10	新华网	30866
2	国土部、住建部联合发布《利用集体建设用地建设租赁住房试点方案》	8	国土部网站	12585
3	大型政论专题片《将改革进行到底》激发农村改革共鸣	7	中央电视台	10664
4	国新办新闻发布会:韩长赋、陈晓华解读《中共中央 国务院关于稳步推进农村集体产权制度改革的意见》	1	中国网	7418
5	农村"三块地"改革试点延期	9	中国国土资源报	4947
6	全国人大常委会审议《农村土地承包法修正案（草案）》	10	新华网	4703
7	中共中央、国务院印发《关于加强耕地保护和改进占补平衡的意见》	1	新华网	4687
8	江西资溪县"农民在建房遭强拆"事件	1	微信公众号"时间NEWS"	4327
9	江西赣州一乡干部动员拆农村"空心房"时遭袭身亡	3	澎湃新闻网	3734
10	十九届中央深改组第一次会议:拓展宅基地制度改革试点范围	11	中央电视台	3264
11	武汉出台鼓励市民下乡"黄金20条"最高奖10万元	4	新浪微博@武汉发布	2860

续表

排名	热点事件	月份	首发媒体	舆情热度
12	全国两会"农村土地"话题	3	新华网	2754
13	财政部印发《开展农村综合性改革试点试验实施方案》:推进农村土地适度规模化经营	6	财政部网站	1517
14	农业部就"农村承包地确权登记颁证试点"举行新闻发布会	11	农业部网站	1463
15	国务院印发《全国国土规划纲要(2016~2030年)》:强化耕地资源保护	2	中国政府网	1311
16	宁夏平罗县探索"农民退出'三权'以地养老"模式	10	新华网	1290
17	《土地管理法(修正案)》草案公开征求意见	5	国土部网站	1096
18	《耕地质量等级》国家标准发布	1	新华网	891
19	农业部:农村承包地确权已经完成80%	8	中央电视台	876
20	湖北沙洋首创"按户连片耕种"获全国推广	2	中国新闻网	803
21	农村集体产权制度改革试点扩容,增百个县(市、区)	6	中国新闻网	647
22	农村集体产权制度改革试点明年将增至300个	12	新华网	599
23	河南南阳"黑社会聚众暴打征地农民"事件	3	新浪微博	577
24	汪洋出席全国农村集体产权制度改革电视电话会议,强调充分尊重农民意愿	1	中国政府网	507
25	河南农村"万人社区"遭烂尾尴尬,涉违规占地复耕难	1	《新京报》	411
26	湖北京山"土豪村"分红,460万元现金码成墙	1	湖北广播电视台	390
27	河北省宁晋县12亿元古镇项目违法占地、未批先建	4	法治周末	364
28	河南确山县数千万元征地补偿款去向存疑	4	央广网	356
29	2017年度农村集体产权制度改革试点单位名单公布	9	农业部网站	342
30	河南永城男子因宅基地纠纷持刀行凶致5死2伤	2	新浪微博	338
31	农村"三块地"改革试点入决战期,33地区278宗地块入市	4	《人民日报》	329
32	农业部召开全国农村承包地确权登记颁证工作视频会议	2	农业部网站	321

续表

排名	热点事件	月份	首发媒体	舆情热度
33	浙江温岭一村庄发3.5亿元年终红包,每户村民可分30万元	1	《杭州日报》	320
34	黑龙江、河北、辽宁等地颁发"新版农村土地承包经营权证"	4	哈尔滨新闻网	310
35	土地经营权入股发展农业产业化经营试点取得阶段性成果	5	《经济参考报》	289
36	浙江发放首张"地票",闲置老房换地票可抵26万元房款	4	浙江网络广播电视台	274
37	农村集体经营性建设用地使用权抵押贷款试点扩大至33个县市区	11	银监会网站	257
38	农业部耕地质量监测保护中心成立	5	农业部网站	238
39	四川赔付首单"农地流转履约保证保险"	5	新华网	215
40	农村土地确权步入"啃硬骨头"阶段	8	《瞭望》新闻周刊	207

对以上40个农村土地相关热点事件进行分析,总结出以下舆情特点。

1. 2017年上半年出现的热点事件数量多,下半年出现的热点事件舆情热度高

从事件数量上看,2017年农村土地相关热点事件上半年有27个,下半年有13个。1月和4月是热点事件数量最为集中的两个月,分别有8个和6个。上半年农村土地矛盾问题较为突出,全年共有7个事件属于此类,全部发生在上半年。同时,各地农村土地制度改革实践在上半年也被集中关注,全年共有14个事件属于此类,发生在上半年的有9个(见图1)。

从事件舆情热度看,上半年舆情热度总值为37284,下半年舆情热度总值为72063。总体看,农村土地制度改革举措和各地改革实践成为推动舆情热度走高的关键因素。1月,农村集体产权制度改革备受关注。多个国字头的重磅会议接连召开,农村集体产权制度改革相关政策解读被舆论聚焦;浙江、湖北"村民成股东""分年终红包"等报道不断出现,上述消息叠加推动当月舆情热度居于高点。7月,大型政论专题片《将改革进行到底》中,安徽天长农民畅谈农村土地"三权分置"带来的诸多实惠,引发舆情热度快速攀升。8月,国土部、住建部联合发布试点方案,推动集体建设用地建

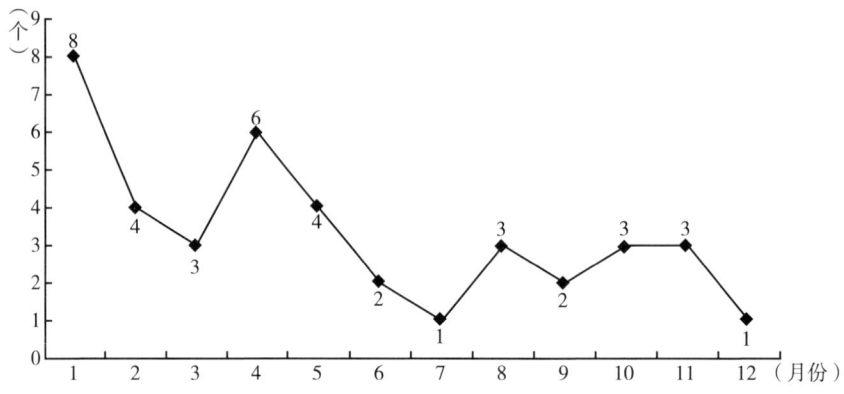

图1　2017年农村土地热点事件发生时间分布

设租赁住房，舆情热度再次走高。10月，党的十九大报告明确了第二轮土地承包到期后"再延长30年"引发强烈反响，当月舆情热度值攀至全年顶点，达到36859。

表2　2017年农村土地热点事件各月舆情热度

月份	1	2	3	4	5	6	7	8	9	10	11	12
舆情热度	18951	2773	7065	4493	1838	2164	10664	13668	5289	36859	4984	599

2. 各地农村土地制度改革实践相关热点事件数量大幅增加，农村土地矛盾相关热点事件明显减少

从主题分布看，农村土地制度改革部署相关事件有15个，与上年持平。各地农村土地制度改革实践相关事件的数量有14个，较上年增加6个。其中，既有"按户连片耕种""履约保证保险"等土地流转有益示范，也有"闲置老房换地票""奖励租赁宅基地创业"等农村"三块地"改革积极尝试，还有"村民分3.5亿元年终红包"等农村集体产权制度改革红利。上述事件中，舆论对改革成效予以充分认可。农村土地矛盾相关事件有7个，较上年减少5个，其中河南、江西事发较为集中，分别出现了4个事件和2个事件。此外，耕地保护相关的热点事件有4个，较上年减少1个（见图2）。

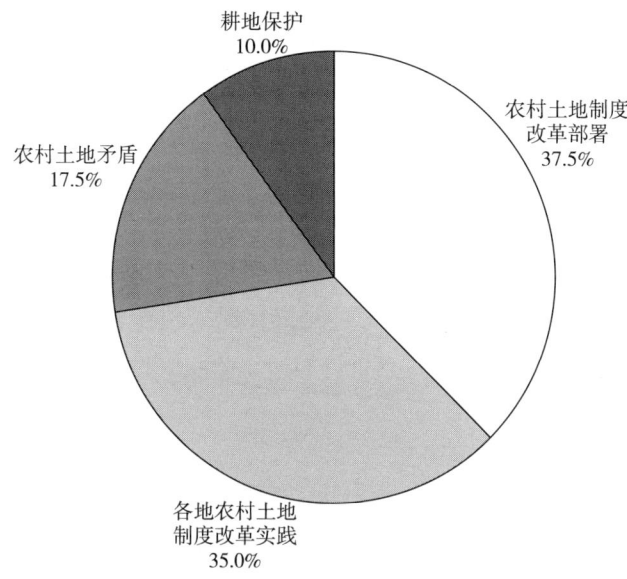

图 2　2017 年农村土地热点事件主题分布

从舆情热度看，与上年相比，农村土地制度改革部署及各地改革实践的舆情热度均呈大幅上涨态势，其中各地改革实践的舆情热度较上年增加了 1.9 倍。农村土地矛盾相关事件的舆情热度下降态势明显，降幅达 72.8%。耕地保护相关热点事件虽然在数量上略减，但舆情热度也明显上涨（见表 3）。

表 3　2016～2017 年农村土地各主题热点事件数量及舆情热度比较

主题		农村土地制度改革部署	各地农村土地制度改革实践	农村土地矛盾	耕地保护
2016 年	事件个数	15	8	12	5
	舆情热度	49689	6534	37215	3917
2017 年	事件个数	15	14	7	4
	舆情热度	73028	19085	10108	7127

3. 新闻媒体作为首发媒体的比重增加，社交媒体作为首发媒介的比重减少

从热点事件的首发媒体看，新闻媒体继续成为农村土地相关热点事件的传播主力，2017 年有 26 个事件由新闻媒体首先报道（见图 3），较上年增

加 6 个，主要是因为各地农村土地制度改革实践为新闻媒体报道提供了丰富素材。与上年相比，地方新闻媒体的关注度也在逐步增强，浙江、湖北等省新闻媒体对当地农村土地制度改革新气象、新风貌的积极宣传，广泛吸引舆论目光。政府网站作为首发媒体的热点事件有 10 个，主要是与农村土地制度改革相关的政策发布及重大会议等。此外，还有 3 个热点事件来自新浪微博，1 个来自微信。与 2016 年相比，新浪微博、微信等社交媒体首发的热点事件减少 5 个。主要原因在于，社交媒体是农村土地矛盾的重要首曝平台，而 2017 年农村土地矛盾热点事件减少，直接影响了社交媒体首发热点事件的数量。

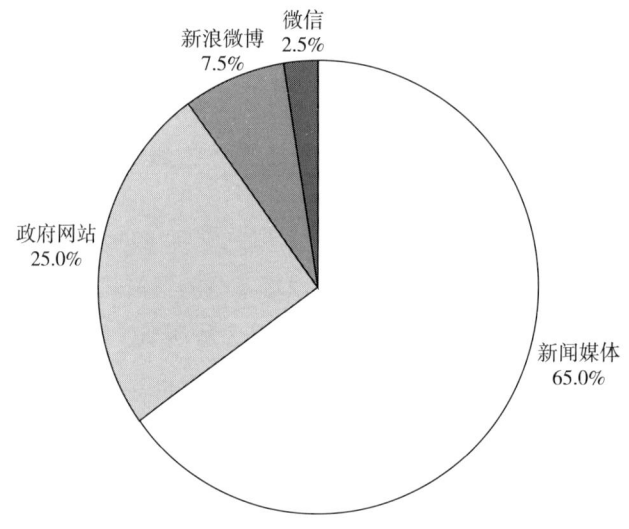

图3　2017年农村土地热点事件首发媒体分布

二　热点舆情回顾

1. 农村承包地确权登记全面提速，"承包期延长30年"受到聚焦

2017年，农村承包地确权登记颁证工作受到广泛关注，"全面提速"成为媒体报道关键词。一年来，农业部通过印发专门通知、召开新闻发布会和视频会议等形式,对农村承包地确权登记颁证工作进行了密集的再强调、再部署。新华社、《经济参考报》等媒体对此持续发文,称"攻坚克难之决心可见一斑",承包地确权登记颁证"全面提速",为农村各项改革筑牢了基础、开启了空间。11月末,农业部就农村承包地确权登记颁证试点情况召开新闻发布会。对此,媒体集中关注了该项工作取得的积极成果,"确权面积超11亿亩"[1]"试点省份达28个"[2]等信息被广泛设置于报道标题中。舆论认为,这项工作推动了"三权分置",让农民获得土地权能增加等五大实惠,农民财产增值不是梦。舆论还期待,在2018年收官之年,这项工作能够不断完善,使其红利得以持续释放。

各地农村承包地确权登记颁证推进中的新气象和新问题也被集中报道。《经济日报》《农民日报》等媒体关注了这项工作给各地农村土地流转、基本农田建设、农地抵押贷款等方面带来的积极影响,称这让群众心里有了底气,提高了土地流转的参与性,提升了土地经营效率,解决了融资担保难题。其中,湖北沙洋县摸索出"按户连片耕种"土地流转模式,被中央电视台、新华社、央广网等媒体积极推介,舆论称为"破解农地细碎化的成功范例"。四川邛崃市针对农村土地经营权流转探索履约保证保险,并兑现了首单31.75万元的保险赔付。[3]舆论对此予以广泛宣传和肯定,认为此举增强了农民参与土地流转的信心,构建了农村土地流转的良性机制。此外,《瞭望》新闻周刊还指出,伴随着土地的不断升值,农民在确权过程中"寸土必争",农村承包地确权登记颁证工作步入"啃硬骨头"阶段,如何清晰地界定承包经营权、如何调整确权后的涉农补贴标准等,成为相关利益主体的关注焦点。

2017年,农村土地承包权在顶层部署和立法保障上不断完善。党的十

---

[1] 蒋琪:《全国农村承包地确权面积超11亿亩 2018年底将完成》,人民网,http://finance.people.com.cn/n1/2017/1129/c1004-29675184.html。

[2] 《农业部:推进农村承包地确权登记颁证试点省份已达28个》,中国证券网,http://news.cnstock.com/news,bwkx-201711-4157762.htm。

[3] 叶含勇:《四川赔付首单"农地流转履约保证保险"》,新华网,http://www.xinhuanet.com/local/2017-05/05/c_1120926340.htm。

九大报告提出"第二轮土地承包到期后再延长三十年"。随后,《农村土地承包法》施行14年迎来大修,对十九大报告提出的上述内容予以明确。对此,舆论给予高度评价,"定心丸""活络丹"等成为高频喻体。舆论认为,耕地承包期再延长30年,切中了农业发展的根基问题,让农民种地更踏实更敢干,土地流转的速度、规模和效率也将大幅提升,这是广大农民和农业经营者的福音,也是农业和农村的福音。有舆论认为,农地承包权正从农民的身份福利转向财产权利保障,期待新政能够尽快落地实施,给人们带来更平等的发展机会,更好地分享国家发展收益。还有舆论指出,农村土地市场仍存在区域不平衡、差异化较大等问题,且农村土地问题具有联动性,相关配套政策还须及时跟进,对无地农民、农村家庭新增成员等群体的土地权益也要保障到位。

2. 农村集体产权制度改革试点扩围,改革红利成为关注核心

2017年,农村集体产权制度改革工作稳步推进,已有6.7万个村和6万个组完成了改革,①"试点扩围"成为关键词。6月及12月上旬,农业部先后在四川成都和安徽天长召开农村集体产权制度改革试点工作会议,对相关工作进行部署推进、总结交流。两个会议先后对扩大改革试点予以明确,要求将2017年改革试点由29个扩大到100个,② 将2018年改革试点增加到300个。会议更是明确,2018年要在50个试点地区开展整省整市推进。③上述改革举措逐渐加码,引发舆论高度关注。舆论对此积极肯定,称改革已驶上快车道,牵一发而动全身,未来改革覆盖面将更广阔,涉及的内容将更丰富,力度也会更强,试点地区要"勇蹚深水区",不断增强"样板扩散效应",为改革决策提供实践样本。

农村集体产权制度改革为农民增收带来强劲动力,据有关统计,2015

---

① 董峻:《为乡村振兴战略提供重要制度支撑——农村集体产权制度改革进展综述》,新华网,http://www.xinhuanet.com/politics/2018-01/30/c_1122338569.htm。
② 乔金亮:《农村集体产权制度改革试点扩围——农民变"股民"资源变资本》,中国经济网,http://www.ce.cn/xwzx/gnsz/gdxw/201706/15/t20170615_23634677.shtml。
③ 董峻:《农村集体产权制度改革试点明年将增至300个》,新华网,http://www.xinhuanet.com/politics/2017-12/01/c_1122044647.htm。

年至今，全国试点地区股金分红累计达2840亿元。① 改革红利广泛吸引舆论目光，数字化呈现是相关报道的一大特点。2017年初，多省改革试点地区给村民发放新春股权分红，成为舆论关注热点。浙江台州温岭市王府基村"3.5亿元年终红包"、湖北荆州京山县城畈村"460万元现金码成墙"、② 广东珠海斗门区坭湾村"村民人均分红25万元"③ 等消息让舆论称羡，"红包""土豪村"等成为舆情高频词。媒体纷纷以对比方式列出"成绩单"，汇总各地改革阶段性成果。其中，土地经营权入股发展农业产业化经营试点成为报道重点。这项工作始自2015年，选取了黑龙江桦南、江苏武进、浙江桐庐、山东青州、重庆涪陵、四川崇州、贵州盘州等7个县（市、区）作为试点，于2017年6月完成所有试点任务。《光明日报》《农民日报》《经济参考报》对此集中发文，指出经过2年的改革探索，试点地区土地配置利用率不断提高、规模化农业生产逐步壮大，农民财产性收入明显增加，"保底+分红"已成为农民收益分配的主流，这项改革取得了"多面开花"的显著成效。此外，全国农村集体组织资产"5年增加9200亿元"，安徽省宣城市花园村集体经济收入"四年增长近60倍"，④ 江苏省江阴市先锋村"人均分红比2011年翻两番"⑤ 等消息引发积极传播。舆论表示，这些村虽然地处不同的省份，却有着相同的"致富秘籍"——他们全都完成了农村集体经济股份制改革，集体家底更清晰，发展集体经济的劲头更足，活权变活钱，村民变股东，福利变红利，广袤乡土澎湃着改革动力。

---

① 董峻：《为乡村振兴战略提供重要制度支撑——农村集体产权制度改革进展综述》，新华网，http://www.xinhuanet.com/politics/2018-01/30/c_1122338569.htm。
② 柯伟、周睿、黄嘉梦：《一土豪村发年终分红现场460万现金码成墙》，长江网，http://news.cjn.cn/hbxw/201701/t2941722.htm。
③ 《人均25万！为何这些农民能变身"土豪"？》，中青报·中青在线微信公众号"海运仓内参"，2017年1月26日。
④ 姜刚、吴慧珺：《这个村集体经济收入缘何四年增长近60倍?》，新华网，http://csj.xinhuanet.com/2017-08/16/c_136529273.htm。
⑤ 朱筱、赵久龙：《村民变股东，年年有分红——江苏探路农村集体产权制度改革》，新华网，http://www.xinhuanet.com/2017-09/15/c_1121667443.htm。

3. 农村"三块地"改革试点延期,"宅基地租赁、养老"等实践探索引发热议

2017年,农村"三块地"改革取得重要进展,舆论对此广泛肯定,称三项试点改革协同推进,"共振效应"逐渐显现,并建议完善综合配套改革,解决在改革深入和任务叠加过程中的瓶颈问题。9月,国土部针对农村"三块地"改革,先后在山东、陕西等地召开座谈会,会上传递出的"中央批准试点工作延期至2018年底"讯息,引发高度关注。总体看,舆论对改革试点延期表示认同和支持,认为目前改革试点的探索还不够充分,"延期"反映了中央推进改革的审慎务实态度。还有舆论结合改革中的现实困难提出建议,指出如何确立集体组织成员权、如何分配地方政府与村集体以及村民的多方利益是改革面临的新难点,要全面总结试点阶段性成果和经验,根据实际情况进一步完善顶层设计,并在后续试点阶段针对待解问题精准施策,推动改革目标的最终实现。

农村"三块地"改革试点地区的改革经验引发广泛报道。其中,农村宅基地制度改革最受关注,部分地区的探索实践受到热议。4月开始,武汉出台了"黄金20条""钻石10条"等一系列具有较强吸引力的政策举措,鼓励市民下乡租赁空闲农房用于创业创新。至2017年末,当地有1万余套闲置农房签订了出租合同。① 对此,媒体予以持续关注,引发广泛热议。大部分舆论表示了支持和肯定,认为这是一举多得的妙招,既能让农民增加收入,又能盘活闲置的农村房屋,还让城里人体验了农村生活,而且市民文化与乡土资源的融合也将为农村发展注入活力。还有舆论指出,要让市民下乡扎下根、住得安心,需要从医疗、治安、城乡规划等方面完善公共配套服务,还要从法律和制度层面加强对农业及相关产业投资的权益保障。10月以来,新华社、中央电视台先后报道了宁夏平罗县推出的"政府出钱高价回收宅基地、农民退出'三权'以地养老"模式,引发广泛讨论。有舆论对此表示肯定,认为通过盘活资产让农民"老有所依",开辟了农民养老新

---

① 李劲峰:《武汉:市民下乡租用闲置农房过万套》,新华网,http://www.xinhuanet.com/local/2018-01/04/c_1122210999.htm。

途径。也有舆论指出，卖地养老不是好办法——一方面，要为农民后辈人的长久生计考虑，因为土地不只关系到一代人的权益；另一方面，要为财政承受能力考虑，以高价回收方式干预土地价格来增加农民的财产性收入，将让当地政府背上巨大的财政包袱。

三　启示与建议

1. 农村土地制度改革持续吸引舆论目光，媒体矩阵式传播产生良好宣传效果

2017年，农村土地制度改革给农民带来了更多的获得感，绘就了乡村振兴的新画卷。从年度排行前40位的热点事件可以看出，舆论对农村土地制度改革顶层部署和各地改革实践报以高度热情，产生了良好的舆情效应，相关热点事件在数量和关注热度上较2016年均有明显增加。从传播角度看，上述热点事件首发媒体的类型进一步扩大，在2016年的新闻网站、报纸和政府网站3大类的基础上，新增了电视媒体、杂志、政务微博，为舆论关注度的提升开拓了更广阔的视角（见表4）。同时，全方位、多层次、宽领域的媒体矩阵式传播也为舆论关注的升温"添柴加火"。政务媒体和新闻媒体合力宣传，增强了舆论理解改革精神的"深度"。中央媒体和地方媒体接力报道，增加了舆论关注改革成效的"强度"。微博、微信等社交媒体活力传播，激发了舆论参与改革热情的"浓度"。上述特点在各地农村改革实践的宣传报道中尤为突出。4月，武汉出台了鼓励下乡租用农房和农地资源的相关政策，至12月中旬，《人民日报》、中央电视台、《农民日报》等中央媒体对此连续19次发文报道，《湖北日报》《长江日报》等湖北省内媒体也在新政出台的"百日""岁末"等时间节点上集中关注政策落地成效，央地两级媒体的密集报道为政策的推动实施创造了积极舆论环境。7月，《人民日报》（海外版）以《小岗村记》为题，刊文详述安徽凤阳县小岗村的改革历程。随后，滁州市委宣传部通过官方微信公众号"美好滁州"推出《小岗村记》的音频朗读版，声情并茂地娓娓叙说推动微信阅读量达到150万次，引发舆论对农村改革的热烈共鸣。

2017年，农村土地制度改革的舆情效果充分展现了主流媒体的传播价值。未来，农村土地制度改革的深化将带来传播内容的不断丰富，媒介技术的更新升级也将进一步影响受众需求，政务媒体、新闻媒体、社交媒体还须各司其职，积极发挥各自所长，在报道内容的深广度及吸引力方面多下功夫，为农村土地制度改革提供有力舆论支撑。

表4　2016~2017年农村土地制度改革相关热点事件首发媒体类别比较

媒体属性		电视	新闻网站	报纸	杂志	政府网站	政务微博
事件个数	2016年	0	9	7	0	7	0
	2017年	5	10	4	1	8	1

2. 农村土地矛盾相关舆情热度明显下降，其中出现的新动向值得关注

2017年，农村土地矛盾相关热点事件在发生数量和舆情热度上呈现"双降"态势。从年度排行前40位的热点事件看，2017年农村土地矛盾相关热点事件占了7个，比上年减少5个；舆情热度均值1062，比上年下降2039。从年度排行前120位的"三农"网络热帖看，2017年农村土地矛盾相关的网帖占了34个，4个网帖居于年度排行榜前十位之列，总点击量为471万次，而上年相应数据为35个、7个、1970万次。

从农村土地矛盾反映的具体问题看，征地过程中的暴力强拆、征地补偿款被贪污挪用等仍是媒体曝光和网民举报维权的重要方面。随着农村改革深入推进，农村土地矛盾问题出现新动向。一是农村宅基地在申请建房、改造腾挪等环节矛盾多发，易成为新发舆情燃点。当前，在农村宅基地制度改革过程中，各地大力推进"一户一宅""空心房整治"等政策落实，既有成果，也面临挑战。2017年，江西资溪县"农民在建房遭强拆"事件、江西赣州一乡干部动员拆农村"空心房"时遭袭身亡事件，是全年农村土地矛盾话题中关注度最高的2个事件，均是对农村宅基地相关问题的折射，共计引发网民百万次跟帖评论。二是部分地区

双曲贴现①思维抬头，一些农民急于变现个人股权，出现"吃光分净""一股了之"等短视思想。随着农村集体产权制度改革红利不断释放，农民对个人权益愈加重视，但认识不够、处置不当的问题也日渐突出。据媒体报道，在黑龙江、河南等省部分试点地区，部分农村基层群众对改革停留在"分权、分红"的认识层面，认为改革是为个人确定股权，就要"都分清楚""吃光分净"；还有一些缺少资产积累、看不到明显收益的地区，农民改革积极性不高。三是农村集体资产收益问题极易引发新矛盾，资产核资过程中须警惕人地矛盾集中爆发。从年度网络热帖看，以往网民对基层干部贪腐问题的举报多集中在征地补偿款、惠农补贴方面，鲜有涉及集体资产方面。但在2017年，反映基层干部侵占集体资产、侵吞村民股东收益的网络热帖数量有所增加，涉及地域有所扩展。这些网帖多以数据、照片等形式进行实名举报，多篇网帖反映被不法侵吞的集体资产高达千万元。

对于以上农村土地矛盾的新动向，一方面，要严惩"蝇贪"，切实保障农民平等分享农村土地制度改革成果，增强他们对改革的信心；另一方面，要真正尊重农民意愿，加强改革宣传并依法办事，通过接地气的宣传消解农民的思想顾虑，在他们遇到纠纷时提供及时、权威的司法帮助，让改革方案在农民心中"站得住脚"、令人信服，增强他们参与改革的主动性和积极性。

参考文献

李松、张志龙、周楠、姜刚、管建涛：《土地确权步入"啃硬骨头"阶段》，《瞭望》2017年第31期。

---

① 双曲贴现（Hyperbolic Discounting）又称为非理性折现，是行为经济学的一个重要部分。这一理论是行为经济学时间维度下的一个很重要的关于时间偏好的理论，是对指数贴现理论（Samuelson, 1937）的修正（Leowenstein, Prelec, 1992; Laibson, 1997）。通俗地讲，双曲贴现指的是，人们总是希望得到的收益越早越好，宁愿要金额较小的眼前酬劳也不要金额较大的日后报酬。详见互动百科"双曲贴现"词条，http：//www.baikc.com/wiki/%E5%8F%8C%E6%9B%B2%E8%B4%B4%E7%8E%B0。

《浙江有个村给村民发3.5亿年终红包每人30万!》，《南国都市报》2017年1月22日。

乔栋：《村民有分红干活有劲头》，《人民日报》2017年8月23日。

武汉市农业委员会：《"三乡工程"为农民带来一个丰收年》，《长江日报》2017年12月21日。

施璇、徐礼超：《名家+名声 名村+名文》，《滁州日报》2017年7月27日。

管建涛、林超、宋晓东：《农村集体产权改革，绝非"吃光分净""一股了之"》，《瞭望》2017年第50期。

B.4 农产品质量安全舆情报告

李祥洲 钱永忠 邓玉 廖家富 宋卫国 戴芬 赵善仓 廉亚丽*

摘　要： 结合机器检索与人工研判，2017年共监测到农产品质量安全舆情相关信息209万余条，舆情样本信息1081条。对舆情样本在来源、调性、时序、诱因、行业和环节等方面的特征分析表明，2017年我国农产品质量安全网络舆情总体走势持续稳定向好，农产品质量安全依法监管、科学治理进入新时代。禁限用农兽药的违规使用仍然是舆论关注的焦点，基于"三微一端"的"1+3"舆情传播模式渐成气候等趋势需要引起注意。农产品质量安全舆情监测仍需持续开展，应重视舆情风险管理，进一步加大舆情风险交流及科学普及力度，做好热点问题的善后处置工作。

关键词： 农产品　质量安全　网络舆情　舆情监测　舆情分析

---

* 李祥洲，中国农业科学院农业质量标准与检测技术研究所政策与信息研究室主任，研究员，主要研究方向为农产品质量安全信息资源管理；钱永忠，中国农业科学院农业质量标准与检测技术研究所所长，研究员，主要研究方向为农产品质量安全；邓玉，中国农业科学院农业质量标准与检测技术研究所分析师，助理研究员，主要研究方向为农产品质量安全舆情监测与分析；廖家富，重庆市农产品质量安全中心副主任，高级农艺师，主要从事农产品质量安全管理工作；宋卫国，上海市农业科学院农产品质量标准与检测技术研究所副所长，副研究员，主要研究方向为农产品质量安全风险评估与交流；戴芬，浙江省农业科学院农产品质量标准研究所农业标准化研究室主任，副研究员，主要研究方向为农产品质量安全与标准；赵善仓，山东省农业科学院农业质量标准与检测技术研究所风险评估与信息技术研究室主任，研究员，主要研究方向为农产品质量安全与风险评估；廉亚丽，中国农业科学院农业质量标准与检测技术研究所分析师，助理研究员，主要研究方向为农产品质量安全信息管理。

2017年我国农业进入质量兴农、绿色兴农新时代，为不断满足人民群众日益增长的美好生活需要，各级农业部门密集发力扎实推进质量兴农，践行绿色发展，严防严管严控农产品质量安全风险，不断加强科学解读及风险交流工作，在提高公众安全认知、稳定和化解农产品质量安全网络舆情风险方面成效明显。2017年全年舆情态势整体平稳向好，未监测到重大农产品质量安全网络舆情事件。

一 2017年我国农产品质量安全网络舆情信息监测概况

1. 材料与方法

2017年，农产品质量安全舆情监测团队依托"食安舆情监测分析系统"开展了覆盖全网的农产品质量安全舆情监测、分析工作。注重对"平台端+移动端"全网产品的监测覆盖，既包括报纸杂志、广播电视和门户网站等常见媒体渠道，也覆盖微博、微信公众账号、新闻客户端等新媒体平台，基本实现了全网监控舆情信息。此外，根据近年来农产品质量安全舆情传播、发酵的规律与特点，团队梳理了农产品质量安全舆情传播的重点自媒体账号，加强了对相关账号各类新媒体平台上活动的监测力度，并利用自动抓取技术，实现对舆情传播路径的跟踪溯源。

本研究舆情样本的筛选采用三步法。首先通过计算机系统通过关键词匹配手段实现对舆情数据的初级筛选，然后利用有经验的监测专员进行二次人工筛选，最后经由农产品质量安全专家对舆情二次样本进行风险评估、研判、整理、汇总形成农产品质量安全舆情样本库。以上述数据库为基础，报告从调性特征、媒体特征、时序特征、诱因特征、行业特征和周期特征6个方面分析舆情数据的内在规律，进而分析提出2017年我国农产品质量安全网络舆情走势情况。

2. 2017年农产品质量安全舆情信息统计

2017年共监测到农产品质量安全相关舆情信息209万余条，其中获取值得关注的境内外舆情信息（样本）1081条，同比增加3.64%。在监测到的舆情信息中，境内信息974条，占比90.10%；来自港澳台地区信息21条；国外信息86条，占比7.96%，涉及全世界26个主要国家和地区。

对2017年收集到的1081条舆情信息进行分类归并，结果见表1。全年共监测到政策法规措施类舆情信息479条，占比44.31%，同比回落约2.77个百分点。其中，"政策法规与制度措施"类舆情数量居首，共计253条；"督查整治及结果成效"类舆情紧随其后，共监测到111条；"重要活动讲话指示"类、"问题事件处置回应"类及"标准制修订"类分别有59条、39条、17条。

2017年，"质量安全问题事件"类舆情占比23.87%，整体占比与上年持平，但舆情样本数量出现了小幅上升。一方面是舆情监测的国别范围进一步扩大，涉及他国的农产品质量安全问题事件类舆情比例上升；另一方面，2017年以来食药监部门持续发布食用农产品质量安全抽检信息，导致"农兽渔药残留超标"等网民敏感问题受到媒体及网民的持续关注。统计发现，"违禁农兽渔药及农兽渔药残留"类舆情热度依然最高，同类占比48.45%，创出近年来新高，舆情样本数量是上年的1.4倍左右；"制假售假及违法违规加工"类舆情占比11.63%，较上年下降了2.47个百分点；"非法添加"和"致病微生物及寄生虫污染"类舆情数量也出现明显回落，同类占比8.14%、6.20%，较上年分别减少4.68个和5.77个百分点。2017年监测到15条涉及农产品认证认可与标签标识的舆情信息，其中不少涉及有机食品、绿色食品等认证造假。

表1 2017年境内外农产品质量安全网络舆情信息统计

舆情分类		舆情样本数(个)	合计(个)	所占比例(%)
政策法规措施类	政策法规与制度措施	253	479	44.31
	督查整治及结果成效	111		
	重要活动讲话指示	59		
	问题事件处置回应	39		
	标准制修订	17		

续表

舆情分类		舆情样本数(个)	合计(个)	所占比例(%)
质量安全问题事件类	违禁农兽渔药及农兽渔药残留	125	258	23.87
	制假售假及违法违规加工	30		
	重金属超标及产地环境污染	22		
	非法添加	21		
	动植物疫病	19		
	致病微生物及寄生虫污染	16		
	认证认可与标签标识	15		
	自身毒素及代谢产物	10		
恶意攻讦类	传闻传言谣言	112	112	10.36
消费指导类	科学解读及科学普及	99	99	9.16
科技进步类	科学研究发明发现	34	34	3.15
科学缺陷类	标准差异及标准缺失	11	21	1.94
	科学争议问题	10		
其他	媒体评论	37	78	7.21
	建言建议	22		
	社会调查	19		
总计		1081		100

监测发现，2017年网络中传闻传言谣言类舆情信息数量出现小幅回落，占比10.36%，较上年下降1.15个百分点。针对消费者缺乏基础科学知识的科普性舆情信息占比9.16%，较上年增加3.6个百分点。有关专家及媒体就农产品及食品质量安全问题的科学解读、辟谣宣传类舆情信息进一步增多，且主动性明显增强。特别是经由权威媒体发布的针对近年来反复多次炒作问题的科学解读，大多受到网民的高度关注。

3. 2017年农产品质量安全舆情"热搜词"统计

利用开源分词工具，将上文提到的1081个样本标题输入系统，自动分词并统计词频，经整理后结果见表2（已去除无实际意义的词）。从农产品种类角度看，2017年网民关注度较高的食用农产品主要包括畜禽蛋品、水产品、蔬菜、大米等；从危害因子的角度看，禁限用农兽药残留超标、非法使用瘦肉精是2017年媒体和网民高度关注的农产品质量安全危害因子。单独对"质量安全问题事件类"舆情样本进行分析,结果见表3。从表3可以看出,2017年农产品质量安全负面舆情涉及较多的农产品有鸡蛋、水产品(鳜鱼、大菱鲆和乌鳢等)、猪肉、牛肉、蔬菜(韭菜、芹菜等)等;涉及较多的高敏危害因子有禁限用农兽药残留超标、违规使用抗生素、瘦肉精、孔雀石绿等;负面舆情关注度较高的地区有山东、北京、上海、广东和台湾。2017年,"辟谣"(52次)、"谣言"(55次)和"释疑"(19次)3个关键词多次出现,反映出公众对农产品营养功能关注度的持续提升,以及对食用农产品质量安全相关谣言及其科普宣传的关切。其中,"辟谣"和"释疑"作为关键词出现的比例较上年大幅提高,表明以农业部为主导的我国农产品质量安全科普解读正不断走向深入和例行常态化。

表2 2017年农产品质量安全舆情信息关键词词频统计 TOP 30

序号	关键词	词频	序号	关键词	词频
1	安全	191	16	人民日报	32
2	食品	149	17	北京	31
3	农产品	126	18	监管	28
4	质量	112	19	水产品	27
5	农业部	104	20	畜禽	24
6	专家	101	21	蔬菜	24
7	食品安全	74	22	塑料	23
8	农药	60	23	上海	23
9	谣言	55	24	瘦肉精	22
10	辟谣	52	25	污染	22
11	绿色	45	26	大米	21
12	鸡蛋	44	27	释疑	19
13	山东	38	28	养殖	19
14	兽药	36	29	浙江	19
15	残留	35	30	生产	19

表3　2017年农产品质量安全负面舆情信息关键词词频统计TOP 20

序号	关键词	词频	序号	关键词	词频
1	鸡蛋	30	11	孔雀石	11
2	残留超标	23	12	违禁	11
3	兽药	21	13	农药	11
4	山东	21	14	猪肉	10
5	农产品	19	15	湖南	10
6	瘦肉精	16	16	广东	10
7	水产品	15	17	牛肉	9
8	北京	14	18	蔬菜	9
9	禁用	13	19	台湾	9
10	上海	13	20	进口	8

二　2017年我国农产品质量安全网络舆情特征分析

1. 舆情调性特征

2017年监测获得的正面舆情（包括政策法规措施类、消费指导类和科技进步类）持续走高，占比达到56.62%，连续5年超过50%；负面舆情（包括质量安全问题事件类）占比22.87%，中性舆情（包括科学缺陷类、其他等）占比20.51%，均与上年情况基本持平。

分析不同媒体来源舆情信息的调性情况，结果见表4、表5。2017年样本中，关注和报道农产品质量安全正面舆情信息的媒体有178种，主要为国家级媒体和行业或区域性大型传统媒体，具体包括新华网（新华社）、农业部网（中国农业信息网）、《人民日报》（人民网）、《农民日报》（中国农业新闻网）和中国新闻网（中新社）等。以上媒体配合农业主管部门，开展了大量农产品质量安全监管政策宣贯普及、专项整治成果宣传以及食用农产品质量安全风险交流工作。2017年样本中，关注和报道农产品质量安全负面舆情信息的媒体有141种，主要包括各级食药监系统网站、食品伙伴网、新华网（新华社）、中国新闻网（中新社）、《新京报》等。比较发现，首发正面和首发负面信息的主要媒体中有相当一部分重合,例如新华网和中国新闻网在2017年既是宣传农产品质量安全正面成果最多的媒体,同时也是首发曝光相关问题事件信息最多的渠道。

表4 2017年农产品质量安全正面舆情信息首发来源TOP 10

序号	媒体名称	舆情样本数量(个)
1	新华网(新华社)	96
2	农业部网(中国农业信息网)	76
3	《人民日报》(人民网)	41
4	《农民日报》(中国农业新闻网)	37
5	中国新闻网(中新社)	32
6	《经济日报》(中国经济网)	30
7	中国政府网	16
8	国家食药监总局网	15
9	中央电视台	12
10	央广网	9

表5 2017年农产品质量安全负面舆情首发来源TOP 12

序号	媒体名称	舆情样本数量(个)
1	国家食药监总局网	23
2	食品伙伴网	18
3	新华网(新华社)	18
4	中国新闻网(中新社)	16
5	《新京报》	11
6	《经济日报》(中国经济网)	9
7	《华商报》	5
8	《北京青年报》	4
9	《北京商报》	4
10	海口网	4
11	湖南电视台经视频道	4
12	中央电视台	4

2. 媒体类型特征

2017年,项目组监测到的相关网络舆情样本共来自国内外的347种媒体信息源，较上年增加17种。其中，境内信息源309种（不包括港澳台），占比89.05%，共监测舆情样本1036条；境外信息源38种，占比10.95%，共监测舆情样本45条。从媒体的类型分布来看，网络媒体传播的份额继续高走，是获取舆情信息的最主要来源（见表6），总占比55.76%，较上年增加4.27个百分点，连续4年超过50%。以微信、微博、微视频和新闻客户端为代表的"三微一端"类媒体份额持续上扬，占比6.77%，较上年增加2.94个百分点。传统媒体渠道在舆情的首发比例上进一步收缩。其中，通过报纸获取信息数量占比34.51%，较上年下降6.43个百分点；以中央电视台为代表的广播、电视渠道占比2.87%，整体与往年基本持平。

表6 2017年农产品质量安全舆情首发媒体类型

媒体类型	舆情数量（个）	所占比例（%）	媒体类型	舆情数量（个）	所占比例（%）
网站	603	55.76	微视频	3	0.28
报纸	373	34.51	微博	2	0.19
微信	42	3.89	期刊	1	0.09
电视广播	31	2.87	总计	1081	100
新闻客户端	26	2.41			

进一步比较正面舆情和负面舆情的首发媒体类型可以发现（见表7），相对于正面舆情，负面舆情通过电视（5.81%）和"三微一端"（6.98%）曝光的比例明显偏高。诸如湖南电视台经视频道等地方性非上星频道，在节目选题上往往贴近百姓生活，容易选择曝光一些与食品安全相关的新闻案例。而这样的案例曝光后通过网络二次传播，极易引起舆情的连锁反应，造成舆情的失控。近年来新闻客户端和微信视频软件的兴起让网民通过短视频"自我曝光"的方式成为当前农产品质量安全负面舆情的重要"着火点"。2017年初，网络曝出的"塑料紫菜"谣言最初就是通过网友自行录制的几段微视频进行传播的。

表7 2017年农产品质量安全正负面舆情首发媒体类型

媒体类型	所占比例（%）		媒体类型	所占比例（%）	
	正面舆情	负面舆情		正面舆情	负面舆情
网站	61.44	56.98	微博	0.33	0.00
报纸	33.33	30.23	期刊	0.16	0.00
微信	2.12	2.71	微视频	0.00	0.39
新闻客户端	1.31	3.88	合计	100	100
电视	1.31	5.81			

3. 舆情发生时序特征

总体看，2017年质量安全问题事件相关舆情数量与有效舆情样本总量的波动态势大体一致（如图1）。1～2月正值冬季，舆情样本总量和质量安全问题事件相关舆情数量都处在低位；3月开始，农产品质量安全舆情进入爆发季，鉴于"两会"和"3·15晚会"等特殊社会事件的刺激，舆情样本总量在3月达到峰值，随后逐渐下探，在低位波动；6月底开始，农产品质量安全问题事件舆情进入夏季舆情爆发期，7月初问题事件舆情大幅上扬，8月达到年内高点；8月下旬以后，舆情开始整体回落，并在10月初恢复到年初水平。从图1可以看出，2017年舆情整体数量变化幅度较小，走势趋于平稳。

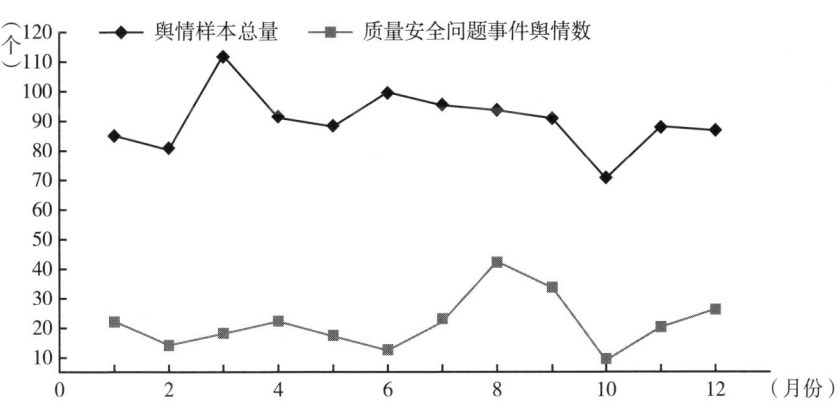

图1 2017年农产品质量安全有效舆情逐月变化情况

近年来，围绕食用农产品质量安全问题的各类传闻、传言和谣言在网络上层出不穷。分析显示，2017年5月和6月是恶意攻讦类舆情的活跃期（见图2），往往是相关农产品集中上市的时节。与之对应的是，2017年由包括专家、媒体发起的农产品质量安全科学解读类舆情在整体波动态势上与相关传闻传言谣言的发生情况基本保持了同步，表明农产品质量安全监管部门在2017年已经做到了主动应对、提前发声。但是，从图2中也可以看到，2017年3~5月的专家、媒体科学解读在跟进网民关切、解答社会疑惑上还有距离。

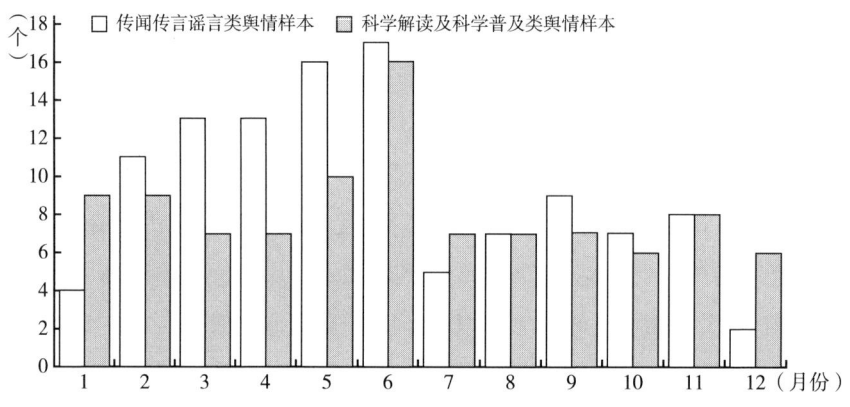

图2 2017年恶意攻讦类舆情逐月变化情况

4.舆情发生诱因特征

2017年共监测到农产品质量安全问题事件类舆情样本258条，去除对同一问题事件的"舆情跟踪型"样本，共获得相关质量安全问题事件235个。以此为基础，分析2017年农产品质量安全问题事件网络舆情形成的原因（见表8），可以看出，2017年，"违禁农兽渔药残留超标"问题是引发网络舆情的首要原因，全年相关舆情问题事件共106条，占比45.11%，较上年增加7.67个百分点。农产品流通与销售环节中的"制假售假及违法违规加工"问题是诱发舆情的第二大原因，占比12.77%，较上年下降0.45个百分点。农产品中非法添加非食用物质和重金属超标问题并列成为问题事件舆情的第三大原因,二者合计占比约17.88%,较上年回落3.71个百分点。2017年有6.38%的农产品质量安全问题事件网络舆情由认证造假或标签欺诈等因素引发,其中不少涉及"三品一标"品牌农产品。与2016年相比,2017年因"致病微生物及寄生虫污染"等问题诱发的舆情比例明显下降,占比仅为上年的一半。

表8 2017年农产品质量安全问题事件网络舆情诱因归类

舆情诱因	舆情数量(个)	所占比例(%)
违禁农兽渔药残留超标	106	45.11
制假售假及违法违规加工	30	12.77
非法添加	21	8.94
重金属超标及产地环境污染	21	8.94
动植物疫病	18	7.66
认证认可与标签标识	15	6.38
致病微生物及寄生虫污染	14	5.96
自身毒素及代谢产物	10	4.24
总计	235	100

5. 舆情所涉行业及环节特征

监测发现,种植业和畜牧业是农产品质量安全问题事件舆情多发的行业,合计占比65.63%(见表9)。近年来畜牧产品和水产品相关舆情数量占比持续走高,2017年较上年分别增加3.30个和0.24个百分点。从各行业分别来看,种植业中主要存在禁限用农药的违规使用(46.25%)、非法添加非食用物质(16.25%)和微生物毒素污染(13.75%)问题;畜牧业中主要存在违禁兽药及抗生素残留超标(46.88%)、疫病动物流入市场(21.88%)和屠宰加工不规范(20.31%)问题;渔业中主要存在违禁鱼药残留(36.59%)、违规使用孔雀石绿(26.83%)和养殖环境污染(19.51%)问题。

表9　2017年农产品质量安全质量问题事件行业分布

行业	舆情数量（个）	所占比例（%）	行业	舆情数量（个）	所占比例（%）
种植业	80	34.04	初加工业	20	8.51
畜牧业	74	31.49	其他	18	7.66
渔业	43	18.30	总计	235	100

从表10可以看出，生产环节是农产品质量安全最容易发生问题事件舆情的环节，也是媒体和舆论关注度最高的环节，占比61.28%，再次印证了农产品质量安全是"产出来"的。生产环节所涉舆情数量占比已连续3年超过50%，较上年增加4个百分点。监测数据显示，近年来，发生在农产品收储运和销售环节的农产品质量问题事件数量占比呈上升态势，初级农产品离开产地进入流通和销售环节后出现的质量安全风险隐患越来越受到舆论关注。

表10　2017年农产品质量安全质量问题事件舆情产销环节分布

环节	舆情数量（个）	所占比例（%）	环节	舆情数量（个）	所占比例（%）
生产	144	61.28	初加工	23	9.79
销售	37	15.74	总　计	235	100
贮运保鲜	31	13.19			

6. 舆情发生周期特征

网络舆情周期一般可以划分为发生期、发酵期、发展期、高涨期、回落期和反馈期等几个阶段。以2017年10个农产品质量安全网络舆情热点（详见附录）为样本，分析2017年我国农产品质量安全网络舆情的一般周期规律如图3所示。由图3可见，2017年农产品质量安全热点舆情的发酵期一般为24~72小时，相关舆情经由首发媒体曝光后一般在72小时以内就将进入舆情的发展期。相关舆情的高涨期一般出现在整体周期的第3~5天，往往伴随着相关方应急处置措施的出台，而此时不当的危机处置极易造成舆情的再度走高。在没有外界持续刺激的情况下，舆情热度一般在1周内即可出现显著衰退；舆情的整体周期一般在18天以内，即相关舆情长尾在18天以内可自我消解。

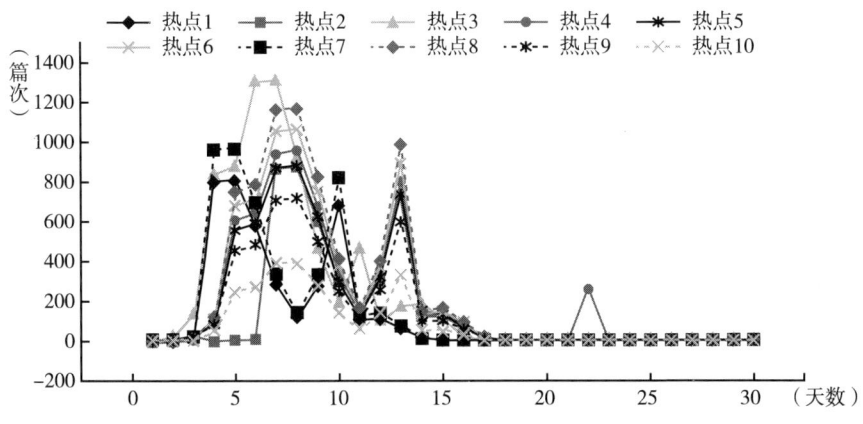

图3　2017年农产品质量安全舆情热点周期特征

三　2017年我国农产品质量安全网络舆情发展态势

1. 全年舆情总体走势持续稳定向好，农产品质量安全依法监管、科学治理进入新时代

2017年，我国农业进入质量兴农、绿色兴农的新时代。一年来，我国农产品质量安全监管工作科学化程度不断提高，风险交流工作不断强化，应急处置稳妥有效，在稳定和化解农产品质量安全网络舆情风险方面成效显著。全年监测数据显示，农产品质量安全网络舆情走势总体持续稳定向好，负面舆情数量呈持续下降态势，全年没有发生重大农产品质量安全网络舆情事件；媒体对农产品质量安全相关政策宣传与督查整治保持了较高关注度，有关农产品质量安全问题事件处置回应的舆情数量显著提升，回应和处置也更加及时；网民在相关舆情传播中表达情绪相对理智，没有出现因网络舆情扩散引发的社会群体性事件。

2. 农产品质量安全科学解读机制日趋成熟，突发事件的应急处置稳步走向从容主动

2017年，农产品及食品质量安全谣言问题继续受到全社会广泛关注。7

月，国务院食品安全办、农业部等10部门联合下发《关于加强食品安全谣言防控和治理工作的通知》，[①] 致力加强食品安全谣言防控和治理，营造科学健康的消费环境。针对网络中反复出现的农产品质量安全传闻、传言乃至恶意谣言，农业部依托国家农产品质量安全风险评估专家委员会、农产品质量安全专家组等近20余个专业领域农业标准化技术委员会，通过新闻发布会、专家解读、新闻采访、署名文章等形式及时发声辟谣，会同有关部门对造谣传谣行为进行综合治理。同时，充分利用新媒体平台优势，建立覆盖平面媒体、广播电视、新闻网站及"三微一端"的媒体矩阵，全方位净化舆论生态。相较往年，2017年度农产品质量安全问题事件舆情热度持续下降，而以"警示风险、引导消费"为特征的"消费指导"类舆情热度显著提高，标志着我国农产品质量安全风险交流工作正从相对被动的危机应对走向更加从容、主动的"和平时期"的消费者教育。

3. 禁限用农兽药的违规使用仍然是媒体及公众关注的焦点，畜禽产品和水产品相关舆情数量占比继续走高

长期监测显示，禁限用农业投入品违规使用及残留超标问题一直是媒体和公众关注的重点，且由其引发的相关质量安全问题事件舆情有上升趋势。数据显示，2017年，禁限用农兽药和非法添加问题再次成为引发农产品质量安全网络舆情问题事件的首要因素。其中，瘦肉精、孔雀石绿等问题常常占据农产品质量安全负面新闻报道的重要版面，成为引发网络舆情问题事件的高敏关键词。2017年，养殖业产品类型中负面舆情聚集度较高，其中水产品质量安全问题舆情数连续3年增加。高频词分析显示，以猪肉、牛羊肉为代表的畜禽产品以及以鱼、虾、蟹为代表的水产品是本年度舆情关注度较高的产品门类。

4. 基于"三微一端"的"1+3"舆情传播模式渐成气候

近年来，"三微一端"媒体对传统媒体在议程设置上的替代作用愈发明

[①] 《国务院食品安全办等10部门关于加强食品安全谣言防控和治理工作的通知》，国家食品药品监管总局网站，http://www.sda.gov.cn/WS01/CL1605/175260.html。

显。更加符合现代人信息获取规律的微信、微博、微视频及手机新闻客户端成为社会舆情传播、发酵、演化的主要阵地。数据显示，通过"三微一端"渠道传播的各类舆情信息数量已超过广播电视，成为农产品质量安全问题舆情传播、发酵的主要场所。特别是在相关视频直播及微视频分享技术日趋成熟的背景下，以微视频为载体，微信、微博和新闻客户端为发酵渠道的"1+3"模式已成为当前农产品质量安全舆情热点的标准传播模式。

四 我国农产品质量安全舆情监控工作的几点启示

2017年我国农产品质量安全舆情监测与应对工作为加强农产品质量安全监管，提高公众对农产品质量安全的科学认知及消费信心，保护产业持续健康发展，提高农产品质量安全工作成效乃至我国农产品质量安全水平发挥了积极的支撑作用，也对后续的农产品质量安全舆情引导及科普解读提供了基础素材和有益启示。

1. 持续开展舆情监测，建立长效的监控机制

农产品质量安全舆情监测是一项基础性、长期性工作。有必要下大气力支持本领域舆情风险管控理论及技术研究，构建舆情监测与风险应对的人才队伍体系，及时回应社会关切，化解舆情风险。同时，还要积极开展示范推广，探索构建贯通部省地县的农产品质量安全舆情风险管控体系。

2. 重视舆情风险管理，强化风险预防与控制

农产品质量安全网络舆情风险管控是保障农产品质量安全科学监管的重要前提，必须引起足够重视。应建立健全舆情风险预警、风险管理及风险交流的协调联动机制，推动农产品质量安全突发事件网络舆情风险管控常态化、前置化运作，努力防范和化解网络舆情风险。

3. 强化舆情正面引导，不断提高消费者质量安全科学认知水平

应积极构建各利益相关方之间的沟通联动机制，发挥农产品质量安全专家组和现代产业技术体系质量安全岗位科学家的作用，坚持正面引导，树立我国农产品安全优质放心的形象，不断提高消费者质量安全科学认知

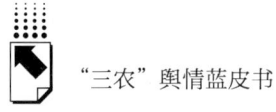

水平，努力营造风清气正、安心放心的舆论环境，从源头上预防和降低网络舆情风险。

4. 及时跟进农产品质量安全热点问题，做好后续处置工作

要充分调查了解问题事件发生的性质原因，加强专项整治工作，及时查处有关责任人及责任单位；充分掌控舆情易燃的时段、品种、环节、地区，对有可能反复炒作的问题舆情要及早布控防范。

参考文献

李祥洲：《农产品质量安全舆情监测分析概论》，中国农业出版社，2015。

洪巍、吴林海：《中国食品安全网络舆情发展报告2017》，中国社会科学出版社，2017。

吴少祯、喻国明：《中国食品药品安全舆情年度报告2017》，中国医药科技出版社，2017。

李祥洲、钱永忠、邓玉等：《2014年农产品质量安全网络舆情特征分析研究》，《农产品质量与安全》2015年第1期。

李祥洲、钱永忠、邓玉等：《2015～2016年我国农产品质量安全网络舆情分析及预测》，《农产品质量与安全》2016年第1期。

李祥洲、钱永忠、邓玉等：《2016年我国农产品质量安全网络舆情监测与分析》，《科学通报》2017年第11期。

李祥洲、邓玉：《农产品质量安全舆情热点科学解读》，科学出版社，2018。

李培林等：《社会蓝皮书——2016年中国社会形势分析与预测》，社会科学文献出版社，2015。

附录：

2017年农产品质量安全网络舆情十大热点

在对2017年相关舆情监测大数据进行整理的基础上，结合农产品质量安全专家团队集体评估结果，遴选出2017年农产品质量安全网络舆情十大热点。

2017 年农产品质量安全十大网络舆情热点 TOP 10

序号	舆情热点	舆情热度
1	汪洋出席"双安双创"现场会,强调以钉钉子精神抓好食品安全	★★★★★
2	我国化肥农药使用量提前3年实现零增长目标	★★★★★
3	农业部成功举办全国食品安全宣传周主题日活动	★★★★☆
4	新版《农药管理条例》正式施行	★★★★☆
5	欧洲爆发"毒鸡蛋"风波	★★★★
6	3·15曝光山东等地企业在饲料中违规添加禁用成分	★★★★
7	微视频曝"紫菜是塑料做的"	★★★☆
8	民间环保组织举报江西九江出现"镉大米"	★★★☆
9	微信传"大虾体内有寄生虫"	★★★
10	方舟子称"喝普洱茶致癌"	★★☆

B.5 农业农村信息化舆情报告

韦 科*

摘 要： 2017年农业农村信息化新闻舆情基本平稳，媒体报道逐渐走向"细"和"实"；微信舆情异军突起，成为影响舆情走势的重要力量。农民手机应用技能培训、电商减贫大会、首届全国新农民新技术创业创新博览会等事件被舆论积极关注。舆情反映出农业农村信息化工作已经全面下沉，从政策部署走向普遍实践。

关键词： 农业农村信息化 信息进村入户 电子商务

党的十八大以来，党中央、国务院高度重视农业农村信息化，在实施网络强国战略，特别是在"互联网+"行动、大数据行动纲要、发展电子商务等重大部署中，都把农业农村摆到突出位置。农业农村信息化发展规划、电商行动、"互联网+"现代农业三年行动方案等政策文件及时出台并得以贯彻落实。伴随着农业农村信息化的发展，相关舆情热度升温，报道主题日渐丰富，报道媒体日趋广泛，整体舆情呈现四面开花的良好局面。

一 舆情概况

据监测，2017年，农业农村信息化新闻舆情基本平稳，相关微信文章

---

* 韦科，农业农村部信息中心网站运行处新闻编辑，主要研究方向为"三农"新闻报道、新媒体运营和网络舆情。

异军突起，成为影响舆情走势的重要力量。舆情内容主要围绕农业农村信息化的丰富实践展开，农民手机培训、《焦点访谈》专题报道农村电商味不"农"、电商减贫大会、首届全国新农民新技术创业创新博览会等引发年度高热舆情。

从舆情数量看，2017年农业农村信息化舆情总量20.6万条。其中，微信舆情量17.4万条，占舆情总量的84.5%；新闻舆情量1.9万条，占9%；微博、论坛、博客相关帖文量占约6.5%。

从舆情走势看，新闻舆情量的走势全年基本平稳（见图1）。但微信舆情量的高占比，导致全年农业农村信息化舆情走势几乎与微信舆情走势一致。全年分别于5月、8月、11月出现三次舆情高峰：5月，新华网发布的《"互联网+现代农业"到底要加什么?》、第一财经网发布的《农村电商雷声大雨点小 褚橙成功难复制》、《甘肃日报》发布的《甘肃将实施农村信息化六大工程》等报道引发舆论聚焦，掀起第一个舆情高潮；8月30日，2017年电商减贫大会在贵阳市召开，引发全国对电商精准扶贫的广泛、热烈讨论，推动全年舆情达到峰值；11月首届全国新农民新技术创业创新博览会以及"双11"等重要节点再次推升舆情掀起一个小高潮。

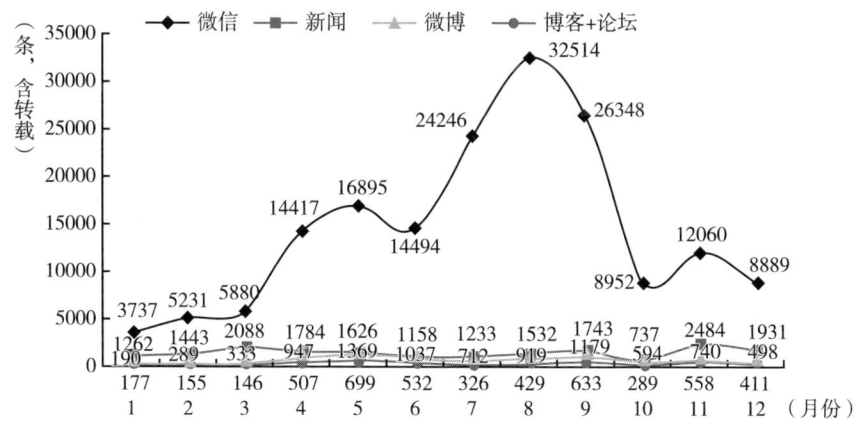

图1　2017年农业农村信息化相关舆情走势

从舆情内容看，新闻报道方面，在国家相关政策发布、重要信息化行业会议举行等事件影响下，热点话题呈现多点分布，以农村电商为主，信息化建设、农业大数据、物联网等方面都有覆盖。值得注意的是，借力于顶层设计，作为农村电商话题的重要组成部分，电商精准扶贫成为新的核心关注（见表1）。微信方面，围绕如何利用农村电商促进个人及地方发展而进行的讨论依旧是主要热点。其中，《网上订的咸鸭蛋46天没到货 店家：还没腌呢!》与《央视曝农村电商暗藏猫腻，坑苦农民?》两篇微信文章的阅读量均达到10万+（见表2）。总体来看，2017年农业农村信息化舆情主题广泛，层次丰富，内容多样，重要信息化工程建设、农业电子商务实践、农业大数据项目实施、物联网发展等都是舆论关注的重点。

表1 2017年农业农村信息化热点新闻TOP 30

	标 题	首发媒体	发布日期	转载(条)
1	农民收入四年增近五成"互联网+"特色产业助力脱贫	《人民日报》	11月8日	379
2	2016年中国农村网络零售额近9000亿元	新华社	10月12日	297
3	汪洋在全国农村电商精准扶贫经验交流会上讲话	新华社	9月16日	296
4	最新专业调查报告显示:新型农业经营主体社会绩效凸现	《经济日报》	2月7日	235
5	"互联网+农业"风口这家"茶社"有看头	人民网	11月29日	220
6	我国将设立多个农业高新示范区	《经济日报》	10月12日	199
7	农业部发布农业农村信息化示范基地等成果	农业部网站	11月12日	126
8	中央财政积极支持气象服务"三农"助力扶贫	新华社	12月18日	125
9	电商"星火"如何点亮扶贫新路?	新华社	9月18日	117
10	徐珍玉:农业物联网的领航者	央视网	2月7日	115
11	从"傻子瓜子"到"三只松鼠"——两张"改革名片"见证中国发展变迁	新华社	11月11日	114
12	关于推动邮政业服务农村电子商务发展的指导意见	国家邮政局网站	1月23日	98
13	屈冬玉:以信息化加快推进小农现代化	《人民日报》	6月5日	91
14	2017年中央一号文件发布再提实施"快递下乡"	电子商务研究中心网站	2月7日	86

续表

	标 题	首发媒体	发布日期	转载(条)
15	安徽:全力推进农村电子商务"三个全覆盖"	新华社	4月16日	85
16	1000万贫困人口靠啥脱贫	《经济日报》	1月3日	83
17	利用"互联网+"打通现代农业产业链	《经济日报》	3月15日	83
18	国务院扶贫开发领导小组办公室(以下简称国务院扶贫办)谈网络扶贫行动计划:重点实施农村电商等建设	中国新闻网	7月5日	81
19	春到彝乡田间气象新	四川在线	2月21日	81
20	洋货进村农货进城电商塑造农村消费新生态	《经济参考报》	3月1日	78
21	电子商务三年行动方案发布提五大专项行动	中国证券网	1月5日	77
22	内蒙古初步建成农牧区电商运营体系带动就业10万人	新华社	8月15日	76
23	河北今年深化农村电商全覆盖	河北新闻网	4月13日	76
24	黑龙江打造"大数据+现代农业"发展新模式	新华社	3月22日	75
25	田阳县积极探索推行"党建+电商+扶贫"新模式	《广西日报》	4月12日	70
26	东高庄村:淘宝经济的农村致富样本	《北京青年报》	3月6日	70
27	走好农业品牌化市场化道路	兰州新闻网	3月15日	70
28	"智慧农业——健康养殖公益行动"在京启动	农业部网站	12月7日	70
29	我国将建智慧农业气象数据"一张网"	《中国气象报》	10月17日	68
30	一些农村电商产业园"华而不实"	《经济参考报》	1月25日	67

表2 2017年农业农村信息化热点微信文章TOP 30

	标 题	公众号	时间	阅读量(次)	转载(条)
1	2017电子商务进农村知识普及培训	秀山物流园区	6月25日	691	654
2	阿里研究院首度公布农产品电商50强县看看有你家乡吗?	阿里研究院	5月5日	20191	390
3	靠农业做到身价十亿,"互联网+"让她成为中国最具商业价值90后	新农村与现代农业	3月16日	10429	288
4	破解农村电商"痛点"的"三字经"	农村电商研究院	4月21日	1154	235
5	农村电商要姓农为农	农村电商研究院	4月28日	1148	221
6	提前布局农村电商抢食雄安红利	互联网辣条	4月8日	13751	157
7	国务院扶贫办:我国将重点推进电商扶贫	农村电商研究院	7月7日	3104	144

续表

	标题	公众号	时间	阅读量（次）	转载（条）
8	揭秘！同是农村电商,为何有人年售80万斤农货,有人却两年不开张?	CCTV焦点访谈	4月12日	14018	140
9	央视:农村淘宝打着帮助农民的旗号卖货给农民	农村电商研究院	4月12日	46710	129
10	屈冬玉:以信息化加快推进小农现代化	新三农	5月8日	6424	127
11	三门峡市举办互联网+特色农业创新发展论坛	三门峡日报	6月28日	414	124
12	聚焦农村电商:可买品牌增多滞销农产品变"网红"	互联网辣条	7月23日	16085	112
13	网上订的咸鸭蛋46天没到货 店家:还没腌呢!	央视新闻	4月13日	10万+	106
14	城市电商已现饱和状态发展农村电商正逢其时	杭州电商	7月3日	23	103
15	周秋平:农村电商要强化"六个意识",做好"六篇文章"	电商参考	5月15日	564	90
16	央视曝农村电商暗藏猫腻,坑苦农民?	轻松筹	4月28日	10万+	73
17	互联网+农业促进产业升级迎来最好的时代	农村电商研究院	7月13日	1011	72
18	农村电商到底有啥好处?	农村电商研究院	9月7日	833	66
19	三个爆款橙子,看懂农产品电商未来机会	共享经济研究院	11月27日	168	61
20	共享时代如何做好共享农业?	一诺创意农业旅游规划设计院	7月14日	198	58
21	分析｜农产品电商三大难题,只有5%的农人成功解决	义田农学院	12月25日	184	55
22	农产品电商:找准受众,才能赚钱!	蓝狮农业品牌策划	10月20日	164	54
23	互联网附体后,中国农业会如何蜕变?	刘旷	4月20日	54626	53
24	电商新亮点:农村网购爆发销售额足足占全国17%!	农村电商研究院	11月13日	757	52
25	"互联网+"助力脱贫我国农民收入近四年增近五成	爱特延安	11月20日	46	46
26	农村电商迈上"双向流通"快车道	农村电商研究院	2月7日	1293	45

续表

	标 题	公众号	时间	阅读量（次）	转载（条）
27	农村电商!这是互联网"勾搭"农业的时代	农村电商研究院	7月6日	574	43
28	国家公布重大文件！马云、刘强东笑了,这类人或将暴富！	21财汇闻	8月29日	44676	40
29	农村电商这条路,怎么走？	CCTV焦点访谈	4月10日	18831	40
30	抚远市"互联网+"智慧农业综合服务体系	东极抚远智慧农业	9月6日	9	40

从报道媒体看，新闻方面和往年一样，《人民日报》、新华社、《经济日报》等主流媒体依旧是农业农村信息化报道的主要力量。同时，不少地方媒体以及邮政、气象等其他行业媒体的宣传报道和信息发布，也呈现着农业农村信息化创新实践、广泛落地的喜人现状，生动定格农业农村信息化的前进步伐。

二 重点舆情回溯

2017年，各级相关部门认真贯彻落实党中央、国务院决策部署，信息进村入户工程及12316信息服务、农业农村电子商务、农业物联网区域试验示范、农业农村大数据发展应用等都取得了重要阶段性成果。自上而下的重点工作扎扎实实推进，自下而上的积极探索也如火如荼进行。全年看，以下四个事件成为舆论聚焦的热点。

1. 农民手机应用技能培训获舆论点赞

3月20日，农业部在北京昌平区启动了首个全国农民手机应用技能培训周活动。舆论称，农村互联网架构中最基础的、最重要的"端"就是掌握在农民手中的智能手机。手机培训活动将协助农民接收到更多更好的服务，大大提高他们的网络营销能力，帮助他们更快致富、更好发展。还有报道称，手机培训找准了"互联网+"现代农业深度融合的真正切入点，农民获取信息服务的能力得到大大提升，自然受到广泛好评。此外，企业代表与业内专家点赞培训活动抓住了"互联网+"现代农业发展的牛鼻子,称农业部虽然管的是挺"土"的事,却一直不掉队、不缺位,从建设网站开始,一直致力于为农民提供更便捷更广泛的信息接收和表达的通道。[①] 网民对此积极发表看法。不少网民点赞手机培训,认为手机查资料非常方便,培训农民用手机是个好思路。互联网时代,越来越多的新农人将借助智能手机参与进来,成为时代弄潮儿。

2. 舆论三种态度面对农村电商味儿不"农"

4月中旬,央视《焦点访谈》栏目聚焦农村电子商务,做了连续3期的系列报道。报道对农村电子商务带来的诸多积极变化给予了肯定,但也提出农村电商中农产品"上行难"、味儿不"农"等意味严肃的议题。农村电子商务到底是工业产品下乡还是农产品进城?争论就此展开。[②] 新闻媒体纷纷就此刊发评论。从评论内容看,主要有以下三种态度:一是聚焦并剖析当前农产品"上行难"的根本原因。该观点指出,造成农村电子商务当前问题的主要原因,是中华人民共和国成立以来我国城乡之间、工农之间一直存在着的、一度持续拉大的差距。事实上,这是我国社会长期的二元结构造成的沉重历史欠账,也是"三农"长期以来持续弱势的最具体的体现,并不是什么电商企业忽视、漠视"三农"利益、盲目追逐经济效益之下的责任缺失。[③] 二是认为农村电子商务的更大意义在于农民享受到信息化成果,激活乡村生态。该观点指出,农村电子商务要姓"农",要看其为智慧乡村的建设与发展贡献了多少力量、是否加速推动了农民生活水平的提高,到底是农产品上行还是工业品下行并不是判断依据。事实上,真正最深远的影响是,广大乡村正在由农村电子商务搭建属于网络时代的商业基础。三是认为应该尊重客观规律,关注农村电子商务的可持续发展。该观点认为,看待农村电

---

① 《凡事有理丨由"小"见大:农业部"小程序"背后的大通道!》,乡村之声三农中国头条号,2017年3月18日。
② 《农村电商要姓农为农》,中国经济网,http://views.ce.cn/view/ent/201704/28/t20170428_22419738.shtml。
③ 《农村电商味不"农"还真是个问题》,光明网-时评频道,http://guancha.gmw.cn/2017-04/13/content_24193894.htm。

子商务，既要有历史的眼光，更要有辩证的视野。农村电子商务不可能遍地开花、一炮而响。基层政府的责任和现实的掣肘绝不可忽视。更不能将"味儿不'农'"看成是农村电子商务"不务正业"，脱离初衷，发展"跑偏"的罪证。① 既要看到农村电子商务发展已经取得的成果，更要发掘其未来潜力，关注其可持续发展能力。我们要建设的是智慧乡村，发展农村电子商务只是实现乡村振兴目标的选择和路径，在这条道路上，需要多一些尝试，多一点时间。②

3. 电商减贫大会掀起全年舆情高潮

8月30日，贵州省政府携手阿里巴巴在贵阳市召开2017电商减贫大会。此次会议首次汇集了政府、企业和国际力量、专家等多个主体，共同探讨电子商务扶贫的新课题和新做法；也是首次以"电商生态力量"的名义和立场，聚焦于国家的减贫大计。媒体纷纷以《2017电商减贫大会召开电商达人齐聚贵阳探索"互联网+扶贫"》《2017电商减贫大会在贵阳举行"五个第一"助力贵州脱贫攻坚》等醒目标题予以报道。有专家发表观点称，"电商扶贫"绝不是电子商务这一单一使用方式的突破，而是一场综合立体地应用包括电子商务在内的创新方式，并带动多重方式发展而引发的社会创新。这场创新正深刻地改变着我国农村生产关系和生产力，农民的思维方式也随之发生巨大变化。③ 还有专家提出，"金字塔"模式才是农村电子商务应当呈现的样子，底端是响应我国"大众创业、万众创新"号召而涌现的千千万万"新农人"，顶端则是电子商务的无限未来；是"新农人"在思维方式转变、发展方式转变中，支撑着农产品网络销售的产业链，也创造了电子商务扶贫减贫的新"基因"。④

---

① 《农村电商最忌拔苗助长》，胶东在线，http：//www.jiaodong.net/pinglun/system/2017/04/13/013408194.shtml。
② 《【电商资讯】农村电商怎么"养"：消费先行，销售其后》，微信公众号"特色中国广东馆"，2017年4月7日。
③ 《电商扶贫，中国农村的一场社会创新》，搜狐号"产业电商资讯"，2017年8月30日。
④ 《寻找"双创"时代"新农人"，草根经营创造电商减贫新"基因"》，多彩贵州网，http：//qiye.gog.cn/system/2017/08/31/016052080.shtml。

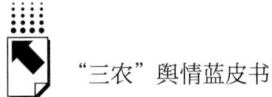

4. 首届全国新农民新技术创业创新博览会引发广泛关注

11月中旬,首届全国新农民新技术创业创新博览会在江苏苏州隆重举行。舆论称,博览会展示了当前农村"双创"多种新模式,汇聚着信息时代的多样新技术,堪称一场现代农业信息技术的超级盛会。博览会上,新农业、新农村、新农民纷纷闪亮登场,充分展现风采,让人不由得对"互联网+"时代的乡村振兴战略生出无限遐想。农业农村信息化正形成强大合力,其广阔未来也逐渐清晰。① 本届博览会,全国各地各类参展企业数量达千余个。中央媒体及各参展省份的地方媒体和企业主体围绕各自的参展成果积极参与宣传报道,形成强大的舆论关注。网民也对此积极支持和赞赏。有网民说,双创进农村,农业得新生。现代农业的发展离不开好的政策,也离不开农业科学技术的不断创新。政府对返乡创业的农民要扶上马再送一程。

三 舆情传播特点

对近几年农业农村信息化舆情数量、报道媒体格局、传播内容等进行比较分析,可以发现2017年农业农村信息化舆情特点清晰,这些特点忠实勾勒着当下农业农村信息化发展的现实图景。

1. 新闻报道主题分布从以政策发布为主转为以中央多部门、地方及各市场主体的实践报道为主

从热点新闻发布主题看,2015年新闻排行榜中七成报道来自中央及相关部门的政策发布、两成为中央主流媒体的相关评论,还有一成为淘宝、京东两大电商巨头的实践;2016年新闻排行榜中基本是半数政策发布、半数市场主体的实践,其中多数为电商发声,且电商主体呈现多元。相较之下,2017年新闻报道排行榜中有两成左右政策类新闻发布,超过三成农业农村信息化工作的总结性、思考性文章,超过三成各地及市场主体的实践以及一

---

① 《未来农业是怎样的?双创激发农业农村发展新动能》,人民网-财经频道,http://finance.people.com.cn/n1/2017/1113/c1004-29643261.html。

成气象、邮政等行业的实践报道，显示出传播主题的转变。从这一角度看出，在近几年中央及农业部等相关部门一系列关于发展农业农村信息化的重磅政策部署下发之后，农业农村信息化工作已经全面下沉，从政策层面走向丰富多样的实践，基层相关工作扎实铺开，各地进入紧锣密鼓的落实之中。

2. 地方媒体和多行业媒体加入农业农村信息化报道大军，成为关注、支持、推动农业农村信息化发展的重要力量

从热点新闻发布主体看，相较于2015年排行榜中仅一篇地方媒体报道、2016年排行榜中仅两篇报道、其余均是主流媒体和农业行业媒体的报道主体分布，2017年新闻排行榜中有近三成来自地方报道以及邮政、气象等其他行业媒体的报道，与中央媒体和行业媒体三分天下，在格局上有了突破。过去主要被中央媒体关注的农业农村信息化犹如"旧时王谢堂前燕"，正"飞入寻常百姓家"，成为多类媒体的日常关注。同时，从报道标题还可以看出，2017年的报道更多聚焦于地方特色，聚焦于问题解决，越来越"细"、越来越"实"。获得了越来越广泛关注的农业农村信息化事业正在成为"三农"工作新的宣传阵地。

3. 微信舆情成为影响农业农村信息化舆情走势的重要因素

2017年农业农村信息化微信舆情占该话题舆情总量的八成以上，其走势很大程度上决定了该话题全年舆情的整体走势。而2015年、2016年，当时的舆情走势还基本依赖国家政策的发布和解读。微信舆情的主导者，有媒体，而更多是农业农村信息化的参与主体。因此，微信舆情的火爆，既反映了农业农村信息化参与主体队伍的壮大，又反映了这个群体对这份事业的原发热情和积极关注。可以说，微信排行榜展示什么，什么就是当下农业农村信息化最大的舆情关注，可称为信息化舆情的晴雨表。

4. 农村电商话题的关注角度更加多元、立体、丰富

随着互联网基础设施的不断完善，尤其是移动互联网在农村的迅速普及，使电子商务被认为是消除贫困的全新路径。在我国脱贫攻坚进入攻克深度贫困堡垒的关键时期，农村电子商务和精准扶贫形成历史性交汇，成为2017年农业农村信息化的重要事件，也成为舆论聚焦的热点。而农村电商

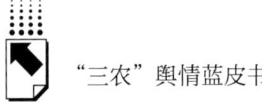

话题,在2017年的传播中也呈现两个突出特点。一是之前关于农村电商的报道,成功典型占据相当比重,而从2017年的新闻及微信文章排行榜看,个案报道显著减少,关于农村电商上行困境、流通掣肘、发展方向、人才难题、发展瓶颈等方面的文章越来越多。二是过去的成功典型更多是意识先进、能力超群、意志顽强的个体,单打独斗,创业成功的能人老李、村干部小张、大学生小王;如今的成功主体,更多是勇于抱团、踏实肯干、同舟共济的组合,跟随国家"双新双创"战略的引导、受惠于政府各项扶助政策、借力信息进村入户、接受过手机培训、会利用12316信息服务的农民老董、老胡、老梁。从凤毛麟角的个案宣传到对农村电商全产业链的关注与探究,从个体与机遇相交的偶然成功到政府、企业、农民通力协作、主体日渐多元的普遍实践,从典型示范到遍地开花,农村电商发展前景可期。更重要的,是农村电商在精准扶贫、全面建成小康社会的伟大实践中发挥着日益明显的作用。

综上,放在我国农业农村工作全局层面看,农业农村信息化近年来逐渐成为农业现代化领域的重要关注,验证着农业信息化是农业现代化的制高点这个重要论断。2018年,信息进村入户工程将加快实施,农业物联网区域试验持续开展,农民手机应用技能培训不断深入,农产品电子商务出村工程继续推进,农业特色互联网小镇建设也已提上日程,农业农村信息化舆情将涌现更多热点、献出更多实践,推动农业现代化事业不断走向前进。

参考文献

徐恒杰:《移动互联网必将助力三农跨越发展》,《农民日报》2017年3月24日。
高雅:《农村电商发展需鼓足后劲儿》,《农民日报》2017年6月7日。

B.6 产业扶贫舆情报告

张祚本 赵娟 李冬冬[*]

摘　要： 2017年，产业扶贫话题舆情量同比减少20.7%。其中，媒体关注度和网民关注度有所分化，媒体新闻报道量同比增长36.2%，而社交媒体帖文量同比下降51%。中国减贫成果受到国内外舆论高度评价，"精准扶贫"成为关注焦点。产业扶贫特色突出，各地涌现出一大批"可复制、接地气、服水土"的农业产业扶贫模式。产业扶贫面临的市场风险引发舆论思考，扶贫工作的作风问题受到舆论热议。从舆情传播特点看，我国减贫成果增强了舆论传播自信，媒体多角度报道营造了良好舆论氛围。产业扶贫新闻宣传还须在报道内容和方式上多下功夫，讲好故事、借好外力，进一步激发舆论关注和参与热情。

关键词： 脱贫攻坚　产业扶贫　精准扶贫　电商扶贫

2017年，我国脱贫攻坚工作取得决定性进展，中国为世界减贫事业做出的贡献受到国内外舆论盛赞。作为脱贫攻坚的重要抓手，产业扶贫发挥的作用备受肯定。各地农业产业扶贫凸显"特色优势"，产业扶贫模式"多点

---

[*] 张祚本，农业农村部信息中心舆情监测处副处长，助理研究员，主要研究方向为"三农"网络舆情、农业信息化；赵娟，北京农信通科技有限责任公司舆情分析师；李冬冬，北京农信通科技有限责任公司舆情分析师。

开花",媒体对其典型示范和带动效应予以集中报道。电商平台积极融入产业、助农增收情况广受关注。产业扶贫面临的产品同质化、供需不平衡等问题引发舆论思考和建言。据监测,全年产业扶贫话题舆情总量18.5万余篇,同比减少20.7%。其中,媒体关注度和网民关注度有所分化,媒体新闻报道量11.1万篇,同比增长36.2%;随着脱贫攻坚稳步推进,产业扶贫话题相关舆情主要集中在各地日常落实举措及扶贫成果方面,网民关注动力不足,社交媒体相关帖文量7.5万篇,同比下降51%。

一 热点事件排行及传播特点分析

通过对2017年1~12月产业扶贫话题的新闻、帖文进行监测,并进行加权计算,得出相关热点事件的舆情热度,据此列出排行前30位的热点事件(见表1)。

表1 2017年产业扶贫热点事件TOP 30

排名	热点事件	月份	首发媒体	舆情热度
1	天价彩礼致部分地区农民"因婚返贫"	1	新华网	11609
2	习近平总书记强调"一定绣好'精准扶贫'这朵花"	3	新华网	7542
3	习近平总书记在太原主持召开深度贫困地区脱贫攻坚座谈会	6	新华网	6818
4	党的十九大报告对"坚决打赢脱贫攻坚战"进行全面部署	10	新华网	6207
5	世界互联网大会聚焦互联网精准扶贫	12	国际在线	6187
6	政府工作报告:严肃查处假脱贫、被脱贫、数字脱贫	3	新华网	5015
7	刘强东担任河北省阜平县平石头村村长	11	新浪微博"@刘强东"	4347
8	中办、国办印发《关于支持深度贫困地区脱贫攻坚的实施意见》	11	新华网	2728
9	中纪委曝光扶贫领域腐败案例,"扶贫羊"落入村官"虎口"引热议	3	中纪委监察部网站	1652
10	电商扶贫在"双11"购物盛宴上表现亮眼	11	新华网	1501

续表

排名	热点事件	月份	首发媒体	舆情热度
11	全国两会代表委员热议"精准扶贫"	3	新华网	1405
12	湖南卫视播出系列报道《为了人民》,讲述感人扶贫故事	7	湖南卫视	1385
13	审计署:剔除清退10万余不符合建档立卡贫困人口	12	审计署网站	1309
14	2017年中国贫困人口将再减少1000万人以上	12	国务院扶贫开发领导小组办公室网站	1278
15	国际消除贫困日关注中国减贫对世界的贡献	10	《人民日报》(海外版)	915
16	喜迎十九大,中央媒体集中报道各地精准扶贫成就	10	央视网	839
17	农业部就农业产业扶贫有关情况召开新闻发布会	10	农业部网站	637
18	京东在河北省武邑县推出"扶贫跑步鸡"项目	4	中央电视台	634
19	央视关注多地脱贫攻坚"砥砺奋进的五年"	6	中央电视台	509
20	审计署:12个贫困县的扶贫资金闲置1年以上	8	审计署网站	485
21	中药材产业扶贫行动正式启动	9	新华网	484
22	阿里巴巴启动兴农扶贫战略	8	电商在线网	368
23	审计署:7个省逾亿元扶贫资金用于非扶贫	12	法制网	363
24	农业部与京津冀协同扶贫,八大行动将助50万人三年脱贫	3	河北新闻网	354
25	农业产业扶贫亮点纷呈	12	《农民日报》	325
26	农业产业化龙头企业产业扶贫榜样推介活动在合肥举办	9	农视网	274
27	2017年农业产业扶贫论坛召开	10	农业部网站	159
28	耶鲁毕业生组队四川种橘扶贫	11	秒拍视频	157
29	全国一村一品产业扶贫经验交流活动在兰州举行	8	《甘肃日报》	118
30	安徽定远"扶贫土豆"滞销	6	滁州网	112

对以上30个产业扶贫相关热点事件进行分析,总结出以下舆情特点。

1. 产业扶贫热点事件在发生时间上凸显会议效应和年末效应

从发生时间分布上看,3月、10月、11月和12月的热点事件最为集中,共计19个。重大会议对热点事件数量增加影响显著,全国两会及党的十九大期间,脱贫攻坚成为舆论焦点话题。年内,农业部先后举办环京津农业扶贫对接会、产业扶贫情况新闻发布会等会议活动,引发舆论对产业扶贫主题的重点关注。此外,12月进入年终总结阶段,扶贫工作成绩和问题受到更为集中关注,当月出现的5个热点事件中,有4个属于此类(见图1)。

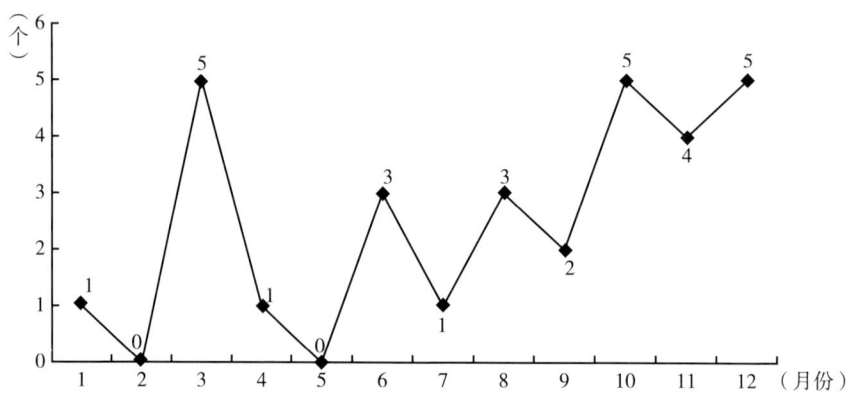

图1 2017年产业扶贫热点事件发生时间分布

2. 各地产业扶贫实践相关热点事件数量增加、关注热度升温

从主题分布看,各地产业扶贫实践相关热点事件数量最多,增幅最大。2017年上述事件出现了16个,占比53.3%,较上年增加了6个,增幅60%。媒体在各地产业扶贫实践相关热点事件报道视角上出现了"由点及面"的变化。与2016年多围绕特定地区、特色产品做个性化、示范性的案例报道不同,2017年多面向全区域、全产业做综合性、总结性的经验分析。扶贫政策部署相关热点事件位居第2,共计8个,占比26.7%。其中既有党中央、国务院对精准扶贫、深度贫困地区脱贫攻坚的战略部署,也有相关部门针对特定产业、具体地区的政策规划。扶贫领域问题相关热点事件有5

个，占比16.7%，问题主要集中在扶贫领域的贪污腐败、政策走样以及产业同质化等方面。还有1个事件反映了天价彩礼致部分地区农民"因婚返贫"问题（见图2）。

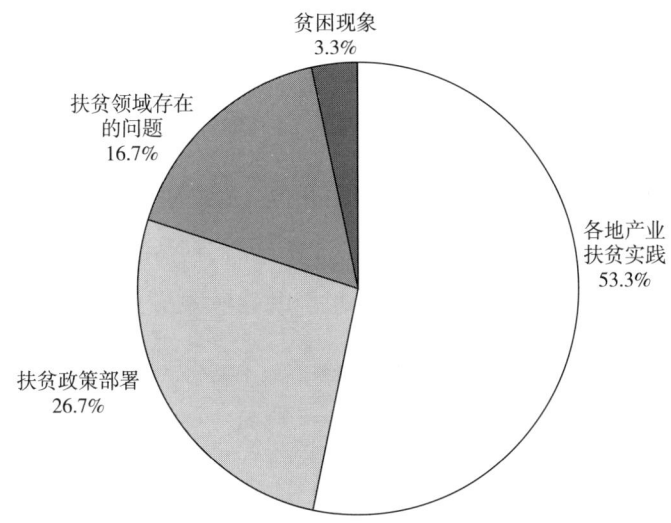

图2　2017年产业扶贫热点事件主题分布

与上年相比，上述4大主题的热点事件在舆情热度上"两升两降"。其中，舆论对贫困现象仍很敏感，2017年天价彩礼致部分地区农民"因婚返贫"问题引发媒体集中报道，舆情热度大幅走高；各地产业扶贫实践也广泛吸引舆论关注，舆情热度小幅上涨；扶贫领域问题相关热点事件的舆情热度下降幅度最大；扶贫政策部署相关热点事件的舆情热度降幅也很明显（见表2）。

表2　2016～2017年产业扶贫各主题热点事件数量及舆情热度比较

主题		政策部署	各地产业扶贫实践	扶贫领域存在的问题	贫困现象
2016年	事件个数	11	10	7	2
	舆情热度	59737	12514	26401	9360
	热度均值	5430	1251	3772	4680

续表

	主题	政策部署	各地产业扶贫实践	扶贫领域存在的问题	贫困现象
2017年	事件个数	8	16	5	1
	舆情热度	29785	20402	3922	11609
	热度均值	3723	1275	784	11609

3. 新闻媒体首发优势显著，中央媒体占大比重

2017年，新闻媒体继续成为产业扶贫相关热点事件的主要新闻源，有22个事件首发自新闻媒体，占比73%，其中17个事件是由《人民日报》、新华网、中央电视台等中央媒体发布的。发自政府部门网站的热点事件有6个，占比20%。还有2个事件分别出自新浪微博和秒拍短视频平台（见图3）。

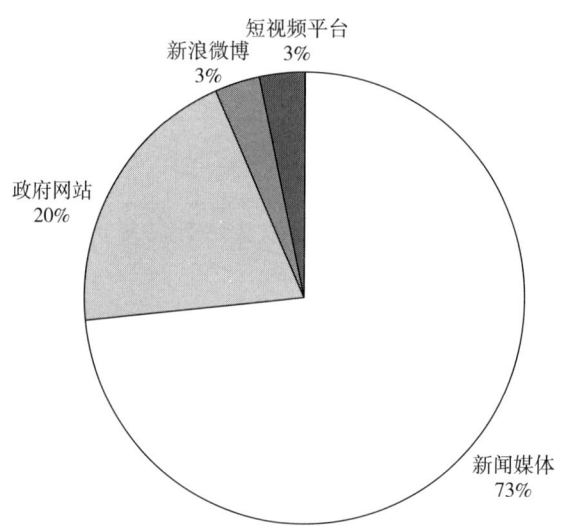

图3　2017年产业扶贫热点事件首发媒体分布

二　热点舆情回顾

1. 中国减贫成果受到世界瞩目，精准扶贫"绣花"功夫见真章

2017年，我国脱贫攻坚取得新进展：全国贫困人口减少了1289万人，

贫困发生率进一步下降；全国28个贫困县脱贫摘帽，首次实现贫困县数量净减少。① 中国减贫成果引发国内外舆论积极关注。10月17日，在第25个国际消除贫困日，联合国和多个国际组织对中国在减贫方面的突出成就予以高度肯定，称"中国是为全球减贫作出最大贡献的国家"。② 一年来，"中国式扶贫"成为国内外媒体的报道热点。《人民日报》《农民日报》等国内媒体结合翔实数据和鲜活事例，展示各地脱贫攻坚呈现的新气象和新活力，"再战再胜""取得决定性进展"等字样被广泛设置在报道标题中。新华社指出，"中国式扶贫"彰显中国共产党强大的动员能力和执政能力，体现出社会主义制度的巨大优势。③ 同时，美国、俄罗斯、新加坡、巴西等国媒体也接连发文，评价中国减贫成就"世界瞩目"，④ 是"教科书般的"扶贫范例，认为中国经验值得学习借鉴。网民纷纷点赞各地贫困村发生的巨大变化，对脱贫攻坚工作充满信心和期待，认为国家扶贫是关爱、是担当，更是责任，呼吁各界共同努力，早日实现脱贫奔小康。

从全年热点舆情看，"精准扶贫"战略思想和体制保障成为关注焦点。全国两会期间，习近平总书记用"绣花"比作精准扶贫要下的功夫，引发舆论热烈反响。政府工作报告明确指出，严肃查处假脱贫、"被脱贫"、数字脱贫，获得舆论高度认同。党的十九大报告对"坚决打赢脱贫攻坚战"做出全面部署，被称为"脱贫攻坚战总攻令"，再次引发舆论强烈共鸣。"绣好精准扶贫这朵花""精准扶贫、精准脱贫""脱真贫、真脱贫"等成为舆论引用的高频语句。同时，有关部门在精准扶贫中打出"政策组合

---

① 车丽：《全国28个贫困县宣布脱贫摘帽史上首次贫困县数量净减少》，央广网，http://china.cnr.cn/xwwgf/20171101/t20171101_524008759.shtml。
② 钱珊铭：《过去十年，中国是为全球减贫作出最大贡献的国家》，国际在线，http://news.cri.cn/20171017/3aa7e22a-2933-55fc-e6c2-3a7b1661e0e6.html。
③ 张辛欣、林晖、侯雪静：《庄严的承诺不懈的奋斗——从全国两会看中国式扶贫》，新华网，http://www.xinhuanet.com/2017-03/11/c_1120610716.htm。
④ 《美媒：中国减贫成就世界瞩目很难被他国复制》，中国日报网转载美国数字商业新闻网站"Quartz"，http://world.chinadaily.com.cn/2017-09/22/content_32326098.htm。

拳"。国家财政专项扶贫资金突破1400亿元、①农业部提出产业扶贫"五个一"工作路径、②国土部运用增减挂钩政策支持脱贫攻坚③等广受关注。2017年末,全国扶贫开发工作会议通报各项扶贫工作成效,"产业扶贫新业态发展迅速""电商扶贫带动274万贫困户增收""旅游扶贫覆盖2.3万个贫困村"④等引发积极转载报道。舆论表示,政策保障"扶真贫","绣花"功夫见真章,脱贫攻坚贵在精准,重在落实。扶贫工作越往后"硬骨头"越多,攻克贫中之贫,需要更大的决心、更明确的思路和超常规的力度,一针一线绣好精准扶贫之花。

2. 农业产业扶贫"特色"凸显,扶贫模式多点开花

作为实现脱贫的根本之策,产业扶贫继续成为扶贫工作的重要发力点。2017年,农业部编制规划、总结范例,相继召开了一系列对接会、观摩会、展销会、推介活动等,积极推动主导产业培育、特色优势品牌打造、示范基地建设等工作,引发媒体持续关注。舆论指出,一套以产业扶贫为基础的脱贫攻坚政策体系、责任体系、投入体系等顶层设计基本形成并发挥着重要作用。10月,农业部先后举办农业产业扶贫论坛和产业扶贫有关情况新闻发布会,通报的"832个贫困县产业精准扶贫规划基本形成"⑤"2013~2016年贫困地区农村居民人均收入年均增10.7%"⑥等情况成为媒体报道重点。农业产业扶贫成果深入人心,"产业扶贫是高效扶贫"成为舆论共识。

---

① 赵建华:《2017年中国贫困人口将再减少1000万人以上》,中国新闻网,http://www.chinanews.com/gn/2017/12-29/8412686.shtml。
② 牛震:《为脱贫攻坚夯实产业之基——党的十八大以来我国推进产业扶贫综述》,中国农村网,http://www.crnews.net/xwn/htysj1/72161_20170906085029.html。
③ 王立彬:《国土资源部再出"用地扶贫"新政策》,新华网,http://www.xinhuanet.com/politics/2017-05/01/c_1120899905.htm。
④ 《全国扶贫开发工作会议强调 牢记初心坚定信心 全面打好精准脱贫攻坚战》,国务院扶贫开发领导小组办公室网站,http://www.cpad.gov.cn/art/2017/12/29/art_624_75961.html。
⑤ 李彤:《农业部:832个贫困县产业精准扶贫规划基本形成》,人民网,http://politics.people.com.cn/n1/2017/1010/c1001-29579276.html。
⑥ 曹元水:《农业产业扶贫成果显著 贫困农民收入年均增10.7%》,经济日报-中国经济网,http://www.ce.cn/cysc/sp/info/201710/17/t20171017_26557691.shtml。

一年来，各地农业产业扶贫亮点纷呈，特色产业带动精准脱贫的范例成为报道热点。江西赣南脐橙、陕西洛川苹果、甘肃定西马铃薯、广西百色芒果、贵州黔西南薏仁米等特色农产品的致富效应引发积极反响。舆论总结这些脱贫范例"有特色、有优势、竞争力强"，[①]认为特色农产品是贫困地区脱贫产业的"金钥匙"，寄望多方合力筑牢农业产业基础，让惠农的产业旺起来，让致富的门路多起来，让农民的钱袋子鼓起来。同时，网络电商给农业产业扶贫带来的"加速度"也被持续关注。京东、淘宝等电商平台积极融入扶贫产业链条，扶贫"跑步鸡""跑步鸭"等助推农村脱贫、农民增收的事例不胜枚举。"双11"期间，"电商扶贫"成为网络热词，多省贫困地区的特色农产品迎来火爆行情。舆论称赞"电商扶贫大有可为"，并期待完善制度保障和技术配套，让农村电商成为推动贫困地区农产品上行的固定模式和快捷通道。

各地涌现出一大批"可复制、接地气、服水土"的典型经验，农业产业扶贫模式"多点开花"。总体来看，舆论关注的农业产业扶贫模式主要集中在以下四个方面：一是"土地流转＋务工＋分红"模式。《河南日报》《华商报》等媒体报道了河南光山县、陕西渭南下庙镇等地的农业产业园和龙头企业流转贫困户土地种植特色农产品并吸纳贫困户务工的情况，指出贫困户实现了财产性收入、务工报酬和分红的"三重增收"；[②]二是"合作社＋农户"模式。《人民日报》《贵州日报》等媒体报道了云南大理州、贵州黔东南州等地贫困户加入合作社壮大产业、带动增收等情况，称当地农民专业合作社的星星之火呈现燎原之势，成为"脱贫先锋"；三是订单种养模式。新华社、《锡林郭勒日报》等媒体报道了河北衡水武邑县、内蒙古锡林郭勒盟正蓝旗等地的龙头企业与贫困户建立利益联结机制，通过订单种养、

---

① 牛震：《为脱贫攻坚夯实产业之基——党的十八大以来我国推进产业扶贫综述》，中国农村网，http://www.crnews.net/xwn/htysj1/72161_20170906085029.html。
② 胡巨成、刘宏冰、许飞：《光山县探索实施"多彩田园"产业扶贫模式纪实》，大河网，https://news.dahe.cn/2017/12-21/240481.html。

协议保底价收购的形式为贫困户托底,称此举开辟了脱贫致富新路径;① 四是"借羊还羊"模式。四川新闻网、《上饶日报》等媒体报道了四川金堂县、江西鄱阳县等地把牛、羊免费发给贫困户代养,并提供技术、资金等配套支持,最后以市场价格收购,称"借"出了产业扶贫新天地。② 对此,《农民日报》等媒体评价称,农业产业扶贫是凝聚中国智慧的减贫实践,各地"加强版""创新版"的扶贫"好戏"不断精彩上演,成绩令人欣慰,前景令人振奋。

3. 扶贫领域存在的矛盾和问题引发多方建言

随着脱贫攻坚不断深入,扶贫领域存在的深层次矛盾和问题也不断显现,舆论对此展开多角度反思和建言,热点舆情主要集中在两个方面。

一是产业扶贫面临的市场风险问题。由于目前各地农业产业扶贫多集中在种植养殖项目上,这些生鲜农产品可能面临的同质化、供大于求等问题引发关注。2017 年,媒体报道了河南、安徽、湖北等省个别扶贫产业基地农产品出现的滞销卖难现象。③ 舆论呼吁警惕"菜贱伤农"拖累扶贫项目,建议做好前期项目筛选和论证,提早对接好销售渠道,完善农产品深加工建设,并尽快让农民加入合作社实现利益保障托底。9 月,工信部等 5 部门联合印发行动计划,实施中药材产业扶贫。舆论支持用中药材产业医治"贫困之痛",同时提醒对中药材市场的产能过剩问题应予以足够警惕,认为合理使用化肥农药、探索中药材自身仿生栽培模式、提升中药材品质是今后发

---

① 李晓果:《河北武邑:订单辣椒助脱贫》,新华网,http://www.xinhuanet.com/photo/2017-09/16/c_1121674833_2.htm;其那日图:《龙头企业与贫困户建立利益联结机制》,正北方网,http://www.northnews.cn/2017/0620/2540817.shtml。
② 漆奇、周鸿:《金堂黑山羊 2017 年预计出栏 23.2 万只 两大模式助推产业扶贫》,四川新闻网,http://scnews.newssc.org/system/20171209/000839055.html。
③ 《鹤壁"扶贫桃"丰收却滞销愁坏 200 余户贫困户》,腾讯大豫网转载《淇河晨报》报道,http://henan.qq.com/a/20170619/020169.htm;《定远"扶贫土豆"滞销贫困户发愁再不卖出去就烂了》,中安在线 - 滁州网,http://www.ahwang.cn/chuzhou/news/20170615/1645225.shtml;《"板栗第一镇"种植户丰产盼"丰收"销路难打开》,腾讯大楚网,http://hb.qq.com/a/20170919/006590.htm。

展的方向。①

二是扶贫作风问题。2017年，部分地区扶贫工作中的形式主义、与民争利等不正之风继续成为关注热点。总体看，审计监察部门以及新闻媒体曝出的问题主要有："大水漫灌"粗放式扶贫、精准扶贫异化为"精准填表"、扶贫"优亲厚友"权力寻租、扶贫项目执行走样成了"花架子"、扶贫资金被闲置、扶贫资金贪污挪用"雁过拔毛"等。针对上述现象，有舆论认为凸显了懒政、怠政问题，建议加大问责追责力度，层层压实干部责任。有舆论认为要警惕官僚主义和数字脱贫问题，建立科学的扶贫考核方法，让扶贫干部的每项工作不白干、见实效。有舆论认为要高度重视扶贫领域"最后一公里"的贪腐问题，重拳惩治"蝇贪"。还有舆论建议，补齐制度的"板子"，编好监管的"网子"，高扬处罚的"鞭子"，用精准监督为扶贫资金保驾护航。②

三 启示与建议

1. 减贫成果增强传播自信，多方报道营造良好舆论氛围

2017年，党和国家对打赢脱贫攻坚战的坚定态度和超强部署，以及各地呈现的脱贫攻坚新风貌，不断调动新闻媒体持续关注的主动性。《农民日报》全年多次在头版显著位置推介各地脱贫攻坚的积极示范和优秀带头人。"集体采访"成为媒体报道各地扶贫情况的重要方式，云南、山东、贵州等地先后迎来新华社等国家级媒体以及数十家涉农媒体的集体采访，当地精准扶贫中的好经验、好做法被大力宣传。人民网还以报告会的方式，对2017年各地优秀扶贫案例进行集中推介。同时，《人民日报》《光明日报》等媒

---

① 傅青主：《今日话题：中药材扶贫，会不会越扶越贫？》，中药材天地网，http://www.zyctd.com/zixun/204/276217.html；傅琰：《中药材扶贫成效渐显规范化种植任重道远》，新华网，http://www.xinhuanet.com/health/2017-08/29/c_1121560294.htm。

② 王语桥：《以"精准监督"为扶贫资金"护航"》，中国网，http://media.china.com.cn/cmsp/2017-04-08/1017499.html。

体从全球视角关注中国减贫成果,"中国减贫　世界称羡""精准扶贫为全球减贫贡献中国智慧"等报道大量出现并引发积极转载,也由此彰显了我国脱贫攻坚工作给舆论带来的传播自信。此外,政府部门和新闻媒体在脱贫攻坚宣传上有效互动。9月,农业部与安徽省人民政府联合举办"农业产业化龙头企业产业扶贫榜样推介活动",对此,安徽广播电视台、农视网等媒体通过官方网站和微博微信,以视频直播、专题图文报道等方式展开全面宣传。舆论评价此次推介活动既是扶贫成果的阶段性总结,更是迈向2020年全面脱贫目标的新起点。

总体来看,多方宣传为脱贫攻坚营造了良好的舆论氛围,在激发贫困群众的内生动力、吸引各界力量参与脱贫攻坚等方面发挥了积极作用。2017年被舆论广泛关注的扶贫人物在群体属性上进一步扩容,驻村干部、村支书等"老面孔"依然发挥中坚力量,"海归""城归"等新生力量也不断壮大,他们中有的具有世界级名牌大学的高学历,有的放弃高薪筑梦乡村,为脱贫攻坚注入源源不断的生机和活力。

2. 讲好故事、借好外力,激发脱贫攻坚舆论热情

从社交媒体帖文量以及年度热点事件的舆情热度值看,与上年相比,2017年产业扶贫相关话题的舆论关注度下降趋势明显。主要有三个方面的原因。一是脱贫攻坚进入政策部署的全面落地执行阶段,各地扶贫常规工作对舆论吸引力有限;二是主流媒体成为脱贫攻坚宣传主力,商业媒体的传播潜力有待发掘;三是贫困现象和扶贫工作中存在的问题更易吸引目光,一定程度上冲抵了舆论对脱贫攻坚整体态势的关注热情。

脱贫攻坚需要鼓舞干劲、凝聚共识,各类媒体应更好发挥自身优势,践行媒体责任,为脱贫攻坚添砖加瓦。从内容上看,扶贫报道要有温度和品质,比起对扶贫成果的数字罗列和新闻通稿式宣传,故事化呈现更易吸引目光。脱贫攻坚征程上,扶贫人物的情怀与担当、贫困群体的成长和蜕变都是闪光的新闻点,这些个体形象诠释着群体风貌,也在一定程度上反映出当前脱贫攻坚工作的整体态势。因此,需要用心感受、用情报道,让这些"沾满泥土、带了露珠、冒着热气"的扶贫脱贫故事春风化雨,打动人心。在

宣传方式上，要找准兴趣点，深挖脱贫攻坚中的"新、奇、特"，调动商业媒体和自媒体的积极性，形成扶贫宣传的全媒体、融媒体矩阵。比如，当前知名企业家和影视明星纷纷投身扶贫事业，要用好"名人效应""粉丝经济"这股力量，释放脱贫攻坚叠加效应。再如，针对当前的消费娱乐化、农产品销售电商化态势，可以把手机应用技能培训纳入扶贫工作，提高贫困户视频直播、微博消息发布等能力，让他们成为推介家乡农产品、宣传脱贫成果的"一线"媒体。

参考文献

陈炜伟：《2017年末农村贫困人口减至3046万人》，《人民日报》（海外版）2018年2月2日。

《中国减贫 世界称羡（十九大时光）》，《人民日报》（海外版）援引新加坡《海峡时报》报道，2017年10月17日。

卫楠：《土地流转+务工+分红 让贫困户持续增收有保障》，《华商报》2017年12月8日。

徐元锋：《加入合作社 脱贫有指望（脱贫产业如何更兴旺）》，《人民日报》2017年12月3日。

徐翔：《扶贫羊产下"致富羔"》，《上饶日报》2017年1月21日。

赵洁、缪翼：《产业精准扶贫：凝聚中国智慧的减贫实践》，《农民日报》2017年9月26日。

张建：《警惕"菜贱伤农"拖累扶贫项目》，《新华每日电讯》2017年5月5日。

B.7 农村环境舆情报告

李婷婷 张 百*

摘 要： 2017年，农村环境话题热度较上年有所增加。农业面源污染治理多点突破，"绿色发展"主基调备受肯定；农业废弃物综合利用广受关注，"变废为宝"成为核心词；农村工矿污染问题多发，"镉麦""镉米"牵动舆论神经。农村环境的治理成效和媒体宣传形成良性互动，夯实了农村生态环境建设的舆论基础；部分地区农村环境污染个案中曝光一些共性问题，读懂其中的民意诉求是平息舆情的关键。

关键词： 农村环境 农业面源污染 畜禽粪污综合利用 秸秆综合利用 工矿污染

2017年，党的十九大报告对生态文明建设做出重大部署，"绿水青山就是金山银山"理念不断深入民心，农村环境话题热度较上年有所增加。全年新闻报道量和社交媒体相关帖文量共计7.4万余篇，同比增长12.12%。其中，新闻报道量4.4万篇，增长6.7%；相关帖文量3万余篇，增长22.2%。农业面源污染治理重磅举措接连出台实施，各地在畜禽粪污、秸秆等农业废弃物综合利用方面的积极成效不断涌现，农业绿色发展主基调突出，受到舆论高度评价。农村环境的治理成效和媒体宣传形成良性互动，夯

---

* 李婷婷，农业农村部信息中心舆情监测处舆情分析师，主要研究方向为涉农网络舆情；张百，甘肃省农业信息中心网络舆情分析科科长，助理工程师。

实了农村生态环境建设的舆论基础,"美丽乡村"备受瞩目。此外,农村工矿污染问题是高热舆情的爆发口,热点问题主要集中在化工污染、尾矿污染和工业危废品偷排三个方面,其中引发的"镉米""镉麦"问题成为舆论关注点。

一 热点事件排行及舆情传播特点分析

通过对2017年1～12月农村环境话题的新闻、帖文进行监测,并进行加权计算,得出相关热点事件的舆情热度,据此列出排行前30位的热点事件(见表1)。

表1 农村环境热点事件TOP 30

排名	热点事件	月份	首发媒体	舆情热度
1	华北地区现超级工业污水渗坑震惊舆论	4	微信公众号"两江环保"	12192
2	中办、国办印发《生态环境损害赔偿制度改革方案》	12	新华网	6372
3	《关于创新体制机制推进农业绿色发展的意见》印发,强调加强产地环境保护与治理	9	新华网	6304
4	演员孙艺洲曝哈尔滨秸秆焚烧问题	11	新浪微博"@孙艺洲"	5493
5	"生态宜居"列入乡村振兴战略五大目标	10	新华网	5140
6	国办印发《关于加快推进畜禽养殖废弃物资源化利用的意见》	6	中国政府网	3959
7	浙江湖州"偷埋病死猪"事件	9	新浪微博	3655
8	河南新乡镉麦或重现,环保组织检测超标67倍	5	财新网	3613
9	农业部就"农业绿色发展五大行动"有关情况召开新闻发布会	5	农业部网站	3347
10	河北无极县发生一起工业废液偷排中毒事故,致5人死亡	6	河北外宣官方微博"@新浪河北"	1650
11	中国铝业兰州分公司废渣、粉尘污染周边村庄	12	微信公众号"剥洋葱people"	1356

续表

排名	热点事件	月份	首发媒体	舆情热度
12	江西九江镉污染大米事件	11	微信公众号"阻镉行动"	1336
13	全国两会"农村环境"话题	3	新华网	1162
14	环保部：上半年全国关闭畜禽养殖场21.3万个禁养进展缓慢将加大力度	8	环境保护部网站	1093
15	农业部就"整县推进畜禽粪污资源化利用"有关情况召开新闻发布会	8	农业部网站	837
16	陕西汉中锌业铜矿排污致嘉陵江四川广元段铊污染	5	四川广元市环保局官方网站	828
17	全国150个村获评"2017年中国美丽休闲乡村"	12	新华网	765
18	农业部印发《农业资源与生态环境保护工程规划（2016~2020年）》	1	农业部网站	747
19	全国畜禽养殖废弃物资源化利用会议：构建种养结合、农牧循环的可持续发展新格局	6	新华网	699
20	环保部解读《污染地块土壤环境管理办法》	1	环境保护部网站	692
21	全国土壤污染状况详查工作动员部署视频会议：2018年底前查明农用地土壤污染面积	7	环境保护部网站	659
22	环保部、农业部联合发布《农用地土壤环境管理办法（试行）》	9	环境保护部网站	573
23	环保部就秸秆焚烧约谈黑龙江省农委及哈尔滨等4市政府	11	中央电视台	518
24	湖南湘西尾矿污染严重影响周边村民生产生活	12	微信公众号"深一度"	475
25	农用地膜强制性国家标准出台	12	工业和信息化部网站	469
26	农业部印发《畜禽粪污资源化利用行动方案（2017~2020年）》	7	农业部网站	359
27	农业部部长韩长赋在十二届全国人大五次会议记者会上就"如何改善农业农村环境污染"答问	3	新华网	346
28	四川省雅安市石棉县竹马工业园污染周边村庄	10	微信公众号"西南野战军"	321
29	农业部印发《农膜回收行动方案》	5	农业部网站	237
30	志愿者举报湖南衡东县镉污染大米	11	微信公众号"赣小环"	207

对以上30个农村环境相关热点事件进行分析,总结出以下舆情传播特点。

1. 下半年热点事件较多,年末农村环境污染问题集中曝光

从30个热点事件的发生时间分布看,下半年的热点事件数量偏多,有18个。11月和12月出现的热点事件较为集中,共计有9个,其中有7个是工矿污染、秸秆焚烧等农村环境污染问题。5月和6月的热点事件也较多,共计有7个,其中有4个是农业废弃物综合利用相关政策举措(见图1)。

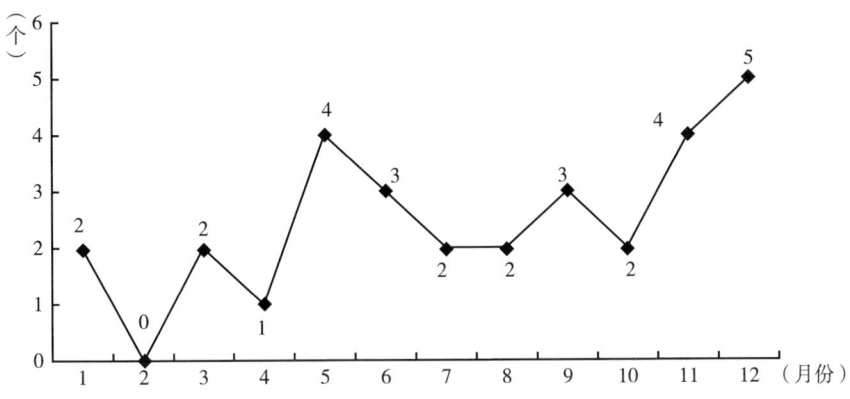

图1 2017年农村环境热点事件发生时间分布

从关注热度看,4月舆情热度全年最高,虽然当月仅有1个事件,即"华北地区现超级工业污水渗坑",但该事件引发舆论高度聚焦,居于2017年农村环境热点事件榜首。此外,9月的舆情热度也居高,农村环境治理举措成为推高舆情的重要因素。中办、国办联合印发《关于创新体制机制推进农业绿色发展的意见》,其中专设章节部署"加强产地环境的保护与治理",赢得舆论广泛支持(见表2)。

表2 2017年1~12月农村环境热点事件数量与舆情热度比较

月份	1	2	3	4	5	6	7	8	9	10	11	12
事件个数	2	0	2	1	4	3	2	2	3	2	4	5
舆情热度	1439	0	1508	12192	8025	6308	1018	1930	10532	5462	7554	9437

2. 农村环境治理举措相关的热点事件进一步增加,农村环境污染相关的热点事件有所减少

从热点事件的主题分布看,政府部门治理举措相关的热点事件最多,有17个,占比56.67%,其中有9个与畜禽粪污、秸秆、农膜等农业废弃物资源化利用有关。其次是农村工矿污染相关的热点事件,有9个,占比30%。上述污染事件关涉河北、河南、四川、江西等8个省(市),问题包括化工污染、尾矿污染、工业危废品偷排等,涉事农村地区的生态环境和村民身体健康成为关注重点,"镉米""镉麦"是新的舆情燃点。农业面源污染相关的热点事件有3个,占比10%,问题主要集中在病死猪偷埋、秸秆焚烧方面。此外,美丽乡村建设也出现1个热点事件,全国150个村获得"2017年中国美丽休闲乡村"称号,引发积极关注(见图2)。

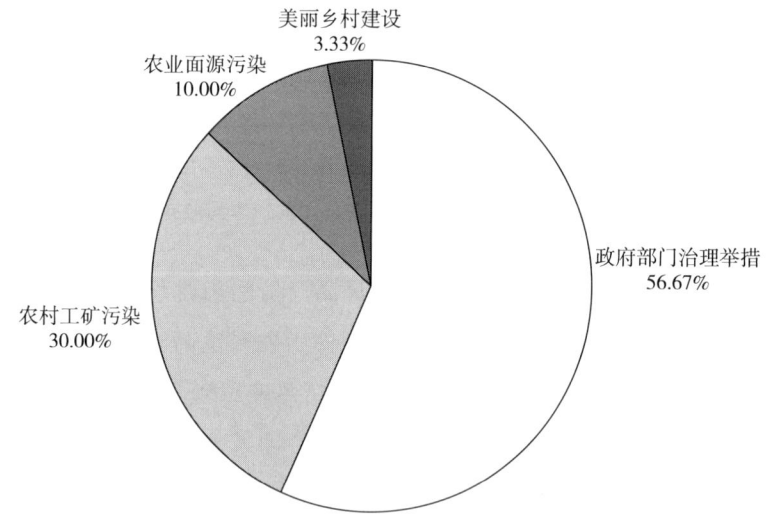

图2　2017年农村环境热点事件主题分布

与上年相比,政府部门治理举措相关的热点事件增加了7个。农业面源污染、农村工矿污染、垃圾围村相关的农村环境污染事件共减少了7个,其中农村工矿污染相关的热点事件减少的数量最多,与上年相比减少了4个。但舆论对农村环境问题的关注热度明显增加,2017年农村工矿污染事件的

舆情热度均值为2442，较上年增长2.7倍；2017年农业面源污染事件的舆情热度均值为3222，增长1.8倍（见表3）。

表3 2016~2017年农村环境各主题热点事件数量及舆情热度比较

主题		政府部门治理举措	农村工矿污染	农业面源污染	垃圾围村	美丽乡村建设
2016年	事件个数	10	13	4	2	1
	舆情热度	15756	8583	4615	1196	3276
2017年	事件个数	17	9	3	0	1
	舆情热度	32995	21978	9666	0	765

3. 政府网站作为首发媒介的比重大幅增加，社交媒体首发事件实现"零的突破"

从首发媒体看，政府网站首发的热点事件数量最多，有12个，占比40%。其中，农业部、环保部网站首发的较为集中，主要是对养殖污染和土壤污染的治理举措。新闻媒体首发的热点事件有9个，占比30%。其中，新华网首发的有7个，重点报道了政府部门出台的农村环境治理相关的意见方案、召开的重大会议等。微信首发的热点事件有6个，全部是对农村工矿污染问题的反映，其中有2个事件是媒体微信公众号首先报道，其余4个均是由认证身份为环保组织的微信公众号首曝。微博首发的热点事件有3个，有1个是政府部门官方微博对当地工矿污染问题的通报，其余2个是网民对农业面源污染问题的爆料（见图3）。

与上年相比，2017年首发自新闻媒体的热点事件数量明显减少，由2016年的26个事件减至2017年的9个事件。首发自政府网站的热点事件大幅增长，由2016年的4个增加至2017年的12个事件。由此也可以看出，政府网站已成为相关政策发布和解读的"第一发言人"。此外，首发自新浪微博、微信的热点事件实现了"零的突破"，2017年共计有9个事件出自上述社交媒体，农村环境污染问题成为关注焦点（见表4）。

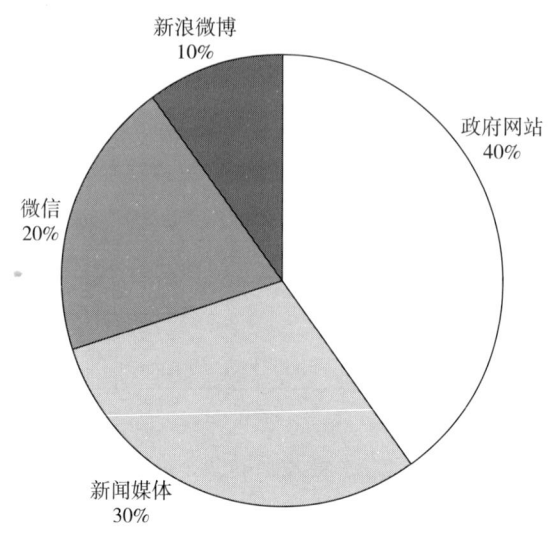

图3　2017年农村环境事件首发媒体分布

表4　2016～2017年农村环境热点事件首发媒体比较

首发媒体		新闻媒体	政府网站	新浪微博	微信
事件个数	2016年	26	4	0	0
	2017年	9	12	3	6

二　热点舆情回顾

1.农业面源污染治理多点突破，"绿色发展"主基调备受肯定

2017年，农业面源污染治理持续迎来重磅举措，农业绿色发展主基调突出，受到舆论高度评价。4～5月，农业部印发通知并召开新闻发布会，提出实施畜禽粪污资源化利用、东北地区秸秆处理、农膜回收等五大行动，解决农业生态资源环境面临的突出问题。《人民日报》、中央电视台等新闻媒体以及微博、微信等社交媒体对此广泛宣传。"农业绿色发展五大行动"成为网络热词。舆论称五大行动布局农业绿色发展，直切农村环境污染要

害，寄望产学研协作攻关"守住绿水青山，建设美丽乡村"。9月末，中办、国办联合印发意见，对"推进农业绿色发展"做出顶层设计。其中专设章节部署"加强产地环境的保护与治理"，对秸秆、畜禽粪污、废旧地膜、农药包装废弃物等回收利用问题提出详细规划。舆论对此高度认同，称农业绿色发展的路线图已经绘就，期待各方尽快落地实施。

从精准施策角度看，农业面源污染治理在养殖、种植环节实现了多点突破，舆论对此充分肯定。其中，畜禽粪污资源化利用成为关注焦点，相关部署接连出台，舆论称政策密集度"前所未有"。4月下旬，农业部发布的"农业绿色发展五大行动"中，"畜禽粪污资源化利用行动"列在首位。舆论由此预测，畜禽粪污资源化利用将迎来政策大手笔。6月中旬，国务院办公厅印发意见，对加快推进畜禽养殖废弃物资源化利用做出全面部署。舆论评价意见开启了畜牧业绿色发展的新纪元，建议尽快充实制度的具体内容，让畜禽养殖废弃物资源化利用成为行业自觉。6月下旬，全国畜禽养殖废弃物资源化利用会议在湖南省长沙市召开，相关领导讲话在微信公众号中大量传播。舆论称，这是中国历史上第一次为"猪粪"召开如此高规格会议，养殖环保治理将是大势所趋，养殖产业升级和转型将成为必然。7月上旬，农业部印发行动方案，因地制宜地提出全国七个地区的粪污处理模式。舆论称赞这些"接地气"的解决方案是养猪人的福音。8月末，农业部召开新闻发布会，通报"支持200个以上畜牧大县整县推进畜禽粪污资源化利用"。新华社等媒体就此指出，我国畜禽粪污利用开启"整县推进"模式，农业绿色发展打开新局面，未来随着农业部对畜禽养殖更加科学地引导和更加规范化地管理，"畜禽肉香、污染难忍"的怪圈将被破解。此外，种植环节污染治理方面，一年来，农业部通过召开专题会议、印发行动方案和发展规划等方式，对化肥农药零增长、秸秆机械化还田、农用地膜回收等进行积极推动；农业部、工业和信息化部（以下简称工信部）、国家标准化管理委员会（以下简称国家标准委）三部门联合发布了农用地膜"新国标"，一系列治理举措也被积极关注。

2017年末，媒体在年终盘点报道中指出，在各项工作的有力推进下，我国农业面源污染加剧趋势得到有效扭转，农药用量连续3年下降，畜禽粪污资源化利用率近60%，秸秆综合利用率达82%、秸秆还田面积达7亿亩，农业绿色发展大步向前。①

2. 农业废弃物综合利用广受关注，"变废为宝"成为核心词

2017年，由养殖污染、秸秆焚烧等引发的农村环境问题广受关注，出现了浙江湖州偷埋病死猪事件、演员孙艺洲吐槽哈尔滨烧秸秆事件，部分地区养殖场排污曝出的"河水发红""恶臭熏天"等情况也时有发生。舆论认为畜禽粪污、秸秆等是"放错了地方的资源"，"变废为宝"是关键，各地在农业废弃物资源化利用方面呈现的新气象和新挑战引发讨论。

总体来看，畜禽粪污资源化利用方面的舆论关注热点主要集中在三方面。一是种养一体化促进粪污肥料化还田。广东、广西等省区的"高床发酵""微生物+高架网床"生态养殖模式，浙江省"沼液膜浓缩生产液态肥"技术，湖南省"猪场变身生态农庄"的就地消纳模式等，减轻了养殖户的粪污压力，降低了种植户的生产成本，解决了畜牧业"臭"的处理难题，也解决了种植业"香"的产出难题。二是畜禽粪污沼气能源化利用。山东、江苏等地养殖场利用发酵后的畜禽粪污生产沼气、生物天然气，不仅保障了养殖场本身的用电量，为农村提供了清洁可再生能源，余电上网实现了增收节支等多方利好。三是畜禽粪污饲料化生物循环。浙江、江西等地的生态农庄用畜禽粪便养蚯蚓，再用蚯蚓喂鸡养鱼，形成良性生态循环，成为养殖行业新的盈利点。针对畜禽粪污资源利用呈现的显著成效，舆论纷纷用"猪粪捞金""化污为宝"等作比，称这些积极示范不仅发生在养殖发达地区，全国各地的养殖业都在积极转型升级，畜禽养殖废弃物利用的空间巨大，为农业绿色发展开启了新空间。

秸秆资源化利用方面，各地在夏收和秋收后上演的"秸秆72变"引发媒体集中报道。吉林种粮大户通过秸秆还田为黑土地增肥、辽宁农民用生物

---

① 《农业绿色发展实现多点突破 面源污染加剧趋势扭转》，人民网，http：//finance. people. com. cn/n1/2017/1205/c1004-29687712. html。

秸秆反应堆技术种植西红柿、河南农业产业园将秸秆制成可降解地膜、山东农业科技公司用秸秆发酵生产蘑菇、安徽生物科技公司用秸秆制成土壤修复剂、广州科研人员研发秸秆制生物航空燃油，湖北建材企业用秸秆生产家具等鲜活生动的事例广泛吸引舆论目光。全年，安徽合肥、吉林长春等地举办了"秸秆综合利用产业博览会""第二届中国国际秸秆产业博览会"等展会，各地参展项目亮点纷呈，秸秆的饲料化、能源化、基料化、工业原料化等特点突出，舆论感叹"小秸秆大产业"，秸秆综合利用是遏制秸秆焚烧的治本之策。

此外，农业废弃物资源化利用方面存在的问题和挑战也引起舆论注意。总体来看，畜禽粪污、秸秆等综合利用均存在成本高、运营难、推广难等问题。《人民日报》《经济日报》等媒体纷纷从完善补贴政策、强化科技支撑、健全市场机制等角度提出建议，指出培育新主体、新业态是当务之急，形成收集、存储、运输、处理和综合利用的全产业链是"变废为宝"的钥匙。

3. 农村工矿污染问题多发，"镉麦""镉米"牵动舆论神经

2017年，农村工矿污染问题依然呈现多发态势，热点舆情主要集中在三个方面。一是化工污染问题。5月，陕西汉中锌业铜矿违法排污致嘉陵江四川广元段发生铊污染事件，被列为重大突发环境事件。[①] 11~12月，网易网、《新京报》分别报道了四川雅安市石棉县竹马工业园、中铝兰州分公司对周边村庄造成的污染问题。其中，竹马工业园长期排污造成当地"山谷酸雾弥漫""河水五颜六色""鱼虾死绝""树木枯死""儿童血铅超标浑身长疹"；[②] 甘肃兰州平安镇岗子村被中铝兰州分公司的电解铝废渣、粉尘包围，媒体称之为"被有毒废渣围困的村庄"。[③] 上述两起事件引发网民高度关注，共计4万余新浪、网易网民参与跟帖评论。"新京报我们视频"在官

---

① 马喆：《生态环境部通报：去年发生"嘉陵江铊污染"1起重大突发环境事件》，央广网，http://china.cnr.cn/NewsFeeds/20180324/t20180324_524175582.shtml。
② 白陵：《知道｜雅安石棉十年污染之困：儿童血铅超标浑身长疹》，网易《知道》工作室，http://news.163.com/17/1114/19/D37OC71A000181FV.html。
③ 刘旻、陈杰：《被有毒废渣围困的村庄｜图片故事》，新京报深度报道部微信公众号"剥洋葱people"，2017年12月17日。

微发布的"中铝兰州危废污染调查",播放量达300万次。二是尾矿污染问题。安徽芜湖、陕西洛南曝出废弃矿渣渗漏污染水源和土壤问题,存在"污水流过之处蚊子都不敢靠近"①"20余处尾矿污染致河水泛黄"②等问题。12月,微信公众号"北青深一度"、腾讯网《活着》栏目等媒体相继发出图文报道,集中关注湖南湘西边城尾矿污染问题。该起污染不仅重创周边生态环境,还严重影响村民身体健康,被舆论称为"采矿遗毒""致命的尾矿污染"。③ 三是工业危废品违法偷埋问题。4月,"华北惊现超级污水渗坑"成为网络焦点话题。环保人士在微信中图文举报河北廊坊大城县、天津静海区西翟庄镇存在工业污水渗坑问题,媒体随后发出跟进报道。"存续数年""面积巨大""大城县多个乡村成为化工危废品填埋地"等成为爆点。消息曝出的一天时间内,网易网单条转载报道的网民参与评论量突破14万次,新浪微博微话题"华北超级污水渗坑"阅读量突破2000万。6月,有化工企业将工业盐酸等废液偷排至河北石家庄市无极县牛辛庄村滹沱河,其间5名偷排人员因吸入毒气死亡,此事被石家庄司法部门判定为污染环境刑事案件,有9人被依法逮捕。④ 舆论对此持续关注,新京报、澎湃新闻网等媒体发出的视频报道播放量共计达300余万次。针对上述农村工矿污染问题,有网民批评当地发展的"短视",称这样的GDP是"断子绝孙",也有网民调侃说"钱挣了但没命花了"。有舆论提醒,"治理不能再拖了",否则污染的不只是一块土地,一道地下水脉,更是一个时代的价值取向。⑤

与上年相比,2017年因工矿污染引发的粮食重金属含量超标问题的媒

---

① 曹学平:《重大环境隐患问题久拖不决 芜湖高安大地被污染的"伤痕"》,中国经营网,http://www.cb.com.cn/zjssb/2017_0426/1182147.html。
② 陈永辉:《洛河支流黄龙河15公里河水泛黄 污染源周围尾矿库渗水》,华商网-华商报,http://news.hsw.cn/system/2017/1224/941359.shtml。
③ 《湘西采矿遗毒调查:被污染的水土、稻米和铅中毒儿童》,澎湃新闻网转载微信公众号"北青深一度"报道,https://www.thepaper.cn/newsDetail_forward_1891995。
④ 杨帆:《河北无极倾倒废液致5人身亡案告破 9人被逮捕》,新华网,http://www.xinhuanet.com/legal/2017-08/03/c_1121428328.htm。
⑤ 云间子:《【解局】河北天津超大渗坑污染:治污不能总靠舆论倒逼》,微信公众号"侠客岛",2017年4月20日。

体曝光量有所增加,"镉麦""镉米"成为新的舆情点。5月和11月,河南新乡市大快镇块村营村、江西九江市九江县港口街镇和湖南衡阳大浦镇三个地区,先后被环保人士曝出因电池产业、矿山开采等导致的小麦或稻谷镉含量严重超标。"镉麦""镉米"问题牵动舆论神经,引发多角度讨论。有舆论担忧镉超标的小麦或稻米导致健康受损,感叹"我们离'痛痛病'还有多远!",建议增加对粮食入库前的重金属含量检验指标;有舆论关注镉超标粮食的流通动向,尽管上述事件的各地关涉部门均表示涉事问题粮食"没有流向市场",但仍有舆论列举近年来江西、广东等地食药监部门检出"镉米"的通报,认为"镉米在市场上流通已不是短时间的事";还有舆论关注土壤污染防治,建议构建分类指导、科学合理的土壤环境标准体系,完善土壤保护与污染治理的立法保障,从源头上阻断"毒粮"入口。

三 启示与建议

1. 政策推动与媒体宣传良性互动,美丽乡村"吸睛"又"吸金"

生态环境是重大民生。2017年,党的十九大报告把生态文明建设定调为关系中华民族永续发展的"千年大计",开启了建设美丽中国的新时代。美丽中国的底色在乡村,当前农村生态环境建设进入政策密集发力期,引发舆论高度关注。从2017年农村环境排行前30位的热点事件可以看出,政府治理举措相关的热点事件在发生数量和关注热度上较上年均有明显增长。政策推动与媒体宣传形成了良性循环互动,"绿水青山就是金山银山""乡村振兴离不开生态宜居"等新时代发展观引发强烈共鸣,夯实了农村环境治理与保护的舆论基础,激起了民众对乡土田园的眷恋情愫,也提升了舆论对美丽乡村的关注热情。新浪微博中,"美丽乡村"已成为热门关键词,出现了大量与此相关的微话题。其中,由"@新浪陕西""@青春旅社"(东方卫视《青春旅社》栏目官方微博)等媒体官微发起的微话题"我为美丽乡村代言""带着微博去美丽乡村""美丽乡村",阅读量共计达6800万次。网民在上述微话题中纷纷晒出各自家乡的美食美景,感慨"无限风光在乡村"，自豪之情溢于言表。同时，各地在农村环境治理中的积极作为成就了田园风光的绿色魅力，魅力田园的"绿色动能"又进一步激发了美丽乡村的多元活力。绿水青山之美催生了农村经济发展新业态，"乡村游""赏花游""采摘游"等已成为节假日旅游的新潮流，"火爆""全线飘红""受热捧""香饽饽"等词句频频出现在各类媒体的报道标题中。从传播效果角度看，这样的宣传将给大众未来旅游规划带来潜移默化的影响，进一步推动"乡村游"人气高涨。

2. 读懂农村污染问题中的民意诉求是平息舆情的关键

生态环境与每个人的生活息息相关。随着环保意识不断提升，公众对环境污染问题的敏感度也越来越高。在2017年排行前30位的农村环境热点事件中，农村环境污染相关的热点事件虽然在数量上较上年有所下降，但舆论的关注热度却呈现大幅上涨态势。且曝光污染问题已不再是新闻媒体的"独角戏"，微博、微信纷纷加入首发媒体阵营，环保组织和网民成为反映污染问题的重要主体。这一方面体现出舆论对美好环境的期待愈发强烈，另一方面也彰显了公众积极参与、监督环境保护和治理的民主力量。

尽管农村生态环境治理力度不断加码，但目前农村环境污染问题仍很严峻，部分地区个案中曝出了一些共性问题。比如，污染问题基本上是"媒体首曝"、大多数污染事件存在"长期性""反复性"，相关地方政府部门在事件处置上"久拖不决"；养殖污染治理中的"一刀切"、秸秆禁焚宣传"谁烧谁家老婆跑"① 等雷人标语，也一定程度上反映出"权力任性"。上述问题容易引发进一步的连锁反应，而舆论对政府部门"主动作为、有效治理"的关注往往成为议题的核心指向。因此，读懂农村环境话题中的民意诉求是平息舆情的关键。一方面，环境治理工作要与公众日益高涨的参与热情相匹配。各地经济发展要遵循"不以牺牲生态环境为代价换取经济的一时发展"的重要底线，严格执行环境保护的相关法律法规，全面关注新

---

① 杜格格：《宣传横幅"诅咒"引质疑 当地政府称已撤下》，法制晚报社会新闻部微信公众号"深读"，2017年6月8日。

闻媒体、微博、微信等各媒介平台中的舆论诉求，充分尊重民众知情权和话语权，切实解决公众关注的环境污染突出问题。另一方面，要打破"末端治理"僵局，唤醒民众的环保自觉。农村环境污染问题复杂，一些地方秸秆焚烧、养殖污染"屡治屡犯"，关键在于陷入"末端治理"僵局。"一禁了之"不但解决不了污染问题，反而增加了不满和抵制情绪。环保政策制定初衷不只在于宣传执行，更应让民众看到利好预期，激发其积极参与的热情。

B.8
农民工舆情报告

李婷婷 赵 婧*

摘 要: 2017年,农民工相关舆情总量较上年有所下降。农民工工资支付保障取得的成效引发媒体持续报道和肯定,农民工讨薪难问题一改往年"岁末年初"易发高发舆情的时间规律,仅在年初被集中关注,但未现高热舆情;农民工就业创业呈现的"回流潮"成为报道热点,农民工作为农村"双创"主力军广泛吸引舆论目光;农村留守儿童意外伤害、暴力犯罪等问题引发社会关切和讨论。农民工的媒介形象因于"刻板印象"之中,"弱势群体"的固化标签不利于对其正确认知。在乡村振兴大背景下,给农民工营造良好的返乡创业环境的同时,还应赋予他们新的媒介形象,以便农民工在返乡后的人际传播中扮演好"意见领袖"的角色。

关键词: 农民工 治欠保支 返乡创业 留守儿童

2017年,农民工相关舆情热度较上年有所下降。全年舆情总量27.2万篇,同比下降13.38%。其中,相关新闻报道6.4万篇,同比下降3.6万篇,降幅为35.9%;社交媒体相关网帖20.8万篇,同比下降2.9%。农民工话题的关注重点主要集中在政府部门对农民工工资支付、农民工返乡创业等方

---

* 李婷婷,农业农村部信息中心舆情监测处舆情分析师,主要研究方向为涉农网络舆情;赵婧,甘肃省农业信息中心网络舆情分析科副科长,助理农经师。

面的保障举措。全年鲜见农民工讨薪等热点负面舆情事件。农村留守儿童身心健康、意外伤害等问题引发网民广泛讨论。

一 热点事件排行及传播特点分析

通过对2017年1~12月农民工话题的新闻、帖文进行监测,并进行加权计算,得出相关热点事件的舆情热度,据此列出排行前30位的热点事件(见表1)。

表1 2017年农民工热点事件TOP 30

排名	热点事件	月份	首发媒体	舆情热度
1	微信文章《我是范雨素》刷屏互联网	4	微信公众号"正午故事"	13297
2	国务院办公厅印发《保障农民工工资支付工作考核办法》	12	中国政府网	6246
3	李克强主持召开国务院常务会议,部署建立解决农民工工资拖欠的长效机制	2	新华网	5363
4	李克强总理为鲁甸农民工讨薪,被拖欠工资48小时后到账	1	中国政府网	4360
5	中办、国办印发意见,鼓励农民工等群体返乡下乡创办新型农业经营主体	5	新华网	3581
6	图片报道"3岁儿子路口等父返家过年33岁父亲赶路24小时归来"感动网民	1	新华网	3477
7	《2016年农民工监测调查报告》:农民工回流趋势明显	4	国家统计局网站	3455
8	政府工作报告:锲而不舍解决好农民工工资拖欠问题	3	央视网	3315
9	人社部印发《拖欠农民工工资"黑名单"管理暂行办法》	9	人社部网站	3084
10	云南镇雄县17岁留守少年因亲情冷漠除夕夜自杀	2	微信公众号"镇雄微生活"	2747
11	全国建筑工人实名制管理平台上线:干活有数据,讨薪有实据	5	湖北网络广播电视台	1576

续表

排名	热点事件	月份	首发媒体	舆情热度
12	《"十三五"全国新型职业农民培育发展规划》:吸引农民工等到农村创业创新	1	农业部网站	1510
13	全国两会代表委员建言农民工返乡创业	3	新华网	1454
14	全国农村留守儿童信息管理系统正式启动	10	人民网	1216
15	《中国流动人口发展报告2017》:近95%农村留守儿童监护人为祖父母或外祖父母	11	央广网	1168
16	人社部印发《治欠保支三年行动计划(2017~2019)》	7	人社部网站	1166
17	农民工河北讨薪手脚遭打断	1	澎湃新闻网	1145
18	湖南隆回"13岁留守儿童砍杀七旬老人"事件	3	新浪微博"@隆回公安"	1125
19	《中国留守儿童心灵状况白皮书》:留守儿童期待父母陪伴远甚于物质	7	微信公众号"湖南教育新闻网"	1047
20	国务院办公厅曝光10起拖欠农民工工资案件	3	新华网	757
21	舆论关注北方多地"最严环保停工令"给农民工群体造成的影响	11	新浪微博	718
22	各类返乡下乡人员达700万,其中农民工占比68.5%	9	农业部网站	533
23	江西11岁留守女童遭杀害焚尸,嫌犯同为留守儿童	4	微信公众号"都市现场"	518
24	农业部等12部门联合印发《关于促进农村创业创新园区(基地)建设的指导意见》	9	农业部网站	499
25	六部门发文力促培育新型农业经营主体,农民工返乡创业获央地多重政策礼包	10	《经济参考报》	491
26	第一季度农民工外出数量出现负增长	4	人社部网站	486
27	农民工高温猝死西安城中村	7	澎湃新闻网	429
28	农业部公布2017年全国农村创业创新园区(基地)目录	6	农业部网站	427
29	农村留守儿童关爱保护专项行动取得阶段性成效	9	民政部网站	272
30	贵州毕节2名农村留守儿童触电被烧死	5	新浪微博	249

对以上30个农民工相关热点事件进行分析,总结出以下舆情特点。

1. 上半年发生的热点事件数量多、舆情热度高

从发生时间分布看,上半年出现的热点事件偏高,有18个。其中,农

民工讨薪及治理举措、农民工返乡就业创业相关的热点事件各占6个,农村留守儿童伤亡、犯罪相关的热点事件有4个。下半年的12个热点事件中,出现在7月和9月的较为集中,共有7个。其中,有5个是对农民工及农村留守儿童群体相关权益的保障(见图1)。

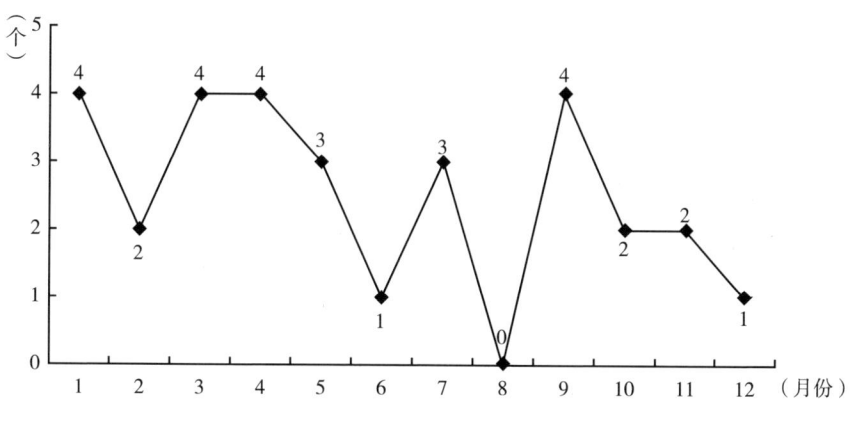

图1　2017年农民工热点事件发生时间分布

从热点事件的关注热度看,上半年舆情热度值为48743,下半年为16870。从各月舆情热度总值看,4月舆情热度最高,微信文章《我是范雨素》引发大量传播和多角度讨论,推动当月舆情热度达到全年顶点。从各月舆情热度均值看,12月虽然只出现了1个热点事件,即"国务院办公厅印发《保障农民工工资支付工作考核办法》",但单个事件的舆情热度值已达6426(见表2)。

表2　2017年1~12月农民工热点事件数量与舆情热度比较

月份	1	2	3	4	5	6	7	8	9	10	11	12
事件个数	4	2	4	4	3	1	3	0	4	2	2	1
舆情热度总值	10493	8010	6651	17756	5406	427	2642	0	4387	1708	1887	6246
舆情热度均值	2623	4005	1663	4439	1802	427	881	0	1097	854	944	6246

2.农民工返乡就业创业相关热点事件数量增加较多,农民工工资支付保障举措关注热度较高

从热点事件的主题分布看,农民工工资支付保障相关热点事件有9个,占比30%。其中,政府部门治理举措相关事件有7个,其余2个是讨薪难问题。农民工返乡就业创业相关热点事件也有9个,其中有6个是政府部门对农民工返乡创业的扶持举措。农村留守儿童相关热点事件有8个,占比26.7%,农村留守儿童亲情缺失、遭受意外伤害、暴力犯罪等问题受到广泛关注。还有4个事件,即"微信文章《我是范雨素》刷屏互联网""'3岁儿子路口等父返家过年33岁父亲赶路24小时归来'感动网民""舆论关注北方多地'最严环保停工令'给农民工群体造成的影响""农民工高温猝死西安城中村",从事件相关评论观点看,集中反映了舆论对农民工的人文关怀(见图2)。

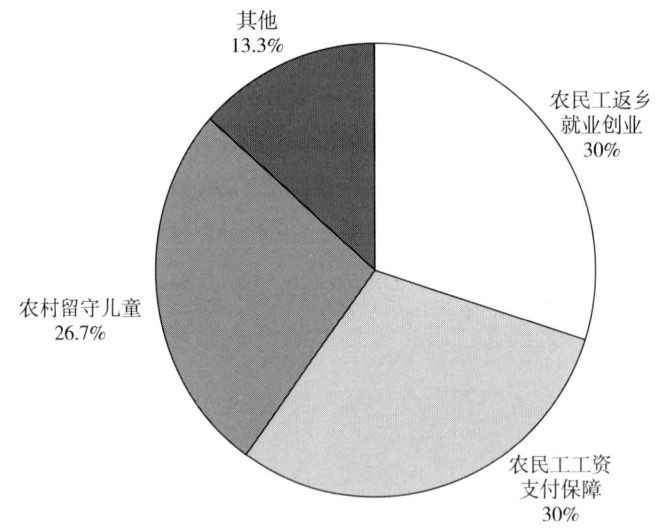

图2 2017年农民工热点事件主题分布

与上年相比,农民工返乡就业创业相关的热点事件增幅明显,数量由3个增加至9个。随着农村"双创"政策红利不断加码,舆论对农民工返乡创业创新的美好前景满怀信心。同时,政府部门对农民工讨薪难问题的治理

力度也不断加大，2017年农民工讨薪难相关热点事件在发生数量和关注热度上呈现"双降"态势，而政府部门在保障农民工工资支付方面的政策举措相关热点事件的舆情热度较上年大幅上涨。此外，2016年，国务院针对农业转移人口市民化出台多个重磅举措，"农民工市民化"由此成为热点议题。2017年各地进入政策落地实施阶段，常规化工作对舆论吸引力有限，因此相关事件未进入年度排行前30位之列（见表3）。

表3　2016～2017年农民工相关主题热点事件数量及舆情热度比较

主题		农民工工资支付保障		农村留守儿童		农民工返乡就业创业	农民工市民化	农民工人文关怀
		讨薪难	保障举措	独居、伤亡等问题	权益保障			
2016年	事件个数	5	5	4	4	3	5	4
	舆情热度	16097	9412	10467	16483	10305	22907	19157
2017年	事件个数	2	7	6	2	9	0	4
	舆情热度	5505	21408	6708	2112	12430	0	17921

3. 新闻媒体和政府网站继续成为信息首发主力

从热点事件的首发媒体看，新闻媒体和政府网站仍是首发主力，在30个热点事件中占了23个。新闻媒体首发的热点事件有12个，占比40%，其中出自新华网的最多，有5个。政府网站首发的有11个，占比36.7%，主要来自农业部、人社部等。微信首发的有4个，占比13.3%，其中3个出自媒体微信公众号。微博首发的有3个，占比10%，其中1个发自政府部门官方微博，还有2个来自网民微博（见图3）。

二　热点舆情回顾

1. 农民工工资支付保障迎来"制度建设年"，舆论寄望"根治讨薪难"

2017年，农民工讨薪热点舆情在发生时间上有所变化。往年，"岁末年初"是农民工工资拖欠问题舆情易发高发的时间节点，但2017年农民工讨薪的热点舆情主要出现在1月。从当月曝出的热点事件看，欠薪时间长、拖

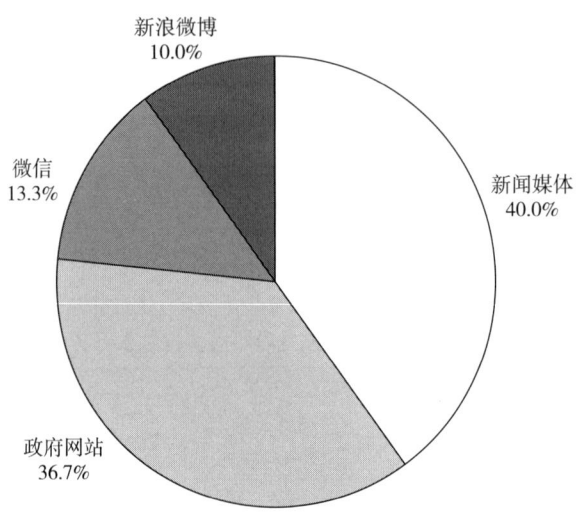

图 3　2017 年农民工热点事件首发媒体分布

欠金额大仍是共性问题。河北、陕西、贵州等地还发生了农民工讨薪被打事件，媒体曝出的"遭刀棍追砍""手脚遭打断"等细节引发舆论愤懑情绪，共计 25 万网易网民参与跟帖评论，质问"欠薪的底气从何而来！"。1 月下旬，李克强总理在云南鲁甸考察，针对当地农民工反映的外出务工"没领到工钱"问题，当即做出明确指示。舆论对此高度关注，人民网、中国新闻网等媒体纷纷展开跟进报道。随后，"李克强为鲁甸农民工讨薪，被拖欠的工资 48 小时后到账"① 等消息成为热点议题。舆论认为，总理帮农民工成功讨薪是暖心但也痛心，每个农民工欠薪都靠总理催问不现实，但 48 小时讨薪成功表明解决欠薪问题并非难事，根本在于企业的良心和政府的责任不缺失。②

2017 年初，农民工讨薪问题继续受到国家高度重视，一系列保障举措

---

① 《48 小时！李克强帮震区农民工"讨"回欠薪》，中国新闻网，http：//www.chinanews.com/tp/hd2011/2017/01－26/711220.shtml。
② 《总理 48 小时帮农民"讨"薪成功是暖心但也痛心》，中国青年网，http：//pinglun.youth.cn/wztt/201701/t20170127_ 9070218.htm。

接连出台实施。2月3日,李克强主持召开国务院常务会议,部署建立解决农民工工资拖欠的长效机制。随后,国务院办公厅就解决拖欠农民工工资问题向多省派出督查组。舆论点赞我国政府的雷厉风行,并期待出真招、见实效。3月,政府工作报告提出,"锲而不舍解决好农民工工资拖欠问题"。最高人民法院和最高人民检察院的工作报告,也重点强调了打击恶意欠薪和维护农民工权益。舆论对此高度关注,认为这样明确坚定的态度传递了国家治理的决心,并建议多部门合力联动、形成长效机制,"不让板子高高举起,轻轻落下"。5月,全国建筑工人实名制管理平台正式上线,让"干活有数据,讨薪有实据"。舆论对此积极评价,称这是整个建筑行业的福音,呼吁尽快在全国范围内完成农民工实名制全覆盖。7月,人社部出台三年行动计划,对"治欠保支"时间表的明确令舆论振奋。有微信公众号喊话,"有国家撑腰,再拖欠农民工工资试试!"。9月,人社部发布管理办法,将拖欠农民工工资的用人单位列入"黑名单",实行相关部门"联合惩戒"。舆论对此广泛肯定,称这是从源头预防上给农民工吃了"定薪丸",并建议严格"黑名单"制度的动态管理,保持多部门联动的政策刚性,在执法标准上不分地域、不搞例外。12月,相关保障举措再度密集发布。国办印发考核办法,强调保障农民工工资支付的属地责任,"拖欠严重将约谈省政府有关负责人"。[①] 人社部等部门通过专项行动、视频会议、宣传活动等多种形式推进保障工作。各地也纷纷出台政策,如山东实施"政府投资项目欠薪清零"、吉林开展"无欠薪行动"、四川成都人社局官方微信开通"一键举报"欠薪功能等。对此,人民网、新华网等媒体进行综合评述,称国家在治理欠薪上"连出大招",守住了"劳有所得"的底线,彰显了对农民工权益重视的升级。

一年来,得益于相关制度的不断完善,农民工工资支付保障工作取得了显著成效。从统计数据看,全国查处的欠薪案件在发生数量、涉及金额

---

① 王政淇、白宇:《确保农民工拿到工资返乡过年国家做了这些事》,人民网,http://politics.people.com.cn/n1/2017/1212/c1001-29702444.html。

和人数方面都大幅下降。从舆论关注情况看,农民工讨薪相关热点舆情在2017年末明显减少。对此,舆论将2017年称为保障农民工工资支付的"制度建设年",[①]认为农民工工资支付保障的长效机制发挥了积极作用,并寄望政府部门继续从严从实开展工作,抓铁有痕、接力治理,杜绝欠薪现象。

2. 农民工务工呈现"回流潮","返乡创业"引发多角度关注

2017年,农民工务工情况引发持续关注,"回流"成为网络高频词。春节过后,农民工务工动向成为报道重点。《人民日报》、新华社等媒体对陕西、河南、重庆、四川、广西等传统劳务输出大省走访后称,北上广以及东南沿海城市已不是务工首选,亲人团聚、生活便捷、发展前景等隐性价值的权重不断加码,中国现农民工"回流潮",返乡就业创业趋势势不可当,农村"新天地"大有作为。有舆论认为,农民工加速"回流"反映出城乡格局的积极变化,得益于当地经济发展的明显提升和扶持政策的切实落地,随着乡村振兴战略的深入实施,家乡的吸引力将更加旺盛,农民工"回流"规模还将壮大,作用不可低估。

在农村"双创"的时代背景下,农民工作为返乡创业的主力军,广泛吸引舆论目光。2017年,舆论纷纷用"风生水起""宏大气象"等词描述农民工返乡创业的大势以及由此带来的乡村之变,各地涌现出的鲜活事例引发多角度报道。有媒体用"小、多、活"总结农民工返乡创业的普遍特点,称"他们像毛细血管一样深入乡村阡陌,带来蓬勃生机"。有媒体汇总了农民工返乡创业的新意和亮点,称三产融合的农游一体化、农业与文化创意产业结合等产业综合体如雨后春笋,返乡创业农民工成为新市场、新产品、新业态的开拓者。[②]有媒体介绍了农民工返乡创业的收入情况,"呼和浩特在

[①] 王永:《监管责任更明确权益维护有路径——保障农民工工资支付长效机制建设取得重要进展》,中国劳动保障报新闻网,http://www.clssn.com/html/node/196162-1.htm。

[②] 杨月:《扭转"路通了人没了"现象八成返乡创业农民工从事新业态》,中国青年网,http://news.youth.cn/gn/201709/t20170916_10725787.htm。

家创业农民工月收入高于普通工薪阶层"①"南京返乡农民工创业超七成盈利"②等消息被积极转载。有媒体关注了农民工返乡创业的"领头雁"作用，称"一人创业造福一方"的创业效应逐渐显现，"河南81.42万外出务工人员返乡创业带动就业389.81万人"③"贵州正安1.4万返乡农民工创业带动6万人就业"等数据被广泛引用。有媒体聚焦了农民工返乡创业的保障举措，有关部门和各地政府积极推动财税信贷、创业培训、产业园区建设等方面的制度建设和政策落地，舆论称"农民工返乡创业获央地多重政策礼包"，④利好效应将逐步放大。还有舆论讨论了农民工返乡创业存在的挑战，称"资金、销售与技术是当前迫切需要解决的主要难题"，建议持续强化创业服务和制度创新，为返乡农民工"铺路搭桥"。总体上看，农民工返乡创业的铿锵足音引发美好期待，舆论相信这股筑梦乡土的涓涓细流终将汇聚成河，不断推动乡土中国的转型升级。

3. 农村留守儿童热点问题多发，舆论积极建言"有效监护"

2017年，农村留守儿童继续成为舆论关注的重点群体，热点舆情主要集中在三个方面。一是暴力犯罪、安全隐患等给留守儿童造成的人身伤害。此类问题虽是个案，但极易形成热点事件。2017年部分地区曝出相关个案后，仍给舆论带来较大震动。其中，暴力伤害问题严峻：2017年上半年，湖北武汉、贵州毕节、江西上饶分别发生留守儿童遭受人身伤害案件。"身中数刀""伤痕累累""杀害焚尸"等字样触目惊心，梨视频发布的视频报道"留守男孩遭姑父皮带抽打遍体鳞伤"，播放量达到1100万次；意外伤

---

① 李玉波：《国家统计局呼和浩特调查队监测显示——在家创业农民工月收入高于普通工薪阶层》，中国新闻网转载《工人日报》报道，http://finance.chinanews.com/cj/2017/10-12/8350574.shtml。

② 刘镜婧、李子俊：《农民工创业调查：政府扶资又扶智超七成创业者盈利》，南报网，http://www.njdaily.cn/2017/0329/1598293.shtml。

③ 屈芳：《鼓励支持返乡下乡创业助力推动农村脱贫攻坚》，河南省政府网站，http://www.henan.gov.cn/zt/system/2017/05/15/010719453.shtml。

④ 班娟娟、向家莹：《六部门发文力促培育新型农业经营主体农民工返乡创业获央地多重政策礼包》，经济参考网，http://dz.jjckb.cn/www/pages/webpage2009/html/2017-10/26/content_37272.htm。

亡问题依然多发；贵州毕节留守儿童触电烧死，河南周口、山东菏泽、湖南宁乡等多地相继发生留守儿童溺亡事件。上述事件引发舆论深深关切，共计十余万网民在新浪微博、网易网、腾讯网等媒体中发表观点，"痛心""可怜"是评论中的高频词。二是农村留守儿童暴力犯罪问题。与上年相比，此类热点舆情在数量上有所增加。湖南隆回、江西上饶、四川大竹等地发生留守儿童作为加害方的暴力犯罪事件，受害者涉及乡邻、同伴甚至是至亲。上述问题被媒体报道后震惊舆论，新浪微话题#湖南隆回"留守儿童砍杀老人"#的阅读量达1500万次，监管保障缺失与法律监督缺位成为舆论核心议题。三是亲情缺失引发的心理健康问题。2月，云南镇雄17岁留守少年因亲情冷漠在除夕夜自杀的悲剧令舆论错愕，网易网单条报道的网民参与跟帖评论量达到5.5万次。7月，北京师范大学发布调研数据称，由于与父母长期分离，9.3%的农村留守儿童认为父亲或母亲去世对自己"几乎没有影响"，11.4%的农村留守儿童出现了"自己的父母还健在，却称父母已经离世"的现象。① 此类数据一经发布即成热点议题。舆论指出，每一个个案背后都是留守儿童具体的悲伤，身心健康而有创造力的儿童，才是家庭和社会的终极希望，要警惕"留守"标签对孩子的反噬作用，留守儿童的身心健康问题必须予以高度重视。

农村留守儿童的监护问题依然不容忽视，国家卫生和计划生育委员会（以下简称国家卫计委）数据称"近95%的留守儿童监护人为祖父母和外祖父母"，② 如何实现"有效监护"引发舆论反思。2017年，政府部门在强化农村留守儿童监护方面集中发力。民政部、公安部等7部门联合开展为期一年的农村留守儿童关爱保护专项行动，贵州为留守儿童配安全手环、云南监护留守儿童精确到个位、四川留守儿童监护责任全覆盖等各地工作也全面推进，"全国农村留守儿童已经全部纳入有效监护范

---

① 谢湘：《2017〈留守儿童心灵状况白皮书〉报告显示：留守儿童期待父母陪伴远甚于物质》，中青在线，http://news.cyol.com/content/2017-07/22/content_16323432.htm。
② 孙冰洁：《近95%农村留守儿童监护人为祖父母儿童患病就诊率仅为62.9%》，央广网，http://news.cnr.cn/dj/20171110/t20171110_524020368.shtml。

围"。① 舆论对此积极肯定，认为落实监护责任是对农村留守儿童最好的礼物、最实际的关爱，然而落实监护责任并非帮扶终点，还需要建立全面的监督制度和问责机制，否则只能沦为形式上的"履行手续"，重蹈执行不力的覆辙。还有舆论认为，实现对农村留守儿童的有效监护，根本上还是要为他们创造和父母"在一起"的条件，让返乡的农民工有事做、有钱挣，让随父母进城打工的孩子享受平等的教育环境，从根源上减少留守儿童才是最有效办法。

三 启示与建议

1. 三方面原因致农民工话题关注热度下降

2017年，农民工相关话题的新闻报道量、社交媒体帖文量均有不同程度减少，其中新闻媒体报道量降幅高达35.9%。农民工相关热点事件的舆情热度也有所下降，2016年排行前30位的农民工相关热点事件的舆情热度总值为128536，2017年降至65612，下降幅度近半。农民工话题关注度下降的原因主要有三个方面。一是农民工"讨薪难"一直是高热舆情爆发口，此类事件在2017年明显减少，进而引发舆情降温。二是农民工工资支付保障举措、农民工返乡创业扶持政策相关热点事件有所增加，但此类事件在吸引舆论关注方面动力不足，也带动了舆情热度下降。三是农村留守儿童亲情缺失、身心受损等问题仍存，比如节后与父母别离的悲伤、暑期溺亡等意外事件，这些"旧疾"情节相似、结果雷同，只是在更换了人物和地点之后继续"复发"，舆论未免产生"视觉疲劳"，在关注热度、传播广度以及持续时长上都有所下降。分析"农民工关注热度下降"的上述三方面原因，可谓喜忧参半。可喜之处在于，农民工权益保障举措见了实效，农民工讨薪难问题减少可视为力证。但对农村留守儿童问题关注的下降值得警惕，有关

---

① 《我国农村留守儿童已全部纳入有效监护范围》，央视网，http://tv.cctv.com/2018/01/06/VIDE5PPBeMTBV3qIuQPn2SW5180106.shtml。

部门和各地政府还须在痛点处发力，切实解决问题，找回舆论的制度自信。同时，相关政策举措的关注度不足也要引起重视，传播不畅将影响政策红利的最终实现。政策举措相关报道要避免生硬的"条文框架"式公文通告，要充分考虑农民工作为政策受惠主体的认知能力和理解能力，通过鲜活生动、通俗易懂的传播方式把政策内容讲明白、讲透彻，确保政策制定初衷得以实现。

2. 宣传报道亟待打破"刻板印象"，农民工应被赋予新的媒介形象

当前，农民工的媒介形象困于"刻板印象"之中，往往和境遇窘迫、文化程度低、不修边幅等负面标签联系较为紧密，有舆论称"农民工是一个让人感到悲伤劳累的称呼"。[①] 出现这种情况的一个重要原因在于农民工的议程设置比较单一，媒体报道多集中在农民工是雇佣关系中的被盘剥者、是社会关系中的被帮助者和被救助者等角色，导致其"弱势群体"的媒介形象特点凸显，容易引发过度关注和片面解读。4月，微信文章《我是范雨素》阅读量一天内突破10万，成为"打工文学"中的"现象级"话题。6月，"农民工早高峰乘地铁等2小时：让上班的人先走"的消息迅速引发十余万网民跟帖评论。这两起事件之所以有如此高的舆情热度，一个重要的原因在于内容上突破了农民工媒介形象的刻板印象，展示了他们的精神风貌和良善品质。而舆论踊跃表达赞扬、肯定等情绪，潜台词却多为"这可是农民工啊"。这种过于强烈的反应从侧面折射出固化宣传给农民工媒介形象带来的误解，生活中的常规事件被刻意放大，并不利于对农民工的正确认知。农民工作为国家现代化建设的重要力量，他们具有吃苦耐劳、甘于奉献、自强不息、爱岗敬业等诸多优秀品质，这些都需要不失偏颇地宣传报道。且当前农民工已发生结构性变化，新生代农民工、技术型农民工、高学历农民工等表现亮眼，返乡创业农民工气势蓬勃，他们的权益诉求、精神世界、创业创新、融城步伐等，都需要进行平视的关注和多元化的呈现。在乡村振

---

① 《农民工是一个让人感到悲伤劳累的称呼》，百度百家号"时尚潮流搭配日记"，http://baijiahao.baidu.com/s? id =1565464657533511&wfr = spider&for = pc。

兴大背景下，农民工是城市文化和乡村文明的承接者，他们在返乡后的人际传播中扮演着"意见领袖"的角色，这就需要在营造良好的创业环境的同时，赋予他们新的媒介形象，让他们充分享有话语权，为自己代言，为时代代言。

参考文献

付文：《干活有数据讨薪有实据（民生调查）》，《人民日报》2017年5月17日。

韩秉志：《去年查处欠薪案14.3万件同比下降38.8%》，《经济日报》2018年1月21日。

任宇波：《治理欠薪，守住"劳有所得"底线｜锐评》，人民日报评论部微信公众号"人民日报评论"，2017年12月14日。

吕德文：《让返乡成为农民工更好的选择（人民时评）》，《人民日报》2017年9月15日。

彭忠卫：《正安返乡农民工创业带动6万人就业》，《贵州日报》2017年8月20日。

热 点 篇

Hot Topics

B.9
演员孙艺洲吐槽哈尔滨烧秸秆事件的舆情分析

张文静 张 珊[*]

摘 要: 2017年11月1~3日,演员孙艺洲在新浪微博接连发文关注哈尔滨市空气污染问题,认为秸秆焚烧是加重当地污染的重要原因,引发网民热议。4日,哈尔滨环保局通过官方微博连发三篇回应,当日微博舆情热度出现首个峰值。6日,澎湃新闻网、@新浪娱乐等媒体对事件进行汇总性报道,再次推动舆论关注热度上升,事件舆情于7日攀至顶点。舆论强调环境治理中的政府责任,并对秸秆综合利用进行积极建言。8日开始,事件舆情热度开始大幅下降并渐趋平息。

---

[*] 张文静,北京乐享天华信息咨询中心舆情分析师,主要研究方向为涉农网络舆情;张珊,农业农村部信息中心舆情监测处舆情分析师。

演员孙艺洲吐槽哈尔滨烧秸秆事件的舆情分析

关键词： 孙艺洲　哈尔滨　秸秆焚烧　雾霾

一　事件经过

2017年11月1日22时31分，演员孙艺洲在新浪微博发布哈尔滨市空气质量指数截图，显示当日21时空气质量指数为459，属于"严重污染"。对此，孙艺洲发问，哈尔滨空气为什么这么差，为何每到晚上满是烟火味儿？[①]

11月3日18时2分，孙艺洲再次发微博，主题为"哈尔滨烟熏霾真相"。微博中发出多张哈尔滨郊县焚烧秸秆图片，认为秸秆焚烧问题加重哈尔滨市晚间雾霾，并同时发送至哈尔滨环保局官微"@哈尔滨环保"，呼吁加强管理。

11月4日13时21分，"@哈尔滨环保"发文《孙艺洲，感谢你》进行首次官方回应，同时与留言网民互动，呼吁哈尔滨社会各界齐心合力，共同解决因秸秆焚烧造成的空气污染问题。14时许，"@哈尔滨环保"再次发文《打击秸秆焚烧，还哈尔滨一个蓝天！哈大绥签订重要协议》，详细通报了哈尔滨、大庆及绥化三城市启动的大气污染联防联控工作。21时43分，"@哈尔滨环保"再发一文《聊一聊环境容量和秸秆焚烧》表示，把原本一年内消耗的秸秆集中在10天左右烧掉，造成了秋冬之交的雾霾加重。文章还坦诚当地目前还不能做到秸秆全部粉碎还田，但已致力于秸秆利用的产业发展，并相信彻底告别秸秆焚烧污染为时不会太远。[②]

11月6日，澎湃新闻网以《明星指哈市焚烧秸秆污染严重引争议，环保局致谢并吁协力治霾》为题对该事件予以报道，引发媒体广泛转载，助

[①] 新浪微博"@孙艺洲"，https：//weibo.com/sunyizhou2008？refer_flag=1001030101_。
[②] 新浪微博"@哈尔滨环保"，https：//weibo.com/hrbhb？refer_flag=1001030101_。

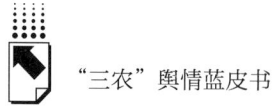

推事件舆情热度快速升温。

11月6日,"@哈尔滨环保"再次发文指出,黑龙江省秸秆禁烧工作联席会议办公室日前下发紧急通知,要求加大秸秆禁烧督查力度,对发生火点较多的市县和出现火点的秸秆综合利用试点县进行重点督导。

11月7日,澎湃新闻网发文《哈尔滨秸秆焚烧治理:年产生1700万吨,去年开始全域禁烧》指出,环保部卫星监测数据显示,10月30日至11月5日,黑龙江省着火点与同期相比增加了221个。文章称,几年来当地采取种种措施解决秸秆焚烧问题,但效果不尽如人意,黑龙江省也有苦衷。文章指出,治理秸秆焚烧问题是个漫漫征程。

11月8日,"@哈尔滨环保"发文《孙艺洲在与不在你和我就在这里》称,正视秸秆焚烧问题,实现秸秆综合利用,需要集全社会的力量来共同努力解决。①

二 事件舆情走势

监测数据显示,自2017年11月1日22时至12日24时,"演员孙艺洲吐槽哈尔滨烧秸秆"事件舆情总量49360篇。其中,新浪微博是推动事件舆情走势的决定性因素,相关微博47553篇,占舆情总量的96.34%;新闻报道1171篇,占2.37%;新闻客户端381篇,占0.77%,论坛、博客153篇,占0.31%;微信102篇,占0.21%。

从舆情走势看,11月1~5日,事件舆情出现第一次起伏,孙艺洲和哈尔滨环保局发出的相关消息成为舆情燃点,新浪微博是话题主场,鲜见新闻媒体对事件的报道。1日晚,孙艺洲对哈尔滨空气污染问题的首曝迅速受到网民关注,该条微博发出后一分钟内即出现评论留言。孙艺洲对哈尔滨空气污染的发问引发网民大量跟帖,推动2日微博话题量快速上涨。3日,微博舆情走势继续上扬。孙艺洲发出多张当地秸秆焚

---

① 新浪微博"@哈尔滨环保",https://weibo.com/hrbhb?refer_flag=1001030101_。

烧照片，认为这就是哈尔滨晚间污染加重的原因。演员佟大为随后也在微博中感慨哈尔滨"满大街烧秸秆的味道"。① 上述两条微博引发大量点赞，网民对公众人物关注环保问题表示肯定，秸秆焚烧问题被推上舆论前台。当日微话题"哈尔滨烟熏霾真相"两天内阅读量突破千万次。4日，"@哈尔滨环保"接连发声，表达对孙艺洲关注空气质量问题的感谢、通报已经采取的措施以及下一步治理工作，孙艺洲对此进行了转发评论和点赞，再次受到网民热烈关注。同时，孙艺洲3日发出的相关微博，网民转发和评论量仍在不断上涨。在新旧话题共同推动下，4日的微博舆情量达到首个峰值。

11月6~8日，事件舆情出现第二次起伏，新闻媒体介入报道推动舆情热度快速升温，秸秆综合利用成为核心话题。6日，澎湃新闻网报道《明星指哈市焚烧秸秆污染严重引争议，环保局致谢并呼协力治霾》引发媒体广泛转载。网易网以《演员质疑哈尔滨污染严重 官方喊话市民：别掉链子》为题转载，网民主要围绕环境污染的协同共治展开热议，参与跟帖量达7万余次。同日，"@新浪娱乐"发布孙艺洲质疑空气污染的相关帖文，一天时间内网民转发评论量近万次，虽有个别网民不满孙艺洲发文批评自己家乡，出现过激言辞，但大多数网民主要表达对孙艺洲的支持。7日，新闻媒体、微博和微信三大平台的事件舆情量均攀至顶点。澎湃新闻网发文《哈尔滨秸秆焚烧治理：年产生1700万吨，去年开始全域禁烧》介绍了哈尔滨在秸秆综合治理方面的举措，也点出了当地的苦衷"秸秆量大出口少"，称秸秆焚烧治理是"漫漫征程"。同时，《新京报》《中国青年报》以及《钱江日报》微信公众号"弄潮号"等媒体发出评论文章，强调环境治理中的政府责任，并对秸秆综合治理积极建言。8日，由于事件涉及的相关话题都已展开，并且没有出现新发消息，舆情走势开始呈现明显降势并渐趋平息（见图1）。

---

① 新浪微博"@佟大为"，https：//weibo.com/tongdawei? refer_ flag=1001030101_ 。

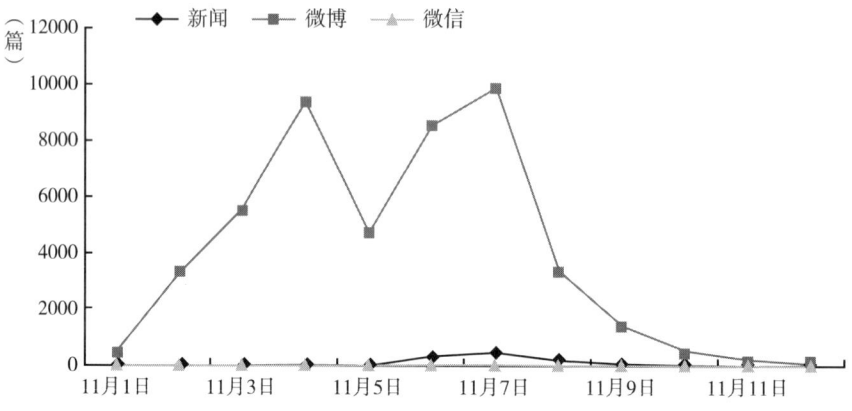

图1 演员孙艺洲吐槽哈尔滨烧秸秆事件舆情走势

三 舆论主要议题

（一）媒体观点摘要

1. 关注秸秆焚烧治理中存在的问题

《工人日报》说，秸秆焚烧污染问题已成为近年冬季的常热话题，而相关部门的治理、回应也往往"大约在冬季"。目前秸秆综合利用方面可借鉴的实践经验不多，政府部门可以采取的办法也不尽成熟，因此就更不能"一拖了之"。要在春、夏、秋三季积极作为，从调优种植结构、创新驱动发展、完善生态文明建设等多个角度着手，努力预防和解决问题，只有这样，秸秆焚烧污染问题才不会在冬天屡屡"犯病"，"冬病夏治"方显治本决心。①

长江网说，农民也盼着秸秆能被更好地处理利用，但一般农户承受不起

---

① 张世光：《社会治理应有"冬病夏治"的思维》，中工网，http://right.workercn.cn/164/201712/05/171205073439602.shtml。

十几万元一台的秸秆打捆机,并且打捆后的秸秆回收去向依然没有着落。如果把秸秆粉碎后深翻进地里,农村缺少粉碎深翻的机械,要让一家一家排队等候,以当地的气候条件,土地很快就会上冻,开春怎么种地。如果加工成燃料,新型能源燃料目前全国各地都未普及,以黑龙江农业生产后的秸秆量,想完全实现需要巨大的市场支持和财政投入。①

百度百家号"力量时评"说,根治农民烧秸秆问题,需要给农民足够"获得感"的反哺。而实际情况是,地方财政补贴"九牛一毛",都不够农民支付拉秸秆的运输费,这点象征性的补贴是无法扑灭农民心里那把火的。②

2. 建议通过政策红利让秸秆"变废为宝"

新华网说,秸秆问题说明我国农业社会化服务还存在短板。政府部门要加大政策扶持和财政补贴,让农民真正感受到秸秆资源化利用带来的好处,以此带动他们对秸秆综合治理的积极性。可以出台类似"秸秆补贴",让农民直接得实惠;也可以出台鼓励政策,支持专业合作社购买秸秆处理的相关机械。政府部门还要鼓励以秸秆为原材料进行加工生产的高新技术企业在村庄周边设点,提高秸秆附加值,进而助农增收。③

《新京报》说,无论是秸秆的收储,还是机械化还田,都离不开农业机械化。但这些大型机械设备的价格往往让农户和秸秆企业"望而却步"。近年来,为促进秸秆收储运以及综合利用,国家和地方已经陆续出台了相关补贴政策,但补贴力度还不够大,不足以打通秸秆综合利用的"最后一公里"。政府部门还需要更大的投入支持,建立起秸秆处理和综合利用的长效机制,让秸秆真正变废为宝。

澎湃新闻网说,用秸秆做饲料、生物燃料等可行性最大,也最环保,但秸秆回收难、包装难等问题仍需有效解决。可以通过政策红利吸引企业收集

---

① 苗凤军:《禁烧秸秆更要给秸秆找到出路》,长江网,http://news.cjn.cn/cjsp/msgc/201611/t2922028.htm。
② 马进彪:《孙艺洲指责烧秸秆:明星点破老问题,相关部门情何以堪?》,百度百家号"力量时评",http://baijiahao.baidu.com/s?id=1583296324147806995&wfr=spider&for=pc。
③ 邹大鹏、王建:《新华时评:治理秸秆焚烧要有农民视角》,新华网,http://www.xinhuanet.com/2017-11/08/c_1121925815.htm。

和处理加工秸秆，实现秸秆产地的良性运作，化废为宝，让农民和市民实现双赢。①

（二）网民观点

1. 网民评论高频词分析

通过抽取@孙艺洲、@新浪娱乐、@哈尔滨环保、@头条新闻和@新京报这5家新浪微博账号500条网民评论进行关键词词频分析，可以看出，除了"秸秆""哈尔滨""农民"等涉事主体之外，"解决""政策""处理""回收""供暖"以及"政府""环保部门""环保局"等关键词的词频较高。从上述高频关键词大致可以捋出网民的观点倾向：秸秆焚烧问题有待解决，政府应该从政策等多方面支持农民回收秸秆（见图2）。

图2　演员孙艺洲吐槽哈尔滨烧秸秆事件网民评论高频词

2. 网民观点分析（见图3）

（1）支持孙艺洲并讲述对哈尔滨空气污染的亲身感受（29.94%）

29.94%的网民对孙艺洲反映的秸秆焚烧污染问题表示认同，纷纷对他

---

① 《治理烧秸秆，不能讳疾忌医》，澎湃新闻网，http：//www.thepaper.cn/newsDetail_forward_1854551。

表示支持和感谢,并讲述自己对哈尔滨空气污染的亲身感受。有网民说,要感谢孙艺洲作为公众人物为哈尔滨空气质量发声,说出了我们哈尔滨人的真实感受,希望能引起更多公众以及相关部门的关注。有网民说,每天下班回家都被呛得不行,带上两三层口罩照样有烧焦味,熏得眼睛疼,高速上简直就是"穿越火线"。

(2) 介绍各自家乡在秸秆综合利用方面的有效做法(21.87%)

21.87%的网民为秸秆综合利用积极建言。山东、河南、安徽等地网民积极介绍各自家乡在秸秆治理方面的有效做法。有网民说,我们山东微山县的农机都有二次打捆、粉碎装置。有网民说,我家玉米收完后用截秆机截一遍,旋耕机直接旋到地里,不得不感慨现在科技的进步。有网民说,我们这边不管政府还是私企都有回收秸秆,一亩20块。有网民说,我们一村一个沼气池,平时家家户户的烂菜叶、烂瓜果、粪便都窖在一起,收麦后也把秸秆窖在沼气池里。还有网民说,我家这边有个新能源电厂,回收秸秆发电。

(3) 讨论秸秆焚烧为何屡禁不止(20.38%)

20.38%的网民认为不能一味埋怨农民烧秸秆,要关注其中的深层原因。有网民说,如果有好的解决办法,农民也不愿意烧,毕竟他们也要呼吸这些空气。有网民说,处理秸秆要花力气,又没有经济上的好处,农民没有动力。还有网民认为,通过罚款等方式禁止烧秸秆,只堵不疏,对农民不公平,也不能根治问题。

(4) 寄望当地有关部门监管治理再加力(16.35%)

16.35%的网民认为事件反映出当地有关部门工作仍有欠缺,今后还须加力。有网民说,这几年每到冬季烧秸秆就泛滥,希望政府和相关部门能积极有效地解决这个顽疾。有网民说,以前政府说做沼气池,废物利用,可是过了好几年这个事情也没消息了,希望政府想办法,不然空气只会越来越差。有网民说,任何人都想生活在一个好的环境里,这需要国家有解决方案,还要落实好,政府作为,百姓配合,一环都不能少。还有网民说,不想再埋怨,只希冀咱们的环保人加油,尽早还给哈尔滨乃至全省一片蓝天和洁净的空气。

（5）质疑焚烧秸秆是雾霾产生的主要原因（11.46%）

11.46%的网民认为烧秸秆不是导致雾霾的主要原因。有网民说，现在雪也下了好几场，根本没有烧秸秆的，昨晚哈尔滨雾霾依旧。有网民说，烧秸秆是污染环境，但雾霾的锅请不要甩给烧秸秆的农民，工业、取暖、交通废气才是污染的主因。有网民说，从古至今都在烧秸秆，为什么以前没有雾霾？所以请不要把雾霾根源怪在农民头上。

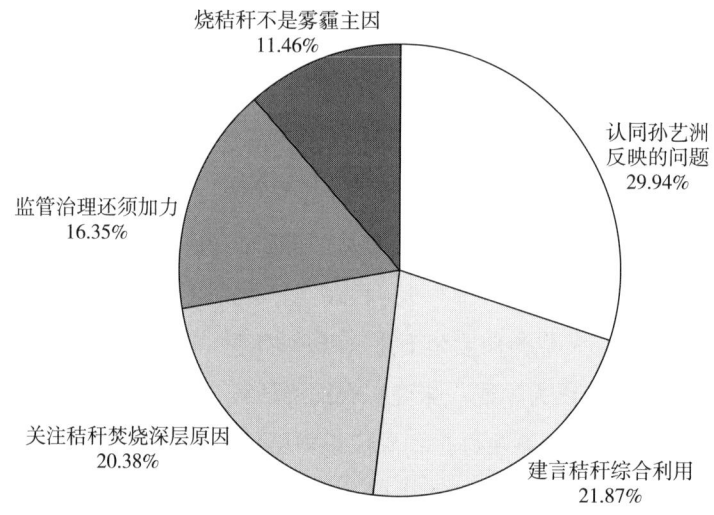

图3 演员孙艺洲吐槽哈尔滨烧秸秆事件网民观点分布（抽样500条）

四 事件启示

从事件舆情首曝节点看，事件因秸秆焚烧问题而起。作为近几年冬季常热话题，秸秆焚烧广受关注。尽管舆论对秸秆焚烧与雾霾成因之间的关联存在争论，但烧秸秆给环境造成的污染有目共睹。因此，孙艺洲、佟大为在微博中针对秸秆焚烧污染问题发声后，赢得网民十余万次点赞。舆论认为，明星关注环保，通过自身影响力引起当地职能部门关注，这种做法值得称赞。

从事件舆情回应处置看，哈尔滨环保局直面问题、及时回应，通报秸秆污染治理工作、科普相关知识，以谦虚、亲民的态度与孙艺洲和网民积极沟通。一天内连发三篇文章，其中两篇文章阅读量突破200万次。从双方互动效果看，针对个别哈尔滨网民不满孙艺洲发文批评自己家乡的情绪表达，哈尔滨环保局发文《孙艺洲，感谢你》呼吁全民为环保出力。孙艺洲也在微博中为哈尔滨环保局秸秆治理工作点赞。双方良性互动将舆论视角再次拉回环境治理与保护的主题，摆脱了无谓的口水战，避免舆情发展陷入非理性僵局。从舆情反馈看，孙艺洲和哈尔滨环保局在事件中真诚发声、有效回应、良性互动，受到舆论普遍认同。

总体来看，此次事件是在环境污染治理上公众人物与地方环保局良性互动的积极示范。但正如舆论所说，无论事件回应姿态多么"正确"，都不能改变当地空气污染严重的事实，环境治理是事关所有人的系统工程，谁都不能掉链子，政府需要走在前面。

参考文献

社论：《比"禁烧"更重要的是给秸秆"找出路"》，《新京报》2017年11月7日。

任然：《治霾谁都不能掉链子　政府需要走在前面》，《中国青年报》2017年11月7日。

B.10
沈阳"问题大葱"致寿光百余只羊死亡事件的舆情分析

邹德姣*

摘　要： 2017年8月24日，山东寿光百余只羊在喂食了产自辽宁沈阳的大葱叶后死亡。寿光有关部门在该批大葱叶中检测出高毒农药甲拌磷，随后展开了一系列处置工作。28日，该事件经微信首曝。31日，《北京青年报》、新华社先后发文报道事件经过和寿光市政府的应对处置工作，引发广泛关注，农产品质量安全监管成为舆论核心议题。9月1日和2日，寿光市、沈阳市官方分别发布事件处置和农产品检测通报，舆情随之回落并趋于平息。

关键词： 农产品质量安全监管　高毒农药　农药残留超标

一　事件经过

2017年8月24日，寿光两家养羊户的百余只羊在被喂食了冷库废弃的大葱叶后死亡。寿光有关部门在涉事葱叶中检出高毒农药甲拌磷。经查，该批"问题大葱"是寿光大葱收购商从沈阳购进的，共计5.2万斤。事发当天，寿光有关部门迅速开展了封存涉案冷库、销毁问题葱叶、无害化处理死

---

* 邹德姣，麦之云（北京）信息咨询有限公司舆情分析师，主要研究方向为网络舆情。

羊等多项处置工作。

8月25日，寿光市对不进入市场销售，只在当地初加工、贮存的外地大葱开展全面排查，未发现农残超标问题。

8月27日，据涉事的沈阳大葱种植户向公安机关交代，其一共种植了200余亩地的大葱，8月初给大葱喷洒了甲拌磷农药，8月22日将5.2万斤大葱卖给寿光大葱收购商。

8月31日，寿光对封存的"问题大葱"进行无害化销毁，并依法依规开展事件问责及对养羊户的赔偿工作。[①]

9月2日，沈阳市政府官方网站发布消息称，通过对种植和销售环节的大葱进行取样检测，未发现甲拌磷、毒死蜱农药成分。[②]

2018年4月26日，《北京青年报》刊发事件最新进展报道称，经寿光市人民法院审理，种植、销售涉事大葱的两名沈阳农户分别因"生产、销售有毒、有害食品罪"和"生产有毒、有害食品罪"获刑7个月和6个月。

二 事件舆情走势

据监测，自2017年8月24日至9月5日，沈阳"问题大葱"致寿光百余只羊死亡事件舆情总量36358篇。其中，新浪微博中的舆论声量最高，相关微博29924篇，占舆情总量的82.30%；新闻报道3332篇，占9.16%；微信1327篇，占3.65%；论坛、博客1166篇，占3.21%；新闻客户端609篇，占1.67%（见图1）。

8月24～30日，事件舆情处于发酵期。28日之前，未现事件相关消息。

---

① 张志龙：《追"葱"记：涉案封存大葱已全部无害化处理》，新华社，http://xinhua-rss.zhongguowangshi.com/13692/6898117327119979795/2247308.html；《山东销毁5.2万斤"毒大葱"沈阳当地排查农药残留》，北青网，http://news.ynet.com/2017/09/01/437278t70.html。

② 《沈阳市检查种植销售环节大葱样品均未发现"问题大葱"》，沈阳市政府网，http://www.shenyang.gov.cn/zwgk/system/2017/09/02/010191905.shtml。

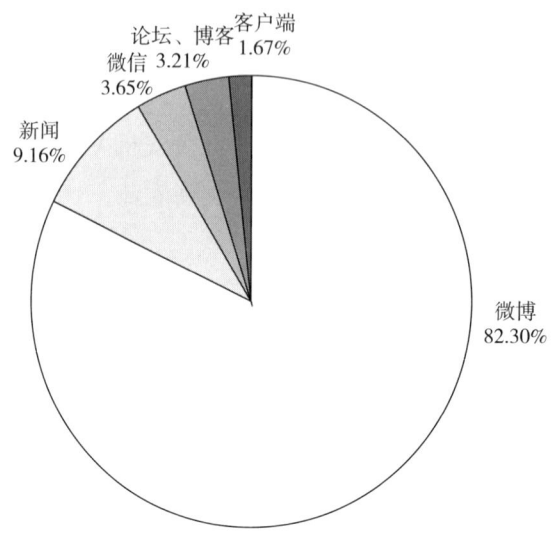

图1 沈阳"问题大葱"致寿光百余只羊
死亡事件各媒体话题量占比

28日,微信公众号"我们的农耕"发文《沉痛悼念那些吃了沈阳"毒大葱"而死的"寿光羊"》对事件进行首曝,文中还配发了多张死羊照片。从传播情况看,该文没有引发过高关注,截至30日,仅在新浪微博出现零星转载。

8月31日,事件经新闻媒体报道后舆情热度骤然上涨,微博话题量达到峰值。当日上午,《北京青年报》发布题为《寿光百余只羊疑吃"毒大葱"死亡》的报道成为主要信源。与28日微信中出现的首曝文章相比,《北京青年报》的报道在内容上更加翔实明确,提到事件殃及两家养羊户,死亡羊数127只,涉事"问题大葱"5.2万斤,购自沈阳等。[1] 报道被新闻媒体广泛转载,引发网民高度关注。"毒大葱"成为事件传播中的高频词。网易新闻客户端以《山东百余只羊疑吃"毒大葱"死亡》为题予以转载,

---

[1] 《山东百余只羊疑吃"毒大葱"死亡 涉事种植户已被抓获》,新华网转载《北京青年报》报道,http://www.xinhuanet.com/legal/2017-08/31/c_1121573910.htm。

网民跟帖评论量一天内突破万次。新浪微博"@全民话题"以"山东百余只羊疑吃'毒大葱'死亡"为题发出的消息,一天内网民评论和转发量达1.8万余次。新浪微博中出现了"大葱毒死羊""大葱检出剧毒农药""百余只羊疑吃毒大葱死亡"等相关微话题,其中微话题"大葱毒死羊"的阅读量一天内达7200多万次。当日晚间,新华社发出事件跟进报道,全面介绍了8月24~31日寿光市有关部门对事件的应对处置情况,并明确"涉案大葱已全部无害化处理"。

9月1日,寿光官方应对举措成为关注焦点,媒体评论大量出现,新闻报道量达到顶点。新华社8月31日晚间发布的跟进报道引发新闻媒体大量转载。同时,寿光市政府9月1日通过官方微信通报事件处置情况,内容与新华社上述报道一致。由此,寿光市有关部门针对事件持续开展的各项工作受到集中关注,其中"对'问题大葱'进行无害化销毁""全面排查和抽检全市外来大葱""追回了已发往杭州的2000斤涉案大葱""已抓获犯罪嫌疑人"等内容,被媒体广泛设置在转载标题中。同时,评论文章不断出现,舆论调侃被毒死的羊是"替罪羊",农产品质量安全监管成为核心议题。此外,由于事件已处于处置工作收尾阶段,没有新发问题,当日的网民关注热度迅速回落。8月31日至9月1日,微博舆情呈现的"骤涨骤降"态势尤为明显。

9月2日,沈阳市政府部门对当地大葱的检测通报也被部分媒体转载报道。但事件舆情总体热度大幅下降,事件相关消息主要是前两日旧闻的继续传播。仍有部分媒体评论,但议题还是围绕监管治理展开。4日开始,舆情渐趋平息(见图2)。

9月25日,央广网发布事件回访报道称,时隔一个月,沈阳市农药销售总体规范,但仍然存在个别销售点售卖甲拌磷的现象。[①] 该报道引发部分媒体转载,但网民关注度不高,没有再次引发舆情走势上扬。

---

① 吴喆华:《沈阳"问题大葱"回访:农药销售总体规范 个别仍售甲拌磷》,央广网,http://china.cnr.cn/yaowen/20170925/t20170925_523962923.shtml。

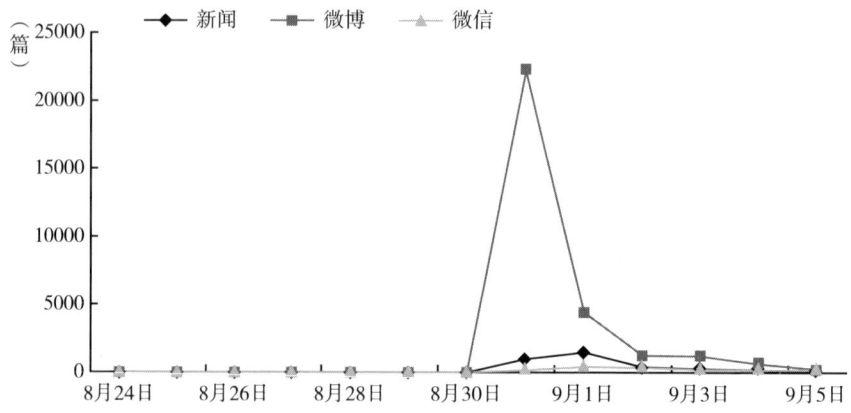

图 2　沈阳"问题大葱"致寿光百余只羊死亡事件舆情走势

三　舆论主要议题

（一）媒体观点摘要

1. 批评事件暴露的监管失察问题

《潇湘晨报》说，安全的食品既要"产"出来，也要"管"出来，但此事呈现的"产"和"管"环节都不尽如人意。涉事的大葱种植户和收购商固然要追究责任，沈阳和寿光两地的监管部门也同样难辞其咎。"最严监管"如果不能落到实处，比"毒大葱"本身更可怕。中国青年网说，如果不是这些羊当了"替死鬼"，5.2万斤"毒大葱"上了餐桌，后果不敢想象。在对事件追责时，不能一股脑地把问题都推给种植户，要理清责任，彻查涉事监管部门的"不作为"。①

2. 呼吁监管前置，把好"田间地头"关

《华西都市报》说，控制农药残留体系前移和下沉是农产品质量安全监

---

① 朱永华：《葱叶"毒死羊"让人细思极恐》，中国青年网，http：//pinglun.youth.cn/wztt/201709/t20170901_10633273.htm。

管的重要方面,此次事件再次反映了做好这项工作的紧迫性。当务之急是给果蔬种植一线分配更多监管力量,让农残检测深入田间地头,从源头上进行预防治理。东方网说,有关部门不能总是做"事后诸葛亮",在食品安全保障上,"防火"比"灭火"更关键。根治农残超标问题,须把好"田间地头"这道关,不断健全和完善农产品产地准出和市场准入制度、农产品质量安全可追溯制度等。① 第一金融网说,事件表明农产品源头治理还不够,要把监管重点放在田间地头,引导农民科学施肥用药,就可以让"问题粮蔬"止于萌芽之中。②

3. 建言如何遏制农药滥用

《南方都市报》认为,可以利用税收、补贴和定价等手段引导农药使用。如,通过大幅增税降低企业生产高毒农药的意愿,通过税收减免和财政补贴等方式扶持企业生产低毒高效农药,通过高价管制降低化学农药的购买和使用;应从建立监管平台入手,确保农药生产环节质量有保障,销售环节检测有标准,种植环节的施用有规范;针对确有必要使用的高毒农药,应指定专门机构负责施用。《新京报》说,由于种菜利润不高,而这些禁用农药价格低、杀虫效果好,为了降低成本,一些种植户仍会顶风使用。治本之策,还在于推进农业规模化经营,让蔬菜价格进入合理区间,让农民有更多议价权。

(二)网民观点

1. 网民评论高频词分析

通过抽取@财经网、@段郎说事、@全民话题、@新浪新闻、@韩东言、@王冲、@中国之声、@莱德赵克强、@新华网、@凤凰网大风号等10家新浪微博账号300条网民评论进行关键词词频分析,可以看出,"大

---

① 郁婷苈:《"毒大葱事件"警示应把好"田间地头"这道关》,东方网,http://pinglun.eastday.com/p/20170901/u1ai10824463.html。
② 宋达:《粮蔬安全监管应延伸到田间地头》,第一金融网,http://www.afinance.cn/new/xzgd/201709/1880496.html。

葱""农药""替罪羊"及涉事的"沈阳""寿光""山东"等地域成为网民提及次数较多的关键词。从"政府""监管""没人管""成本低""食品安全"等关键词可以看出,网民对政府的食品安全监管存疑,希望政府加大监督力度保证食品安全(见图3)。

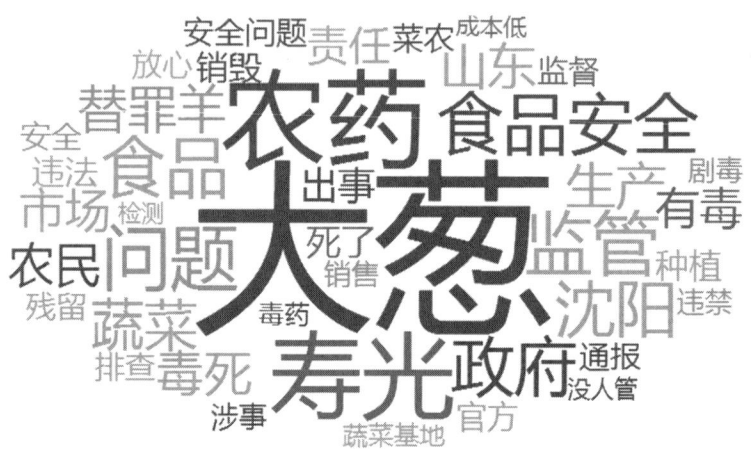

图3 沈阳"问题大葱"致寿光百余只羊死亡事件网民评论高频词

2. 网民观点分析(见图4)

(1)关注监管职责,呼吁切实加强食品安全保障(31.54%)

31.54%的网民认为事件暴露出农产品质量安全的监管无力,监管工作不能流于表面,要切实加强。有网民说,鉴定大葱有没有毒还得靠羊,这是监管的悲哀。有网民说,"毒葱"一路畅行,安检形同虚设,就是太多的部门"插葱装相"!还有网民说,食品安全大于天,有关部门要重视起来,加强源头保障。

(2)对我国食品安全现状没有信心(16.49%)

16.49%的网民借此事表达了对食品安全的不信任。有网民说,这是我国食品安全的标杆事件,民以食为天,食以安为先,食品安全是一个社会的底线,有毒食品泛滥会让民众不安心。有网民说,这次是羊死了,下次是不是就发生在人身上了?细思极恐!还有网民问,大葱检出了剧毒农药,那么其他青菜呢?

（3）关注事件中"问题大葱"、死羊是否流向餐桌（14.33%）

14.33%的网民关注涉事的"问题大葱"和死羊的去向，提醒有关部门要一查到底，严防流向餐桌。有网民说，销毁了5.2万斤，其余的"毒大葱"都去哪里了呢？当务之急是查清剩余大葱去向，毕竟200亩地，产出至少得100多万斤。有网民说，要守住那些羊啊，别流通到市场上，不然就上餐桌了。

（4）呼吁严惩农药的非法产销和使用问题（13.26%）

13.26%的网民关注违禁农药非法使用和产销问题。针对涉事大葱种植户，有网民斥其"没有良心""缺德到家"，能承包几百亩地，却非法使用违禁高毒农药，得小利而失公义。也有网民说，科学知识缺乏造成的种植者对"高毒农药"的迷信以及监管缺失，共同酿成了"大葱毒死羊"事件。还有网民说，生产和销售违禁农药的商家也要追究，要严查农药来源，重典治乱。

（5）调侃羊成了"替罪羊"（11.83%）

11.83%的网民用调侃的语气表达不满情绪。有网民说，这是替罪羊的现实版本，为了人类的食品安全英勇献身，应该立碑纪念。有网民说，这些替罪羊用生命揭发了大葱有剧毒农药的事实，是人之大幸也是人之大悲。

（6）发问寿光为何进沈阳的葱（7.53%）

针对事件中通报的该批"问题大葱"是寿光市发葱商从沈阳购进的，7.53%的网民对此予以关注。有网民问，山东不是大葱种植大省吗，为什么要从沈阳进大葱？也有网民问，寿光是出了名的蔬菜之乡，沈阳大葱到这里"镀金"之后外销，产地写寿光还是沈阳？

（7）明确"问题大葱"产地不是寿光（5.02%）

事件曝出伊始，有媒体以"寿光百余只羊吃毒大葱死亡"等类似标题进行报道，给舆论造成误解，以为"问题大葱"产自寿光。对此，5.02%的网民在评论中进行纠偏，出现了"毒大葱不是山东产的""是沈阳来的大葱"等评论留言。有网民说，这样的标题点进来看才知道"问题大葱"来自沈阳，没点进来的还以为是寿光葱有毒。

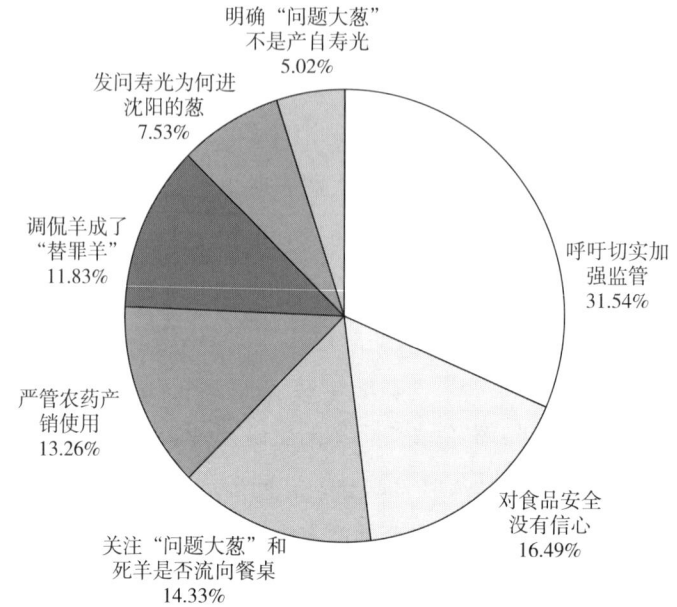

图4 沈阳"问题大葱"致寿光百余只羊死亡事件
网民观点分布（抽样300条）

四 事件启示

1. 事件舆情平息迅速，但舆论质疑仍存

从舆情持续时间看，事件在各媒体平台中的传播态势总体呈现快速上涨、迅速回落态势，关注热度维持在3天左右。事件得以迅速平息的主要原因在于事件曝出时已经是"被处理"状态。在舆情传播过程中，发生的问题和政府部门的处置举措同时进入舆论视野，尽管监管工作遭到批评，但寿光、沈阳两地相关部门的迅速介入处置，为事态的良性化发展争取了时间。

但也要看到，事件舆情虽然平息得很快，涉事两地政府部门的通报处置仍有未尽之处，舆论质疑仍存。如，寿光有关部门称在产自沈阳的大葱中检出高毒农药甲拌磷,沈阳市政府通报检查种植销售环节大葱样品均未发现"问题大葱",有舆论对此发问"到底有没有""该信谁的"。再如,寿光市通报销毁了5.2万斤"问题大葱",针对剩余"问题大葱"去向,有网民在新浪微博和博客中发出"关于百万斤甲拌磷剧毒大葱去向,急问沈阳市政府"。[①] 涉事两地有关部门有必要正视上述问题,警惕舆情涟漪效应。

2. 事件凸显媒体报道规范问题

部分媒体在事件报道的标题设置上值得商榷。事件曝出伊始,"寿光百余只羊疑吃毒大葱死亡""山东百只羊吃毒大葱死亡"等模糊性标题设置,让部分网民对"问题大葱"的产地有所误解。在媒体评论过程中,"假如吃下毒大葱的是人而不是羊""这次羊挡灾,下次呢?"等假设性标题设置,进一步点燃了舆论情绪。在对事件跟进报道中,"这种大葱千万不能吃,时隔一个月,'问题大葱'还在畅销吗?"的暗示性标题设置,也不免让人担心给大葱销售造成影响。因此,媒体在新闻报道和舆论监督过程中,要遵循实事求是原则,以准确性为工作核心。

参考文献

陈广江:《毒大葱追问"最严监管"何在》,《潇湘晨报》2017年9月1日。
蒋璟璟:《"亡羊挡毒"的侥幸不是每次都有》,《华西都市报》2017年9月1日。
朱毅:《"大葱毒死羊"事件折射的农药监管问题》,《南方都市报》2017年9月1日。
周筱赟:《禁绝"毒大葱",仅靠严刑峻法还不够》,《新京报》2017年9月1日。

[①] 新浪微博"@菜乡之剑":《关于百万斤甲拌磷剧毒大葱去向,急问沈阳市政府?》,https://weibo.com/ttarticle/p/show?id=2309404148577692723965。

B.11
浙江湖州偷埋病死猪事件的舆情分析

王明辉*

摘　要： 2017年8月30日，按照中央环保督察组要求，浙江湖州市有关部门在大银山挖出大量就地掩埋的病死猪残骸。9月10日，事件经媒体报道后迅速引发关注。湖州市政府随后连发事件处置通报，媒体跟进调查也一并展开，其中曝出的"初步查明系2013年所埋""当地村民多年举报无果"等情况受到热议，环保监管失察、病死猪无害化处理等问题引发反思。11日，湖州市启动相关追责问责程序，事件舆情热度攀至顶点。12日开始，事件舆情回落并渐趋平息。

关键词： 湖州　病死猪　无害化处理

一　事件经过

2017年8月中旬，中央第二环境保护督察组（以下简称环保督察组）收到实名举报信，反映浙江湖州市大银山掩埋了大量病死猪等问题。8月30日，按照环保督察组要求，湖州市有关部门赶赴事发现场，挖出大量就地掩埋的病死猪尸体。①

---

* 王明辉，麦之云（北京）信息咨询有限公司舆情分析师，主要研究方向为网络舆情。
① 屈畅、曹慧茹：《中央来人"挖死猪"，什么情况?》，微信公众号"政知见"，2017年9月11日。

9月10~11日,湖州市政府连发三次事件处置通报称,2013年4月至2014年3月,湖州市工业和医疗废物处置中心有限公司先后6次累计将约300吨应焚烧处置的病死猪拉至大银山掩埋。截至9月8日,共发现病死猪掩埋点3处,3个点位挖出的残骸已严格按照无害化处理标准进行焚烧清理,残骸标本中没有检出口蹄疫病毒等人畜共患病病原体。通报还表示,湖州市已启动了相关追责问责程序,将一查到底。①

9月11日,农业部官方网站发文称,已派出督导组赶赴浙江对事件展开严查,重点就病死畜禽无害化处理查找漏洞并进一步加强相关工作。

二 事件舆情走势

据监测,自2017年8月30日至9月15日,浙江湖州偷埋病死猪事件的舆情总量为14447篇。其中,新浪微博中的声量最高,相关微博8611篇,占舆情总量的59.6%;新闻报道3271篇,占22.64%;新闻客户端1109篇,占7.68%;论坛、博客836篇,占5.79%;微信620篇,占4.29%(见图1)。

从事件舆情走势看,8月30日至9月9日,事件处于发酵期。其间,仅新浪微博中出现相关爆料。9月4日开始,相关图文消息在新浪微博中零星出现,关注度有限。其中,"@无肠公子001"发布的事件相关信息较为集中,如透露死猪偷埋问题首先由"上山采石的当地人发现",发布了现场挖掘出的病死猪尸骸图片,讨论湖州死猪无害化处理及监管中存在的问题等。②

9月10日,事件经媒体报道后迅速引发关注。当日上午,《财经》发布报道《知情人透露,万头病死猪被偷埋在浙江大银山》引燃舆情。网易、搜狐、凤凰网等网络媒体通过门户网站、官方微博等媒介平台对此大量转

---

① 浙江省湖州市人民政府新闻办公室官方微博"@湖州发布",https://weibo.com/u/3514408660。
② 新浪微博"@无肠公子001",https://weibo.com/u/6246131513。

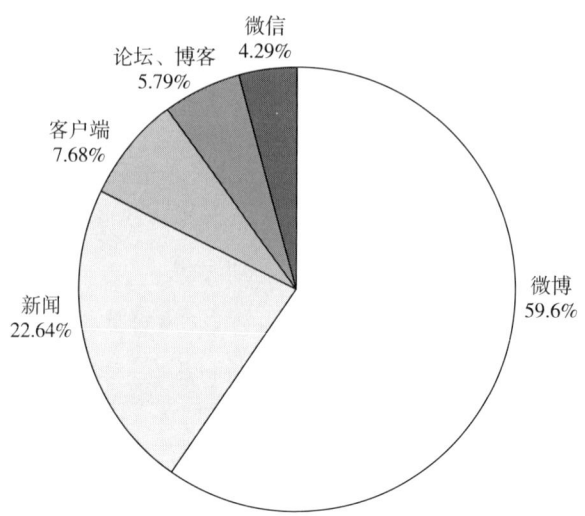

图 1　浙江湖州偷埋病死猪事件各媒体话题量占比

载。报道中提到的"已挖出上万死猪尸体，约 800 吨"① 等情况受到广泛关注。"@全民话题"发起的微话题"万头病死猪被偷埋"，当日阅读量突破 200 万次。当日下午，媒体从多个角度发出跟进报道。《北京青年报》采访了办理此案的湖州市公安、环保等部门负责人，称"3 人被刑拘""现场已挖出上百头死猪"。② 网易《知道》工作室走访大银山周边村庄，曝出当地多年遭受固废污染以及周边村民癌症多发等情况。报道中描述的"山头遍布猪骨猪毛，恶臭数公里；空气中布满黑色物质，车辆停放数小时便会沾满污浊物"③ 等细节，以及病死猪挖掘现场执法人员戴口罩掩鼻的照片等，被网民在微博、微信中大量传播。当日晚间 18 时 30 分，湖州市政府官方微博"@湖州发布"通报事件处置情况，成为媒体报道重点。新华社、澎湃新闻

---

① 《浙江大银山惊现万头病死猪已挖出 800 吨》，万家资讯网转载《财经》报道，http://365jia.cn/news/2017-09-10/DA726F92CFFAE7AE_all.html。
② 屈畅、曹慧茹：《湖州市环保局长：现场已挖出上百头死猪 3 人被刑拘》，北青网，http://news.ynet.com/2017/09/10/461962t70.html。
③ 白陵：《独家重磅！浙江湖州挖出 200 多吨病死猪》，网易《知道》工作室，2017 年 9 月 10 日。

网等媒体多进行原文转载,其中提到的"初步查明系2013年所埋""已刑拘5名犯罪嫌疑人"等情况多被设置在报道标题中。

9月11日,事件舆情热度攀至顶点,湖州市官方通报受到聚焦。当日6时,"@湖州发布"再次通报事件处置情况,针对细节性和热点性问题进行详细回应。其中的"约300吨病死猪先后6次被掩埋""未检出人畜共患病病原体""病死猪深埋点村庄癌症年发病率低于全县同期水平"等内容在新闻网站、微博、微信等媒介平台中大量传播,引发高度关注。新华社新闻客户端9时发出的转载报道,当日浏览量突破70万次。当晚18时9分,"@湖州发布"通报事件已启动追责问责程序。消息发布后10分钟即被网易等网络媒体快速传播,"启动问责程序""一查到底"等成为舆论关键词。农业部对事件的处置举措也被关注。农业部官网发布通报称,已派出督导组赶赴浙江对事件展开严查,重点就病死畜禽无害化处理查找工作漏洞。对此,中国经济网、澎湃新闻网等媒体积极转载,"农业部严查"等字样被广泛设置在报道标题中。

同时,病死猪挖掘现场的相关图片、视频消息依然备受关注,围绕"病死猪如何被偷埋",媒体给予追问。"@新京报我们视频"当日发布的挖掘现场视频,一天内点击量突破50万次。央视《新闻1+1》指出,"打着专利技术,顶着明星光环并拿着政府高额补贴的湖州市病死害动物无害化处置中心,却选择了将本应焚烧处置的部分病死猪偷偷掩埋在了大银山"。①舆论曝出的"当地村民多年来举报无果""当地有关部门曾公示否认存在病死猪偷埋问题"② 等情况也在微信中不断传播。

9月12日,事件舆情进入回落期,反思与建言成为舆论主调,"监管"成为核心议题。当日,鲜见事件相关的新发报道,仅《每日经济新闻》在

---

① 《"病死猪",到底该怎么处理?》,央视网,http://tv.cntv.cn/video/cntv/d5aa49e7811248a0bdbe64621f43efe7。
② 屈畅、曹慧茹:《中央来人"挖死猪",什么情况?》,微信公众号"政知见",2017年9月11日;西坡:《湖州曾公示否认偷埋死猪,包庇还是失职?》,新浪微博"@新京报评论",https://weibo.com/ttarticle/p/show?id=2309404150812535340566;杨耕身:《偷埋病死猪,湖州市的单曲循环:没有没有没有没有没有……》,微信公众号"耕叔勉力",2017年9月11日。

对事件的回顾性报道中采访了湖州市环保、农业等部门负责人,指出排查工作还在继续,"不排除还有其他掩埋点",并介绍了当地在"加大环保监管和随机抽查力度""监督病死动物无害化处理"等方面的强化工作。① 此外,事件相关评论性文章大量出现,《人民日报》、北京青年网等媒体通过官方网站、微博、微信等媒介平台广泛发文,讨论事件暴露出的环保监管漏洞和病死畜禽无害化处理机制等问题。

9月13日开始,事件相关的新闻报道、微博消息和微信文章等均大幅减少,舆情趋于平息(见图2)。

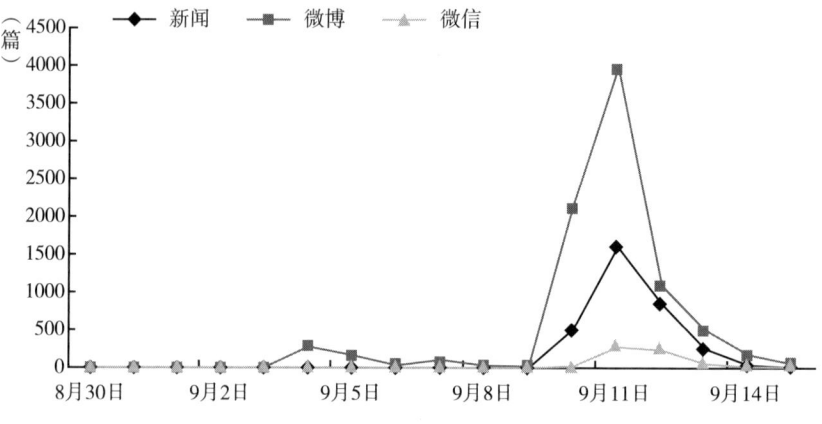

图2 浙江湖州偷埋病死猪事件舆情走势

三 舆论主要议题

(一)媒体观点

1. 反思当地环保监管失察

中国青年网刊文指出,村民4年前就已经实名举报病死猪问题,为何非

---

① 叶晓丹、沈濛:《6人因大银山病死猪掩埋事件被刑拘 湖州市:一查到底》,每经网,http://www.nbd.com.cn/articles/2017-09-12/1147031.html。

要等到中央环保督察组来了才解决？病死猪处理要远离学校、村庄和民宅，这是我国病死动物处理的基本规程，环保等专门执法部门为何对这些基础性规定"毫不知情"？① 财新网说，这次事件充分说明中央环保督察的震慑力。但环保督察不可能覆盖所有问题，最终还需要属地管理来解决。当前应该重点思考的是，如何通过环保督查推动地方环保机制的改变。②

2. 讨论病死动物无害化处理问题

微信公众号"人民日报评论"发布文章说，对于病死猪无害化处理，国家是按每头80元给予财政补贴的，但有资质的病死害动物处置公司却打着无害化处理的旗号干着非法填埋的勾当。由此可见，病死动物无害化处理补贴只是第一步，后续落实更关键，财政投入的同时，层层跟进的链式监管也要加强，严防"环保套利"。③ 央视《新闻1+1》说，我国生猪养殖规模大、数量多，在病死猪处理方面并不乐观。2013年发生黄浦江"漂死猪"事件后，在农业部的指导下病死猪无害化处理政策发生了很大改变，但光有政策完善而缺乏有力的监管执行依然不能根治问题。湖州政府部门虽然对病死猪无害化处理给予了财政补贴，但这钱最终"打了水漂"，没有真正起到作用。因此，对各地养殖场的监管还需要常态化，执法不能"一阵风"，要委托没有利害关系的第三方及时抽检。可以通过互联网技术手段，在生猪养殖、病死猪处理方面实行动物防疫和环境保护的信息化联网监管，进一步细化工作，全面真实地把握基层数据信息，对违法违规行为予以坚决追责。④ 北极星环保网说，目前我国病死动物无害化处理的市场需求旺盛，但无害化处理的监管体系和技术体系都不完善，很多开展该项业务的企业规模小、技

---

① 邓海建：《4年前的病死猪非得环保督查起底？》，中国青年网，http://pinglun.youth.cn/wztt/201709/t20170912_10696059.htm。
② 周东旭：《马军：湖州病死猪事件背后有哪些"黑洞"》，财新网，http://opinion.caixin.com/2017-09-13/101144357.html。
③ 石朗渡：《"违法埋猪"，绿色发展不能有时间差》，微信公众号"人民日报评论"，2017年9月11日。
④ 《"病死猪"，到底该怎么处理？》，央视网，http://tv.cntv.cn/video/cntv/d5aa49e7811248a0bdbe64621f43efe7。

术不成熟、不具备应对重大突发疫情的能力，病死动物无害化处理工作仍存在很多隐患。提升行业准入门槛，完善企业资质的标准制定，已成大势所趋。①

3. 建议畅通救济渠道，保障民众的知情权和监督权

《新京报》说，大银山村民多年来一直举报当地污染问题却四处碰壁，这种现象并不在少数，比污染本身还要可怕。要避免此类环境污染悲剧重演，需尽快完善相关制度，充分保障民众享受环境知情权和参与权并畅通其诉求渠道，这才是关键。法制网说，如果有关部门不能及时公布病死畜禽的相关数据，那到底有多少病死畜禽是按规范化措施进行了无害化处理，公众也就不得而知，监管也终将流于形式，还须从立法层面保障民众对病死畜禽处理的知情权。②

（二）网民观点摘要

1. 网民评论高频词分析

通过抽取@头条新闻、@中国新闻网、@辽沈晚报、@新京报、@人民网、@澎湃新闻、@网易新闻等7家媒体官微300条网民评论进行关键词词频分析，可以看出，网民的主要聚焦点是"湖州""处理""病死猪"造成的"污染"；"政府""不作为""严查""严惩"等关键词大致可表达出网民质疑此次事件中政府监管不到位，希望严查涉事主体；此外，从"企业""市场""良心"等关键词可以看出，网民对依靠市场进行病死猪无害化处理存疑（见图3）。

2. 网民观点分析

（1）批评当地政府部门不作为（29.83%）（见图4）

针对事件曝出的"村民多年举报无果""病死猪系2013年所埋"等情

---

① 《湖州病死猪事件思考：无害化处理需尽快告别"野蛮生长"》，北极星环保网，http://huanbao.bjx.com.cn/news/20170920/851217.shtml。
② 朱琳：《如何避免下一次"偷埋病死猪"》，法制网，http://www.legaldaily.cn/index/content/2017-09/19/content_7321902.htm?node=20908。

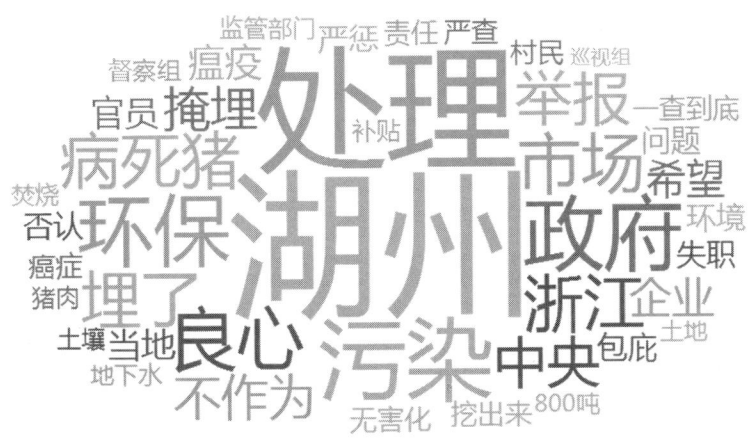

图 3　浙江湖州偷埋病死猪事件网民评论高频词

况，29.83%的网民直指湖州市当地有关部门不作为，并认为其中存在包庇、腐败问题。有网民问，这么多病死猪埋地下好几年，当初不会是小动静，咋到现在才发现？有网民问，村民举报多年无果，省市相关部门检测多次都声称结果合格，这后面究竟有多少利益关联？不是这次中央巡视组，这样的事情还要瞒下去多少年？还有网民说，污染环境的违法犯罪一定不能姑息，不管包庇还是失职，都该严惩。

（2）提出事件处置建议，相信政府部门能妥善解决（22.04%）

22.04%的网民针对事件反映出的相关问题积极提出处置建议，对湖州市政府的问责态度予以肯定。有网民认为，现阶段环境污染量刑过轻，违法成本低，形不成威慑，今后要加强环境污染罪处罚力度，对于环境的修复要有连带赔偿责任。企业生产经营活动对环境有影响的，必须分门别类进行备案管理，终身制监管，利用科技手段解决监督不力、监督人手不够等问题。有网民建议，政府应设立死畜火葬场，低廉收费或不收费。还有网民说，还是选择相信湖州市政府严肃处理的态度和决心，亡羊补牢为时不晚，希望后续处置工作及时跟进。

（3）关注事件对生态环境和村民健康造成的影响（13.56%）

13.56%的网民关注事件可能对周边生态环境和村民身体健康造成的

影响。有网民说，这么大规模的病死猪直接掩埋，对环境和地下水造成的影响细思极恐。有网民说，病死猪不处理就填埋污染土壤和水源，如此大规模的有害物质堆积，只依靠漫长的自然代谢，恐怕要祸害好几代人。

（4）怒怼"偷埋病死猪企业有良心"言论（9.83%）

部分网民在跟帖评论中认为偷埋病死猪的企业没把病死猪送到市场，是"有良心的"。上述言论引发网民怒怼。有网民说，他们拿着政府焚烧的钱却不作为，把这么多病死猪埋入地下，污染多少水源土地，影响周边多少村民生活，这就是你们说的良心吗！现在人的底线都怎么了，什么东西只要不吃进嘴里就是道德？还有网民说，给他钱对病死猪进行无公害处理，却直接埋了贪钱，这样本是犯错，何必拿更恶劣的售卖对比。

（5）希望对病死畜禽无害化处理进行科普（9.49%）

9.49%的网民对病死猪无害化处理不了解，出现了"病死猪不就是要埋掉吗""为什么要挖出来""死猪究竟应该如何解决"等评论。有网民表示，正常情况下，病死的家畜家禽该如何处理？有没有处理规范？希望媒体报道这类事件时，对大家进行一下科普。

（6）认为事件影响湖州形象（8.81%）

8.81%的网民认为此事给湖州形象造成负面影响。有网民说，我们湖州青山绿水的招牌，让这颗"老鼠屎"给砸了。还有网民说，湖州竟然以这样一种方式上了热搜，作为湖州人感觉心痛。

（7）其他（6.44%）

有网民直指涉事不法企业是"无良奸商"，称他们拿了政府处理死猪的补贴，却不按正规程序处理，"不干人事"。有网民针对此次事件官方通报中提到的"病死猪系2013年所埋"，联系2013年发生的黄浦江漂浮死猪事件，猜测二者是否存在关联。还有网民质疑官方通报的病死猪偷埋时间，称如果是2013年埋的，现在挖出来为何还会有腐烂尸首，都埋四年了还没分解完吗？

浙江湖州偷埋病死猪事件的舆情分析

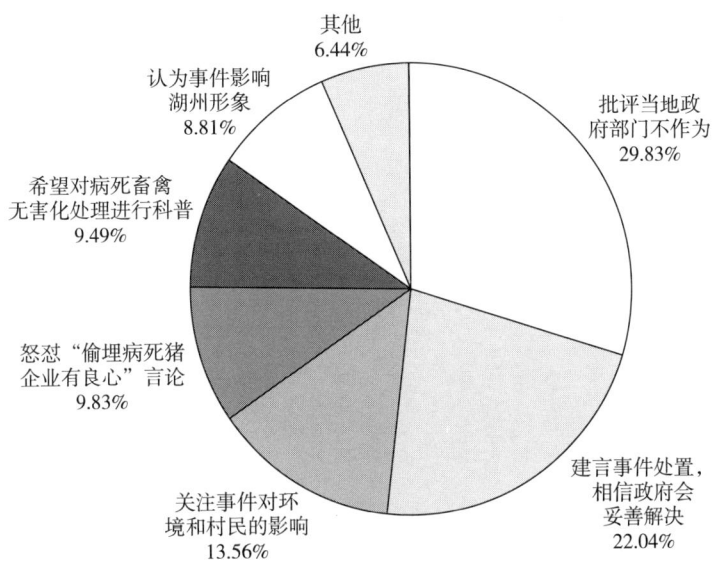

图4 浙江湖州偷埋病死猪事件网民观点分布（抽样300条）

四 事件启示

从传播角度看，"数百吨病死猪偷埋深山"是事件舆情的燃点，"村民长达4年举报无果"是舆情升温的沸点。中央部门的介入调查，成为舆论情绪宣泄的突破口。湖州市有关部门长达4年的"不知情"以及事件曝出3天前仍在公示中对举报材料予以否认，这一切在中央环保督察组介入后出现戏剧性反转，也给舆论提供了不断追问的动力。从舆情处置角度看，事件曝出时中央环保督察组已介入处理，农业部及湖州市政府部门迅速做出回应，一系列处置措施为舆情态势的平稳可控提供了有效保障。尽管湖州市已做出"一查到底"的表态，但事件凸显的当地有关部门监管失察、不作为等问题，已影响了湖州官方的公信力。挽回民意，还须从此案失察之责入手，严厉问责不能"高高举起轻轻放下"，并切实畅通民众利益表达和举报渠道。同时，针对网民不清楚病死猪该如何无害化处理等疑问，有关部门应做好科普宣传工作，增强公众对相关专业问题的认知度。

参考文献

于平：《保障民众监督权"病死猪"才能无害》，《新京报》2017年9月11日。

B.12
江西九江镉污染大米事件的舆情分析

马妍 刘文硕*

摘 要： 2017年11月上旬，环保志愿者在微信平台爆料，江西省九江市柴桑区港口街镇出现"镉大米"。该事件迅速引发舆论高度关注，当地环保部门先后两次做出回应，未能平息舆情。11月下旬，九江市通报事件处理情况后，舆情趋于平息。舆论对当地污染治理"以钱代治"、环保监管失察懒政等提出质疑，认为有关部门"渎职""不作为"。舆论认为，当地需从根源出发，调整经济结构、促进产业转型，根除土壤污染痼疾。

关键词： 土壤污染 重金属污染 耕地保护

一 事件经过

2017年11月6日，微信公众号"阻镉行动"（后更名为"自然田NatureFields"）发布文章《临近稻谷收割期，江西九江出现"镉大米"》称，"中国无毒地"志愿者对江西九江市九江县（2017年8月21日起九江县改名为柴桑区）港口街镇两个村庄的稻谷、农田土壤及灌溉水源取样送检，结果显示均存在不同程度的重金属镉超标，污染源来自九江矿冶有限公

---

* 马妍，麦之云（北京）信息咨询有限公司舆情分析师；刘文硕，麦之云（北京）信息咨询有限公司舆情分析师。

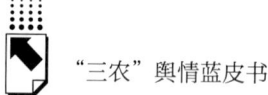

司丁家山金铜硫矿。① 文章指出，10月31日，"中国无毒地"志愿者已经向九江市、柴桑区两级环保和农业部门举报港口街镇存在的"镉大米"问题，却未得到反馈。

11月8日，微信公众号"阻镉行动"发布文章《江西九江回应"镉大米"：正积极向上争取资金支持》称，11月6日晚9点，"中国无毒地"志愿者收到九江市柴桑区环保局针对"镉大米"举报的非正式回应。文章还对柴桑区政府有关做法提出了质疑。

11月10日，柴桑区环保局通过柴桑区委宣传部官方微博"@柴桑区发布"做出回应称，九江矿冶有限公司丁家山金铜硫矿因早期粗放式开采对周边环境造成了污染，该公司已于8月30日被责令停产整改，受污染土地按照600元/亩的标准予以补偿。②

11月14日，柴桑区环保局通过"@柴桑区发布"再次通报事件处置进展称，已对九江矿冶有限公司启动永久性闭矿，并按照国家统一的粮食收购价格，对疑似污染的75206斤稻谷全部收存，待检验结果确认后对确属污染的稻谷集中进行无害化处理。③

11月24日，中国江西网报道称，柴桑区纪委已对事件相关的11名责任人启动问责程序，污染粮食管控以及污染土壤修复等后续工作也已展开。④

二 事件舆情走势

监测数据显示，自2017年11月6日至11月30日，江西九江镉污染大

---

① 《临近稻谷收割期，江西九江出现"镉大米"》，微信公众号"阻镉行动"，2017年11月6日。
② 中共九江市柴桑区委宣传部官方微博"@柴桑区发布"，https://weibo.com/jjxwxb?refer_flag=1001030101。
③ 中共九江市柴桑区委宣传部官方微博"@柴桑区发布"，https://weibo.com/jjxwxb?refer_flag=1001030101。
④ 欧阳兴：《九江：市区两级已对"镉大米"事件相关责任人启动问责程序》，中国江西网，http://jj.jxnews.com.cn/system/2017/11/24/016590957.shtml。

米事件舆情总量为4555篇,其中,新闻和微博舆情量占七成以上。相关新闻报道1600篇,占舆情总量的35.13%;微博1596条,占35.04%;微信793篇,占17.41%;新闻客户端325篇,占7.13%;论坛、博客241篇,占5.29%(见图1)。

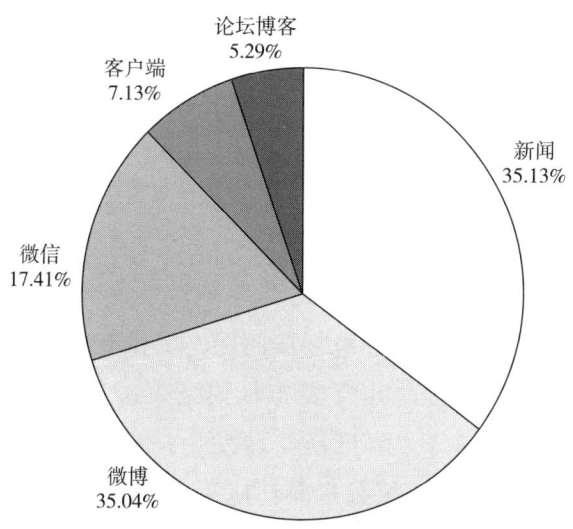

图1 江西九江镉污染大米事件各媒体话题量占比

11月6～10日,事件舆情处于发酵期,微信公众号"阻镉行动"成为推动事件进展的主力。11月6日,微信公众号"阻镉行动"发文《临近稻谷收割期,江西九江出现"镉大米"》对事件进行首曝。11月8日,该公众号再次发文《江西九江回应"镉大米":正积极向上争取资金支持》,公布了九江市柴桑区环保局针对其6日文章的非正式回应。从传播情况看,上述两篇文章没有引起过高关注。11月10日18时,柴桑区环保局做出回应后,舆情热度呈现上扬态势。

11月11日,新闻媒体纷纷介入报道,事件热度快速走高,微博舆情量达到顶点。志愿者曝料和当地官方回应是舆论关注的两条主线。"江西九江被指出现镉大米 官方集中收存送检""江西九江被指出现镉大米官方已介入调查"被设置为主要标题。媒体通过跟进调查曝出更多事件相关情况。澎湃新闻网采访镇政府负责人称,划入矿区污染范围的土地900余亩,补偿协议中明确指出不得在污染土壤中种植农作物,但仍有约73亩重新种了庄稼,种出来的粮食大多被农民吃了,未流入市场。①微信公众号"深一度"采访港口镇丁家山村粮贩黄某某称,其自2015年已发现当地大米镉含量超标,当地环保局表示"不能证明是矿山污染造成的镉超标",黄某某曾向多个部门追问镉超标原因,但最终不了了之。②新闻媒体对事件的综合性报道引发网民讨论。@澎湃新闻、@财经网、@新京报等相关微博中,网民跟帖评论较为集中,单条微博最高评论量达500余条。

11月12日,由于官方回应已对当地镉污染大米情况展开调查,舆论关注点从"镉大米"转至环境污染问题,媒体新闻报道量达到峰值。中央人民广播电台"中国之声"发布秒拍视频《江西九江种出"毒大米"农田成了排污渠道》,腾讯新闻转发后,观看量一天内突破7万次。③光明网也将"镉米"根源指向环境污染,提醒重视生态修复的紧迫性。

11月13～16日,事件关注热度明显下降,当地官方的再次回应引发一波舆情起伏。11月13日,部分新闻媒体从彻查污染源、及时发布大米检测结论等角度展开评论,各媒体平台的舆情量均有大幅下降。11月14日,柴桑区环保局再次通报事件处置进展,其中的"九江矿冶有限公司启动永久性闭矿""全部收存疑似污染稻谷75206斤"等情况受到重点关注,也引发了随后两日媒体新闻量和微信量的小幅上涨。但在微博平台,网民对官方回应没有过高反映,舆情热度持续走低。

---

① 张蓓:《江西九江港口镇被指出现超标"镉大米",官方:集中收存送检》,澎湃新闻网,http://www.thepaper.cn/newsDetail_forward_1859788。
② 《大米重金属污染?江西九江收存6万斤新谷抽样送检》,网易转载微信公众号"深一度"报道,http://news.163.com/17/1111/20/D303TJ6B0001899N.html。
③ 《江西九江种出"毒大米"农田成了排污渠道》,秒拍网,http://www.miaopai.com/show/WGe1WTc9GseplqAghm～T5AAb4H8AU8bpUYdzEA_ _.htm。

11月17～23日,各媒体平台表面上杂音渐消,事件舆情进入长达一周的"休眠期"。

11月24～26日,媒体调查和官方通报叠加,监管问题成为关注焦点,事件舆情再次震荡。11月24日,《新京报》、中国青年报评论部微信公众号"海运仓内参"分别刊发报道《谁"染"出了山村镉米 九江一矿山污染多年,有村民曾经举报未果》《媒体:志愿者在江西检出"镉大米",村民为何举报两年无结果》,地方部门在环境污染治理、"镉大米"检测等方面的监管失察成为关注焦点。新浪网转发《新京报》报道后,网民参与评论量近万次。中国江西网当日晚间发文报道了九江市有关部门对涉事相关责任人的处分问责,以及当地2例疑似镉中毒的通报。① 网易网以《江西对"镉大米"事件问责 2例疑似镉中毒与镉无关》为题转载,1万余网民参与跟帖评论。

11月27日开始,舆情热度趋于平息(见图2)。

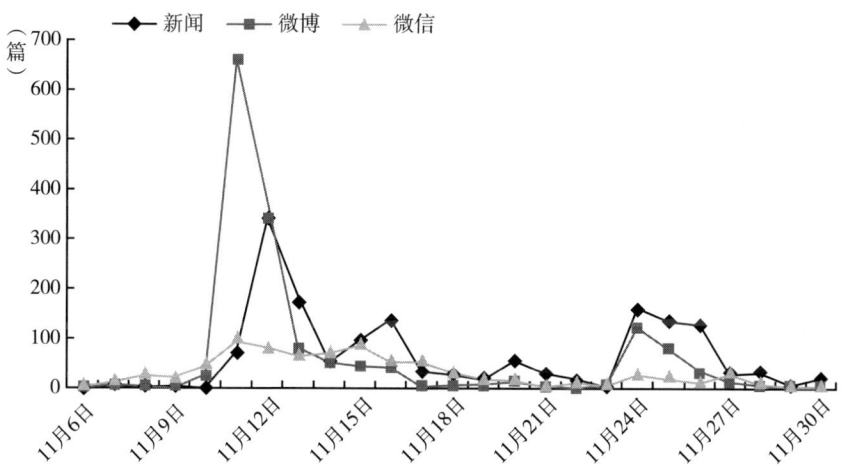

图2 江西九江镉污染大米事件舆情走势

---

① 欧阳兴:《九江:市区两级已对"镉大米"事件相关责任人启动问责程序》,中国江西网,http://jj.jxnews.com.cn/system/2017/11/24/016590957.shtml。

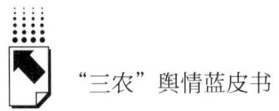
"三农"舆情蓝皮书

三 舆论主要议题

(一) 媒体观点摘要

1. 质疑当地污染治理中的"以钱代治"

《检察日报》说,当地受矿区污染近30年,却一直以钱代治的处理方式让人感到诧异。每亩600元补偿有多少被用在修复土壤和水源上?如果土壤没有修复,那么产出的受污染大米恐怕就不只是被志愿者曝光的这一批,相关部门需要仔细调查和认真反思。河北新闻网说,从当地政府部门通报可以看出,污染早已存在,且从时间上看,污染企业对农户是连年持续补偿的。问题的关键在于每年每亩600元补偿更像是排污合法化的"合同",可以让排污企业我行我素。从当地实际情况看,镉污染一直存在且不断加重,这600元补偿显然并没有"买断"镉污染。①

2. 批评监管中存在的懒政行为

针对事件曝出的"有粮农自2015年开始向有关部门反映当地大米镉含量超标,但最终不了了之"的情况,微信公众号"海运仓内参"认为,这是毫无疑问的懒政,如果当时就有所警惕,积极排查,镉米问题不至于拖到今天,且还是志愿者曝光后解决。各地相关部门要从中吸取教训,切实守护好百姓的食品安全。②《新京报》说,政府部门对工矿园区附近的土壤污染问题,长期不能确认其因果关系,这样的举证难并非个案。真正的问题在于,农民是工业污染的受害者,却为何要承担举证义务?如果地方政府不认为被投诉的企业应承担污染责任,也要由当地环保部门负责找出真正的污染

---

① 《李振忠:600元能否买断"镉大米"?》,河北新闻网,http://comment.hebnews.cn/2017-11/14/content_6679914.htm。
② 《媒体:志愿者在江西检出"镉大米",村民为何举报两年无结果》,澎湃新闻网转载微信公众号"海内仓内参"信息,http://www.thepaper.cn/newsDetail_forward_1878628。

源头，否则难逃失职渎职的问责与拷问。①

3. 事件凸显生态修复与经济发展转型的紧迫感

光明网说，此事凸显了妥善处理历史遗留性污染问题的紧迫性。加快修复整治污染土地是破解"镉大米"等问题的釜底抽薪之举。环境风险对人身安全造成的伤害亟待重视，亟须对过去粗放式经济发展进行纠偏，不容任何拖延与怠慢。② 微信公众号"力量时评"说，一些地方GDP增长的同时也伴随着污染的增长。九江"镉大米"事件暴露出的监管漏洞固然可怕，但大米种植的土壤源头污染问题更令人心惊。当地还须深挖经济结构、产业转型等深层原因，彻底为土壤污染刮骨疗毒。③

4. 建言污染治理和耕地修复

《新京报》说，禁止在受污染土地上继续耕作是阻断"镉大米"的关键。一方面要参考退耕还林等政策规定，对禁耕农民给予合理补偿。另一方面还要彻底查清耕地污染情况，为下一步治理提供详细精准的数据支撑。此外，还要从健全法律体系、完善土壤环境质量标准、加强土壤环境监管等方面积极发力。《中国青年报》说，土壤污染修复技术复杂，需要投入巨额资金，是世界性难题。针对土壤污染问题，我国原则是"谁污染谁治理"。从实际情况看，农民多为耕地污染的第一受害主体，但大多无力追责，这就需要政府部门畅通救济渠道，及时介入支援。

（二）网民观点

1. 网民评论高频词分析

通过抽取新浪网、网易网和凤凰网3家媒体的网民跟帖评论以及@澎湃新闻、@中国青年报2家媒体官微共300条网民评论进行关键词词频分析，

---

① 西坡：《"镉米"的举证义务不在农民，而在政府 | 新京报快评》，新京报网，http://www.bjnews.com.cn/opinion/2017/11/24/465672.html。
② 《镉大米再现，生态修复需有紧迫感》，光明网，http://guancha.gmw.cn/2017-11/11/content_26758768.htm。
③ 马进彪：《九江"镉大米"：有毒大米可怕，有毒观念更可怕》，微信公众号"力量时评"，2017年11月12日。

可以看出,"污染""大米""江西""重金属"等关键词词频较高;网民针对该事件中政府相关部门的监管进行评论,形成了"环保局""环保部门""渎职""不作为"等关键词;还有网民由此提到湖南也存在重金属污染大米的情况(见图3)。

图3　江西九江镉污染大米事件网民评论高频词

2. 网民观点分析

(1)呼吁严查污染源头,严厉追究有关部门责任(27.04%)(见图4)

27.04%的网民呼吁严查污染源、严肃问责。有网民说,处理大米是果,大米如何被污染才是因,因不解决,来年还是果。有网民说,事关重大粮食安全,必须严查镉大米污染源头,严惩污染行为,让这些没有良知的企业倾家荡产,还要抓住污染背后的"保护伞",并对有关部门的渎职失职行为严肃问责。

(2)关注镉污染大米流向,担忧食用安全(24.82%)

24.82%的网民关注事件曝出的镉污染大米是否流向餐桌,并对当地大米的食用安全表示担忧,出现了"这些米有多少已经流向市场""江西的米还能不能再吃了"等发问。有网民说,这些大米产地、镉超标数量、销售地点、包装名称,这些信息都是必须要通报的。有网民说,又出现"镉大米",我们离"痛痛病"还有多远?还有网民说,大米是人们的主粮,大米重金属超标的事一定要重视。

(3) 批评当地有关部门监管不力(23.7%)

23.7%的网民直指当地有关部门监管失察。有网民说,又是环保志愿者首先揭露的,矿区周边那么大的污水坑,就不信没人看见,该管的人干吗去了。还有网民说,这样的污染肯定存在很长时间,为什么现在才调查,"绿水青山就是金山银山",需要的是实际行动。

(4) 对环境污染表示痛心,"先污染后治理"必须转变(14.81%)

14.81%的网民对涉事周边村庄遭受的环境污染表示痛心,呼吁不要重蹈"先污染后治理"的覆辙。有网民说,这样的事件已经不止一例了,"污染了再治理"是目光短浅,"赔钱了事"是无耻,不要青山绿水只要钱,这样的发展有意义吗?还有网民说,土壤污染很快,修复却是个漫长过程。

(5) 关注当地农民生计问题(6.67%)

6.67%的网民关注当地农民土地被污染后的生活保障问题。有网民说,该矿山对区域内受污染土地从2008年开始按每年600元/亩标准给予补偿并

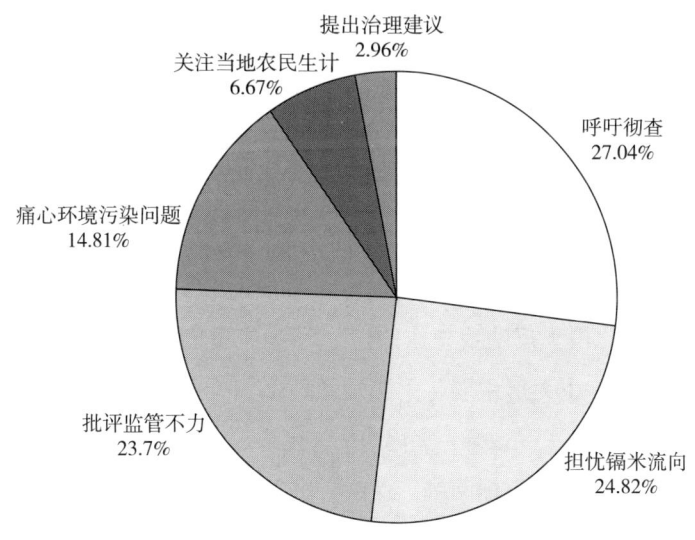

图4 江西九江镉污染大米事件网民观点分布(抽样300条)

延续至今，现在恐怕低了一点。有网民说，土地是农民赖以生存的根本，良田被污染，这里的农民以后怎么办？还有网民说，镉污染很严重，当地要正视这个问题，应该对矿区周边污染的村庄进行集体迁移。

（6）提出污染治理建议（2.96%）

2.96%的网民对污染治理问题积极建言。有网民说，从粮食安全角度，国家应该在污染严重地区设置禁耕区，禁止种植粮食作物，通过种植超富集植物来净化土壤。有网民说，需要更严格的制度抑制污染排放，降低减少污染源，才是根本。还有网民说，把已经产出的镉大米制成酒精燃料，既可以减少农民损失，也可以防止流向餐桌。

四 事件启示

1. 事件曝出相关部门反应迟滞、监管缺位，应对失措影响后续处置效果

分析该事件的舆情脉络，其高峰出现在11月11日，即柴桑区相关部门做出回应后的第二天。从11月6日事件首曝到11月11日出现关注高峰，中间隔了6天。从舆情处置时效来看，相关部门虽然做出正面回应，但由于事件舆情已得到充分发酵，相关回应在时间上"姗姗来迟"、在内容上"蜻蜓点水"，未能解答舆论一系列质疑，反而加深了舆论对相关部门"失职、缺位"的刻板印象，招致舆论关注热度进一步走高。从传播情况看，相关部门回应后，事件舆论场呈现二元对立状态，官方回应称"事件正在处置"，而舆论称"事件仍存疑问"。总体来看，在该事件中，当地矿区已经造成的污染是不争的事实，而"村民多年举报无果""不能证明是矿山污染造成的镉超标""没人反映我怎么知道"等接连曝出的话题点，进一步增加了对监管的追问，也无形中弱化了当地政府部门处置事件的舆论认可效果。

2. 同类个案引发关联效果，警惕舆情长尾效应

环境污染致大米镉超标问题，此事并非第一起。由于关系粮食安全和食品安全，舆论一直对"镉大米"保持敏感情绪，易引发关联舆情。江西九江镉污染大米事件曝出后仅6天，湖南衡东也曝出相同事件。事件中还快速

衍生出"镉污染早已不是秘密""志愿者被斥不知天高地厚"等热点议题。上述事件中,"镉大米"处于舆情风口,其中环境污染、监管检测、农民生计、食品安全等话题嵌套重叠,极易触发关联舆情、引发连锁反应,从而使事件获得更为持久的关注度,并在下一个可能发生的关联事件中被"旧事重提",从而由"偶发个案"变为"反面范例"。从各媒体平台的舆论声量看,江西九江镉污染大米事件在2017年11月末已趋于平息,但零星舆情仍时有出现。截至2018年3月,"自然田NatureFields""零距离污染特攻队"等环保组织微信公众号还在持续关注该事件,组织召开江西九江镉大米研讨会、曝出当地村民尿镉数据整体偏高等。相关部门需铁腕治理污染问题,还百姓健康清洁的生活环境。

参考文献

王心禾:《疑似污染大米事件应尽快有个交代》,《检察日报》2017年11月13日。
姚遥:《阻断镉大米,禁止污染地耕作是关键》,《新京报》2017年11月14日。
章正:《江西九江:矿企环评承诺"零排放"周边土地缘何被污染》,《北京青年报》2017年12月14日。

B.13
欧洲氟虫腈污染鸡蛋事件的舆情分析

叶 庆 张伟利*

摘 要： 2017年7月下旬开始，荷兰、德国、比利时等欧洲多国相继在鸡蛋中检出杀虫剂氟虫腈。随后，此事逐渐演化成一场席卷全球的食品安全危机，波及45个国家和地区的鸡蛋或蛋制品，其中包括我国香港和台湾。由于欧盟新鲜禽蛋及产品尚未获准进入中国大陆市场，国内蛋鸡养殖、鸡肉安全未受影响。在经历了持续一个多月的舆情震荡后，该事件舆情自9月中旬趋于平息。事件引发舆论对欧洲食品安全监管机制的广泛关注，并对我国蛋禽养殖和监管建言献策。

关键词： 氟虫腈 鸡蛋 食品安全 监管机制

一 事件经过

2017年7月20日开始，欧盟食品和饲料快速预警系统陆续收到比利时、荷兰、德国的报告，称在鸡蛋中检出杀虫剂氟虫腈。经查，荷兰一家名为"鸡之友"的农场杀虫服务公司被确认是氟虫腈的污染源头，该公司客户涵盖了荷兰、法国、英国、德国等国。[①] 8月初开始，德国、

---

* 叶庆，麦之云（北京）信息咨询有限公司经理，主要研究方向为网络舆情；张伟利，麦之云（北京）信息咨询有限公司舆情分析师，主要研究方向为网络舆情。
① 刘芳：《荷兰调查"毒鸡蛋"147家农场关停》，新华社海牙，http://www.xinhuanet.com/world/2017-08/04/c_1121428957.htm；潘革平：《比利时将彻查"毒鸡蛋"事件》，新华社布鲁塞尔，http://www.xinhuanet.com/world/2017-08/07/c_1121445746.htm。

荷兰等欧洲多国持续针对"氟虫腈污染鸡蛋"发布检测通报和处置举措。从通报情况看，事件波及范围不断扩大，影响呈现蔓延态势。8月11日，欧盟委员会发言人称，"氟虫腈污染鸡蛋"已流入中国香港地区和欧洲16国。①

8月中旬开始，韩国、中国台湾地区也相继曝出"氟虫腈污染鸡蛋"问题。14日，韩国证实该国南杨州市一家农场所产的鸡蛋中查出氟虫腈，至22日，韩国共有52家农场的鸡蛋检出氟虫腈。② 21日，台湾地区通报彰化县3个蛋鸡场检出芬普尼超标（氟虫腈Fipronil，台湾译为芬普尼）。③ 29日，台湾共计有45家蛋鸡场的155万颗鸡蛋被检出氟虫腈，另外还有300多万颗问题鸡蛋已被吃下肚。④

9月，氟虫腈污染鸡蛋问题仍在扩散。5日，欧盟有关方面公布，已有45个国家卷入事件，其中包括欧盟26国及美国、俄罗斯、南非、土耳其等国。26日，欧盟委员会和欧盟成员国就此事召开会议，并达成19项共识。

对此事件，我国政府高度重视，积极回应舆论关切并加强监管保障工作。8月6日，国家质检总局官网发布消息，称欧盟鸡蛋未获得我国的准入资格，呼吁消费者不必担心。⑤ 8月17日，农业部在新闻发布会上就欧洲"毒鸡蛋"相关问题答记者问，称欧洲鸡蛋尚未获准进入中国大陆市场。8月22~23日，农业部连续发布通知，对农药使用、畜禽养殖等加强监管部署。

---

① 殷夏：《欧盟称"毒鸡蛋"流入中国香港和欧洲16国》，新华社布鲁塞尔，http://www.xinhuanet.com/world/2017-08/11/c_1121471145.htm。
② 《韩查出毒鸡蛋养殖场增至52处》，联合早报网，http://www.zaobao.com/realtime/world/story20170821-788900。
③ 《台湾彰化3个养鸡场检出鸡蛋含农药芬普尼》，央视新闻，http://m.news.cctv.com/2017/08/22/ARTIRcNkntj4iLSnwjiKhyJx170822.shtml。
④ 《台6万颗问题蛋流向不明不合格蛋鸡场增为45家》，中国新闻网转载台湾联合新闻网消息，http://www.chinanews.com/tw/2017/08-30/8317727.shtml。
⑤ 《荷兰鸡蛋尚未获准入，消费者不必为欧洲"毒鸡蛋"事件担心》，国家质检总局网站，http://www.aqsiq.gov.cn/zjxw/zjxw/zjftpxw/201708/t20170806_494927.htm。

二 事件舆情走势

据监测，自2017年8月1日0时至9月16日16时，欧洲"氟虫腈污染鸡蛋"事件的舆情总量达74563篇。其中，新闻媒体是事件的传播主力，共发布相关报道30268篇，占舆情总量的40.59%；新浪微博21638条，占29.02%，微信14939篇，占20.04%；新闻客户端4112篇，占5.51%；论坛、博客3606篇，占4.84%（见图1）。

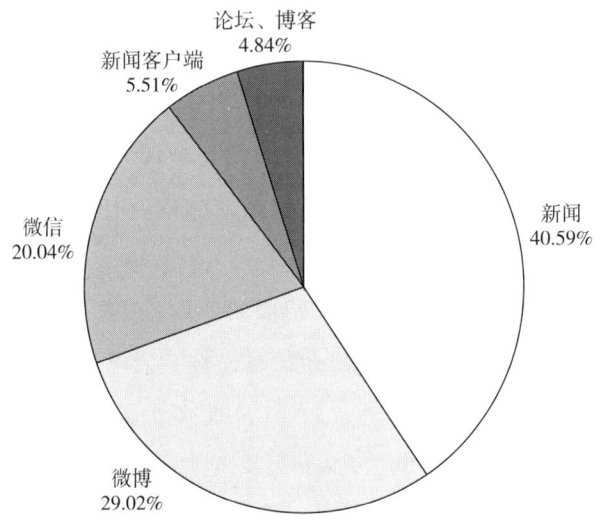

图1 欧洲氟虫腈污染鸡蛋事件各媒体话题量占比

事件在8～9月一直受到广泛关注，特别是8月上中旬，事件舆情持续处于高热状态，新生话题不断，出现多次震荡。8月下旬开始，事件关注热度逐步下降。进入9月，舆情走势趋于平缓。总体来看，事件传播经历了三个阶段。

第一个阶段是8月1～11日，比利时、荷兰、德国等欧洲多国鸡蛋遭氟虫腈污染情况被重点关注。从信息源头看，相关消息首先经微信曝出。1日，"华侨新天地""道德经"等微信公众号对荷兰、德国等国有关部门对该国鸡蛋检测情况的通报进行了转述,"毒鸡蛋""惊现"等字样被设置在文章标题中。2日,新闻媒体参与报道,首先发布报道的是海外网。该网重点介绍了荷兰、德国等国家的检测处置情况,并对"氟虫腈"进行了科普,但消息仍是对微信公众号"一网荷兰"所发消息的转载。3日,相关消息在微博中零星出现,但内容依然是网民对微信相关消息的转述。4日,新华社发自柏林、海牙的两篇报道《德国"毒鸡蛋"食品安全事件已波及12个州》《荷兰调查"毒鸡蛋"147家农场关停》,成为推动事件舆情热度上升的重要信源。上述报道随后在微博、微信中广泛转载,当日事件的舆情总量出现明显上涨。自此,欧洲"氟虫腈污染鸡蛋事件"成为全媒体关注话题。随着欧洲多国对鸡蛋检测情况的持续通报,舆情热度自7日开始持续走高。欧洲鸡蛋遭氟虫腈污染情况呈现蔓延态势,"荷兰30万只鸡被扑杀"[①]"70万颗遭污染的荷兰毒鸡蛋流入英国,被做成加工食品"[②]"数百万只含氟虫腈的鸡蛋在德国、荷兰和比利时下架"[③]等消息被大量传播。同时,相关国家"通报迟滞""互相推诿"等也引起舆论注意,"荷兰去年11月就发现鸡蛋含有可能有害的杀虫剂"[④]"比利时早在6月初就发现从荷兰进口的鸡蛋中含有氟虫腈"[⑤]等消息的出现,使得"'毒鸡蛋'大闹欧洲""'毒鸡蛋'丑闻愈演愈烈"成为舆论热议话题。11日,欧洲多国对该起事件的处置举措被集中关注,如"荷兰逮捕杀虫服务供应商公司的两名负责人""比利时决定成立特别工作组应对危机"[⑥]等。其中,欧盟委员会发言人当日通

[①] 《"毒鸡蛋"流入英法荷兰扑杀"问题鸡"》,新华社新媒体专线,http://xinhua-rss.zhongguowangshi.com/233/6611638861836070351/2153725.html。

[②] 《欧洲各国"毒鸡蛋"肆虐 70万颗流入英国百姓家》,海外网,http://news.haiwainet.cn/n/2017/0810/c3541093-31063818.html。

[③] 《欧盟:英国等四国受"毒鸡蛋"事件波及》,央视财经,http://tv.cctv.com/2017/08/08/VIDE97tq8tqg41y3bhUuLKYP170808.shtml。

[④] 《比利时农业部长:荷兰去年底就发现鸡蛋含杀虫剂》,中国新闻网,http://www.chinanews.com/gj/2017/08-10/8300864.shtml。

[⑤] 《"毒鸡蛋"在欧洲扩散 比利时或因知情不报遭欧盟起诉》,央视新闻,http://news.cctv.com/2017/08/09/ARTIuYW69xSokHjHfe5hEpPs170809.shtml。

[⑥] 《荷兰逮捕"毒鸡蛋"涉案公司负责人》,新华,http://www.xinhuanet.com/2017-08/10/c_1121465404.htm。

报的"将召开欧盟成员国部长紧急会议""受氟虫腈污染的鸡蛋流入中国香港和欧洲16国"①等情况成为关注焦点，推动当日舆情量大幅上涨，新闻报道量达到峰值。

第二个阶段是8月12~17日，舆论视角转向欧洲氟虫腈污染鸡蛋对亚洲国家的影响，我国鸡蛋食用安全受到关注。12日，欧盟委员会发言人11日通报的"受氟虫腈污染的鸡蛋流入中国香港"成为舆情燃点。香港特区政府做出的处置回应也被广泛报道。网民在微博中对上述消息进行大量转发评论，推动当日微博舆情热度攀至峰值。随后，"韩国在本土养鸡场内检测出氟虫腈"②的相关消息也被高度关注。舆论视角开始转向我国鸡蛋的食用安全，部分网民表达了担忧情绪。但从舆情走势看，并未推动事件热度上涨。12~16日，事件舆情整体呈现下降态势。原因在于事件曝出伊始，国家质检总局即通过官方网站做出了"欧盟鸡蛋未获得我国准入资格"③的回应。对此，《新华每日电讯》、澎湃新闻网等媒体在对事件进展情况汇总报道中进行了多次重申和强调，为舆情减震营造了良好氛围。另外，欧洲方面对氟虫腈污染鸡蛋的最新处置动态仍不断出现，一定程度上也分散了舆论注意力。17日，农业部举行"推进质量兴农，确保农产品消费安全"新闻发布会，正面回应了这一事件，受到媒体集中关注，"农业部：欧洲'毒鸡蛋'未进入中国内地市场"成为主要标题设置，也成为舆论广泛共识，当日舆情出现次高峰。

第三个阶段是8月18~31日，舆情热度明显下降，韩国、中国台湾地区氟虫腈鸡蛋检测处置情况是关注重点，农业部等相关部门在蛋禽养殖质量安全方面发布的监管举措也起到了舆情助推作用。18~23日，韩国和中国台湾地区通报的问题鸡蛋情况交织出现。其中，韩国政府部门接连通报了"49家

---

① 《欧盟称"毒鸡蛋"流入中国香港和欧洲16国》，新华网，http://www.xinhuanet.com/world/2017-08/11/c_1121471145.htm。
② 《韩国也陷"毒鸡蛋"风波 本土产鸡蛋中检测出杀虫剂氟虫腈》，人民网，http://korea.people.com.cn/n1/2017/0815/c407864-29471802.html。
③ 《荷兰鸡蛋尚未获准入，消费者不必为欧洲"毒鸡蛋"事件担心》，国家质检总局网站，http://www.aqsiq.gov.cn/zjxw/zjxw/zjftpxw/201708/t20170806_494927.htm。

农场所产鸡蛋的杀虫剂成分超标"①"因检查项目遗漏，再检验新增三家农场的鸡蛋发现杀虫剂超标"等相关问题，引发舆论持续关注。台湾地区有关部门通报的"彰化县3个养鸡场检出芬普尼，最高超标30.6倍"②也被广泛转载。24日开始，韩国问题鸡蛋相关舆情渐趋平息。中国台湾地区氟虫腈鸡蛋相关舆情持续发酵，"台湾蛋鸡场采检不合格增为45场"③"已有300多万颗蛋被吃下肚"等消息广受关注，"风波扩大"成为舆论的主要评价词。此外，8月22～23日，我国农业部接连部署农药市场监管和畜禽养殖质量安全管理。30日，中国国家认证认可监督管理委员会要求制定出口禽蛋及蛋制品中氟虫腈残留量的测定标准。上述监管举措也推动了这几日的舆情热度上扬。

9月以来，各媒体对事件的关注度再次下降一个梯度，事件相关的新发消息明显减少，"旧闻转发"成为事件传播的一大特点。9月上旬，"台湾地区有关部门商议制定芬普尼残留标准""45个国家发现受杀虫剂氟虫腈污染的鸡蛋或蛋品"④等消息引发舆论关注，但舆情量明显减少。事件舆情自9月中旬开始渐趋平息（见图2）。

三 舆论主要议题

（一）媒体观点摘要

1. 反思欧洲食品安全监管机制存在的问题和挑战

《经济日报》说，事件中，荷兰和比利时两国围绕鸡蛋检测结果的通报

---

① 《"毒鸡蛋"事件再发酵 韩国确认49家农场使用禁用杀虫剂》，经济日报－中国经济网，http://www.ce.cn/cysc/sp/info/201708/19/t20170819_25122649.shtml。
② 《台湾彰化3个养鸡场检出鸡蛋含农药芬普尼》，央视新闻，http://m.news.cctv.com/2017/08/22/ARTIRcNkntj4iLSnwjiKhyJx170822.shtml。
③ 《台6万颗问题蛋流向不明不合格蛋鸡场增为45家》，中国新闻网，http://www.chinanews.com/tw/2017/08-30/8317727.shtml。
④ 《明年调查、后年研商两阶段订芬普尼残留标准》，中时电子报，http://www.chinatimes.com/cn/realtimenews/20170907004925-260405；《45个国家发现"毒鸡蛋"，欧盟应对措施无果》，商务部网站，http://www.mofcom.gov.cn/article/i/jyjl/m/201709/20170902640483.shtml。

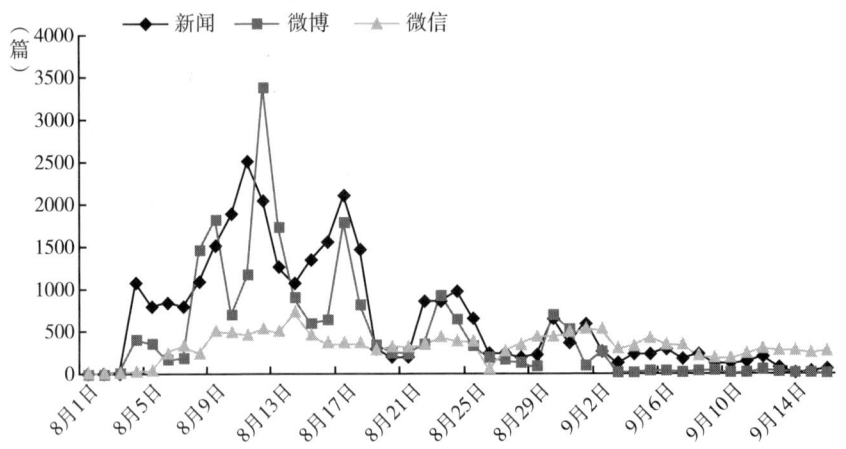

图2 欧洲氟虫腈污染鸡蛋事件舆情走势

问题争执不下,互相指责,而欧盟监管部门在事件蔓延了两个月左右才开始采取具体的应对行动。事件不仅反映出欧盟成员国之间在责任划分、信息沟通、突发事件应对等方面有待加强,也暴露出欧盟食品安全监管机制仍有不少漏洞。①《中国医学报》说,事件说明跨国食品贸易监管是一项相当复杂的工作。尽管欧盟食品立法直接从欧盟层面予以干预,但欧盟各成员国仍是具体监管者,在应对跨国跨地域的食品安全管控方面仍需要完善监管合作机制。事件还表明了加强农业源头污染监管的重要性。种养殖一线环境污染问题很有可能殃及初级农产品,并随着加工流通环节的迁移而进一步污染食品。因此,需要系统地看待食品安全问题,通过多部门合作对源头污染进行治理。

2. 热议事件给我国禽蛋养殖带来的启示

《南方都市报》说,氟虫腈在我国用于鸡场杀虫的可能性很小,一方面在于我国早在2009年就明文规定基本禁用了氟虫腈;另一方面在于当前国内市场上的氟虫腈价格较高,贸然使用并不划算。但其他允许使用且价格低

---

① 陈博:《欧洲"毒蛋"引发食品信任危机》,经济日报 – 中国经济网,http://intl.ce.cn/specials/zxgjzh/201708/20/t20170820_25133426.shtml。

廉的杀虫剂同样也存在高风险，养殖户不论规模大小，都要确保养殖环境的清洁和安全，鸡蛋质量安全才有保障。微信公众号"艾格农业"说，欧盟鸡蛋产业普遍采取"公司示范基地＋合作家庭农场"模式，但该模式下公司并不能完全把控农场的养殖过程，如果饲养环境或饲料等任何一个环节出现问题，都将造成严重影响。我国部分蛋鸡企业也采用上述模式，因此必须提高警惕，要加强对合作农户的规范管理，加强对鸡蛋质量安全的检测，避免重蹈覆辙。① 四川在线说，意大利并没有受到欧洲"毒鸡蛋"事件波及，其中经验值得借鉴。意大利在农药残留限量方面规定严格，其最低限量值是欧盟国家平均值的1/5。意大利每枚鸡蛋都有编号，标识了母鸡饲养方式、饲养场地等，监管部门可以快速追溯。意大利食品安全风险交流机制比较完备，食品生产商不仅有内部的监管系统，也有与监管部门及时交流的畅通渠道，食品生产商每两天向国家层面通报一次最新情况，有利于及时防范风险。②

3. 讨论国内的氟虫腈检测问题

欧洲"氟虫腈污染鸡蛋"事件发生后，我国的氟虫腈检测范围等问题受到广泛关注。微信公众号"兽医资讯"说，目前我国蛋类和肉类检测项目并不包含氟虫腈，此次事件给我们敲了警钟，有必要将氟虫腈纳入畜禽食品检测范围。③ 中国网说，此次事件中检出的"毒鸡蛋"，中国香港是从欧盟进口的，中国台湾是当地自产的。因此，中国大陆地区需要先对鸡蛋及其制品进行氟虫腈抽检后，再做出结论也不迟。④ 中国农业大学罗云波教授接受媒体采访时表示，不是任何一种有毒有害物质都需要设立检测标准，也不

---

① 常桂先：《荷兰"毒鸡蛋事件"对中国鸡蛋产业的启示》，微信公众号"艾格农业"，2017年9月29日。
② 李丹、李淼：《一枚意大利鸡蛋带来的食品安全启示》，四川在线，http://sichuan.scol.com.cn/ggxw/201709/55991615.html。
③ 刘国信：《"毒鸡蛋"事件带给我们哪些启示?》，微信公众号"兽医资讯"，2017年10月17日。
④ 张田勘：《中国有无"毒鸡蛋"，调查后才能下结论》，中国网，http://opinion.china.com.cn/opinion_27_170427.html。

是任何一种食品都需要对每一种有毒有害物质进行检测，欧洲和中国香港地区对氟虫腈检出是有限量要求的，而我国大陆地区是禁用的。因此，从时间和成本角度看，没有检测的必要。①

4. 针对部分地区鸡蛋零星检出抗生素残留问题，建言养殖监管

受事件影响，社会上对8月食药监部门例行检测通报的鸡蛋质量安全问题更为敏感。针对江西、河北等地鸡蛋零星检出氟苯尼考、恩诺沙星等抗生素残留超标问题，行业媒体展开了广泛建言。微信公众号"土禽养殖联盟"说，养殖过程中不合理或过量用药现象必须要引起监管部门高度重视，养殖过程中如何降低药物使用量应该是今后的主要工作。②微信公众号"蛋鸡圈"说，尽管产蛋期禁用绝大多数抗生素，但并不能代表鸡蛋的抗生素值能够实现零检出，鸡蛋抗生素残留标准需要尽快完善。③微信公众号"中禽传媒"说，在鸡蛋产能过剩的情况下，有必要从蛋禽养殖的生产端进行结构性改革，全面提升鸡蛋品质，提高蛋品安全预警级别，促进蛋鸡产业转型升级。④

（二）网民观点

1. 网民评论高频词分析

通过抽取@新浪财经、@CRI德语、@澎湃新闻、@财经网、@大公报—大公网、@华尔街见闻APP、@每日经济新闻等7家媒体官微300条网民评论进行关键词词频分析，基本每条网民评论均会提及"鸡蛋"关键词；"中国""我国""国内""内地""进口"等关键词体现了网民对我国是否存在氟虫腈鸡蛋的强烈关注；透过"外国""欧洲""德国""荷兰""香

---

① 《科学释疑：根除"毒鸡蛋""法外"还需监管助力》，科学网，http://news.sciencenet.cn/htmlnews/2017/8/385816.shtm。
② 《欧洲的"毒鸡蛋"事件教会了我们什么？》，微信公众号"土禽养殖联盟"，2017年8月18日。
③ 《对鸡蛋中抗生素残留检测的个人看法》，微信公众号"蛋鸡圈"，2017年8月27日。
④ 王晓峰：《欧洲"问题鸡蛋"事件发酵引发的思考》，微信公众号"中禽传媒"，2017年8月17日。

港"等关键词可发现,氟虫腈污染鸡蛋的扩散范围也是网民关注点;此外,"能吃""人造""地沟油"等关键词也反映出网民对我国食品安全领域其他一些问题的调侃(见图3)。

图3 欧洲氟虫腈污染鸡蛋事件网民评论高频词

2. 网民观点分析

(1)调侃国内食品安全状况(22.36%)(见图4)

22.36%的网民借欧洲氟虫腈污染鸡蛋事件调侃我国的食品安全状况。有网民联系国内之前出现的地沟油、镉超标大米、注胶虾等食品安全问题,称"我们吃过的比这个要厉害多了,老外就是矫情"。有网民认为国内的种养殖用药方面存在隐患,称"欧洲人太娇气,不就是点儿杀虫剂残留嘛,我们各种各样残留的吃喝到现在了"。

(2)建议加强国内鸡蛋质量安全检测监管(18.99%)

18.99%的网民关注自己吃得是否安全,对国内鸡蛋质量安全检测监管提出建议。有网民担心国内鸡蛋是否也存在类似问题,建议将氟虫腈纳入鸡蛋检测指标,认为"不检测怎么知道没有问题"。有网民建议严格执法,对鸡场养殖违法违规用药进行重拳治理。还有网民提醒,尽管中国没有进口欧洲鸡蛋,但仍要警惕通过不法渠道入境,并加强对网购海淘食品的监管,避免那些以"毒鸡蛋"为原料的进口食品流入。

（3）认为食品安全无国界，国外也存在食品安全问题（16.88%）

16.88%的网民认为国外食品并非大家印象中的那么值得信赖，同样存在食品安全方面的隐患。有网民感慨，以前觉得国外的食品安全有保障，没想到也是有问题。还有网民说，现在越来越排斥国外各种代购，别总认为国外东西有多么好，他们一样会有产品质量问题。

（4）相信国内鸡蛋质量安全有保障（13.92%）

13.92%的网民信任国内鸡蛋特别是农家土鸡蛋的质量安全。事件曝出后，网民纷纷评论称"我们这儿就喜欢买本地农村的土鸡蛋""还是吃中国土鸡蛋比较安全""进口的不一定是好的，可以吃我们国产的柴鸡蛋"。还有香港、澳门地区的网民表示，"我姐姐买的全是内地的鸡蛋，蔬菜什么的很多都是深圳运过来的""在澳门超市我都是买咱们大陆湖北的鸡蛋，有外国鸡蛋，但是不稀罕！"。

（5）呼吁理性发言，不要借此抹黑中国（13.08%）

针对网民评论中的"中国人百毒不侵""中国人的胃是铜墙铁壁"等话语，13.08%的网民呼吁理性发言，不要造谣、夸大问题抹黑中国。有网民发问，欧洲毒鸡蛋为什么又让我大中华莫名躺枪？有网民说，全球没有哪个国家所有食品都是安全的，只是你在中国更了解中国，不要出来什么新闻都黑我们一把。

（6）关注事件对国内鸡蛋价格的影响（6.75%）

6.75%的网民担心事件对国内鸡蛋价格造成负面影响。有网民说，鸡蛋是今年最不值钱的农副产品，这又出来个"毒鸡蛋"事件，还让不让养鸡的活了？还有网民说，这件事已经在微信公众号传开了，这两天鸡蛋价格刚上来，谣言一传估计又得降下来。

（7）发问香港为何进口欧洲鸡蛋（5.49%）

欧洲氟虫腈鸡蛋波及中国香港后，5.49%的网民关注香港为何进口欧洲鸡蛋。有网民说，从深圳和从欧洲距离差距十万八千里，从欧洲进口鸡蛋运费都比鸡蛋贵吧。还有网民说，就算没毒，大老远折腾过来也不新鲜了。

（8）认为欧洲食品安全监管有值得借鉴之处（2.53%）

2.53%的网民认为尽管欧洲发生了氟虫腈污染鸡蛋事件，但其食品安全监管机制和理念还是比较先进的,值得学习借鉴。有网民说,德国把鸡蛋全部下架,已经卖出的全部召回,德国奥乐齐超市甚至连销售小票都不需要,直接退钱。有网民说,欧洲每一个鸡蛋都有编码,追踪起来不会太难。还有网民说,欧洲的食品要求非常严格,西瓜的运输温度超标整车西瓜销毁。

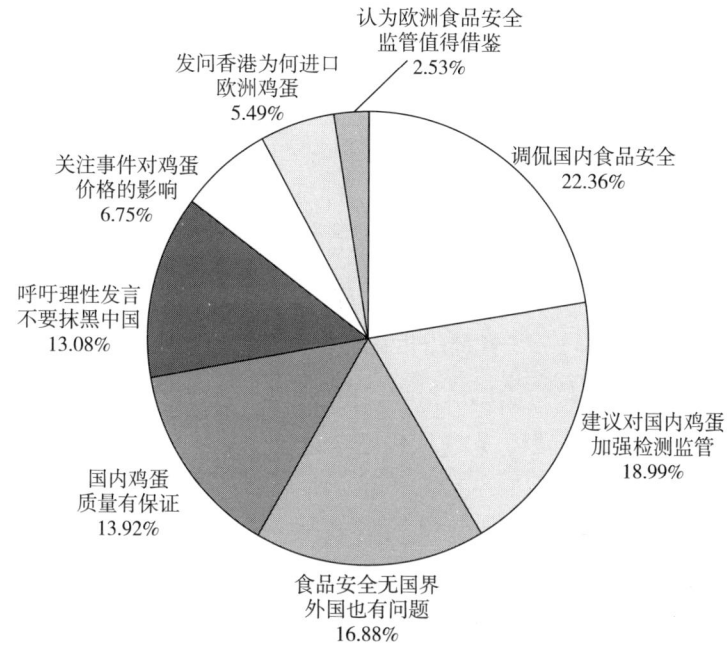

图4 欧洲氟虫腈污染鸡蛋事件网民观点分布(抽样300条)

四 事件启示

1.食品安全监管没有终点,全球化对监管工作提出新挑战

作为一起全球性食品安全丑闻事件,欧洲氟虫腈污染鸡蛋事件舆情热度持续长达一个多月,波及全球45个国家和地区。尤其需要指出的是,此事发生在素以食品安全检疫严苛著称的欧盟。此次事件表明,制度的自信有赖于持之以恒的监管和从不放松警惕的自觉。事件中,比利时、荷兰因检测结

果差异巨大、知情不报等造成问题蔓延和事态扩大，反映出跨国食品安全监管面临着更多的问题和挑战。当今世界，经济贸易全球化日益加快。在此背景下，食品安全问题容易产生"蝴蝶效应"，需高度警惕。因此，各国在加强进口食品检测监管的同时，也要重视食品安全的国际沟通合作，形成顺畅、高效的食品安全国际共治格局。

2. 重视食品安全舆情应对工作，避免衍生舆情扩大事件影响

无论国内国外，食品安全都是最基本的民生。一旦有问题发生，民众难免产生不满情绪，由此引发的衍生舆情值得警惕。在德国，"氟虫腈污染鸡蛋"事件掀起政治争议，"甚至可能搅动大选选情"。[①] 在韩国，针对问题鸡蛋，该国有关部门表示的"对人体没有危害""即便吃上一辈子也不会有什么问题"等言论，遭到舆论狠批。在台湾地区，舆论批评当局在事件处置中相互推诿，标准不一，"各部门相互打脸""当局漠视食安""蔡当局闪躲腾挪不忘'甩锅'"等纷纷见诸报端。由此可见，食品安全舆情的应对工作非常关键，积极处置问题、切实回应民众关切，在影响事件舆情整体走势方面起到的作用不可忽视。

参考文献

闫喆：《据估三百万颗已下肚"毒鸡蛋"肆虐西台湾》，《人民日报》（海外版）2017年8月31日。

孙娟娟：《欧洲"毒鸡蛋"的食品安全启发详解》，《中国医学报》2017年8月15日。

朱毅：《"毒鸡蛋"事件起于氟虫腈，不止于氟虫腈》，《南方都市报》2017年8月21日。

---

① 《政府瞒报数量？"毒鸡蛋"在德国掀起政治争议》，中国新闻网援引外媒报道，http：//www.chinanews.com/gj/2017/08-18/8307761.shtml。

区 域 篇

Regional Public Opinions

B.14
北京市"三农"舆情分析

白晨 朱林 王晓丽 韩姣*

摘 要: 2017年北京市"三农"舆情总体呈平缓波浪形走势,其中社交媒体传播量占七成以上。北京都市型现代农业"调转节"绿色发展成绩、京津冀协同共护菜篮子、北京多管齐下推进信息化与农业农村融合发展、集体土地建设租赁住房、北京农村环境治理成效、实施乡村振兴战略打造美丽乡村等受到舆论积极关注。北京市疏解非首都功能,在促进城市发展转型升级的同时,市民买菜不方便等民生问题引发热议。

---

* 白晨,北京市城乡经济信息中心总工程师,主要研究方向为农业农村信息化、涉农网络舆情;朱林,北京市城乡经济信息中心信息采编处处长,主要研究方向为农业农村信息化、涉农网络舆情;王晓丽,北京市城乡经济信息中心信息采编处副处长,主要研究方向为涉农网络舆情;韩姣,北京市城乡经济信息中心经济师,主要研究方向为涉农网络舆情。

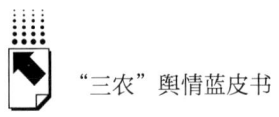

关键词: 都市型现代农业　农业嘉年华　美丽乡村　疏解非首都功能

2017年,北京市农业农村工作紧紧围绕全国政治中心、文化中心、国际交流中心以及科技创新中心"四个中心"的城市战略定位和"国际一流的和谐宜居之都"建设大局,稳步推进都市型现代农业发展,提升北京农业科技贡献率;推动信息化与农业农村深度融合;坚持疏解整治促提升,保障城乡居民"菜篮子""米袋子";推进美丽乡村建设等各项"三农"工作持续向好发展。全年农业农村发展和改革成就成为舆论关注热点,一些农副产品市场疏解出京给市民造成的买菜不便等民生问题也引发热议。

一　舆情概况

1. 舆情总量概要分析

2017年,共监测到北京市"三农"舆情信息12.51万条(含转载)。其中,新闻舆情3.24万条,占舆情总量的25.89%;微信4.51万条,占36.01%;微博3.88万条,占31.00%;论坛和博客分别为6841条、2033条,合计占7.09%(见图1)。

从传播特点看,微信、微博、新闻媒体是舆情传播的主力,新闻媒体是优质和原创内容的主要提供者,为受众提供话题,引导舆论走向。此外,视频直播支农成为舆论关注的新亮点。

从舆情走势看,2017年北京市"三农"舆情整体走势平缓。受都市型现代农业特性影响,各月舆情量并未呈现明显的季节性变化,涉农展览、重大政策及重要会议活动成为影响北京市"三农"舆情走势的主要因素。其中,在第五届北京农业嘉年华、第六届北京现代种业博览会、北京进村入户研讨会及环首都1小时鲜活农产品流通圈规划等多个事件推动下,5月舆情热度攀至全年顶峰(见图2)。

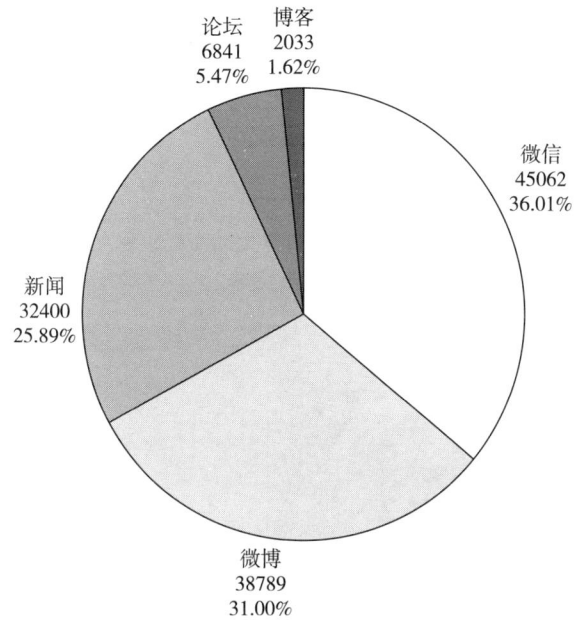

图 1　2017 年北京市"三农"舆情传播渠道分布

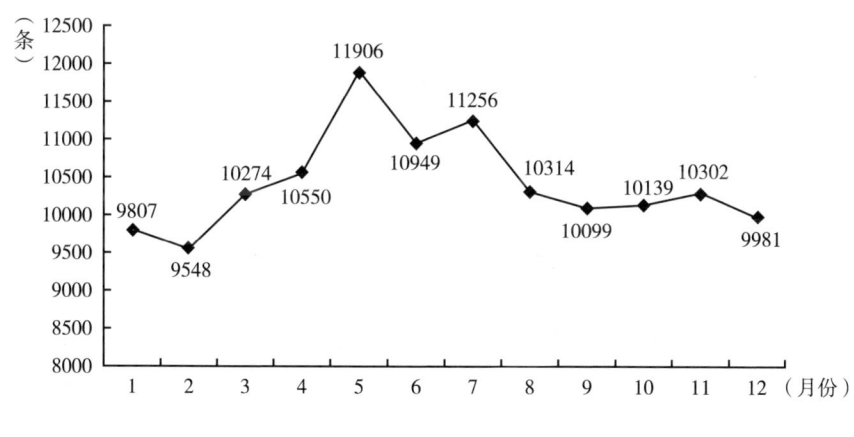

图 2　2017 年北京市"三农"舆情走势

2. 舆情内容概要分析

从舆情话题分类看,北京都市型现代农业生产是全年舆论关注的核心话题,舆情量居于首位,占比 21.45%;农村土地话题占比 14.79%,其中集体土地租赁是舆论关注焦点；农产品质量安全话题占比12.01%，其中，京津冀联动护航"菜篮子"的信息量较大；上述三个话题舆情量合计占比48.25%。此外，农民工、农产品市场、产业扶贫、农村社会事业、农村环境等话题也是舆论聚焦所在，信息量占比均在5%以上。总体而言，2017年北京市"三农"舆情关注点相对分散（见图3）。

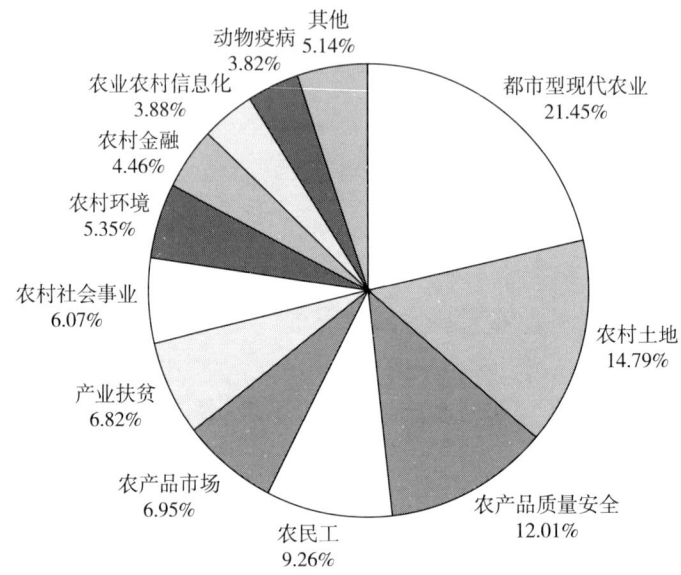

图3　2017年北京市"三农"舆情话题分类

从热点新闻排行看，"第五届北京农业嘉年华"成为2017年北京农业的一大"盛事"，相关新闻量达1600余篇。2017年1月，"北京一村支书雇凶打死人获刑13年检方抗诉改判无期"等整治农村黑恶势力事件获得较大关注，国务院第三次全国农业普查领导小组在北京考察农业普查工作被媒体广泛传播。2017年"前五月查处'小官贪腐'162人"，北京"对扶贫领域问题线索'大起底'调查"等从严治理涉农贪腐的舆情受到较多关注。此外，"房山、平谷成为首批'国家农产品质量安全县'""承德与北京签订农产品质量互检互认合作协议""北京：今年菜价近5年同期最低"等农产品质量安全和农产品市场话题也受到舆论较多关注（见表1）。

表1　2017年北京市"三农"热点新闻TOP 10

序号	标　题	首发媒体	月份	转载量（篇）
1	第五届北京农业嘉年华	人民网	3	1608
2	北京一村支书雇凶打死人获刑13年检方抗诉改判无期	《北京青年报》	1	460
3	汪洋：做好农业普查现场登记确保普查数据真实准确	中国政府网	1	251
4	北京：今年已为近1.9万名农民工追发工资1.76亿元	新华网	12	189
5	北京一打工者在微信群开涉恐"玩笑"获刑	《联合早报》	9	127
6	北京前五月查处"小官贪腐"162人	《北京晨报》	7	83
7	房山、平谷成为首批"国家农产品质量安全县"	《北京晨报》	7	81
8	北京：对扶贫领域问题线索"大起底"调查	新华网	11	80
9	承德与北京签订农产品质量互检互认合作协议	新华网	1	64
10	北京：今年菜价近5年同期最低	《北京晚报》	4	63

二　热点话题舆情分析

1. 北京都市型现代农业发展成绩成为舆论关注热点

近年来，北京市致力于发展都市型现代农业，深化农业供给侧结构性改革，绿色、生态农业发展取得实效。《农民日报》发文称赞北京都市型现代农业发展继续领跑全国，农业节水、化肥农药减量、农产品质量安全监管等"八大实招"打好都市型现代农业"四张牌"。北京都市型现代农业挖掘生产、生态、生活、文化等功能，打开农业上升空间，实现农业的多功能融合，受到舆论广泛关注。会展农业再创佳绩。年内，第五届北京农业嘉年华、2017年第八届北京国际现代农业博览会等27项国内、国际农业会展及农事节庆活动在北京举行，参与人次达450.5万，总收入2.5亿元。① 舆论表示，北京农业"会展+"凝聚都市型现代农业发展新力量，促进经济、

---

① 《2017年北京市农林牧渔业总产值下降8.8%》，北京市统计局网站，http://tjj.beijing.gov.cn/tjsj/sjjd/201801/t20180119_391225.html。

生态、生活多种功能深度融合，开发农业科技研发、乡村旅游、农业文化创意等多重价值，扩大北京农业品牌影响力。休闲农业和乡村旅游稳步发展。多部门和机构用数据展示休闲农业和乡村旅游成绩单，2017年，"北京休闲农业和民俗旅游收入44亿元"①"观光园总收入29.9亿元，同比增长6.9%"等数据被多家媒体报道。5月21日，国家旅游局网站公布"网民最喜欢的十大旅游目的地"榜单，北京昌平区和密云区均位列其中。还有舆论关注了北京市9月12日印发的《关于加快休闲农业和乡村旅游发展的意见》。央广网等多家媒体以《意见》提出的"2020年实现休闲农业和乡村旅游经营收入60亿元""2020年打造一批高水准文化艺术旅游创业就业乡村"为题进行转载报道。

北京以种业为代表的农业科技力量发展迅速，相关重大展示活动成为关注热点。业内人士表示，首都集聚了全国八成以上的国家级种业科研力量，②市场占有率领跑全国，种子交易规模约占全国一成以上。2017年，北京先后举办了第六届北京现代种业博览会和第二十五届北京种子大会，种业科技成果成为舆论关注热点。种业博览会上，4000余个名、特、优果蔬新品扎堆亮相，其中北京提供的品种约占77%，且半数以上拥有自主知识产权。舆论称，北京现代种业博览会和北京种子大会搭建起种业新品种展示、贸易洽谈和行业交流的综合性平台，为种业供需双方提供了"面谈"的机会，实现种业科技创新、展示和合作"一气呵成"。

2. 京津冀协同共护菜篮子获舆论称赞

京津冀三地保质保量协同推进"菜篮子"建设成为舆论全年关注的话题。舆论点赞"京津冀一起搞大动作"建设"共享菜篮子"。三地签署多项合作协议协同加强农产品质量监管被舆论重点关注。2017年3月，三地农业部门签署农产品质量安全协同监管框架协议。"统一食用农产品合格证"

---

① 《2017年北京市休闲农业和民俗旅游实现收入44亿元》，北京卫视《北京您早》栏目，http://news.cctv.com/2018/01/24/VIDEAhpfdfdzDqlb5J5cOfu2180124.shtml。
② 《种子硅谷：集聚创新引领种业发展》，文汇报网，https://www.whb.cn/zhuzhan/kandian/20170217/83855.html。

"共建食品安全追溯标准""检测信息共享机制""实现农产品质量安全检测结果互认"等被媒体设置为标题广泛传播。业内人士认为,食安管理一体化是京津冀一体化的重要内容,整合三地农业生产各环节的追溯和监管数据,是推进京津冀协同共管"菜篮子"的关键举措。专家建议,要寻求高标准的趋同,而非低水平讨价还价。6月16日,三地签署《食用农产品"场地挂钩"供应保障协议》,将实现食用农产品快检数据互认。舆论认为,这是三地共护"菜篮子"、互利共赢思路的体现,三地产销互通互助对接,不仅方便北京市民生活,也减少津冀农产品入京阻碍。11月28~29日,京津冀三地就共建食品和农产品质量安全示范区签署协议,从食品和农产品产销衔接机制、源头管控协作、联合检查、信息共享等七个方面构建联动协作机制。舆论称赞,这份协议的签署实现了食品安全治理由城市"单兵作战"向区域合作迈进,有助于扩大食品安全治理成果,实现优势资源共享。舆论表示,多项农产品质量安全协议给出了京津冀协同共护菜篮子的"制度解",未来保障政策落地是关键。舆论对北京食品安全情况表示肯定,称赞北京打造"首善标准"。凤凰网、网易网等多家媒体发布或转载报道称,北京市群众食安满意度近两年连续攀升,2017年已经达到86.7%,较2014年上涨16.7个百分点,为北京点赞。

北京提高鲜活农产品流通效率也是舆论关注热点。5月12日,京津冀三地商务部门联合发布《环首都1小时鲜活农产品流通圈规划》。"2020年基本建成"的目标被新华网等权威媒体转载报道。舆论称赞,新鲜提速的1小时蛋菜奶流通圈"来了"。还有舆论认为,流通圈将撬动冷链物流市场。此外,北京鲜活农产品流通中心项目建设进度被持续关注。"抓好北京鲜活农产品流通中心主体工程"被列入2017年北京市政府工作报告,彰显了政府重视程度。有望实现网上下单、社区取菜等亮点功能成为媒体报道重点。舆论称,这是亚洲最大的"菜篮子",比肩新发地,保障城市副中心吃上放心菜。还有舆论表示,项目建成后,手机APP购买新鲜农产品更便捷,京津冀开启生鲜包邮时代。有分析认为,京津冀打破了农业区域壁垒,打破了思维、土地和市场的限制,推动上下游联动和区域产业合理分布。

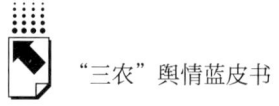

3. 信息化引领农业农村现代化发展持续吸引舆论目光

近年来,北京市积极推动信息化与农业农村现代化深度融合,都市型现代农业智能化水平、农业经营网络化水平、乡村治理现代化水平等明显提升,相关工作及成效被媒体积极报道。

信息技术综合应用助力北京农业提质增效获赞。从媒体报道情况看,北京智慧农场综合服务平台、京津冀三地共建农机联合调度平台、北京市农业科技信息咨询服务平台等受到较多关注。北京智慧农场综合服务平台于2014年搭建,主要面向适度规模经营、坚持绿色发展的中小农庄,并于2017年获得北京市农业技术推广一等奖。媒体报道表示,物联网、无人机、农业云等现代信息技术的综合应用是平台的技术优势。"北京566家农场用户""覆盖基地面积43.4万亩""农产品对接价值超100亿"等数字被舆论转发。农业经营数字化、生产专业化、销售预定化的模式获舆论认可。舆论表示,北京智慧农场平台贯通了生产经营、管理服务及农产品流通等全产业链各个环节,对农产品产销对接、农业品牌打造具有重要意义,助力北京农业提质增效。京津冀三地共建农机联合调度平台,并签署农机安全监管协同协议。央视网、新华网、环球网等权威媒体都进行了关注。"农机跨区作业信息共享""农机安全监管协同合作"成为媒体报道关键词。舆论点赞,联合调度平台为三地农机发展构建了大数据平台,提升了三地农机利用率和合作共用水平。北京市农业科技信息咨询服务平台被舆论所关注。媒体报道表示,目前已实现京郊行政村和京津冀农业区县全覆盖,并服务全国30多个省区市,每年为用户解决重点技术问题逾两万个。舆论表示,平台实现了北京农业专家与农民的有效对接,实现农业信息化服务"入户到家"。

农业电商发展模式的探索被媒体寄予厚望。年初,北京农业电商标准联盟成立,同步上线欣欣尚农电商服务平台,舆论给予积极认可。有舆论认为,联盟的成立将改变生鲜电商相关标准空白的现状,推动构建标准电商生态圈。有舆论表示,欣欣尚农电商服务平台提供一站式共享的农业服务,助推农产品标准化生产,打破农产品上行的信息壁垒,为北京地产农产品销售提供新可能。舆论称,联盟和平台的成立上线是现代农业拥抱"互联网+"

的表现,实现了二者的深度融合。此外,《农民日报》7月15日报道指出,北京约四成的农民合作社(全市共6613家)涉及农业电商。报道提到的"北京农业电商六种成熟模式",被舆论称为"玩转农业电商的六步法"。中国网等媒体从不同角度对报道进行转载。

信息进村入户、"三务公开"进电视成舆论聚焦点。5月3~15日,朝阳区、顺义区、昌平区等地根据自身特点召开信息进村入户工程相关会议。舆论点赞,昌平区2017年围绕低收入村开展20个标准型益农信息社的建设,认为"信息进村"精准扶贫成为昌平脱贫攻坚战的亮点模式。此外,延庆区张山营镇、顺义区大孙各庄镇开展村级"三务公开"信息入户电视点播试点获舆论好评。舆论称,以电视点播的形式,公开农村村级三务(党务、村务、财务)信息,实现"村村晒家底,人人可查询",村民由以前的去村委会了解农村事宜变成现在"足不出户便知农村事"。舆论认为,该平台是落实农村"三务公开"的新渠道,助推信息化与村务管理深度融合,有效提升城乡信息服务均等化水平,推动从严治党向基层延伸,乡村治理现代化更进一步。

4. 北京集体土地建设租赁住房成热议话题

2017年,北京市集体土地建设租赁住房成为贯穿全年的热点话题。从1月下旬开始,海淀区唐家岭项目等北京集体土地租赁房试点项目陆续开展入住,截至10月底,北京已有5600户入住。其中,唐家岭项目被称为农地入市的北京样本,《时代周报》对唐家岭农地入市发展历程进行了深度报道。"温泉镇351项目"打造"创客小镇"被认为实现了北京集体土地的入市突破。舆论表示,集体土地租赁房入市将成为未来租赁房供应主力。有网民在跟帖中建议,希望推广开来,让买不起房的都能住上新房。也有网民调侃,租金是便宜了,但一般人根本申请不到。

11月16日,北京市《关于进一步加强利用集体土地建设租赁住房工作的有关意见》甫一发布就迅速引发舆论热议。未来5年"北京供应1000公顷集体土地""预计建设40余万套集体租赁房屋""约1/3新增住房为租赁住房"等量化指标在网络上持续热传。"租购并举""只租不售""以需定供"等成为舆论关注热词。专家认为，集体租赁住房有利于减轻北京住房市场的供给压力，优化现有住房市场供给结构。《北京青年报》评论称，集体租赁住房制度的出台获得市场热烈响应，溢出效应明显。《意见》的发布助推北京集体租赁住房规模化兴建更进一步。舆论表示，北京集体租赁住房新政奠定"房子只住不炒"的总基调，将为"住有所居"探路，租房市场迎来"春天"。

但也有舆论认为，北京集体租房新政仍处于摸索阶段，具体实施效果有待观察，多方合力探索建立相对成熟运行模式任重道远。业内人士表示，新政要统筹协调农民、租赁物业运营方和承租人三者之间的关系，确保农民、运营方获益，承租人租得起房。专家指出，政策指明方向，但资本支持是动力所在，要打开资本进入集体租赁房市场的通道。北京市国土资源管理委员会相关负责人表示，事实证明公租房建设确实是农地入市的新用途，但目前尚未形成适合全国推广的农地入市方案。

5. 美丽乡村建设提升京郊农民幸福指数受到舆论积极关注

近年来，北京坚持城乡一体化发展，着力提升农村人居环境，推进美丽乡村建设。2017年，新建美丽乡村300个，累计达1300个。北京市各区、社会各界采取措施助力美丽乡村建设的丰富实践被媒体积极报道，如"国门第一镇"顺义区天竺镇疏堵结合托起美丽乡村、丰台区综合防治污染助力建设美丽乡村、大兴区美丽乡村建设提升农民幸福指数、北京市各民主党派深入推进"8+1"行动支持门头沟区美丽乡村建设，等等。为深入贯彻落实党的十九大精神，北京市围绕"实施乡村振兴战略推进美丽乡村建设"，先后于2017年底举行动员大会，于2018年初举行新闻发布会，并启动美丽乡村建设2017~2020年三年专项行动。其中，"一个总体要求、三步走路径和五个方面任务"的"一三五"部署成为媒体报道重点。舆论称，"三步走"逐步完成美丽乡村建设目标，有利于全面改变北京农村环境面貌、逐步提升人居环境水平，北京农村在发展之路上越走越美丽。

作为美丽乡村建设的重点任务之一，北京农村环境整治受到舆论广泛关注。《北京日报》《新京报》等媒体发布多篇报道关注农村环境治理举措及成效，"狠抓清脏、治乱、增绿""综合整治农村人居环境"等成为关键词句。舆论从三个方面关注北京农村环境治理工作。一是养殖工作做减法减少污染。2017年,北京"小散低劣"养殖场治理、清退工作推进顺利。截至9月,"全市清退1900余家'小散低劣'养殖场""清退各类畜禽300余万只(头)"等数字被《北京青年报》、新华网等权威媒体报道。北京市统计局数据显示,2017年北京畜禽养殖规模全面下调,其中生猪、家禽出栏量同比分别下降12.1%和19.8%。舆论称,北京畜禽养殖产业疏解到津冀,让鸡鸭牛羊猪进入了更广阔的天地。二是畜禽废弃物做加法延伸产业链。京津冀畜禽养殖废弃物利用科技联合行动于4月在河北衡水启动,到年底,联合行动初见成效。对此,舆论给予积极认可,"技术模式实现突破""科技成为重要手段"被媒体集中报道。舆论以"一种测算方法、三种处理模式、五项关键核心技术、六种技术模式"等数读形式对联合行动的成效予以关注。舆论称赞,联合行动是京津冀共同打造的畜禽养殖废弃物处理样板,提高养殖废弃物利用效率,推动三地农业面源污染防治,实现能源转化、种养结合。三是煤改清洁能源让农民居住省心又干净。2017年,北京市将农村"煤改清洁能源"作为"蓝天保卫战"的重点举措,被媒体大量转发。市政府出台《2017年北京市农村地区村庄冬季取暖工作方案》并新增5项农村补贴政策从顶层设计层面对"煤改清洁能源"工作给予支持。舆论称,北京"煤改电"补贴再发红利。郊区推进煤改清洁能源的进程被舆论聚焦。"通州区煤改电方案涉及9乡镇3街道107个村""房山平原地区将基本无燃煤锅炉""密云区'煤改电'继续加大空气能热泵采暖改造"等消息纷纷见诸报端。截至年底,北京超额完成"煤改清洁能源"任务。"700个村告别散煤燃烧""户均采暖能耗下降14.3%""居民清洁能源消费占比超一半"等工作成绩被舆论称赞。有农民称,换了电采暖,省心又干净。

三 热点事件舆情分析

1. 一些农副产品市场疏解出京致居民买菜难问题引热议

2017年,北京继续推进非首都功能疏解,一些农副产品市场逐渐被疏

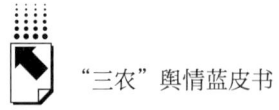

解出京,随之带来的民生问题引发热议。

媒体从以下两个方面关注菜市场疏解的影响:一是关注疏解之后对民众生活造成的影响。千龙网表示,建得没有拆得快,配套设施跟不上;蔬菜直通车体验不佳,蔬菜供不应求;菜贩进商超,低菜价恐失守等一系列问题引发民众担忧。《工人日报》报道称,北京菜市场疏解让一些小商贩"犯了难",摊位费成为主要担心的问题,未来"何去何从"还摸不准方向。正义网指出,随菜市场离开北京的还有菜场小贩和早点摊主,居民生活不便,成本增加问题值得关注。二是聚焦菜市场疏解催生新业态。《北京晚报》认为,买菜之变是北京城市生态与消费结构变迁的缩影。社区菜店以其规范化、便民化特征或将发展成为北京居民的主要购菜渠道。经济观察网采访首都经济贸易大学教授陈立平表示,便利店、生鲜超市等业态为中老年人购物问题提出了解决方案,其中生鲜超市立足社区,老年顾客占比近八成。

网民从四个方面展开讨论:一是支持疏解政策。有网民说,这种脏乱差的方便我一点不想要。有网民说,支持政府决定,这才叫转型升级。二是反映居民生活不便。多位网民抱怨说,楼下的水果摊、菜摊都折腾没了。现在北京买菜太难了,只能去超市或者便民服务点,一个字,贵!三是认为政府决策脱离实际,未考虑民生关切。有网民说,北京疏解非首都功能的政策,把油盐酱醋到社会底层供应链给砸断了,很多菜市场都拆了,以后只能去超市,做出决策的官员不用自己买菜,不知道百姓的艰难。有网民说,不能只要面子,不要里子,里子好才是为百姓好。有网民说,这就是劳民伤财的形象工程,北京市推行的几个行政项目,如国安社区等都一样。四是认为疏解过程操之过急。有网民说,干得太着急了,慢一点的话十年后就是一项完美的工程。

2. 北京疏解非首都功能对京郊农村农民的影响引发多角度讨论

2017年,北京市疏解、腾退工作给京郊农村、农民及城市居民带来的影响引发舆论关注。

媒体主要从以下两个方面予以关注:一是关注疏解、腾退行动对北京环境的影响。新华网报道表示,北京在"减量"中打造发展新高地。朝阳区孙河乡党委书记李欣说，全乡有400多家企业，其中九成多的企业为散乱污小企业，税收贡献不足一成。疏解行动改变了过去依靠"瓦片经济"的短视行为，但获得的是经济、生态全面发展的长期利益。北京晨报网报道称，房山区疏解脏乱市场后农民迁到新楼，过去大量散乱污小企业包围的房山窦店环岛，现在已变成绿树成荫的城市公园。二是关注疏解、腾退行动对京郊农村经济、农民收入的影响。《中国经济时报》报道，长期以来，城乡接合部发展"瓦片经济"一直是北京京郊农村集体经济的主要业态。疏解非首都功能专项行动对瓦片经济造成了直接冲击，很多集体企业被迫关停转型，农民就业和财产性收入受到较大影响。《财经》杂志题为《村子空了》的文章称，近一个月的持续清理整治使全市多处地方出现"空村"现象，有的村庄多年的村域产业生态在数日间瓦解。此外，还有一些村庄聚集附近清退的生产要素，重新构建新的产业链。多位政策研究者表示，非首都功能的转移不能操之过急，应该循序渐进地引导部分从业人员主动离京。北京市经济信息中心高级经济师胡彭辉表示，非首都功能疏解后仍有相当数量的剩余劳动力选择留在北京，"业走人留"问题值得关注。

网民也对此发表评论。部分网民支持疏解工作，认为京郊农村或有新的发展机会。有网民说，疏解整治行动有助于破除制约北京国际一流和谐宜居之都建设的瓶颈，北京更有"京味儿"了。有网民说，集体土地建高层公租房后，村民的收入还是会有的，有可能比以前更多。也有网民认为居民生活受影响。有网民说，影响的不仅是买菜早点，还有保姆、小时工、快递、送餐、保洁等行业，生活便利程度将会降低，成本将会提高。

2018年是贯彻党的十九大精神、实施乡村振兴战略的开局之年，北京市将编制乡村振兴战略规划并深入实施，加快推进美丽乡村建设，加大村庄人居环境整治力度等，相关工作开展、基层实践及带给京郊农业农村的新变化、新亮点、新成效将继续成为舆论关注焦点。

B.15
吉林省"三农"舆情分析

郭峰 焦铁锋 赵劲松 李会影 徐英 于海珠 雷政达*

摘 要： 2017年，吉林省"三农"舆情走势呈较明显的季节性变化特点。以调玉米为重点的农业供给侧结构性改革成效、多措并举打造"吉字头"农业品牌、秸秆综合利用变身"香饽饽"、扶贫攻坚打出"组合拳"、农村金融服务产品创新破解农民贷款难等受到舆论积极关注。"秸秆焚烧火点大幅增加"和"天价玉米"事件引发舆论热议。

关键词： 农业供给侧结构性改革 棚膜经济 秸秆综合利用 农村金融改革

一 舆情概况

1. 舆情总量概要分析

据监测，2017年，吉林省"三农"舆情信息量10.51万条（含转发）。其中，微信信息3.45万条，占舆情总量的32.82%，占比居首位；新闻信

---

* 郭峰，吉林省农村经济信息中心主任，主要研究方向为农业农村信息化；焦铁锋，吉林省农村经济信息中心副主任，高级工程师，主要研究方向为农业信息化、涉农网络舆情；赵劲松，吉林省农村经济信息中心科长，高级农艺师，主要从事涉农网络舆情监测、研判及分析；李会影，吉林省农村经济信息中心科长，主要从事农业信息化工作；徐英，吉林省农业技术培训中心科员，主要从事农业技术和农业信息员培训工作；于海珠，吉林省农村经济信息中心工程师；雷政达，吉林省农村经济信息中心信息编辑。

息 3.31 万条，占比为 31.53%；微博帖文 3.13 万条，占比为 29.83%；论坛和博客帖文分别为 5623 条、491 条，占比分别为 5.35% 和 0.47%（见图1）。

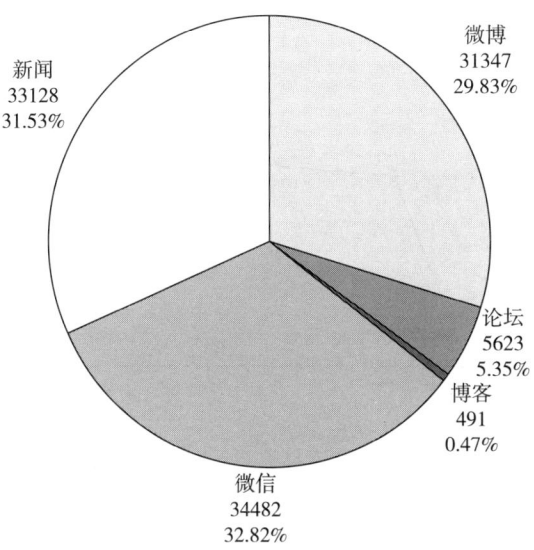

图 1　2017 年吉林省"三农"舆情传播渠道

从传播渠道看，新闻媒体是吉林省"三农"新情况、新问题、新举措的第一报道载体。其中，以吉林各地农业农村的鲜活案例为报道切入点，展示吉林"三农"发展的成绩成为新闻报道的一大亮点。微信是 2017 年吉林省"三农"舆情信息传播的主力军，舆论通过微信对相关政策、文件等进行解读，对新闻报道予以转载，发表个人观点等。新浪微博是网民关注吉林省"三农"发展并发表评论的重要平台。

从传播趋势看，2017 年吉林省"三农"舆情整体走势与农业生产的季节性特征相吻合。4～5 月随着春耕生产的展开，舆情量开始攀升。7 月，吉林各地部署脱贫攻坚工作，"乾安县转移就业助力脱贫""图们市凉水镇东甸村'脱贫三字经'""桦甸市金沙镇电商扶贫""靖宇县三角村的脱贫之路"等基层因地制宜实现脱贫的消息被舆论关注，助推当月舆情量达到全年峰值。

9~12月,秋收及全年粮食产量等信息舆论关注度高,月度舆情量虽比7月下降,但仍处于相对高位(见图2)。

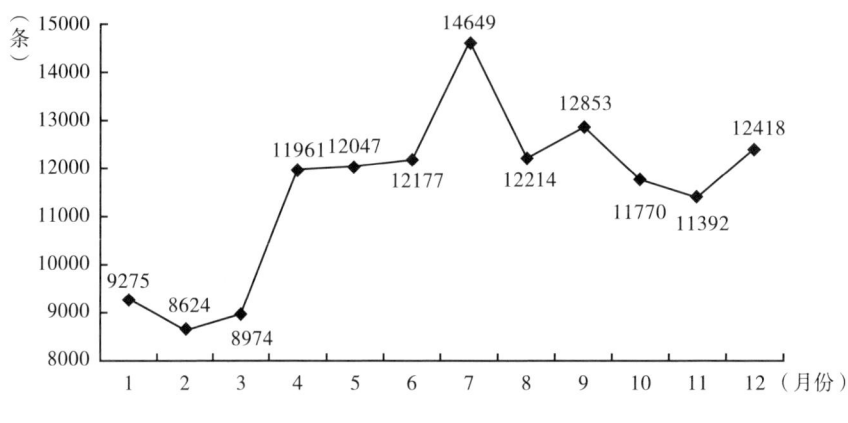

图2　2017年吉林省"三农"舆情走势

2. 舆情内容概要分析

从舆情话题分类看,农业生产与粮食安全相关舆情量最多,占舆情总量的26.05%。其次,产业扶贫和农村土地话题舆情量分别占15.60%和12.25%,前三者合计占舆情总量的53.90%。涉农金融保险、农产品质量安全、农村环境等话题舆情量占比也均在5%以上(见图3)。

从舆情热点事件看,全年没有发生重大、突发性事件引爆舆论。对舆情热度排行前20位的事件分析发现,发生时间上,下半年热点事件数量较多,有12个。话题分类上,农业供给侧结构性改革是舆论关注重点,有7条信息位列排行榜,其中长春农博会展示吉林农业供给侧结构性改革成绩位居榜首。吉林农网发布的关于农机安全和补贴的两条官方通知被大量转发;"打造四大农产品优势产区""阿里携手吉林大米"等吉林农产品品牌建设多项举措受到舆论聚焦。此外,多件涉农贪腐和信用社贷款违规操作案件也位列排行榜(见表1)。

吉林省"三农"舆情分析

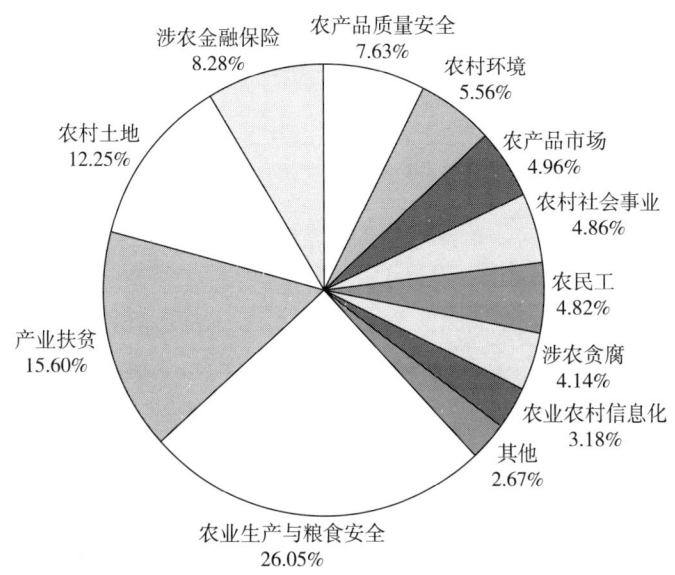

图 3　2017 年吉林省"三农"舆情话题分类

表 1　2017 年吉林省"三农"舆情热点事件 TOP 20

排名	热点事件	月份	首发媒体	舆情热度
1	长春农博会开幕　农业供给侧结构性改革成热词	8	新华社	1982
2	吉林省农业委员会、吉林省安全生产监督管理局关于公布 2016～2017 年度全省"平安农机"示范市、县（区、市）、农机安全监理示范岗位标兵名单的通知	12	吉林农网	330
3	吉林严查扶贫腐败　村民：没想到肉进狼嘴里还能抠出来	2	《人民日报》	255
4	农业添上现代化翅膀——"产粮状元县"吉林榆树的嬗变	7	新华社	212
5	吉林省加快推进农机化技术与信息化融合	10	《吉林日报》	189
6	环保部：今冬中国秸秆禁烧形势总体上仍然严峻	11	央视网	178
7	金融助推农业供给侧结构性改革	2	人民网	157
8	［治国理政新实践·吉林篇］"五个集中"打造高标准农田建设的吉林模式	2	东方网	118

续表

排名	热点事件	月份	首发媒体	舆情热度
9	央视春耕调查：东北开种"天价玉米"，卖价竟是普通的20倍！	4	"央视财经"微信公众号	108
10	吉林省纪委通报7起扶贫领域侵害群众利益典型问题	11	中纪委监察部网站	104
11	吉林省农业委员会吉林省财政厅关于做好2017年农业机械购置补贴工作的通知	5	吉林农网	87.5
12	创新联盟为东北玉米秸秆"找出路"	2	央视网	76
13	吉林打造"四大"农产品优势产区农业供给侧结构性改革"提速"	2	新华社	68
14	四平市城区农村信用合作联社因调整贷款分类等被罚20万元	10	中国网财经	65
15	农业大省吉林经历近十年"最暖冬天"面临春旱威胁	3	新华网	64
16	黑土地秋收兴起"绿色范儿"	10	新华社	56
17	吉林省通报5起违反农机补贴政策侵害群众利益典型案例	9	新华社	52
18	梨树县农村信用合作联社因违规发放贷款等被罚40万元	10	中国网财经	51
19	吉林：籽粒玉米面积调减粮食总产增加	12	新华网	50
20	阿里巴巴签约吉林大米 吉林省大米品牌电商渠道建设取得新进展	11	中国吉林网	45

二 热点话题舆情分析

1. 以调玉米为重点的农业供给侧结构性改革成效明显，信息化、机械化加速吉林农业现代化

2017年，吉林省着力推进农业供给侧结构性改革，种植结构调整效果显著、粮食继续丰收、农业生产信息化机械化亮点突出等多方面成绩被舆论聚焦。

种植结构调整中的"一减多增"被舆论重点关注。春耕时节，不种玉

米改种啥是吉林农民普遍关心的问题。有舆论总结了吉林种植结构调整的"一减多增"做法,即"减玉米,增大米、大豆、杂粮,粮豆轮作"。多家媒体以"2017年继续调减籽粒玉米面积"为题对吉林玉米调减进行了报道,"2017年吉林玉米种植面积减少6.72万公顷""全省水稻优良品种覆盖率超过80%"①等量化指标被舆论关注。"一主多辅""调优调强"的种植模式获舆论认可。有舆论表示,吉林农业生产已经实现玉米挑大梁到粮食作物、经济作物、饲料作物多面开花,种养结构实现从二元向三元的跨越,粮改饲作用凸显,生产结构更趋优化。也有媒体关注了春耕时节部分农民对种啥的迷茫和政府部门的积极引导。央广网采访发现,改种其他作物的成本、技术等问题成为农民调整种植结构的现实困扰。《吉林日报》调查发现,春耕备耕时节,部分地区种子、农资购买率低问题现实存在,一些农民对是否放弃种植玉米仍处在观望状态。农业主管部门及时引导,编制技术手册,组织技术人员入户指导杂粮杂豆种植,开办"种植结构调整培训班",专家"接菜单"为农民讲解调结构,干部"跑订单"为农民对接市场等,舆论称,诸多举措彰显了农业部门的主动作为。秋收时节,粮食产量再次吸引舆论目光。"2017年吉林粮食总产量达744亿斤"②"吉林玉米单产量增长0.8%""粮食单产全国第二"等数字记录了吉林粮食生产的成绩;"农业生产稳定""粮食总量增加""再获丰收""创历史新高"等成为媒体报道关键词。舆论称赞,吉林粮食生产已"跨上七百亿斤台阶",农业转型初见成效,巩固了粮食核心区产能。

"铁杆庄稼"玉米如何继续"铁"下去的吉林做法获舆论关注。吉林发展"订单农业"成为农业生产亮点。农户签订单,企业找市场的"订单农业"被舆论称为市场里"谋"出路的有益尝试。舆论称,引导农民改嗅"市场风",解答了该种啥的疑惑,农民心中有谱了。规模"挤"效益的适

---

① 《闪耀的吉林"白金名片""吉林大米现象"正逐渐形成》,中国吉林网,http://zhuanti.cnjiwang.com/dyxw/xwnr/201709/2497986.html#26100。
② 《2017年全省经济运行实现基本平稳》,吉林省统计局网站,http://tjj.jl.gov.cn/qwfb/201802/t20180206_3710664.html。

度规模经营获舆论点赞。舆论认为，发展适度规模经营有助于农业生产的各环节实现节本降耗，还可以充分发挥科学管理、抱团对接市场，实现多重优势叠加。此外，春耕时节，与其他地方出现的"弃耕毁约"现象不同，吉林不少种粮大户反其道而行之，扩大承包面积的情况吸引舆论聚焦。媒体分析指出，人少地多、粮食价格走低、普通农户土地流出意愿增强，种粮大户希望通过各项补贴"加身"及规模经营降低成本等，是吉林"逆势扩张"的重要因素。

信息化、机械化加速农业现代化发展获赞。新华网等媒体关注了吉林春耕秋收展现的技术新气象：农安县陈家店村温室大棚用上智能化设备，综合运用无土栽培、物联网等信息化技术建造"蔬菜梦工厂"；四平市惠丽农场两个温室大棚只需1个人用手机APP监控，给蔬菜浇水，让大棚通风全部实现自动化；永吉县九月丰家庭农场成为吉林市第一家可视农业基地。此外，播种实现机械化，植保用上无人机，省工省时又省成本的现象也不鲜见。舆论称赞，吉林农业生产方式补齐了农业科技短板，农民不再为技术问题发愁。秋收时节，农民收起"镰刀"，看着农用机械在田间忙活，自己当起"甩手掌柜"的景象在多地上演。全省农作物耕种收综合机械化水平达86%、全程机械化整省推进行动水平已处于全国第一梯队的可喜成绩被舆论关注。吉林移动"易农宝"等农业生产中的技术咨询服务信息化应用案例也受到舆论关注。"'易农宝'手机客户端用户51万"等数据被舆论转发，"帮助耕种人和农机手对接""农民线上咨询技术难题、专家快速回答"的便捷功能被舆论称赞为农民种田的手机移动"智库"。舆论称，"易农宝"手机客户端为农民、农机、农业专家精准对接提供了信息交流平台，实现了农民生产、生活、供求等多重需求的融合。此外，舆论还关注了"吉林一号"卫星遥感数据对农业的强力支持作用。人民网、新华网、《吉林日报》等媒体关注了吉林统筹卫星遥感数据整合土地确权、农业生产技术等方面的数据，对接气象、水利等数据，并在2017年基本实现县域农业卫星数据云平台全省覆盖的实践。舆论称赞吉林农业已经插上信息科技的翅膀，农业生产实现"上天入地"。

2. 多措并举打品牌,"吉字头"农产品资源优势变经济优势

2017 年是吉林省农业品牌推进年,扩大吉林农产品品牌影响力成为舆论全年关注的话题。吉林多措并举提升农产品形象,围绕玉米、大米、杂粮杂豆、优质安全畜产品展开的工作部署被舆论认可。舆论认为打造"四大"农产品优势产区的重点工作是吉林扩大农产品影响力的有力之举,是推进农业供给侧结构性改革的重点部署。"五个一工程"多管齐下推进吉林大米品牌建设备受舆论关注——打造一个公共品牌,组建一个产业联盟,构建一个网络平台,建立一个质量标准体系,畅通一个销售渠道——"五个一工程"集中优势资源、打响了"吉林大米"品牌。其中,阿里巴巴签约吉林大米获得舆论较大关注。舆论点赞,吉林大米开启"云高速",吉林搭上农村淘宝直通车实现变资源优势为经济优势,变品质优势为效益优势,标志着以吉林大米为代表的"吉字头"高端农业品牌迈开电商渠道建设的重要步伐。舆论将吉林大米崛起之路称为"吉林大米现象"。业内人士表示,吉林大米品牌建设打造了大米行业供给侧结构性改革的"吉林样板",对其他地方粮食的生产、流通、消费具有借鉴意义。多场农产品品牌推介会助推吉林农产品走出去。吉林大米进军浙江市场,飘香西安古城;松原优质特色农产品勇闯广东市场;打造"吉林大米"出口品牌等消息成为舆论关注的热点。一批具有吉林本地特色的大米品牌受到市场欢迎。也有舆论表示,吉林绿色有机农产品把"口碑"转化为真金白银还有很长一段路要走,绿色食品认证难、过程烦琐等制约因素是农产品品牌建设的"拦路虎"。

农业品牌化建设与农业生产结构调整相互促进被舆论重点关注。2017 年"吉林大米"品牌"溢价"效应明显,吉林农民因此综合增收约 10 亿元[①]的成绩获舆论认可。吉林"三品一标"农产品种养面积超 1000 万亩,[②]优质稻米种植面积占比超 95% 等数字成为吉林农业品牌打造与种养结构

---

① 《吉林粮食主产区:告别漫山"大苞米""闯"出春耕新"气"质》,新华网,http://www.xinhuanet.com/food/2018-03/30/c_1122613231.htm。
② 《吉林:"三品一标"优质农产品面积超千万亩》,新华网,http://www.xinhuanet.com/2017-07/08/c_1121286473.htm。

相互促进的成绩单。"稻渔种养"工程与农业绿色发展相得益彰。水稻与鸭、蟹、泥鳅、小龙虾等共生的特色种养模式被舆论关注。"稻鱼稻蟹"热兴起,多地实现"一水多收",2017年全省稻田养殖面积46万亩,实现连续三年每年翻一番,白城市弘博农场成为吉林首家国家级稻渔综合种养示范区等成绩被多家媒体报道。舆论称赞,鸭、蟹入稻田为吉林大米打上了绿色、健康的品牌标签,为稻农带来额外收入,也推动农业绿色可持续发展。

3. 秸秆综合利用变身"香饽饽",保护性耕作促黑土增肥力

2017年,吉林大力推进秸秆综合利用,疏堵结合取得良好效果。秸秆打包机械奔跑在田间地头,秸秆走上生产线变成饲料,电厂里秸秆进锅炉变能源的综合利用景象被媒体聚焦。舆论称,废弃秸秆变成"香饽饽"。"吉林省秸秆综合利用率超七成""长春市九台区2017年秸秆综合利用率可达81%""农安县今年秸秆综合利用率达94.2%"等量化指标被媒体报道。2月14日,东北区域玉米秸秆综合利用协同创新联盟在吉林省长春市成立,舆论对此给予积极认可。联盟如何为东北玉米秸秆找出路成为舆论聚焦点。"集团军"研发模式、"深翻还田结合其他多种方式"的全程机械化玉米秸秆直接还田技术体系被舆论称赞。舆论称,吉林深入挖掘玉米秸秆用途,实现秸秆收集与生态种养有机衔接,实现秸秆能源化利用,做到了"点草成金",实现"包袱"变财富。有报道说,农民对秸秆的态度已经发生了较大改变,以前秸秆不知道如何利用,但又"不敢烧",现在让烧也"不愿烧""不舍得烧"。

还有舆论关注了秸秆还田提升黑土肥力的情况。《人民日报》以《黑土地泛"油光"》为题对吉林秸秆还田的成效进行了关注。专家表示,秸秆覆盖还田好处多多,黑土地土壤含水量大增,表层土壤有机质含量和耕层有机质含量分别增加40%、13%。多地探索秸秆还田新技术提升种植效益令舆论称羡,四平市梨树县探索出玉米秸秆覆盖还田免耕播种技术的"梨树模式"被舆论称为蹚出黑土地永续利用的一条道路;松原市宁江区民乐村秸秆还田后玉米地里种蘑菇,不仅长势好,效益还比玉米高。有分析认为,吉

林省保护性耕作技术意义非凡，不仅解决了秸秆焚烧带来的环境污染问题，也为黑土流失土壤退化找到了控制办法，实现吉林现代农业绿色可持续发展。有农民说，感觉脚下的土地从来没这么软乎过，前几年连小车都压不出辙来。有舆论给出了形象的比喻称，秸秆还田给秸秆找到了好的归宿，也让土壤有饭吃了。耕地身体更健康，粮食产量告别打点滴度日。还有舆论表示，秸秆还田推进黑土地保护仍然任重道远。

4. 吉林扶贫打出"组合拳"，农民增收致富有出路

产业扶贫、电商助农、返乡富农是2017年吉林省脱贫攻坚战的亮点。

产业扶贫中发展棚膜经济被重点关注。吉林省5月9日印发的《关于加快发展棚膜经济促进农民增收的实施意见》引发舆论广泛传播。到2020年，"吉林将新建棚室140万亩""解决120万农民就业问题"的目标被舆论期待。吉林多地发展棚膜经济的实践被舆论关注，长春市将棚膜经济打造成为农业增效、农民增收、联结城乡、就业创业、产业融合的支柱产业；延边州发展山野菜棚膜经济，用创新技术养殖"生态"鸡，探索走上生态农业、绿色脱贫的新路。发展棚膜经济的"老朱增收70万元""老李降低了供暖成本"等鲜活案例跃然纸上。棚膜经济让吉林大地增绿、农民增收，实现由"输血"向"造血"的转变。舆论指出，吉林唱响"棚膜经济"的致富旋律，"蹚开"农民增收道路，丰富本地居民"菜篮子"，实现了农业转型发展。

吉林电商扶贫撬动兴农加速度获舆论关注。吉林多地实施"电商＋特色农产品＋贫困户"模式助农增收成为媒体报道重点。舆论点赞，该模式让贫困村走出品牌脱贫之路，在扶贫路上实现"弯道超车"，成为精准扶贫新方式。"1～8月吉林农村网络零售额73亿元，同比增长71%"的数字被媒体大量转载。① 舆论认为，吉林省推进电商精准扶贫有助于解决贫困地区农产品上行难问题，是适应新形势真扶贫扶真贫的有效举措。

---

① 《电商精准扶贫 吉林省农村1～8月网络零售额73亿元》，新浪网，http：//jl.sina.com.cn/news/m/2017－10－15/detail－ifymvuyt0237376.shtml。

支持农民工返乡创业也成为吉林扶贫的重要手段。2017年5~6月,吉林省先后发布《关于启动农民工等人员返乡创业工程促进农民增收的实施意见》《吉林省促进就业工作先进地区激励实施办法(试行)》。①"首次建设一批综合性创业园区""首次推进大学生创业园区建设与农民工返乡创业相融合""首次创新提出开展农技工培训""首次提出各级政府要加大返乡创业资金投入"等创新举措获舆论称赞。截至2017年底,"吉林累计命名省级农民工等人员返乡创业基地116个""带动16.36万人就业"等成绩被舆论广泛关注。镇赉县主动到返乡创业农民家调研,帮助农民创业"扶上马、送一程",延边吸引农民工返乡发展"归雁"经济等多地实践举措成为舆论关注热点。舆论点赞,吉林省"返乡经济"蹄疾步稳地发展,"打工经济"变"创业经济"产生集聚效应,以创业带动就业为全省经济发展贡献力量。

5. 农村金融改革省级试验田结硕果,产品创新破解农民贷款难

在农村金融改革方面,吉林省"全国唯一一个省级农村金融综合改革的试验田""全国首批农业政策性保险试点省份之一"的两大头衔被舆论积极关注。舆论称,吉林省深入做好农村土地抵押、农业信贷担保以及农业保险护农三篇文章,并概括出吉林农村金融综合改革试验的"四活"特征即"放活、盘活、用活、搞活"。5月17日吉林省农村金融综合改革试验一周年新闻发布会举行。《中国日报》、新华网、中国新闻网等多家媒体对发布会内容进行报道。"金改助力三农""农村金改呈多点开花之势""成果丰硕"等成为报道关键词。媒体从"关键性指标呈现'两增两降一突破'""吉林农村金改九大突出方面""创新11项专属涉农金融产品体系"等方面梳理了吉林省一年来的农村金融改革成绩,"全省五大作物参保面积4150万亩,同比增长1.05%""为133万户次农户提供风险保障114亿元,同比增长37.4%"等数据被多家媒体引用。舆论点赞,吉林省金融与"三农"深

---

① 《吉林省将首次建设一批综合性创业园区吸纳农民工入园创业》,吉和网,http://news.365jilin.com/html/20170525/2301214.shtml。

度融合、共赢发展,推进吉林农业转型升级。

吉林省农村金融服务产品创新也被舆论广泛关注,农民因"房屋和果树等不能做抵押物"而发愁贷款资金的困境有所改变。"土地收益保证贷款""两权抵押贷款""大棚贷"等接地气、易操作、低成本、可复制的土地经营权抵押贷款金融产品和服务被舆论点赞。公主岭市双城堡镇玛瑙村农民李德明依靠良好的信用,几分钟内便从当地农行通过办理"守信贷"拿到贷款,没用任何抵押品,解了燃眉之急。舆论称,吉林农业金融产品创新实事求是、贴近田间地头,解开了农民贷款难的"愁疙瘩"。舆论称赞,这些金融产品盘活了"地根",带活了"银根",将农村土地沉睡的"死资源"变成了农民心心念念的"活资本"。新华社、吉林电视台《新闻联播》栏目以图文报道和视频播报等多样方式关注了吉林盘活农村"沉睡"资产的举措及成效。吉林目前已实现农村土地经营权抵押贷款试点县域全覆盖的创新举措被多家媒体转载。舆论还关注了金融机构支持涉农龙头企业发挥辐射带动作用的实践。"龙头企业+农业合作社+农户""龙头企业+经销商+农户""公司+农民合作社+家庭农场"等经营模式成为贷款支持的主要模式。舆论称,这些实践切实起到了"帮龙头、带链条、促农增收"的效果,有效解决农民贷款难题。

三 热点事件舆情分析

1."吉林省秸秆焚烧火点增加783%"引发舆论多角度讨论

2017年11月20日,央视网发布消息《环保部:今冬秸秆禁烧形势不容乐观》称,环保部卫星环境应用中心公布的监测数据显示,2017年9月20日至11月15日,全国秸秆焚烧火点数量同比增加73%。其中,"吉林省秸秆焚烧火点增加783%"[1]被媒体大量转载,并引发舆论多角度讨论。中

---

[1]《环保部:今冬秸秆禁烧形势不容乐观》,央视网,http://news.cctv.com/2017/11/20/ARTIBXMqkap2zNCvzRed13LZ171120.shtml。

国吉林网发表评论发问，贯彻秸秆"禁烧令"何以还有死角？舆论指出，吉林近年来很重视"禁烧令"的贯彻，抓宣传，搞监管，相关行动并不落后，但是秸秆焚烧火点依然增速惊人，其原因在于部分地区存在"上严下松、上实下虚"的问题。长江网表示，秸秆处理并非只能走"烧"这一条路，但前提是"吃力能讨好"，因此加大投入促进秸秆还田或深加工成饲料就显得很有必要。专家建议，秸秆规模化收集、工业化加工，实现综合利用是减少秸秆焚烧的努力方向。

网民也纷纷通过新闻跟帖发表意见，其观点主要有以下几个方面。一是建议相关部门出实招，解决农民秸秆的去向问题。有网民表示，玉米价格那么低，秸秆不让烧，农民处理费时费力费钱，谁为他们想想？有网民表示，百姓的苦有谁能理解呢，一刀切高压威胁是不道德的。有网民表示，关键是没有解决不烧怎么处理的问题。否则，谁会去烧？二是认为焚烧比填埋更合理。有网民表示，问题的关键是农民第二年春天还要播种，如果不予以焚烧处理，秸秆不会腐烂，就会影响种植。有网民表示，还是烧了好，烧了病虫害少了，杂草少了，用农药就少了。有网民表示，就水稻而言，打碎腐烂的秸秆会带来更多病菌，引发稻瘟病，而且潜叶蝇等很多害虫都是在枯草里面越冬的，下一年只能用更多农药。三是认为秸秆焚烧不是空气污染的主要原因。有网民表示，关掉全国80%的化工厂和煤炭发电站，整个地球都是蓝天白云。有网民表示，烧秸秆确实会造成雾霾，但是造成环境污染的原因不止于此。四是为减轻秸秆焚烧建言。有网民表示，光禁止有用吗？应该对秸秆有效利用进行规范和引导，增加设备。有网民表示，除了在行政上强制禁止焚烧秸秆，还要从产业上引导农民深度利用秸秆，让秸秆变成农民手中的钞票，让农民亲眼看到秸秆是可以变成各种食用真菌，可以卖掉换钱，剩下的基质可以与泥土混合发酵成有机黑土，这样农民才会主动拒绝焚烧秸秆。还有网民质疑报道数据的真实性。有网民称，增加了近8倍，这不是今年烧的多了，而是去年报的少了。

2. 吉林德乐合作社鲜食玉米售出"天价"引发舆论热议

2017年4月17日,央视《经济半小时》栏目报道了吉林德乐农业合作联合社生产的鲜食玉米,平均零售价达每穗9.9元,是普通玉米的20倍。合作社负责人表示,规模化经营降低了大型农机、光纤等设备的使用成本,加上无化肥无农药的绿色生产方式使得合作社生产的玉米卖出好价钱。消息引发舆论积极关注和热议。新华网、央广网等权威媒体以"东北开种'天价玉米'"为题对报道进行了转载。多家媒体发表了相关评论。中国网认为,东北引进"天价玉米"听起来确实是个好消息,玉米有了新品种,农民收益或将因此增加。但诸如特定的玉米品种,种植方式迥异于传统玉米,农药化肥零添加,市场前景如何等问题都是不可忽视的重要因素。因此,农民需理智慎思,不可盲目跟风。《广州日报》认为"天价"依然不愁销路体现的是市场的认可度,是市场对高品质产品的需求倒逼行业整体生产、科技水平提高的体现。央广网援引专家观点表示,中高端农产品市场或将成为未来的产业蓝海,别怕高端产品没人买。附加值高、定制性更强的"天价玉米"符合中高端产品的特征,能一定程度上促进农民采用新技术、绿色生产、提升农产品质量。

网民以新闻跟帖、微博、微信评论的方式展开热议。部分网民质疑新闻的真实性。有网民表示,全文都未介绍天价玉米具体有什么特别。有网民表示,老百姓种个地不容易,不要忽悠老百姓。有网民说,这种新闻有何意义?很多农村玉米种得越多赔得越多。新闻报道为什么不去真正地报道实情,解决问题?部分网民表示"天价玉米"只是个例,可推广性不大。有网民表示,报道只是个别案例,希望媒体别夸大成普遍现象。有网民表示,并无推广性,我们这里很多地没人种了,赔钱,玉米价格太低。部分网民建议农民不可盲目跟风。有网民表示,农民不能盲目种植"天价玉米",应该五谷杂粮都种点,做到多样化种植而不是单一品种扎堆。也有网民表示,未来的发展趋势就是职业化农民,要搞差异化、精细化的种植模式,"天价玉米"的种植正是精细化管理的表现。

参考文献

祝大伟:《"铁杆庄稼"咋样"铁"下去?》,《人民日报》2017年4月9日。

阎红玉:《"稻鱼稻蟹"热"一水多收"忙》,《农民日报》2017年12月20日。

柳姗姗:《吉林返乡创业者"零成本"入驻优建基地》,《工人日报》2018年4月12日。

B.16
上海市"三农"舆情分析

张向飞*

摘 要: 2017年,上海市"三农"舆情走势整体平稳,微信与微博信息占比超过舆情总量的六成。上海深入推进农业供给侧结构性改革,多举措提升都市现代绿色农业发展水平;推动农产品品牌培育,变革农产品流通模式;试点收入保险,探路金融支农政策新路径;深化农村改革提升农民幸福感;持续推进"五违四必"综合整治等受到舆论持续关注。上海出台"史上最严"食品安全条例、新生代农民工留沪意愿强等成为2017年涉农热点话题。

关键词: 绿色农业 食品安全城市 收入保险 农村改革

一 舆情概况

1. 舆情总量概要分析

2017年,监测到上海市"三农"舆情信息共9.42万条(含转载),同比减少15.5%。其中,新闻舆情信息2.38万条,占舆情总量的25%;微信信息3.45万条,占37%;微博帖文2.82万条,占30%;博客和论坛帖文分别为6247条、1370条,各占7%和1%(见图1)。

---

* 张向飞,上海市农业委员会信息中心主任、书记,工学博士,高级工程师(教授级),主要研究方向为农业信息化。

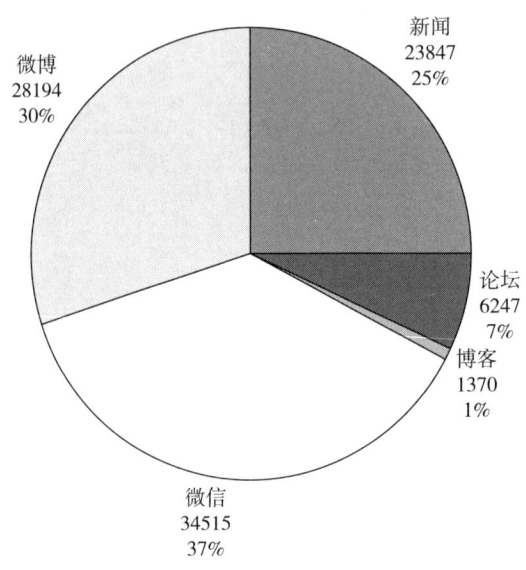

图 1　2017 年上海市"三农"舆情传播渠道分布占比

从载体分布看,微信与微博平台信息占比超六成,在上海市"三农"舆情传播中起了重要作用,二者合计数量是新闻舆情数量的五倍。由于现代通信技术的迅速发展及网络覆盖率的提升,社交媒体较传统媒体而言,更具传播的便利性和高效性,使得微博、微信在涉农舆情传播方面的作用日益明显,信息数量庞大。

从舆情走势看,2017 年上海市"三农"舆情整体平稳,下半年波动较大。其中,6 月热点话题较多,如上海电商进口美国牛肉、上海市郊夏粮开磅收购、第六次"补短板"综合治理现场会等,助推当月舆情量(9170条)达到全年峰值(见图 2)。

2. 热点内容概要分析

从舆情话题分类看,农产品质量安全相关舆情量最多,占舆情总量的22.28%。其次,农村土地和都市型农业生产话题舆情量分别占 20.02% 和15.40%,前三者合计占舆情总量的 57.7%。此外,农产品市场话题舆情量占比也在 10% 以上(见图 3)。

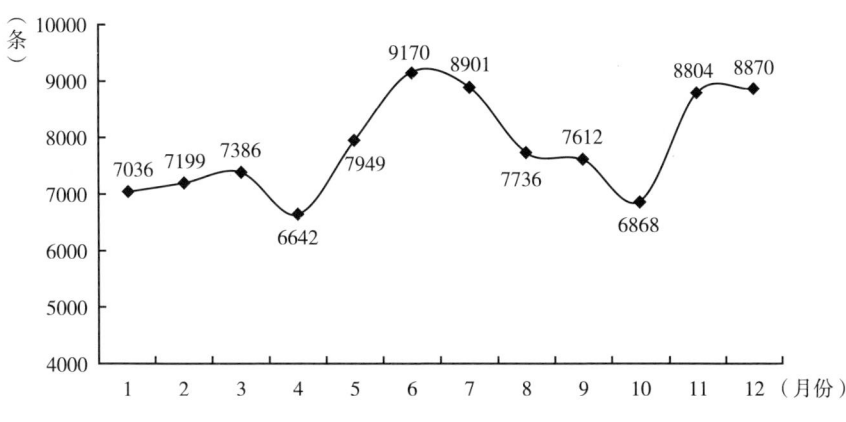

图2 2017年上海市"三农"舆情走势

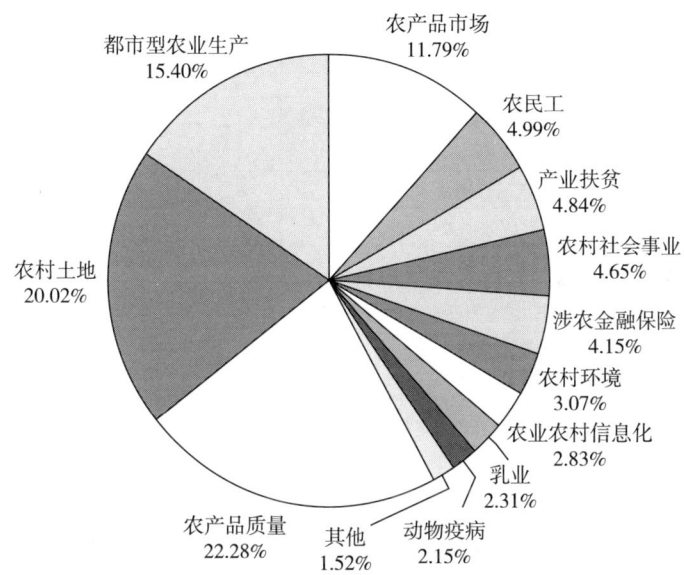

图3 2017年上海市"三农"舆情内容分类

从排行前10位的舆情热点事件看,上半年热点事件居多,有7个。其中,"五违四必"综合整治舆情热度较高,登上本年度热点事件排行榜首位(见表1)。《上海市食品安全条例》正式实施、2017上海农博会开幕、上海试点收入保险成效明显、2017上海地产农产品直销展、编制上海市都市现代绿色农业发展三年行动计划等涉农政策和活动受到较高关注，沪新生代农民工留沪意愿强烈、地产水稻从"卖稻谷"向"卖大米"转变等涉农话题也引发讨论。

表1　2017年上海市"三农"舆情热点事件TOP 10

排名	热点事件	月份	首发媒体	舆情热度
1	上海"五违四必"综合整治	1	东方网	1563.8
2	2017上海农博会开幕	5	新华网	547.6
3	《上海市食品安全条例》正式实施	3	新华网	
4	上海出台被征地农民就业和保障办法	3	《中国国土资源报》	256.7
5	地产水稻从"卖稻谷"向"卖大米"转变	9	《经济日报》	208.2
6	编制上海市都市现代绿色农业发展三年行动计划	9	《解放日报》	159.8
7	上海"整建制"创建国家农产品质量安全示范市	1	新华社	159.5
8	2017上海地产农产品直销展	8	央广网	145.8
9	上海试点收入保险成效明显	3	《上海证券报》	120.1
10	沪新生代农民工留沪意愿强烈	4	东方网	92.3

二　涉农政策热点剖析

1.上海推进农业供给侧结构性改革，提升都市现代绿色农业发展水平

在城乡一体化发展进程中，上海农业比重迅速下降。然而，仅占全市生产总值比重0.39%的上海都市农业，有其独特的发展模式，即突出生态功能，重点发展高效生态绿色农业。舆论多角度关注了一年来上海农业供给侧结构性改革的现状和成效。"推进改革""改革加速"是媒体报道上海农业供给侧改革的高频词。

9月，上海市政府举办新闻发布会向公众介绍了上海都市农业发展有关

情况。发布会表示,卓越的全球城市是上海城市发展的远景目标,其中,上海农业在城市发展中应凸显其生态功能。媒体在上海农业供给侧改革的报道中,着重提及了"绿色""质量""效益"等核心要素,重点关注提升农业品质进而提高城市品质等方面。11月,上海市农委有关领导在"三农"工作务虚会上再次重申,发展绿色农业是上海农业未来发展的唯一出路,并提出按照最高标准和水平进行建设的要求。针对绿色农业发展从何处着手的问题,业内专家表示,上海农业发展应该主抓三个"更加",即更加注重生态保育、更加注重环境友好、更加注重产品质量,同时坚持产业结构的优化和经营方式的创新。舆论表示,上海农业不但是"菜篮",更是城市发展的"绿肺",借助自身优势,上海"小农业"也能大放异彩。

此外,舆论还对上海农业供给侧改革的"双创+农业"、地产大米转型等典型模式予以关注。2017年9月,上海地产新大米[①]以优品优质优价的形象亮相当地知名商超,引发媒体争相报道。产量少、限量供应、购买攻略等关键词见诸网络媒体和报端,体现了上海大米的稀缺。更多的媒体以上海从"卖稻谷"向"卖品牌"转变的角度报道上海本地品牌大米的强势回归。上海大米的品牌化被舆论视为上海农业发展步入转折的重要标志,是根据农业发展和市民需求推进农业供给侧改革的有益探索,是从田间到饭桌各环节深度合作的产业融合发展。未来,上海市农业部门将按照地产大米的营销模式推介其他地产蔬菜和水果。对此,舆论乐见其成。

2. 上海着力培育农产品品牌,多举措变革农产品流通模式

上海是消费人口大市,为保障上海市民对优质农产品日益增长的需求,上海通过农产品展销会、划定特色农产品生产保护区等多种途径培育地产农产品品牌,提高特色农产品的美誉度。8月,在上海农业展览馆举行地产农产品直销展会,同步举办为期两个月的地产水果进公园活动受到不少市民的欢迎。直销会在引导果农走优质优价之路,培育大户的品牌意识等方面受到

---

① 《上海:都市农业供给侧改革成效由市民"说了算"》,新华网,http://www.xinhuanet.com/2017-10/15/c_1121805587.htm。

舆论肯定，直言这些活动不但"富了果农口袋"，也"甜了市民舌尖"。

上海"海派"特色的农产品在第十五届中国国际农产品交易会上赢得与会人员好口碑，上海有9个产品、15家生产单位入选《2017年度全国名特优新农产品目录》等消息都被媒体积极报道。"1只水蜜桃能卖25元""品牌西瓜卖价50元"等成为媒体报道上海浦东新场镇的桃咏专业合作社的吸睛标题。原来，该合作社运用"三同"① 理念，生产标准比肩出口标准。上海特色农产品也受到海外市场的欢迎。8~12月，媒体持续关注了松江仓桥水晶梨、崇明金瓜首次出口香港、上海"心心"牌葡萄出口泰国、松江大闸蟹热销海外多国的消息。舆论表示，这些出口农产品严控农业投入品使用，出口后提高了自身"身价"，提升了上海农产品品牌形象，让上海特色农产品声名远播。此外，上海还划定了一系列特色农产品生产区域，予以资源倾斜，进行着重保护和建设，这在一定程度上提升了农产品的品质，培育了不少优秀的农产品品牌。

除了农产品品牌的培育，媒体还对上海努力探索创新农产品流通模式给予高度关注。舆论表示，上海采取上控资源、中控平台、下控渠道的网络，不断优化"菜篮子工程"。从供应渠道看，规模化的外延蔬菜基地是上海蔬菜供应的创新之举，外延蔬菜基地的落户城市、种植面积、"上海标准"生产、享受上海政策等方面都是媒体关注的重点。舆论称，外省多地"菜园子"无缝对接上海"菜篮子"，让上海蔬菜供应减压，同时稳定了菜价，保证了安全。此外，"2.0版标准化菜场""智慧微菜场""社区蔬菜直供网点""批零联盟"等农产品流通新业态也让舆论津津乐道。截至2017年底，上海市有33家示范性标准化菜场、1542家社区智慧微菜场完成新建改建。这些菜场可扫码支付，具有标价明、可追溯的优点，为消费者带来实惠和便利。从供应链条看，上海打造的绿色食品安全追溯体系串起了农产品流通的各个环节，覆盖了猪肉、蔬菜、水产等多个品种。媒体以"大基地、大市

---

① "三同"，即同线同标同质，要求企业的出口和内销产品在同一生产线、按相同的标准生产，使内外销产品达到同样的质量水准。新华网，http://www.xinhuanet.com/fortune/2017-07/27/c_1121389957.htm。

场、大流通、大合作、大数据"等关键词阐述上海"菜篮子"的五大新内涵,称赞上海建设菜篮子的创新让市民获得感不断增强。

3. 上海试点农业收入保险,探路金融支农政策新路径引关注

上海自 2016 年启动的农业收入保险试点工作,被业内称为农业保险 4.0 时代到来。2017 年,媒体对收入保险的覆盖范围广、贴近农民实际需求、符合绿箱政策等方面进行了分析,对其发展前景进行了思考和展望。据《中国保险报》报道,上海收入保险试点一年后,保障农民收入的效果已经显现。另外,从功能上看,农业保险的"上海样本"除了有防范自然风险的基本职能,还能保障农民收入、服务现代农业发展、转变当地政府管理手段等多种作用。2017 年 2 月下旬,上海农业收入保险还被中央农村工作领导小组实地调研,以期得到一些经验和启示。上海的做法让舆论看到,解决农业难题不应只盯住农业领域,让金融领域的众多市场主体参与进来,反而能找到突破口。舆论认为上海在该领域的试验探索意义深远,其经验是一条可复制的路径,值得在全国其他农业大省和粮食主产区逐步推广。

此外,上海保险业创新推出了全国首个农业台风巨灾指数保险,探索"保险+融资"模式,打造增信、数据和文化三个平台支持农村信贷和农业经营主体创业融资等创新支农方式都被舆论关注。其中,上海农业品牌能贷款百万元再被舆论解读。有媒体在分析了农业品牌质押能够顺利实施的原因时指出,上海政府、银行、保险、互联网等多方协作,合力为农企构建了一道严密的"信用"之网。舆论大赞上海农村金融创新的思路和方法、农业品牌的创立和运营,呼吁其他地方好好学习。

4. 上海深化农村改革,提升农民幸福感

2017 年,上海农村改革的成果被媒体关注。98%的村、超过 50%的镇完成改制[①]等有关村镇改制成效的消息,以及代表农民受益情况的数字,如"已改制的集体经济组织年总分红 15 亿元""惠及农民近 150 万人""人均

---

① 《上海全面推进农村集体产权制度改革取得阶段性成果》,经济网,http://www.ceweekly.cn/2018/0130/217894.shtml。

分红超过千元"等表述都被媒体频繁提及。为了巩固来之不易的改革成果，上海市出台了《上海市农村集体资产监督管理条例》。舆论将条例的出台视为上海农村产权制度改革法治化的标志。业内专家对上海在深化农村改革的道路上找到自己的特点，覆盖广、溯源深、创新路表示赞赏。专家表示，改革试点地区的农民有薪金、保障金、租金和股金四个收入渠道，也被称为"四金农民"，极大地提升了农民的幸福感。

2017年，上海完成了农村土地确权颁证工作，受到媒体关注和传播，并在报道上突出"率先""全面"两个关键词。确权所涉及的"9个涉农区""87个乡镇""1099个村"等具体数字，以及全部通过市级检查验收的消息受到媒体积极报道。① 确权完成的"农户55.76万户"、确权登记颁证面积"167.5万亩"等确权细节也被媒体着重报道。此外，舆论还对上海农村集体用地探索农家乐的消息予以积极评价。媒体报道，试点项目经审批严格，确保村集体合法利益和无风险增收，实现多方共赢。② 业内人士认为上海的试点具有突破性，是一种积极的探索，让本地的休闲农业和乡村旅游更加规范有序，为其做强做优打下良好基础。

5. 上海持续推进"五违四必"③ 综合整治获舆论好评

2017年，上海"五违四必"环境整治工作受到舆论持续关注。上海市多次召开"五违四必"综合治理现场会，部署"五违四必"综合整治，立下2017年整治工作的"军令状"。年初的现场会要求再狠抓一年，推进"五违四必"向纵深化发展，同时巩固好已经取得的成绩，要认真总结有益经验为将来的工作铺路，提升市民的满意度和获得感。据媒体报道，两年来，上海市共拆除违建面积1.6亿多平方米，其中，仅2017年就超过了

---

① 《本市全面完成农村土地承包经营权确权登记颁证工作》，东方网，http：//shzw.eastday.com/shzw/n1102226/n1102230/u1ai11079096.html。
② 《上海试点农村集体用地转型农家乐：探索休闲农业乡村旅游》，澎湃新闻网，https：//www.thepaper.cn/newsDetail_forward_1620020。
③ "五违四必"，指违法用地、违法建筑、违法经营、违法排污、违法居住；安全隐患必须消除、违法无证建筑必须拆除、脏乱现象必须整治、违法经营必须取缔。东方网，http：//shzw.eastday.com/shzw/G/20160629/u1ai9484726.html。

1亿平方米，生态环境明显改善，"臭名"远扬的杨泾河道现今已华丽变身为生态绿廊，合庆镇朝阳村违法排污企业拆除后土地复垦为农田，呈现一派田园风光，获得市民点赞。

"五违四必"综合整治得到上海市民和舆论高度评价。舆论指出，"五违四必"是上海高层的一种远见卓识，它的精准施策守住了上海生态环境发展的底线，使得上海大城市治理水平上升到新的高度。上海市住建委相关负责人表示，"五违四必"成效显著，但部分地区仍有"五违"现象存在。因此，要把"五违"变"无违"，需强化"补短板"工作，持续攻坚克难。

三 涉农事件专题分析

1. 上海出台"史上最严"食安条例获舆论关注

2017年3月20日起施行的《上海市食品安全条例》（以下简称《条例》），吸引了众多媒体的注意力。该《条例》是《上海市实施〈中华人民共和国食品安全法〉办法》（2011年9月1日起实施）的升级版。条例修改的幅度、惩奖措施、专业人士解读、各相关部门的宣传活动和贯彻落实会议是媒体报道的主要方面。《条例》内容扩展了两章节，由原来的六章节增加到现在的八章节，包括53篇新增条文和55篇修改条文，修订幅度接近94%。《条例》对政府及各有关部门的食品安全监管责任、加强食品安全源头治理等六个方面的内容都做了极为严格的规定，被舆论称为"史上最严"的食安条例。

《条例》发布后，上海市各部门和相关单位纷纷表态要认真贯彻落实；上海近250家食品企业派人学习《条例》并签订了承诺书。其中，光明乳业集团力挺上海"最严"食品安全条例的一系列动作吸引了媒体目光。据媒体报道，《条例》发布当天，光明乳业同步下发两个内部文件，要求全产业链管控，确保每一滴奶的安全。舆论表示，《条例》是对上海食品安全治理体系的查缺补漏，是食品安全工作的创新，是要求食品安全各项工作严格落实的指令，必将开启上海市食品安全治理的新格局。

网民对《条例》的出台也发表了看法。有网民点赞食品严格监管。网民"lili96323"说，吃下去的东西马虎不得，感谢政府相关部门尽职尽责。网民"如此晓丹"说，新政策的出台，能够对不诚信、不规矩的企业起到很好的震慑作用，相信以后的食品安全问题会越来越少。有网民希望执行能够到位。网民"超级马厉一代"说，有了法律作为保障，接下来就看执法部门的努力了。网民"一路有你快乐2018"说，再严也要看执行，否则就是一纸空文而已。有网民对食品安全现状表示不乐观。网民"青桐剑"说，一直是史上最严，食品安全还是那个熊样。网民"游沪港的甬"说，先把卖活鸡鸭的路边摊清理一下再高歌吧。有网民对食品安全监管提出建议。网民"家言明语"说，民以食为天，食以安为先。把好食品安全关，政府还有很多工作要做。目前最乱的就是餐饮小摊贩，政府部门应该要加强这些小餐饮的监管。网民"狐狸c"说，制定切实合理可行的制度才是正道。所谓最严最安全，具体实施很难，成本很高。中国哪项法规不是最严格最完备的，事实就是选择执法和权力寻租。

2. 上海新生代农民工渴望留沪话题引发热议

2017年5月中旬，《劳动报》援引上海社科院公布的"上海社会发展报告蓝皮书"数据报道，上海新生代农民工总数已突破500万人，成为在沪农民工的主体，引发社会关注。网易等媒体转载的报道有近5000人参与评论。新生代已超过半数、融入城市愿望较高、社会融入需要"破题"等主题是媒体报道着力点。舆论认为让农民工融入城市发展，是城市和人的共同需要，同时对农民工如何融入城市提出建议：一方面，农民工要提高自身素质，成为城市发展不可或缺的力量；另一方面，政策制度要给农民工融入生活提供更多条件，重视农民工技能培训，鼓励新生代农民工参与社区活动，提高城市归属感。

网民对上海新生代农民工渴望留沪发表意见。有网民认为外地农民工加入上海市是好事情。网民"男儿生当戴吴钩"说，来到上海、愿意加入上海，是好事。但请接受上海的习惯及规则，欢迎守法有责、遵循礼义廉耻的所有人融入上海。网民"文隔白左"说，只要你认真干活，努力工作，不会亏待你的。网民"红彤彤的大蘑菇"说，人口聚集产生经济效益，这是必然。没有 TA 们，我们房子租给谁？外卖谁来送？滴滴谁来开？有网民呼吁农民工回去建设家乡。网民"EricEric"说，回家乡建设不是很好吗？留在上海何必呢。网民"供着贪官"说，精英们把你们的创造力，用去建设生你养你的家乡，超越上海，这可是光宗耀祖的事。还有网民担心社会治安问题，也有网民认为发布这样的报告容易引起城乡矛盾。

2018 年是各级各地贯彻党的十九大精神、实施乡村振兴战略的开局之年，上海市将加快城乡融合发展，加大美丽乡村建设力度，公共资源配置向郊区倾斜，加快推进农业农村现代化。同时，在农业供给侧结构性改革方面，将实施农业质量年行动，以质量为导向，全面提升农业绿色化、优质化、特色化、品牌化水平。相关工作的落实、上海模式的探索、取得成效、亮点等将持续受到舆论关注。

参考文献

杨清悦：《发展都市现代绿色农业是上海农业未来唯一出路》，《东方城乡报》2017 年 11 月 14 日。

方志权：《上海发展绿色农业从何处着手》，《解放日报》2017 年 6 月 6 日。

程绩：《农业对上海为何那么重要?》，《新民晚报》2017 年 2 月 21 日。

吴卫群：《申城智慧微菜场达 1542 家》，《解放日报》2018 年 1 月 19 日。

房浩、夏韵：《"五违四必"除顽疾百姓安居心欢喜》，《新民晚报》2017 年 12 月 28 日。

B.17
江苏省"三农"舆情分析

傅铭新 王平涛 赵霞 徐月洁*

摘 要: 2017年江苏省农业农村经济发展稳中向好、稳中向新。加大品牌创建推动农产品走俏国内外市场、推进"互联网+"与现代农业融合发展、加大畜禽养殖污染治理、江苏"土十条"发布等话题受到舆论积极关注。新型经营主体面临的土地流转费上涨、农机趋于饱和、养殖场盲目禁养、野蛮拆迁等问题也引发舆论思考和建言。刘强东质疑稻田养虾有农药、农民工给上班族"让地铁"等事件舆论关注热度高。

关键词: 现代农业 苏米 养殖拆迁 江苏"土十条"

一 舆情概况

1. 舆情总量概要分析

2017年,江苏省深入推进农业供给侧结构性改革,农业生产保持丰产丰收,农民收入增速快于城镇居民收入增速和经济增速,农村新产业新业态新模式取得显著成效。江苏农业农村经济诸多发展成就吸引舆论积极关注。据监测,2017年,江苏省"三农"舆情信息量13.84万条(含转发)。其

---

* 傅铭新,江苏省农业信息中心主任,高级农经师;王平涛,江苏省农业信息中心副主任,高级农艺师;赵霞,江苏省农业信息中心科长,高级农艺师;徐月洁,江苏省农业信息中心舆情分析师。

中，微信信息5.19万条，占舆情总量的37.49%，占比居首位；微博帖文4.29万条，占31.03%；新闻信息2.77万条，占20.05%；论坛和博客帖文分别为1.49万条和908条，占比分别为10.77%和0.66%（见图1）。

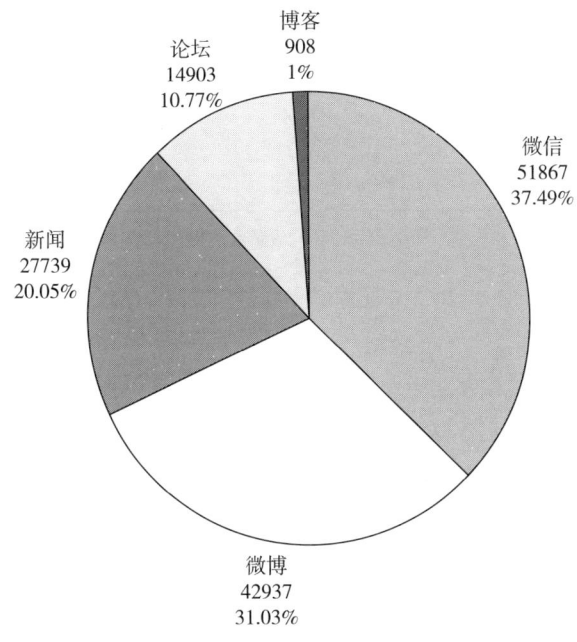

图1　2017年江苏省"三农"舆情传播渠道

从传播渠道看，新闻媒体是权威信息发布、诠释、追踪的第一载体，多起热点事件经由新闻媒体的深度报道引发舆论关注。微信是本年度江苏"三农"舆情信息传播的主力，微信转发新闻报道、发表个人观点成为舆情的主要传播形式，通过个性化语言风格、图文、"数读"等方式吸引舆论目光，偶有夸大其词的标题党。新浪微博也是主要舆论阵地，个人爆料的消息经由微博平台得到涟漪式快速传播。

从传播趋势看，2017年江苏省"三农"舆情整体呈波浪走势，"7人小局塌方式腐败""洋葱大量滞销""樊哙狗肉参展十五届农交会"等消息助推7月和9月出现两次舆情峰值（见图2）。

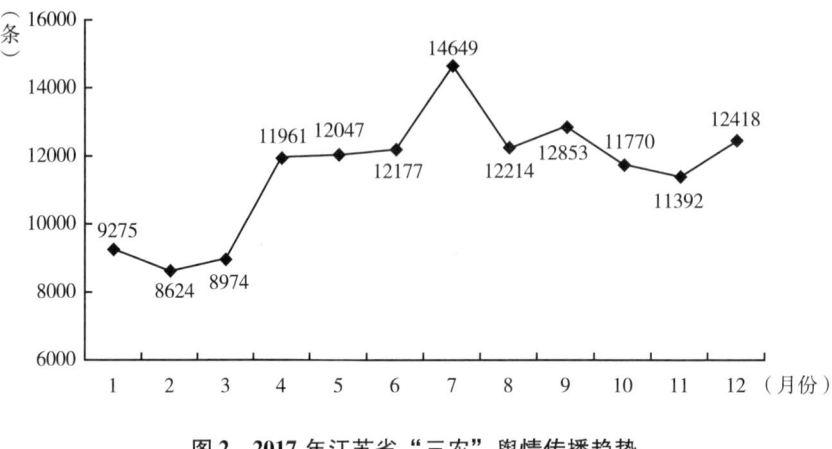

图2 2017年江苏省"三农"舆情传播趋势

2.舆情内容概要分析

从舆情话题分类看,农业生产与粮食安全相关舆情量最多,占舆情总量的27.37%。其次,产业扶贫和农村土地话题舆情量分别占11.32%和11.18%,前三者合计占舆情总量的49.87%。农产品质量安全、农产品市场、农村环境、农村社会事业、农民工、涉农金融保险等话题舆情量占比也均在5%以上(见图3)。

从本文整理的热度排前20位的舆情热点事件看,下半年热点事件较多,有13个。农民工为上班族"让地铁"的事件舆论关注度最高。两起"毒地"事件相关信息被广泛传播且关注时间跨度大,舆情热度占据排行榜第二、第四位。中国江苏·现代农业科技大会、首届全国新农民新技术创业创新博览会被舆论重点关注,相关舆情均居排行榜前五位。农产品市场、农产品质量安全方面的事件也是舆论关注重点。"洋葱滞销""大闸蟹丰收季防伪问题""刘强东质疑稻田养虾"等带有明显季节性特征的事件也成为舆论聚焦点。第十五届中国国际农产品交易会、第十九届江苏农业国际合作洽谈会等多场农业会展吸引舆论目光(见表1)。此外,涉农贪腐问题也受到较高关注。

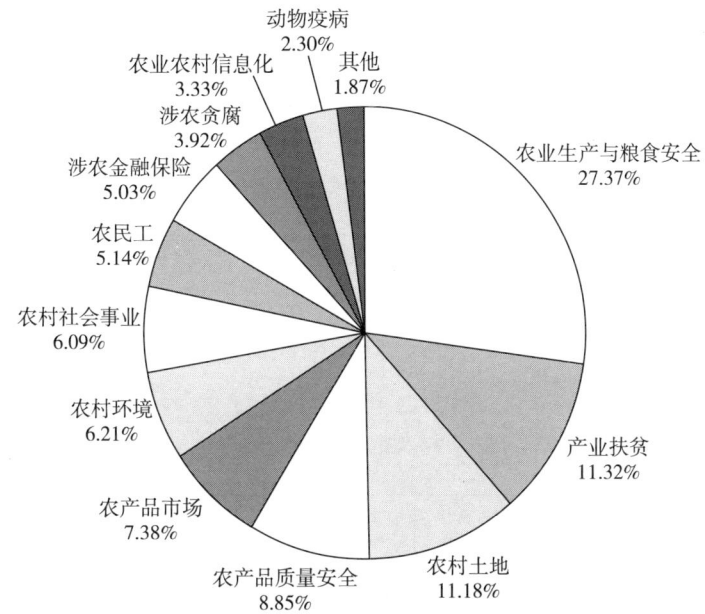

图3　2017年江苏省"三农"舆情话题分类

表1　2017年江苏省"三农"舆情热点事件TOP 20

排名	热点事件	月份	首发媒体	舆情热度
1	南京：农民工给上班族让地铁	6	江苏新闻广播	3425
2	江苏常州"毒地"公益诉讼事件	1	正义网	2914
3	中国江苏·现代农业科技大会	12	新华网	1206
4	江苏靖江"毒地事件"举报者周建刚获得当地政府30万元	11	《北京青年报》	1192
5	首届全国新农民新技术创业创新博览会在苏举行	11	新华网	1188
6	刘强东质疑稻田养虾有农药引热议	9	今日头条	283
7	央视3·15晚会曝光另一种"瘦肉精"江苏企业牵涉其中	3	央视财经频道	277
8	江苏农妇误喝百草枯无药可救	4	澎湃新闻网	182
9	第十九届江苏农业国际合作洽谈会	9	中国连云港政府门户网	168
10	江苏好粮油专场推介会	12	新华网	138
11	防伪锁扣为何难防冒牌大闸蟹	10	《北京青年报》	135
12	江苏"土十条"发布	1	中共江苏省委新闻网	101

续表

排名	热点事件	月份	首发媒体	舆情热度
13	江苏养殖拆迁问题关注	3	《新华日报》	98
14	稻田养虾江苏东海县农民玩转立体农业	8	《新华日报》	87
15	江苏淮安查处7人小局塌方式腐败：两任局长前腐后继小金库存在10年	7	《检察日报》	84
16	江苏检验检疫局：鲜活农产品渐成进出口主角	4	《新华日报》	57
17	宿迁一村会计家现千枚村民印章套取国家涉农补贴	8	微信	55
18	樊哙狗肉参展第十五届农交会引动物保护人士抵制事件	9	新浪微博	48
19	江苏：洋葱价格暴跌！一毛一斤没人要，农民血本无归	7	央视财经频道	39
20	从"超日标"到"超欧标"的新攀越——苏米品牌打造的高标准认创之路	7	《农民日报》	34

二　热点话题舆情分析

1.江苏现代农业佳绩频传　发展中的新问题引发思考

2017年江苏全方位推动现代农业发展取得不菲成绩，农业生产保持丰产丰收，特色高效产业、创意休闲农业等新产业新业态新模式取得显著成效。1月12日召开的江苏省农业工作会议和2月15日发布的2017年江苏省委一号文件聚焦深入推进农业供给侧结构性改革，成为江苏全年农业工作的指针。舆论总结称，2017年江苏重点抓好"三个培育壮大""五个新"，[①]并以图文并茂的方式给出了江苏农业结构调整的时间表、路线图和任务书。

加快农业结构调整步伐，促进农业提质增效的成绩被舆论聚焦。从关注情况看，以下三方面热度较高。一是粮食生产方面，江苏粮食再获丰收的消息被媒体报道。2017年江苏粮食种植面积减少但总产量增加。江苏省统计

---

① 《全省农业工作会议：今年重点抓好"三个培育壮大，五个新"！》，盱眙新闻网，http：//www.xynyxx.com/n8661.aspx。

局发布的数据显示，江苏全年粮食总产量3539.8万吨，同比增加73.8万吨，增长2.1%，① 实现十三连增。二是农业机械使用方面，"整体化推进示范省""机器换人工程""绿色环保农机装备与技术示范工程"被称为江苏农机系统推进农业供给侧结构性改革的"三驾马车"。"预计2020年全程机械化水平稳定在80%以上""到2020年水稻、小麦、玉米基本实现全程机械化"② 等目标被新华网、中国新闻网等权威媒体转发。荔枝网报道，截至2017年5月，全省粮食生产机械化水平达75%以上，每亩节约成本270元。③ 舆论称赞江苏补齐农业机械化"短板"。还有舆论表示，在全国粮食全程机械化整省推进过程中，江苏取得显著成绩，处于领先地位。三是农业保险方面，江苏"农业险种基本全覆盖""农险保费收入十年增七倍""高效设施农业保费占比超50%"等成绩被舆论广泛关注。新华网报道，2017年江苏省用于农业保险的保费补贴资金已增加至13亿元。世界银行的调查显示，江苏农险财政保费补贴超过发达国家水平。④

同时，江苏农业发展中出现的新问题也引发关注和思考。一是"鬼稻"（杂草稻）严重影响水稻产量与品质。浙江大学邱杰表示，江苏发现"鬼稻"的比例达10%～20%，甚至出现大面积绝收。⑤ 二是种粮大户等新型主体已成为种粮骨干力量，却面临粮价走低、土地流转费上涨、贷款难、市场风险保障空白等困境。⑥ 三是江苏农机数量增速过快，总量趋于饱和，"跨区"作业难。省农机局相关负责人表示，以射阳县为例，该县每年拖拉机

---

① 《2017年江苏省国民经济和社会发展统计公报》，江苏省统计局网站，http://tj.jiangsu.gov.cn/art/2018/2/22/art_4031_7491654.html。
② 《江苏：预计2020年全省粮食生产基本实现全程机械化》，央广网，http://news.cnr.cn/zt2017/shijiuda/jplm/dahuizhisheng/20171024/t20171024_523997932.shtml。
③ 《江苏粮食生产机械化水平达75%以上》，盐城新闻网，http://www.ycnews.cn/p/262471.html。
④ 《江苏完善农保机制为农民撑起"保护伞"》，新华网，http://www.js.xinhuanet.com/2017-07/06/c_1121275586.htm。
⑤ 《"鬼稻"严重影响水稻产量与品质已成全球稻田疾患》，中国新闻网，http://www.chinanews.com/cj/2017/06-02/8240180.shtml。
⑥ 《良田万亩耕者谁？——来自3个种粮大县的调查》，人民网，http://leaders.people.com.cn/n1/2017/0411/c58278-29200930.html。

约新增500多台,甚至近1000台,爆发性增长带来的是农机跨区作业难度加大。① 四是部分地区出现集中连片撂荒问题需引起重视。

2.品牌创建增强竞争力 江苏农产品走俏国内外市场

2017年,江苏省通过加大品牌创建力度等多项举措助推本省农产品走俏国内市场。其中,"苏米"品牌的创建、推广成为贯穿全年的热点话题。5月26日,江苏大米产业技术创新战略联盟成立,新华网、中国江苏网等媒体进行了报道。舆论表示,联盟的成立有助于整合江苏大米行业的优势资源,推动产业全产业链实现转型升级,促进江苏粮食产业科技创新发展。11~12月,江苏省粮食局举办多场江苏粮油专场推介会,"打造江苏大米省域品牌""沪苏携手做大做强'苏米'""'苏米'实现标准统一、管理体系更严格"等举措成为舆论聚焦点。② 舆论点赞,"苏米"品牌的创建可以实现江苏各地大米抱团发展,避免地方品牌"自说自话"。省粮食局负责人表示,近年来,江苏粮油产品畅销沪、浙、闽、粤,其中,进入上海市场的大米中,江苏大米占据绝对优势,占比近七成。③ 此外,2017年国庆中秋双节期间,大闸蟹市场逐渐摆脱"唯阳澄湖化",太湖、洪泽湖大闸蟹逐渐获得市场认可,舆论点赞大闸蟹市场多品牌共同发展,产业迎来新升级。同时,"过水蟹""洗澡蟹"等阳澄湖大闸蟹市场混乱现象也被舆论重点关注。东方网报道指出,防伪锁扣也锁不住"假阳澄湖大闸蟹"的手脚,暴露出来的问题是政府农产品产地溯源制度成了摆设。舆论反思假冒现象难禁背后的问题,呼吁加强监管和制裁,重塑消费者信心,为行业健康发展保驾护航。

特色鲜活农产品出口量增长成为江苏对外贸易亮点。江苏省检验检疫局相关负责人表示,2016年下半年尤其是2017年以来,江苏特色鲜活农产品进入国际市场的数量不断增加,成为江苏对外贸易的一大亮点。舆论点赞江

---

① 《农机跨区,要跨越误区和盲区》,中国江苏网,http://photo.jschina.com.cn/jcjs/201705/t20170512_493707.html。
② 《江苏发布大米省域品牌"苏米"建统一管理体系》,人民网,http://js.people.com.cn/n2/2017/1201/c360301-30987174.html。
③ 《"侬来尝尝香喷喷的江苏大米!"》,扬子晚报网,http://www.yangtse.com/app/zhengzai/2017-11-17/482746.html。

苏鲜活农产品渐成进出口主角。江苏建成13个出口食品农产品"国字头"示范区，泰州水稻种子配上二维码"身份证"从出口农产品示范区"走"向菲律宾、越南①等消息彰显江苏农产品出口实力。舆论称，江苏"土特产"畅销"洋市场"。此外，多场国际农业交流会成为江苏农产品打响品牌、打开国际市场的新平台。第42届日本国际食品与饮料展和第十九届江苏农业国际合作洽谈会上，江苏农产品获得可喜成绩。媒体报道称"江苏农产品成功'首航'日本""徐州优质农产品融入'一带一路'"打通新出路等。

3. "互联网+"引领江苏农业现代化发展　舆论为多地信息技术应用成效"打call"

近年来，江苏大力推动"互联网+"与现代农业融合发展，云平台、物联网等信息技术的综合应用成为新亮点，高效、绿色成为舆论主要表达。舆论点赞，"互联网+"正在深度重塑江苏现代农业发展优势，推动农业产业提质升级。

江苏全省农业科技政策受到媒体积极关注。江苏先后发布《关于加快推进"互联网+"现代农业发展的意见》《江苏省"十三五"农业科技创新与推广发展规划》《关于全面推进科技支农强农富农的意见》等意见和规划，从顶层设计对农业现代化和农业信息化发展做出部署。"互联网+"的成效被舆论积极关注，舆论称赞："互联网+生产"，一人管理万亩田；"互联网+经营"，一天成交三千单；"互联网+服务"，一部手机管全程；江苏"互联网+农业"，加出广阔新天地。媒体用数据说话，展示江苏农业信息化发展成绩。"江苏省已创建省部级智能农业示范基地55个""江苏创建省级智能农业示范基地127家""全省规模设施农业物联网技术应用面积占比超14%""2017年底全省益农信息社建成运营数量达1.16万个"等量化成效被媒体大量转发。舆论点赞，"互联网+"融入江苏农业产业链，覆盖农业生产的各个环节，实现农业信息服务水平全面提升。媒体还关注了物联网

---

① 《带"身份证"的江苏水稻种子从出口农产品示范区"走"向世界市场增长量达50%》，中国经济网，http://www.ce.cn/cysc/zljd/gd/201711/18/t20171118_26907777.shtml。

技术对江苏畜牧业发展的推动作用，称其是江苏畜牧业发展的新动能。11~12月江苏先后举办首届全国新农民新技术创业创新博览会和中国江苏·现代农业科技大会，两场农业科技盛会展示江苏农业信息化发展的重要成果。人民网、新华网、央视网等央媒对两场盛会都进行了积极关注。舆论点赞，现代农业科技大会是江苏的"重磅级"大会，多项科技来"打call"，拓宽江苏农业国内国际朋友圈。

江苏各地农业信息化实践与成效也受到舆论积极关注。苏州"农业信息化覆盖率达60%""规模化设施农业物联网技术应用面积占到总量的24%""一台电脑可操控上千亩农田"等成效被媒体大量转发。舆论称赞，苏州"互联网+"农业快速发展，打造"互联网+"现代农业的"苏州榜样"，"人在干、云在转、数在算"工作模式彰显苏州"互联网+"现代农业活力；徐州铜山农商银行"E行无忧"电商平台于2017年正式上线，开辟"三农"商城并定点推荐乡村休闲旅游和特色农产品成为亮点；盐城搭建"智慧农业"管理平台，提供农业管理调度、专家在线、产业联动等服务，有效解决特色农业发展中出现的项目分散、缺少合力、品牌力不足等问题。

4. 畜禽养殖污染治理获舆论称赞　禁养拆迁引发热议

为加大生态环境保护，江苏省于2016年底启动了"263专项行动"，并强力推进。其中，畜禽养殖污染及农业面源污染治理也是行动之一。群众通过"263行动"曝光各地养殖污染问题和政府采取行动暗访并查处污染养殖场等事件成为舆论关注点。舆论点赞，江苏通过"263行动"发现自身发展问题，吹响江苏生态保护和环境治理攻坚战的号角。一年来，政府及相关部门下大力气治理畜禽污染，划定禁养区、养殖场拆迁等行动受到高度聚焦，"继续关闭""已拆掉""禁养进行时"等成为舆论热词。截至5月5日，江苏13个设区市全部完成禁养区划定、① 丰县半年拆掉4789家养殖场、宜兴禁养区畜禽养殖场100%关停等整改结果被舆论广泛关注。

---

① 《江苏对照问题抓整改重实效已关闭搬迁养殖场户6211家拆除非法码头111个》，环保部网站，http://www.mep.gov.cn/xxgk/hjyw/201705/t20170519_414344.shtml。

与此同时，诸如"盲目禁养""野蛮拆迁""禁养拆迁维权"等事件爆料也在社交媒体广泛传播，对禁养区划定和养殖拆迁的担忧和思考成为舆论热议话题。《新华日报》3月17日报道称，江苏部分地方执行畜禽禁养政策走样，随意增加关停指标并扩大禁养范围，甚至出现全面禁养、一禁了之的"无猪县（乡、镇）"等"一刀切"的做法，饱受舆论诟病。"拆猪场拆出大事""环境污染这个锅养猪人不背"等成为传播"警句"。舆论呼吁治理畜禽污染不可"操之过急""一关了之"。有舆论批评，"一禁了之"是典型的追求业绩不看事情本质的做法，头痛医头脚痛医脚是对政策的歪曲。之后，《新华日报》又于8月13日从畜禽粪便短缺、有机肥涨价的角度关注了苏南地区畜禽养殖场大量关闭产生的影响。不少种粮大户减少或放弃使用有机肥，改用化肥引发舆论担忧。央广网等多家媒体以"猪场拆迁太严重致有机肥紧缺""种粮户跨省市买猪粪"等为题进行报道转载。

对此，江苏省积极采取行动推进畜禽粪污综合利用，并对不当做法进行纠正，获舆论认可。其中，央视《焦点访谈》栏目对常州市政府的治理举措进行了深度采访。常州市政府通过牵头购买服务，或引入外部资本处理畜禽粪便，从而减少养殖户损失的惠民举措获舆论点赞，称其为养殖污染治理开了个好头。舆论表示，江苏畜禽粪污治理由治标向治本前进。针对江苏省畜牧业如何在养殖场拆迁和保护生态的双重要求下发展的舆论发问，专家建议，不可简单地对养猪场一拆了事，要统筹协调禁养关停和稳定发展的关系，将禁养作为推进养殖业健康发展的契机，优化养殖结构。12月，省政府办公厅出台《江苏省畜禽养殖废弃物资源化利用工作方案》，被舆论称为推进江苏"种养循环"畜禽养殖体系建设的绿色方案。

5. 江苏"土十条"发布提振舆论信心 "靖江毒地"事件引发反思

2017年1月4日，《江苏省土壤污染防治工作方案》发布。江苏治土方案新增4个重点行业，农药位列其中，①"土壤10年体检一次""2020年前

---

① 《苏版"土十条"正式印发江苏将立法防治土壤污染》，交汇点新闻客户端，http://jhdr.xhby.net/content/201701/04/c454611.html。

摸清土壤污染'家底'""重污染地块禁建学校和住宅区"成为舆论关注重点。舆论以"十个关键词""一张图"等"数读"、图文并茂的形式对江苏"土十条"进行解读，称赞苏版"土十条""治土"亮点纷呈。有网民说江苏"土十条"是"超棒利好"消息。此后，南京、泰州等地也纷纷出台本市"土十条"。

农村土地话题中，舆论重点关注了"靖江毒地"①举报者获30万元奖励事件。11月13日，时隔两年多后，江苏"靖江毒地"事件举报者周建刚获得当地政府30万元奖励，消息一发布就引发舆论热议，其中"创下国内环境污染举报奖励最高纪录"引爆舆论场。《北京青年报》《瞭望》对事件进行了深度报道。央视《新闻直播间》《24小时》《面对面》等电视栏目也对周建刚进行了采访。舆论多角度展开热议：有舆论认为，政府重奖污染举报人体现了对生态环境安全的重视，类似良好互动多多益善；有舆论称，30万元重奖的"最高"纪录，恰好反衬此前奖励标准偏低，重奖举报制度对环境污染治理必不可少；但也有舆论反思，联系周建刚两年多的举报维权之旅，30万元的奖励或许更有些许讽刺效果，由最初的本地举报无果到被逼无奈选择网络举报，甚至提前写好遗书，这背后隐藏的监管不力问题值得深思；还有舆论表示，严查比奖励举报更重要，地方政府不能总为污染企业背书，要秉持"谁污染、谁负责"的原则，让污染企业真正尽到善后的责任，让污染大户支付修复需要的资金。

三 热点事件舆情分析

1.刘强东质疑稻田养虾有农药引热议

新华社9月17日发表图文报道，展示了江苏盱眙县农民稻虾共作喜获丰收的景象。京东集团董事局主席兼执行官刘强东当天在今日头条个人账号

---

① 靖江毒地是指在江苏省靖江市的一个养猪场地下填埋了上万吨有毒物质事件。百度百科，https://baike.baidu.com/item/%E9%9D%96%E6%B1%9F%E6%AF%92%E5%9C%B0/22218966?fr=aladdin。

发文对稻虾共养模式提出质疑。他认为,稻田在播种过程中会使用大量农药化肥,与其共生的小龙虾可能会被污染。10月17日,《科技日报》援引中科院亚热带农业生态研究所研究员肖国樱的观点对此做出回应称,小龙虾对农药十分敏感,如果稻田使用农药过多,小龙虾也不能存活,因此不必担心虾会出现重金属超标。10月25日,刘强东再次在今日头条个人账号展示了一封书信,内容为"稻虾共作"的原理和意义。有舆论表示,刘强东是为此前言论"认错",为"稻虾共生"模式正名。截至2017年12月31日,网易网民阅读量近4.24万次,跟帖量2809条。

  网民以新闻跟帖、微博发帖等方式对刘强东言论、专家观点展开热议。部分网民反对刘强东的质疑言论。有网民说,稻田养了生物,怎么还可能滥用农药,不说给人吃,能不能养活都是一个难题。还有网民说,既然能把龙虾养大,水质是没有问题的,如果稻田里有那么一点点的药物,龙虾是不会存活的。网易北京市手机网友说,稻田里养龙虾根本就不能再用农药了,有一点药龙虾就会全死了,没常识。部分网民解释"稻虾共生"的生产过程。湖南省手机网友说,个人作为种水稻和养殖的农户,来解答一下,在水稻田里养的大多是有机大米,不敢喷药,所以不要用外行的眼光评价内行。有网民说,虾稻共生就是养虾,稻谷就是中间一点凸出水面地种点,算附属产品,收多少随意,这点收益和养虾相比不值一提,还真去搞农药化肥?没有调查就没有发言权。部分网民吐槽刘强东是为京东产品做宣传。有网民说,东哥随时不忘给自家做广告,不为中国农业做点事,还要打击农民创新的积极性,与其这样批评不如做点实事去改变。有网民说,东哥这波广告来得猝不及防,你把加拿大龙虾卖掉了,你也把家乡卖了。有网民说,因为京东自己卖加拿大龙虾,所以就喷国内的。部分网民支持刘强东言论,认为农田化肥农药多。网易北京市手机网友说,就喜欢刘强东敢说实话的特点,我是农村的,很清楚小龙虾确实不适合在稻田里养。有网民说,支持京东,支持刘强东的直率,农药龙虾谁爱吃谁吃。部分网民质疑专家言论。有网民说,专家说放心,俺就不放心了。有网民说,专家一说,更不敢吃了。现在专家说的话越来越像营销广告了。也有网民表示期待检测结果。有网民说,农田龙虾应该请第三方检测一下,看看是否有有害物,期待结果。

2. 农民工给上班族"让地铁"引舆论反思

2017年6月22日,江苏新闻广播报道了一则农民工为上班族"让地铁"的消息。报道说,当日上班早高峰时段,南京地铁三号线柳州东路站台上一群农民工席地而坐。农民工们因为担心自己的行李会影响其他乘客乘车,因此在地铁站蹲等两个多小时,让赶时间上班的市民先走。对此,舆论多角度展开热议。有舆论认为农民工精神可嘉。青岛文明网表示,农民工谦让上班族折射农民工理解他人的美德。南方网评论说,农民工的行动毫无疑问是值得肯定和赞扬的,同样每个人都应该学会善待并尊重他们,反馈给他们真诚的体贴和关怀。① 有网民说,文化不是决定素质的必需条件,为他们点赞。有舆论认为,农民工让座背后的问题值得深思。澎湃新闻网表示,在为农民工"避峰"感动的同时,应当换位思考一下,从制度、政策多角度给予农民工便利才是对他们最大的尊重。《新快报》认为,农民工的谦让行为固然是基于道德自觉的主动礼让,但未尝不是其身处的环境所"规训"出来的被动适应。② 有舆论反思媒体的报道角度。《羊城晚报》说,关于农民工的类似话题很多,但并不适合抒情。红网报道称,媒体在报道类似暖闻的时候,不应仅止于单纯地点赞或称颂,而是要感受他们做法背后的原因及造成该原因的背景。③ 有网民说,"素质"取决于媒体的报道方向。还有舆论呼吁以平等地位看待农民工。齐鲁壹点新闻客户端表示,对待农民工请不要总是施舍自己泛滥的感情,平等看待他们,不搞特殊化,不搞标签化就是对他们最大的尊重。有网民说,上车给老弱病残让座,自觉放好行李即可。堂堂正正挺起胸膛,不必觉得低人一等。

总体上,2017年江苏省"三农"舆情角度立体、多元,内容丰富、接

---

① 《农民工礼让上班族莫止于点赞》,南方网,http://opinion.southcn.com/o/2017-06/23/content_173121281.htm。
② 《农民工给上班族让地铁过度抒情要不得》,《新快报》,http://news.163.com/17/0623/00/CNIUV54K00018AOP.html。
③ 《舆论对农民工暖闻反应强烈反而不正常》,红网,http://hlj.rednet.cn/c/2017/06/26/4335173.htm。

地气，有对发展成绩的肯定和赞扬，有对不足和存在问题的关注，也有对问题深层次原因及解决之道的反思和探讨；有宏观政策举措的深入解读，也有基层实践的生动呈现，为江苏农业农村经济发展营造了良好舆论氛围。2018年，江苏省将聚焦乡村振兴，推动农业高质量发展。全省农业工作会议部署质量兴农、绿色兴农、效益提升、主体提升、科技强农、改革深化等九大行动，相关工作的推进、具体落实中的新举措、新亮点、新成效或将受到舆论聚焦。

参考文献

邵生余：《鲜活农产品，渐成进出口主角》，《新华日报》2017年4月7日。

陈春裕：《让江苏"土特产"畅销"洋市场"》，《江苏经济报》2017年10月19日。

李晓亮：《只想当个养殖户咋被逼成"环保先锋"?》，《华西都市报》2017年12月12日。

敬一山：《莫替污染企业"背锅"》，《光明日报》2017年2月21日。

B.18
山东省"三农"舆情分析

浦碧雯 王钧 黄莎 李智*

摘 要： 2017年，山东省农业农村经济稳中有进、进中向好，农业农村改革发展方面的一系列工作获得高度关注。其中，农业生产、粮食产量、农产品质量安全、农产品市场等方面的相关话题热度较高，食用农产品"双证制"管理、"农药监管图"、鼓励返乡下乡人员创业、激励农技人员扎根基层服务"三农"等各项举措被媒体积极报道。"临沂桃子喷防腐剂"网络谣言、潍坊市峡山区蝗虫蔓延致农作物受损等涉农舆情事件引发舆论较多关注，山东省农业厅积极应对，及时消除不良影响，正确引导舆论导向，为全省农业农村经济健康发展提供了有力舆论支撑。

关键词： 山东省 "三农"舆情 质量安全 产业融合

2017年，山东省农业农村经济发展取得喜人成绩，粮食生产、农产品质量安全、重大动物疫病疫情控制、农民增收、农业供给结构优化、"三保两育一改一增"、农业新旧动能转换等方面的工作成果突出。[①] 本文聚焦

---

* 浦碧雯，山东省农业信息中心研究员，主要从事农产品分析和农业信息化研究；王钧，山东省农业信息中心经济师；黄莎，山东省农业信息中心农经师；李智，山东省互联网传媒集团舆情分析师。
① 《2017年山东省农业和农村经济发展报告》，山东农业信息网，http://sdny.com.cn/zwgk/sdny/fzlc/201801/t20180115_731653.html。

2017年山东涉农舆情热点,通过分析舆情走势、舆情特点、舆论反映等因素,总结归纳出山东省2017年农业舆情现状、问题和应对建议。

一 舆情概况

据全网监测,2017年山东省涉农舆情共1261条,主要包括涉及山东省农业农村经济的热点问题、行业舆情、政务舆情、突发事件等。

1.舆情整体特点分析

(1)全年舆情走势上半年相对平稳下半年起伏明显。年内分别于6月、9月出现两次舆情高峰。6月,夏收小麦正式开镰,"三夏"农业生产、农业保险工作等获媒体关注,但小麦倒伏、农作物减产等问题也在本月集中爆发,舆论关注度出现第一次高峰。9月,沈阳"问题大葱"致寿光百余只羊死亡事件引爆舆论,舆情热度居高不下;潍坊峡山水库附近爆发蝗虫灾害,山东省农业厅迅速采取有效举措控制灾情,获舆论关注;山东多地玉米减产、蒜薹价跌滞销等多起热点事件推动整体舆情数量达全年最高峰(见图1)。

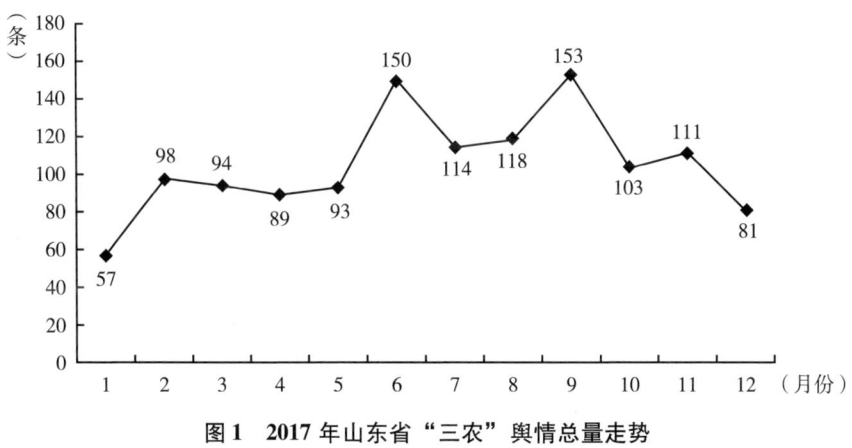

图1 2017年山东省"三农"舆情总量走势

(2)舆情话题相对集中。热点舆情主要集中在农业生产、农产品质量安全、农产品市场、农村土地、农村经营管理、产业融合、农业信息化、农业政策、农业农村发展、农资产品质量安全10大类(见图2)。

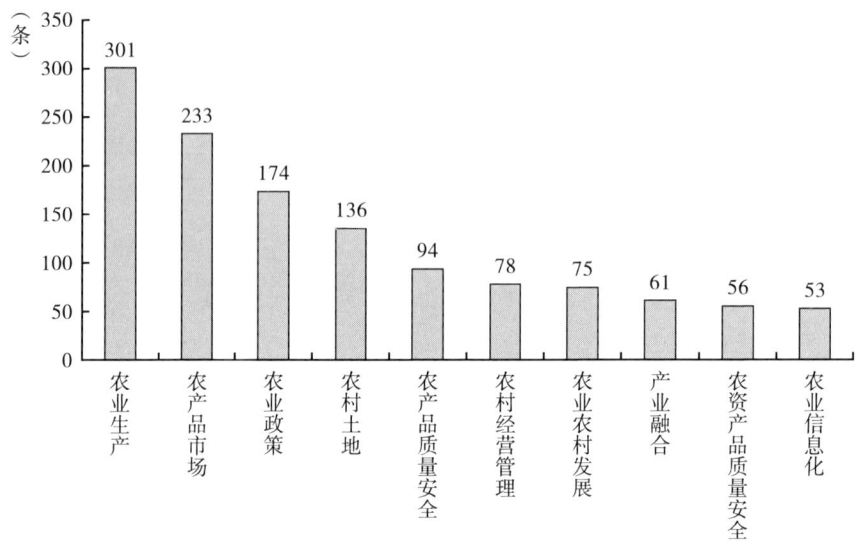

图2 2017年山东省"三农"舆情热点分布

2. 山东农业大事舆情分析

2017年,山东省农业厅召开7场新闻发布会,同时充分利用《人民日报》、新华社、《大众日报》等中央驻鲁和省内主流媒体,宣传报道山东省农业农村经济工作420余次,为历年最多。

一是召开新闻发布会,解读重要政策。6月2日,省农业厅对《山东省农业现代化规划》做出详细解读,新华网、中国网、齐鲁网、大众网等媒体刊发多篇报道,3天内相关新闻报道达500余篇,自媒体600余篇,舆论称赞农业现代化发展带来的积极影响。6月7日,省农业厅介绍山东省加快发展现代农业重要成就,3天内20余家媒体参与报道及转载,累计发布报道共70余篇,转载400余次,媒体从"韭菜地图"、农业"新六产"取得的成效、粮食总产值、八个指标全国第一等多角度进行了宣传报道。10月27日,山东省农业厅对促进农产品、一二三产业融合发展相关实施意见做出权威解读,2天内相关新闻达500余篇,多数网民为山东多项新政助力农产品加工业发展点赞。11月1日,山东省农业厅就食用农产品"双证制"

（产地合格证与市场销售凭证）管理有关情况做出专门介绍，3天内相关新闻达1000余条，媒体主要从"双证制"管理影响、落实情况等角度进行了报道，多数网民对"双证制"管理点赞支持。12月15日，山东省农业厅对《山东省加强基层农技推广人才队伍建设的二十条措施》进行解读，3天内受到30余家媒体关注，相关新闻达400余篇，媒体主要从培养机制、机构管理体制、人才激励考核机制等方面进行了报道，多数网民为政策的出台点赞。

二是实施乡村振兴战略。山东省对此高度重视，一系列政策、科技举措等引起公众广泛关注，《大众日报》、山东电视台等多家省内重点媒体连续发表多篇专版、专访报道，为推动山东实施乡村振兴营造良好的宣传氛围。

三是加快发展"新六产"。12月1日，山东省出台《关于加快发展农业"新六产"的意见》，2天内相关新闻报道达400余篇，媒体主要从宏观解读山东"新六产"发展、建设"新六产"的具体举措等方面报道，多数网友为这一政策点赞。

四是推进农业新旧动能转换。8月17日，山东省农业厅专门召开座谈会，提出绿色发展方向，受到媒体广泛关注，3天内相关新闻达200余篇。

五是农业现代化取得新进展。12月4日，《大众日报》以四大版面对山东农业发展成就进行详尽剖析，介绍了山东突出"三个导向"、加速推进农业农村现代化的探索与实践，受到舆论积极关注。

六是积极防治农业环境污染。8月，中央环保督察组进驻山东，涉及山东省农业环保相关新闻约1000余条，报道内容以山东如何防治农业环境污染为主，各大政务、媒体官微多次发布农业环境相关整治活动，网民积极点赞评论，舆论反映良好。

3. 舆情话题概要分析

（1）农业生产热点舆情301条，占总量的23.87%。2017年，山东粮食生产迎来丰收，产量在历史上排第二位，在全国排第三位，引发舆论关注。山东省农业厅6月召开新闻发布会，介绍全省"三夏"生产工作情况，被多家中央和省级媒体报道。同时，山东连续11年开展农业保险工作，获媒体点赞。受天气影响，山东农作物减产、绝产情况时有发生，"山东多地市旱情严重 局部小麦绝产"等灾情信息舆论关注度较高。2月，媒体曝出山东不少种粮大户种植积极性下降，出现"毁约弃耕"现象。4月底爆发并蔓延的小麦条锈病发生早、扩散快，为历史同期罕见，山东省农业厅高度重视、全力防控，防治效果达85%以上，受到媒体高度关注。9月的潍坊峡山水库发生蝗灾，有媒体以直播等方式报道了省农业厅对灾情的控制措施，在自媒体舆论场反应热烈。总体来看，山东省农业系统在面对农业灾情、生产突发问题时高度重视、反应迅速、治理有效，获得媒体和网民的积极肯定。

（2）农产品市场热点舆情233条，占18.48%。2017年，山东省农产品滞销信息时有曝出，部分地区出现桃子、葡萄、西瓜、藕、山楂等农产品滞销事件，引发舆论关注。此外，在"蒜你完"相关报道中，作为大蒜主产区，山东金乡备受舆论关注，媒体对"蒜你完"背后的投机炒作、疯狂囤货等现象进行了较多报道。对此，农业部门积极应对处置。如，5月媒体报道山东多地蒜薹价跌滞销一事，省农业厅一方面根据舆情发展态势对舆论进行积极正面引导，另一方面报送舆情分析处置报告至省委省政府领导审阅；6月出现圆葱滞销情况后，相关部门立即启动应急机制，举办圆葱促销活动；11月烟台苹果、菏泽黄梨价格走低，省农业厅相关领导在首届全国新农民新技术创业创新博览会上大力推介烟台苹果和锦玉黄梨。[①] 农业部门积极有效的处置行动为农产品销售和保护农民利益提供了强有力的保障，获得媒体与网民一片叫好。同时，山东省于2017年继续推进创新农产品品牌建设，发布第二批知名农产品区域公用品牌，进一步探索了农业由大到强的转型之路。

（3）农业政策热点舆情174条，占13.80%。2017年，山东出台多项政

---

① 《姜卫良在全国"双新双创"博览会上为烟台苹果和锦玉黄梨代言》，山东农业信息网，http://www.sdny.gov.cn/zwgk/gzdt/201711/t20171111_616745.html。

策大力扶持"三农"发展，受到全国媒体关注，央媒、省媒积极刊发《山东返乡创业人员可申请最高10万元担保贷款》等报道。2月，在山东两会上，政府工作报告将"提高农业供给质量"摆在突出位置，充分展示省委省政府对"三农"工作的重视，这与同期公布的2017年中央一号文件相呼应，引发舆论热议。10月，随着党的十九大的召开，乡村振兴战略话题备受关注，山东省各级农业部门、人大代表、农民群众围绕乡村振兴战略对山东省农业发展积极建言献策。12月，山东加强基层农技推广人才队伍建设成为关注焦点，各大主流媒体持续刊发报道，宣传政策重要性和实施进展，舆论热度较高。

（4）农村土地热点舆情136条，占10.79%。从2013年开始，山东启动土地确权登记颁证工作，目前已在全国率先基本完成。此外，农村土地承包法修正案草案相关报道进一步引发舆论对山东省土地确权、土地承包问题的正面关注。2017年，山东省全面完成永久基本农田划定，并就区域管理"田长制"进行深入探索。在涉及农村土地方面的舆情信息中，部分网民通过自媒体平台发帖反映土壤污染、土地闲置等问题，受到农业系统及其他多部门的高度关注和积极处置，负面舆情得到有效平息。

（5）农产品质量安全舆情94条，占7.45%。长期以来，山东高度重视抓农产品质量安全工作。2017年，"双证制"管理和"农药监管图"等受到公众一致肯定。但网络谣言等不可控因素也影响着山东农产品质量安全工作的开展。如7月，"桃子喷防腐剂"的谣言视频在自媒体平台广泛传播，致使果农损失惨重。山东省农业部门监测到相关舆情后积极进行科普宣传以引导舆论，并引发媒体跟进报道；9月，"沈阳大葱叶毒死寿光羊"一事受到全国媒体广泛关注，自媒体舆论场热议度高，省农业厅迅速、有效进行调查处理，事件迅速平息。

（6）农村经营管理热点舆情78条，占6.19%。其中，网民发帖曝料农业合作社、农村集体产权制度改革、土地承包等方面问题的情况时有发生，并引起媒体对农村经营管理工作的关注。

（7）农业农村发展热点舆情75条，占5.95%。主要集中在山东省农业发展趋势、农村建设成就等方面，主流媒体多次发出正面声音，如《山东各地积极发展高效生态农业》等报道，对民众进一步认识了解相关工作起到了积极的宣传作用。

（8）产业融合热点舆情61条，占4.84%。2015年以来，作为全国农村一二三产业融合发展试点省，山东省取得了很好的成效。山东电视台、《大众日报》等主流媒体多次报道山东产业融合建设、进展，如《山东：推动农村产业三链重构，加快融合发展步伐》等报道，正面导向明显，引起舆论关注并点赞。

（9）农资产品质量安全热点舆情56条，占4.44%。舆情事件主要来自省内媒体、自媒体对假化肥、违规农药、不合格大棚薄膜等问题致农业生产受到影响的现象曝光，如《济阳太平镇村民疑买到假化肥，农业部门已介入》等。此外，假种子问题也是舆论焦点，如高唐县、邹平县等多地农作物绝产、减产等现象，让公众一度怀疑是种子的问题。对此，省农业厅邀请有关专家组成调查小组进行实地调查，消除农户质疑，提高农户对各类外在因素、突发状况的认知，为农产品生产和农户利益保驾护航。同时，相关的正面宣传工作也进入舆论视野。

（10）农业信息化热点舆情53条，占4.20%。山东现代农业发展、农业电子商务等被媒体积极报道。如《"互联网+"：山东探索农业科技创新新模式》等报道，对山东农业信息化发展成就予以关注并肯定。3月，山东省在聊城莘县举办农民手机应用技能培训，加速推进农业信息化项目实施。11月，首届全国新农民新技术创业创新博览会上，山东省15家企业和单位参展，集中展示山东省近年来农业信息化和农村电商发展的最新成果。12月，山东省部署推进国家农村农业信息化示范省建设工作，相关经验被舆论称为全国农村信息化和现代农业科技示范区建设的示范。

4. 热点舆情排行分析

从2017年山东省排行前20位的"三农"热点舆情看，农产品市场、农产品质量安全、农业生产等事件被舆论高度聚焦（见表1）。

表1 2017年山东省"三农"热点舆情TOP 20

排序	时间	标题	首发媒体	转载量(篇)
1	8月31日	山东百只羊疑吃沈阳"问题大葱"死亡	《北京青年报》	996
2	11月1日	山东11月1日起全面推行韭菜产品"双证制"管理	新华网	799
3	4月20日	李克强考察济南春季农业生产	央广网	467
4	9月12日	山东一水库库区蝗虫成灾致千亩玉米减产超过两成	中国青年网	336
5	11月6日	金乡:"蒜你狠"后现"蒜你完",大蒜价跌达79%	《中国证券报》	260
6	11月22日	山东划定9587万亩永久基本农田	大众网	224
7	9月21日	创新农产品品牌建设山东探索农业大省向农业强省转型之路	新华网	217
8	9月2日	沈阳目前未发现"问题大葱",调查组已赴山东	人民网	199
9	10月19日	山东出台16条政策支持返乡下乡人员创业	央广网	186
10	5月7日	山东:小麦条锈病扩散,农业部门加紧防控	新华社	177
11	12月16日	山东明确基层农技推广机构实行全额预算管理	《大众日报》	154
12	7月27日	造谣蜜桃喷防腐剂的嫌犯被押解回来了	大众网	112
13	11月8日	忙活一年是赔是赚?听听蒜农来"算算"	新华网	68
14	11月28日	"蒙阴蜜桃打防腐剂"造谣者受到法律严惩	新华网	67
15	12月29日	山东有了全国首张农药监管图	大众网	55
16	5月1日	山东省商河县蒜薹种植亏损严重	《经济参考报》	48
17	6月19日	山东圆葱主产区遭遇卖难	《农民日报》	42
18	10月13日	不少沾化冬枣雨后晒裂!原来4元1斤现在5元1筐赔着卖	齐鲁壹点网	37
19	6月30日	西瓜3毛一斤仍大量滞销瓜农市场苦等买主	大众网	32
20	8月25日	邹平县大面积玉米绝产明集镇最为严重	山东电视台《生活帮》栏目	27

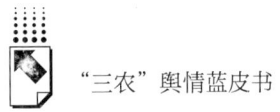
"三农"舆情蓝皮书

二 热点舆情综述

1."谁来种地"话题关注情况

9月,《人民日报》刊文《谁来种地,怎么种地?》提到,山东省存在突出的农民老龄化、农业副业化等问题。10月,山东出台《山东省人民政府办公厅关于支持返乡下乡人员创业创新促进农村一二三产业融合发展的实施意见》,新华网刊文《山东返乡创业人员可申请最高10万元担保贷款》予以积极关注。12月,山东出台《山东省加强基层农技推广人才队伍建设的二十条措施》,新华网刊发报道《山东明确基层农技推广机构实行全额预算管理》等。网民对山东大力扶持人才下乡的有关政策积极关注并点赞,称政策有利于充分调动大学生、农业人才群体返乡下乡的热情。

2."蒜你完"话题关注情况

5月,山东省内媒体曝光大蒜批发价跌落现象,央媒深入实地考察金乡大蒜种植现状后发现,在蒜价下降的情况下,蒜农的种蒜成本却并未下降。6月,央媒关注山东大蒜种植增产增质却不增收。9月,媒体曝出大蒜市场呈现供大于求,批发价降至近5年来最低。10月,媒体称当下蒜农及囤货商"进退维谷",蒜农拿不准是否缩减种植量,囤货商拿不准是否低价割肉出货。11月,针对蒜价大涨大跌现象,专家分析指出,其中存在明显投机因素。对此,有专家建议,相关部门应加强价格监管、杜绝恶意炒作、稳定市场秩序。① 12月,媒体关注金乡县政府多措并举减少蒜农损失。

3.农产品滞销话题关注情况

2017年,山东省农产品滞销情况受到持续关注。1月起,山药、地瓜、苹果等出现滞销;4~5月,蒜薹、白菜、芹菜等滞销问题受到媒体关注;6~8月,土豆、洋葱、西瓜滞销问题频出;9~10月,桃子、梨、山楂等水

---

① 《忙活一年是赔还是赚? 听听蒜农来"算算"》,新华网,http://www.xinhuanet.com/local/2017-11/08/c_1121926226.htm。

果出现滞销；11~12月，莲藕、娃娃菜、冬瓜等滞销。对此，山东省农业部门采取积极措施，启动农产品促销应急机制，正面引导舆论，缓解农民和菜商的紧张情绪，开展了农产品产销对接活动，进一步推动品牌推广。同时，省农业厅在首届全国新农民新技术创业创新博览会上为本省农产品现场对接推介，大力促进了山东省优质农产品的销售，获得媒体与民众一致好评。

4. 百草枯话题关注情况

8月，山东省内媒体曝出，济南市章丘区黄河镇几家农资销售点出售与百草枯相同成分的剧毒农药，引起舆论高度关注。同月，山东省农业厅下发通知，在全省范围内开展禁限用农药大检查大整顿行动，其中百草枯是重点检查对象。多家重点省级、行业媒体报道行动进展情况，多名省政协委员、农业专家积极通过媒体发声，为山东农药监管工作营造良好舆论氛围。

5. 潍坊蝗虫话题关注情况

9月11日，齐鲁壹点报道《潍坊峡山区通报：千亩玉米遭蝗灾减产，目前已控制》称，峡山区太保庄街道发生蝗灾，造成当地4个村的玉米受害。灾情发生后，山东省农业厅第一时间启动应急预案，利用喷洒农药等方式灭虫，迅速有效地控制了灾情，做到了快而不乱、游刃有余。同时，央视新闻频道同步直播报道了处置过程，多家央媒、省媒转载省农业厅处置情况通告，产生了良好的社会反响。

三 热点话题分析

1. 山东省推行食用农产品"双证制"管理

2017年11月起，山东省正式推行韭菜"双证制"管理。多家主流媒体予以关注，并对山东省"双证制"的实施落地情况进行跟进报道，舆论关注度高。

（1）舆情概述

山东省"双证制"管理建设工作自开展以来，持续受到舆论关注，社会反响热烈，网民参与度高。总体来看，新闻网站类信息占比49%，微博、微信、论坛等信息占比51%，自媒体舆论场反响热烈，以微博平台最为活跃，相关信息占比约33%。舆论场的积极反应体现出广大民众对山东省食用农产品"双证制"管理的密切关注和支持，对进一步加强农产品质量安全监管的热切期待。

（2）媒体报道与舆论观点

针对"双证制"政策的出台，媒体报道焦点主要集中在以下四个方面：山东推行食用农产品"双证制"管理；外省韭菜进入山东市场需持有"双证"；"双证制"管理的具体落实举措；"放心韭菜"有地图。同时，在"双证制"管理正式实施之后，诸多媒体跟踪报道政策落地反响及监管情况。综合网民观点，多数网民对韭菜"双证制"管理点赞支持；部分网民认为"双证制"管理不能从源头杜绝农药的不合理使用；少数网民猜测韭菜会涨价。

（3）舆情分析

从舆论反应来看，民众对农产品质量安全的要求越来越严、期待越来越高。山东不断提高对农产品质量安全的监管力度，获媒体及网民点赞。同时，在应对舆情时，除体现山东省相关政策法规、监管落实之外，也可针对群众对诸多食品安全监管问题抱有的偏见与质疑进行释疑解惑，让老百姓直观感受到农业部门对于农产品质量安全监管的日益完善。

2.寿光百余只羊疑吃沈阳"问题大葱"死亡事件

8月31日，《北京青年报》报道《寿光百只羊疑吃辽宁"毒大葱"死亡》称，8月24日，寿光市100多只羊在吃了来自沈阳大葱叶后死亡。消息引发舆论广泛关注。当日，寿光官方回应称，涉案封存大葱已全部无害化销毁，下一步将加大对外来蔬菜检测力度。9月2日，沈阳市政府官方网站发布通告称，沈阳市相关部门在流通销售环节抽取大葱样品进行检测，未检出甲拌磷、毒死蜱农药成分，已派出调查组赶赴山东省寿光市，对事件开展进一步调查。①舆论对事态进展高度关注，民众在呼吁查明真相的同时，对

---

① 《沈阳市检查种植销售环节大葱样品均未发现"问题大葱"》，沈阳市政府网，http://www.shenyang.gov.cn/zwgk/system/2017/09/02/010191905.shtml。

农业部门监管缺失的质疑也成为热议焦点。

（1）舆情传播情况分析

监测显示，8月31日为舆情集中爆发阶段，31日7时起即开始舆情传播的高峰，信息传播的主要平台为微博（见图3）。从舆情走势看，受官方信息发布的影响，9月1日以后，整体舆情热度较8月31日有明显下降。其中，以微博平台最为明显，网民关注热度有所下降。但是新闻媒体、网站、客户端、微信等平台热度变化不大，评论文章数量明显增多。分析看，信息在传播过程中，由初期的转发相关媒体报道、跟评发泄情绪为主，向发布具有一定深度评论性文章的方向转变，思考的声音有所增多。

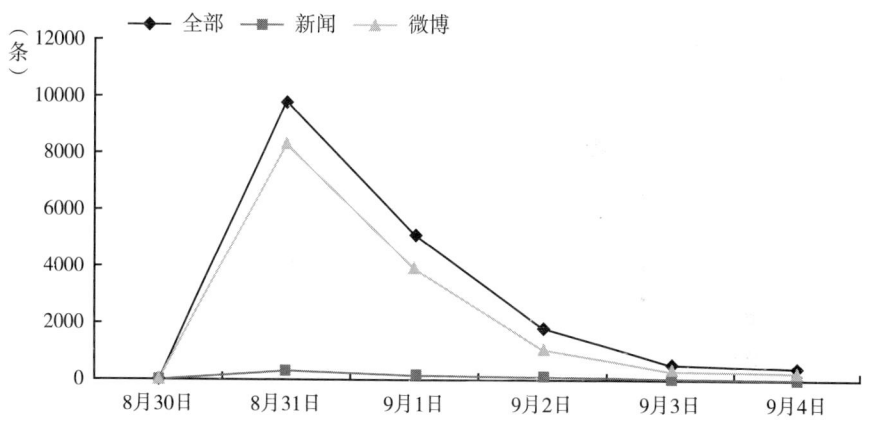

图3 寿光百余只羊疑吃沈阳"问题大葱"死亡事件舆情关注度走势

（2）媒体及网民观点

媒体及自媒体发布的评论性文章，以关注监管漏洞（农药、农产品、食品安全均有提及）的居多，如澎湃新闻刊文《有毒大葱："替死羊"遮不住食品安全监管的漏洞》，自媒体号"力量时评"发布《沈阳毒葱到山东：折射监管部门"中毒"太深》等。网民观点随事件发展的两大阶段而变化，第一阶段，网民观点多集中在呼吁严惩有关人员及厂家、质疑监管疏漏、忧心食品安全。第二阶段，网民观点多认为两地在推卸责任，并对查明真相的呼声较高。

（3）舆情分析

该事件涉及民众食品安全，"百余只羊死亡"等敏感词伴随报道大量传播，引起网民对农产品安全的高度关注，也对寿光蔬菜品牌造成一定冲击。山东省农业厅立即派出人员赴寿光市调查了解相关情况，在全省开展大葱质量安全监测和禁限用农药经营专项检查等工作，并通过此次事件引以为戒，深刻反思。但在此次事件中，值得肯定的是，山东省有关部门迅速展开处置行动，不失声、不缺位，借助媒体及时发声，有效缓解了民众的恐慌和质疑情绪，助推舆情明显降温，避免了舆情压力对山东省处置工作造成的被动局面。

3. 网传临沂市桃子使用防腐剂事件

2017年7月17日开始，一段内容为"临沂的桃子喷了防腐剂"的视频在微博、微信朋友圈等自媒体广泛传播，引发消费者对农产品质量安全问题的质疑，导致当地果农损失严重。7月18日，山东省农业厅、临沂市农业局网站发布《辟谣声明》，新华网、央视新闻等多家主流媒体转载，及时有效地进行了辟谣，避免了更大的经济损失。

（1）传播情况分析

7月17日，谣言一经传出便立刻在自媒体平台广泛传播，引起公众恐慌，舆情热度一路攀升。7月18日，山东省农业系统迅速针对该谣言进行了回应，所发布的声明得到新华网、央视新闻等多家主流媒体转载，相关部门官方微博进行转发，舆情走向转变为对造谣者的谴责，并将舆情热度助推至峰值，随后舆情热度平缓下降（见图4）。

（2）媒体及网民观点

媒体报道以澄清事实、谴责谣言制造者居多，如山东卫视《调查》栏目专题报道的《蜜桃打了防腐剂？》；山东电视台《民生直通车》《生活帮》等民生类栏目针对此事发表评论称，造谣者必将受到法律惩处。新华网、《解放日报》《齐鲁晚报》等部分媒体转发农业部门声明，建议网民不信谣不传谣。多数网民谴责造谣者可恶，呼吁法律严惩；部分网民呼吁理智看待未经核实的自媒体信息，避免信谣传谣；部分网民对山东省农业厅及时有效

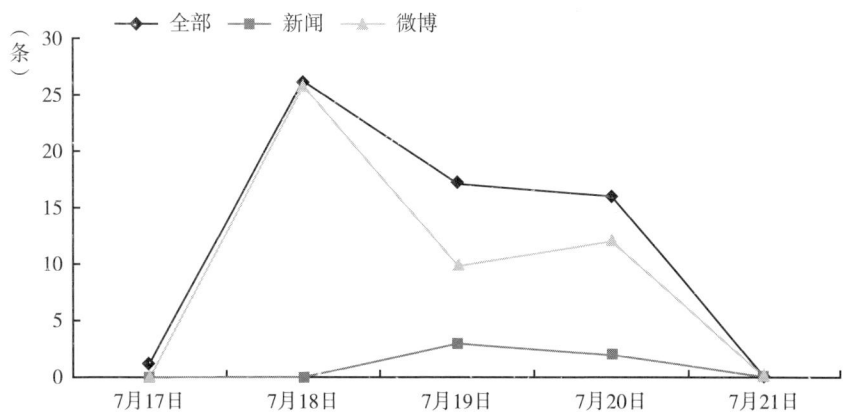

图 4　网传临沂市桃子使用防腐剂事件舆情关注度走势

地回应点赞。

（3）舆情分析

在自媒体高度发展的今天，谣言的快速大量传播始终是搅乱舆论场、误导民众的一大痛点。在此次舆情事件发生后，省农业厅第一时间联系临沂市农业局掌握相关信息，并通过省农业厅、临沂市农业局官方网站及时进行澄清，辟谣消息的及时发出，起到了正确引导舆论走向、维护果农切身利益的重要作用。

4. 舆论关注山东省蒜薹滞销事件

5月以来，关于山东省蒜薹价跌滞销的新闻报道较多，东营广饶、济宁金乡、聊城东昌府区、聊城阳谷、德州齐河、临沂兰陵等地均出现蒜薹滞销的相关报道（见图5）。

（1）媒体报道及观点

媒体以报道山东蒜薹丰收但滞销现状的居多。如《齐鲁晚报》刊文《一斤只卖七八毛蒜薹还没工钱贵蒜农求人免费摘》等；报道滞销蒜薹当下的价格态势，如《济宁晚报》刊文《金乡蒜薹价格遭遇"拦腰斩"产量质量高于往年却难救市》；对涉滞销蒜薹的不实信息进行辟谣，如济宁新闻网刊文《兖州漕河镇120亩蒜薹免费采摘？乌龙闹剧！》等。同时，大部分媒

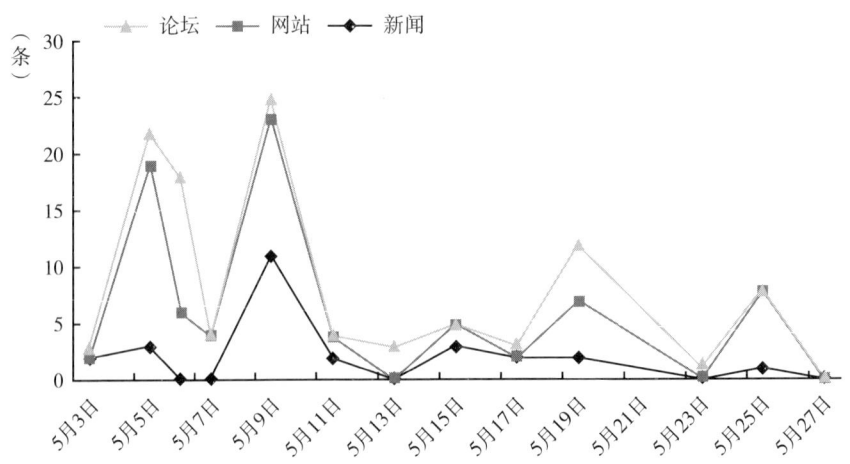

图5 山东省蒜薹滞销事件舆情关注度走势

体认为政府应承担起责任，在生产流通等多个环节上发力，从根源上解决问题。① 部分媒体认为应建设农产品大数据平台，利用互联网思维解决农产品产销存在的信息不对称问题。部分媒体认为，该现象的发生是由于市场供需的失衡，解决问题还应从市场入手，多管齐下弥补市场缺陷。②

（2）网民观点

综合分析网民观点，多数网民吐槽蒜薹价格陷怪圈农民卖价低城市买价高，希望政府重视解决此类问题。如网民"龙泉"称，社会一大怪，农民卖不起价，城里贵得不像话。部分网民认为基于去年好行情蒜农争相加大种植致使供求失衡价格走低。如网民"小肥猪"称，去年什么贵，今年都争着种什么，这种东西多了加上菜贩子中间捣鬼，价格不低才怪。少数网民认为菜农应该联合起来自铺渠道。如网民"浣剑江湖"称菜区农民应该合股做电商加直销，自铺渠道来搞，城市人吃上实惠菜，农民也能赚钱。

---

① 胡建兵：《"蒜你完"是"蒜你狠"埋下的祸根》，人民网，http：//opinion.people.com.cn/n1/2017/0504/c1003 - 29254344.html。
② 堂吉伟德：《"蒜你完"的供需失衡本质是市场缺陷》，光明网，http：//guancha.gmw.cn/2017 - 05/04/content_ 24378348.htm。

(3) 舆情分析

面对媒体报道山东多地蒜薹价跌滞销的舆情，山东省农业厅信息中心根据舆论反映，一方面撰写多篇舆情分析报告和舆情处置报告报送至省委省政府，确保上级部门第一时间掌握省农业厅采取的一系列行动举措；另一方面积极联系媒体对舆论进行引导，一定程度上缓解了菜农和菜商面对舆论压力的紧张情绪和蒜薹价低、滞销的情形，有效推动了舆情态势趋于平息。同时，省农业厅第一时间组织有关农业专家组成调研组，由分管领导带队连夜赶赴兰陵、金乡等大蒜主产区，与基层政府部门、大蒜种植户、经销商、收储加工企业等进行深入座谈，实地察看了蒜薹收储情况，并书面调度了莱芜、聊城、菏泽等省内主产区的蒜薹产销情况，对少数自媒体反映的蒜薹滞销问题进行深入分析，提出对策建议。

四 舆情展望与应对建议

2018年是贯彻党的十九大精神的开局之年，加快农业供给侧结构性改革和农业新旧动能转换，积极构建现代农业产业体系、生产体系和经营体系等工作将是山东农业下一步发展的重点和方向。[1] 同时，随着全社会对农产品质量安全的关注和要求提高，公众对职能部门进一步加强农产品质量安全监管工作的呼声愈加强烈。展望2018年，山东农业农村重点工作的落实及推进、行业重大突发事件、食用农产品质量安全等方面的话题将成为舆论关注的重点，也将成为山东涉农舆情工作的重点。

随着移动互联网和自媒体的快速普及应用，经济社会发展将面临更为复杂的网络舆情格局。为营造山东农业农村工作良好的舆论氛围，对今后舆情工作的开展提出以下建议。

1. 做好日常舆情风险梳理工作，加强高风险舆情领域的管理

涉农舆情在发生领域、时间、涉及方面等具有一定的规律性，因此结合

---

[1] 《全省农村工作会议召开》，山东新闻联播，http://v.iqilu.com/sdws/sdxwlb/2018/0114/4501369.html。

山东省涉农舆情现状梳理出具有较强针对性的风险点,在日常工作中提前制定预案和制度,并督促各方严格落实,减少舆情的发生频率。

2. 提高舆情思想站位,摸索舆情应对处置规律

在舆情工作中,如果监管部门对舆情苗头认识不到位,放任不处置往往使舆情信息升级发酵成为舆情危机事件,或应对不当使得舆情扩散失控,提高了后期舆情的处置难度。因此,出现舆情后,责任主体应认真对待、慎重处置,力争在实际的操作中得到启发并积累经验,提高舆情应对能力。

3. 重视自媒体平台传播力量,密切关注具有较大社会影响力的行业自媒体账号

自媒体平台因其开放、互动的属性,成为网络信息传播的重要渠道。因此,要加强对自媒体博主的关注,做好重点自媒体账号的收集、统计和监测工作,及时发现涉及山东省农业工作的苗头、敏感性信息,及时掌握网络动态。

4. 实施涉农领域改革、发布政策措施时,加强文件解读及舆论反映收集工作

在新闻舆论工作中,正面宣传常有负面跟帖、被质疑的现象,对政策落实带来阻力。虽然负面声音包含部分网民个人情绪的宣泄,但同时也有利益相关群体有价值的发言,对工作的实际落实具有一定意义。建议今后在开展此类工作时,一方面提前制订解读方案,做好同步发布工作;另一方面做好舆论追踪工作,及时收集分析网民声音,为下一步应对工作做好准备。

5. 加强政务舆情监测和研判应对,建立政务舆情工作机制

在当今全媒体时代,建立健全的政务舆情工作机制必不可少。有研究发现,回应不及时、不妥当导致舆情事态恶化的案例不在少数,但几乎没有一起由于及时回应舆情而导致舆论危机更加严重的。[①] 因此,建议针对各类政务舆情,分别制定相应舆情处置应对预案,同时建立健全相关政务舆情监

---

① 程云斌:《做好舆情回应提升政府公信力》,凤凰网,http://news.ifeng.com/a/20161101/50187070_0.shtml。

测、研判、回应、评价等工作机制,努力确保制度保障到位,以利于及时、全面掌握舆情动态,为有效应对和处置舆情赢得时间。

参考文献

吕兵兵:《山东全面完成永久基本农田划定》,《农民日报》2017年8月24日。
赵永平:《谁来种地,怎么种地?》,《人民日报》2017年9月17日。
刘彪:《"进退维谷"的白桥大蒜》,《济南时报》2017年10月2日。
夏远望:《"蒜薹疯长薅不及"的背后考量》,《河南日报》2017年5月3日。

B.19
广西"三农"舆情分析

吴炳科 饶珠阳 曾元 梁贻玲*

摘 要： 2017年，监测整理广西"三农"舆情信息9万余条，其中社交媒体传播量占八成以上。产业扶贫关注度最高，相关舆情量占总量的三成。广西推进农业供给侧结构性改革取得实质进展，现代特色农业示范区遍地开花；特色农业品牌发展亮点纷呈，地理标志产品美名扬；产业扶贫主打"精准"牌，"输血"扶贫变"造血"扶贫；信息化引领驱动农业农村现代化，电商助农增收致富成效显著等话题受到舆论积极关注。玉林40万斤黑猪油流入市场引发舆论对食品安全的担忧，百色60公里烂路5年没人修致6万多亩芒果滞销受到广泛关切，鹿寨县电商大集引发舆论称赞。

关键词： 广西 现代特色农业示范区 产业扶贫 富硒农产品

一 舆情概况

1.舆情总量概要分析

2017年，广西深入推进农业供给侧结构性改革，有序推进农业调结构

---

* 吴炳科，广西壮族自治区农业信息中心主任；饶珠阳，广西壮族自治区农业信息中心副主任；曾元，广西壮族自治区农业信息中心信息科科长；梁贻玲，广西壮族自治区农业信息中心舆情分析师。

转方式，积极推进现代特色农业示范区创建，农业农村经济发展态势良好。全年共监测到广西"三农"舆情信息90461条（含转载）。其中，微信信息31561条，占舆情总量的35%；微博帖文27831条，占31%；新闻信息16486条，占18%；论坛帖文13713条，占15%；博客帖文870条，占1%（见图1）。整体来看，广西"三农"舆情在社交媒体上的传播量占了八成以上。

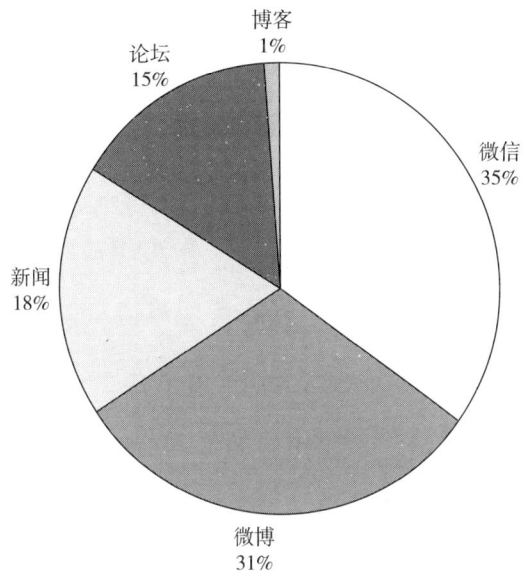

图1　2017年广西"三农"舆情传播渠道

从传播特点看，主流新闻媒体是广西"三农"舆情的主要信息源，新闻媒体发布的原创内容在微信、微博平台中得到大量转发，对广西"三农"整体舆论生态起到了良好的导向作用。微信平台在舆情传播中得到了充分应用，该平台通过对新闻网站原创报道进行个性化编辑和加工，使得相关舆情信息得到了更加广泛、快捷的传播。

从传播趋势看，2017年广西"三农"舆情走势起伏明显。其中，全年舆情峰值出现在6月，广西西林县库区群众脱贫致富纪实、农业部部署开展全国农产品加工业品牌创建工作并将在桂林市举办品牌周主场活动、广西柳州市一名副县长因脱贫工作推进不力被免职等事件助推当月舆情明显上涨（见图2）。

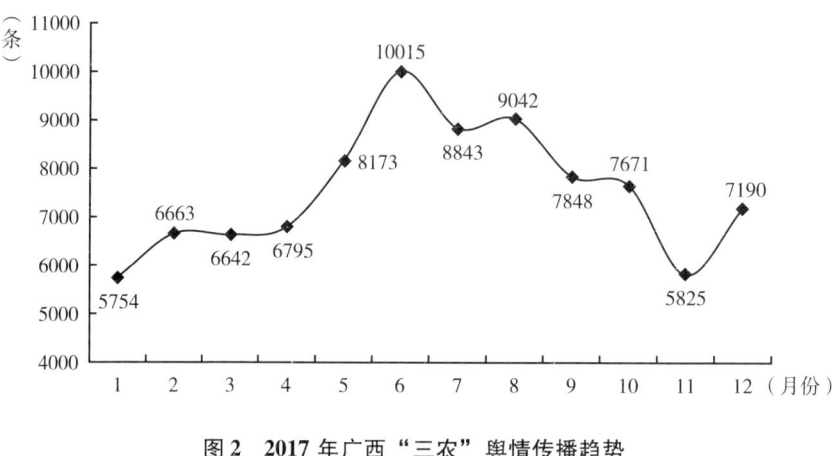

图2 2017年广西"三农"舆情传播趋势

2.舆情内容概要分析

从舆情话题分类看，产业扶贫的关注度最高，相关舆情量占"三农"舆情总量的30.01%。农业生产与粮食安全、农村土地相关舆情量居第二、第三位，占比分别为14.77%和14.07%，三者合计占比超过舆情总量的一半，为58.85%。农产品质量安全、农产品市场、农民工舆情热度排行分列第四、第五、第六位，占比分别为8.24%、7.47%和6.62%。其他话题舆情量占比均在5%以下（见图3）。

从舆情热点事件看，广西农业农村工作方面的部署和发展成绩受到媒体重点关注，如"侯建国：着力推进农业供给侧结构性改革""绿色食材走出深山成了俏销品——来自广西侗乡三江的农业供给侧改革实践"等。此外，"普通农民遭征地 国务院裁决广西壮族自治区政府违法""自治区纪委通报9起扶贫领域腐败问题典型案例""玉林40万斤黑猪油流入市场？调查称流向非食品行业"等涉农社会事件也是舆论关注焦点。"'最成功的脱贫故事'从何而来""广西去年投资近44亿元推进水利扶贫""广西财政拨付33亿多元重点助力深度贫困地区脱贫攻坚"等扶贫举措也被舆论积极关注（见表1）。

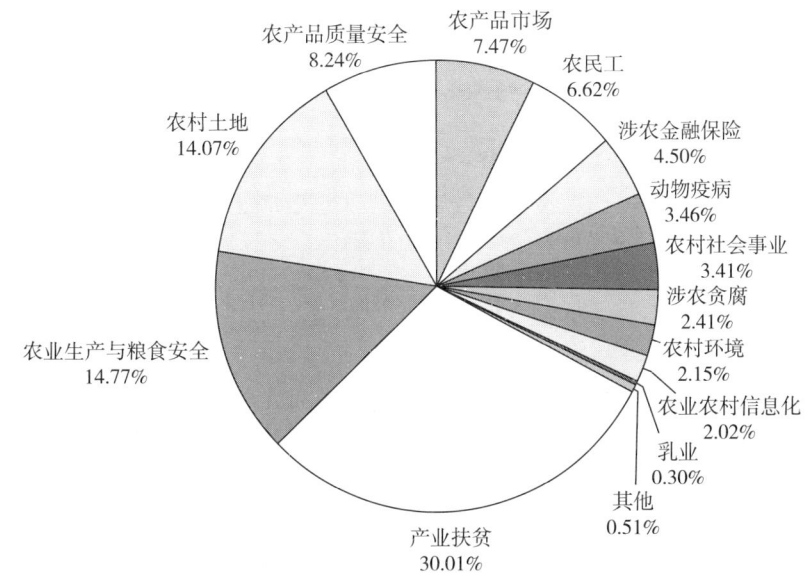

图3 2017年广西"三农"舆情话题分类

表1 2017年广西"三农"舆情热点事件 TOP 20

排名	热点事件	月份	首发媒体	舆情热度
1	侯建国：着力推进农业供给侧结构性改革	1	《广西日报》客户端	1901
2	"最成功的脱贫故事"从何而来（评论员观察）	10	《人民日报》	659
3	绿色食材走出深山成了俏销品——来自广西侗乡三江的农业供给侧改革实践	2	新华社	364
4	广西发展农村普惠金融	2	《人民日报》	268
5	广西36个县获批国家电子商务进农村综合示范县	8	广西新闻网	228
6	普通农民遭征地 国务院裁决广西壮族自治区政府违法	12	法制晚报	221.7
7	广西去年投资近44亿元推进水利扶贫	2	新华社	213
8	自治区纪委通报9起扶贫领域腐败问题典型案例	3	《广西日报》	211.8
9	农业部农产品加工局将和广西壮族自治区农业厅等部门联合在桂林市举办品牌周主场活动	6	农业部网站	208.5

续表

排名	热点事件	月份	首发媒体	舆情热度
10	中组部:聚焦深度贫困地区深入推进抓党建促脱贫攻坚	8	新华社	202.3
11	广西出台控制污染物排放许可制实施计划	7	环保部网站	199.3
12	广西为农民工追回被拖欠工资5.89亿元	4	《人民日报》	197.4
13	广西柳州市一名副县长因脱贫工作推进不力被免职	6	中国新闻网	194.6
14	农业部在广西灵川县启动"百县万名农民骨干科学用药培训行动"	3	农业部网站	194
15	玉林40万斤黑猪油流入市场?调查称流向非食品行业	4	新华社	188.4
16	广西发布首批土壤环境重点监管企业名单	10	新华网	144.1
17	广西出台新规:食品安全党政同责	4	《广西日报》	139.8
18	广西财政拨付33亿多元重点助力深度贫困地区脱贫攻坚	8	新华社	116.4
19	广西:第三轮巡视全部进驻突出脱贫攻坚监督检查	7	中纪委监察部网站	111.4
20	1.8亿元到位 广西以大数据推动土壤污染详查	4	新华社	109.5

二 热点话题舆情分析

1. 农业供给侧结构性改革取得实质进展 现代特色农业示范区遍地开花

2017年,广西围绕农业供给侧结构性改革主线,大力推进现代农业、绿色农业发展,取得明显成效。相关实践和成果案例被媒体积极报道,如广西三江侗族自治县的绿色食材走出深山成为俏销品,稻田养鱼和再生稻让农民每亩田可增收2000元,吸引了部分农民返乡种田;木薯套种西瓜让桂平市白沙镇新龙村农民的收入翻了三倍,土壤质量得以改善,单位面积比较经济效益、社会和生态效益均得以提高等。其中,舆论对现代特色农业示范区进行了重点关注。舆论称,现代特色农业示范区以"星火燎原"之势在广西大地上铺陈开来,由点到线再到面。舆论将其比作广西深化农村改革的

"大窗口"。桂林市、南宁市、河池市等多地各级示范区的建设成果被网络媒体多次报道。桂林市的自治区级现代特色农业核心示范区的数量在全区居首，贺州市钟山县更是成功入围第一批国家农业可持续发展试验示范区，是广西唯一一个入围示范区。舆论表示，示范园区以产业为依托，一二三产业的融合发展让农民能够享受到每一次产业"融合"带来的红利，收入从一份变成了三份。

对于广西的农业供给侧结构性改革，舆论在关注其推进成果的同时，对改革的方向也提出了建议。舆论指出，首先要将科技与"三农"融合发展，其次要让各级干部落实改革，再次要让群众看到切实可行的执行方案。[①] 舆论称，广西要谱好现代特色农业这篇乐章，要同时打造国内和国际两个农产品市场流通体系；根据市场导向，依托广西生态资源优势，建立全面的、完整的、具有广西特色的现代特色农业品牌的产业链，对农产品和农副产品全线产业进行全面覆盖。舆论还对推进秋冬菜转型升级进行了关注。舆论称，目前龙头企业待加强、冷链物流待完善、自主品牌少等问题仍困扰着广西秋冬菜的发展。对此，舆论呼吁国家给予更多政策支持，让广西这个秋冬"菜园子"更好地保障全国淡季农产品"菜篮子"。

2. 特色农业品牌发展亮点纷呈　地理标志产品美名扬

2017年，广西继续深入推进特色优势农业产业发展，特色农业品牌获得市场认可，地理标志农产品建设成效显著，起到了助推广西脱贫富民的良好效果，舆论从三个方面对此予以积极关注。

广西着力推进特色农业品牌发展，"新三品"即产品品牌、公用品牌及企业品牌的打造成为工作重点。其中桂林市"逾40个种养业区域公用品牌""无公害、绿色、有机农产品过百""地理标志农产品27个"等成绩被媒体关注。多场农业展销会助推特色品牌"走出去"。2017年广西国际电商节上，"车田西红柿""车田辣椒"等特色产品卖出134万元的消息令舆论

---

① 《落实"农业供给侧改革" 焕发广西"三农"新活力》，广西新闻网，http://opinion.gxnews.com.cn/staticpages/20170217/newgx58a63b3a-15949302.shtml。

称羡；11月24~28日，第十三届广西名特优农产品交易会汇聚国内外9493家企业，广西逾3000种优质特色农产品参展；① 12月28~29日，第二届桂林永福富硒砂糖橘宣传推介会上，富硒砂糖橘合作社代表共签约16万吨，意向签约50万吨，富硒砂糖橘产业被誉为该县农民致富的"甜蜜事业"。此外，横县茉莉花茶品牌溢价效应明显，横县茉莉花和茉莉花茶综合品牌价值达180亿元。② 舆论点赞，横县讲好"一朵花"的品牌故事，打造横县地域名片。

广西多地大力开发富硒农产品产业，打造农业"硒"品牌助农增收成为亮点。"已开发超过30种富硒产品""认定富硒农产品126个，带动5万多农户增收致富"等数字被媒体积极报道。舆论称，横县形成"硒"品牌农业，农产品也以"硒"为贵，其中"永新源"牌富硒猪肉售价水涨船高，还远销香港。有着"桂北粮仓"之称的广西全州县通过种植富硒大米，改变了农民"种粮不赚钱"的窘迫状况，吸引不少在外打工的农民返乡种田，农民得以稳定增收，还减少了抛荒和留守现象。

舆论对广西地理标志产品的建设效果进行了重点关注。地标产品北流"凉亭鸡"带动700多农户养殖增收；"百色芒果"价格较2012年翻一番，32万人因此脱贫；"融安金橘"地标品牌树起来，带动近5000人"口袋鼓起来"等，一系列地标产品推动当地经济发展的利好消息纷纷见诸报端。地理标志商标被舆论称赞为富民强县的"助推器"和精准扶贫的"金钥匙"。舆论称，地标产品就是撬动地区特色农业产业发展的杠杆，使广西特色农业实现浴火重生。有舆论认为，地理标志商标对农产品销售意义重大，"养在深闺人不知"的农产品变成了炙手可热的特产。还有舆论表示，目前广西地理标志商标农产品的发展还存在明显短板。附加值低、产业链短、品牌辨识度低等问题不容忽视，深入推进品牌创新，向质量要效益，向价值链高端转变，是应行之举，要做到既让品质呱呱叫，也让品牌响当当。

---

① 《2017第十三届广西名特优农产品交易会在桂林成功举办》，中国网，http://media.china.com.cn/dfcm/2017-11-25/1177528.html。
② 《横县：讲好"一朵花"品牌故事》，广西新闻网，http://www.gxnews.com.cn/staticpages/20171110/newgx5a04d774-16657536.shtml。

3. 产业扶贫主打"精准"牌 "输血"扶贫变"造血"扶贫

2017年,广西各地深植"精准"二字,积极推进产业扶贫,根据当地资源禀赋选择优势特色产业,并制定具体措施进行"造血"扶贫,取得实质效果,并产生良性辐射作用。从舆论关注情况看,产业扶贫的政策支持、特色产业扶贫模式及扶贫效果受到聚焦。

广西高度重视产业扶贫,出台相关政策受到舆论关注。4月,自治区政府召开脱贫攻坚大会,确定了本年度实现70万人口脱贫、6个贫困县脱贫摘帽的工作目标。分别印发了专项扶贫资金管理办法和加快贫困村集体经济发展的意见,力图从政策上强化税收、土地以及金融等各方面对产业扶贫的支持。有媒体报道,为支持贫困地区脱贫,广西财政拨付了33亿元,其中超过九成的资金用于贫困程度较深的地区。另外,考核标准也调得更高、要求更严。舆论称,广西的产业扶贫政策既是根本之策也是根本之路,有力地促进了贫困村集体经济收入的稳定增长。

从特色产业扶贫模式看,广西各地探索出了九大模式,即50多个县引入的龙头企业定向投入、融安县的农民专业合作社带动、博白县的经济能人带动、大新县的入股分红和利润返还、宜州区的财政专项扶贫资金入股、凭祥市贫困户贴息贷款资金入股、钦州市的金融扶贫创新、崇左市的扶贫产业示范园区带动、隆安县的集体经济带动等模式。对此,舆论积极关注,新华网等多个中央媒体网站均予以转载和传播。《广西日报》高度评价这九大模式,称其引领了广西产业扶贫的发展,实现了扶贫工作质的转变,带动农民增收致富。此外,都安推行"贷牛还牛"集中共养模式,产业特色鲜明。凤山县通过调查研究,选定优势产业,确定"五长五短"的特色产业发展模式。舆论称,广西下"绣花"功夫做实精准文章,瞄准"穷根"发展产业,对症下药解"困症",为贫困地区"加油"。

从产业扶贫的效果上看,舆论称广西瞄准深度贫困攻坚,"鱼渔并授"拔穷根。截至2017年底,广西贫困发生率下降一成,超过900个村实现脱贫。广西各地具体的扶贫成果受到舆论关注。其中,百色市马蚌镇库区贫困村依据自身资源发展产业,"靠水"的马蚌库区农民发展网箱养鱼产业,实现了脱贫致富,而后当地谋求渔业转型升级,发展休闲渔业、拓宽水上产业,让贫困户们吃上了"生态饭";"靠山"的库区群众依托山地优势,种植砂糖橘、茶叶、油茶、生姜等经济作物,产业发展风生水起,走出了产业扶贫新路子。柳州"香鸭"合作社利用"合作社+"的模式,实现农户平均增收5000余元。浦北县的番石榴成为当地支柱产业,为农户创收近2万元。昭平县建立的有机茶园和生态茶园带动了万人就业。有媒体评论称,广西壮大产业"摘穷帽",改变了农民"守着金山受着穷"的状况,扶起了农民的精气神,帮起了农民的自信心。还有媒体称赞说,小小的农产品里有着扶贫的"大文章",唱响了"富民曲",美了山乡的同时还富了老乡。

4. 信息化引领驱动农业农村现代化　电商助农增收致富成效显著

近年来,广西大力推动信息化与农业农村发展深度融合,信息化引领驱动农业农村现代化成效明显,受到媒体积极关注。有媒体报道称,广西的农业信息化工作是现代农业发展的"数据引擎",找"痛点"、扫"盲点"、推"亮点",农业信息系统为现代农业生产拔除"顽疾"。还有媒体称,以便民为目的,广西通过农业农村大数据管理平台与信息进村入户工作相结合发展农业信息化,打破了贫困村的封闭生活,为农村群众带来了极大便利,开启了他们致富的道路。在农业信息化发展中,"智慧农业"的发展受到重点关注。舆论称,远程智能控制系统把柳州鹿寨县示范区的葡萄大棚变成了"智慧工厂",农场主只需一部手机,棚内的运行情况即可掌握在手,将葡萄的亩产值提升了10倍。兴业县示范区内,"智慧监控"系统对农产品的生产进行全程监控,助推农产品质量追溯体系的建立,保证了农产品的品质和口碑,提高了农产品的市场认可度。7月举办的第12届世界芒果大会上,"智慧种果"让与会的外国专家直呼不可思议,感叹广西水果种植技术的先进。

广西充分运用"互联网+"发展农村电商,打造农业农村发展新动能,赢得舆论高度关注。农村电商服务体系的建设、农产品触网销售的数量、电商节助推特色农产品声名鹊起成为舆论关注重点。其中,2015～2017年,广西获批国家电子商务进农村综合示范县36个的消息得到舆论点赞,环球网等媒体纷纷予以报道。全年看,广西各地的农产品通过电商销售数量可观:东兰县养殖户们搭上互联网快车,通过"互联网+乌鸡养殖"纯收入90万元;上林县"电商+农产品"让贫困户种植的红薯走向全国各地,仅一个月就售出近1.3万斤;荔浦县荔浦芋通过"互联网+农业+旅游"线上线下同步销售,在促进荔浦芋销售的同时还带动了当地休闲农业的发展;田东县种植户依靠电商售卖芒果,线上营销额两年间增长了6.82倍;隆安县一位业主通过"触网"销售火龙果,5万公斤火龙果在半小时内预售一空。对此,中国网等媒体予以热情报道和传播。一年来,为促进电商发展,扩大农产品销售市场,广西举办多个电商节,打造广西"网红"电商品牌:3月,"壮族三月三"电商节"唱红"农优品,打造广西版"双11",全网零售额达到近14亿元;7月举办的首届岭南迟熟荔枝电商节,迟熟荔枝搭上"电商快车"畅销区内外;11月,北流百香果在首届百香果电商旅游文化节上获得"中华名果"称号。"党旗领航·电商扶贫"2017行动在全区精选10个县,通过各平台集中发力。其中,浦北县电商大集上,长寿特产受追捧,"浦北电商"县域名片随之扬名;鹿寨县电商大集"捧红"了鹿寨蜜橙;靖西电商大集上,百香果、脐橙等特色产品引爆购买热潮。新华网等媒体对此进行了集中关注和报道。舆论赞叹,老区人民已经搭上了信息化的高速列车,全面小康为时不远。

三 热点事件舆情分析

1. 玉林40万斤黑猪油流入市场引发舆论对食品安全的担忧

微信公众号"法治博白"2017年4月17日发布消息称,4月13日,玉林市博白县公安局破获一起非法加工猪油案,端掉了沙田镇南流村沙垌坡的一间加工病死猪肉的无证作坊。据调查,约有四十万斤成品油从该非法炼油厂流出。消息迅速引发舆论对食品安全的担忧。4月23日,新华社记者从相关部门了解到,该作坊的成品猪油并未流向食品行业。截至2017年12月31日,新华社、央广网、环球网等多家媒体发布或转载相关报道57篇,主要标题有《网传"广西玉林40万斤黑猪油流入市场"调查显示流向非食品行业》《玉林40万斤黑猪油流入市场？调查称流向非食品行业》《网曝广西玉林40万斤黑猪油流入市场引发网友担心》等。有舆论称，黑作坊臭气熏天，现场图片令人恶心，甚至让人"看吐了"。有舆论称，希望相关部门严格执法查处，让违法人员受到法律的制裁。有舆论称赞博白县的公安、检察部门，称侦查监督显神威，将该非法加工窝点连同上下线"一锅端"。

网民以微博发帖、微信评论等方式对该事件展开热议，其主要观点包括以下四个方面。一是谴责无良商人，要求进行严惩。有网民说，这些个害人精，早除早安心！有网民说，没道德，黑心商人会遭报应的。有网民说，为了赚钱现在什么手段都有，这些人一定要严惩。建议让经营者全部吃掉这40万斤猪油！二是担心黑猪油是否会流入食品行业。有网民说，地沟油要严查，学校外面的外卖会不会用这个，我的天老爷！有网民说，油有出售出去吗？流向哪？每次买酱的时候好害怕里面的是地沟油，食品安全仍然十分严峻啊。三是解释"流向非食品行业"的含义。有网民说，这些不是地沟油，是用猪皮和猪肥油等炼制的，和地沟油有本质的区别。而且并没有流向大众餐桌，而是作为工业用油销售给工厂了。所以不要恐慌。四是称赞博白县相关政府部门的行动。有网民说，太可怕了，博白警察好样的。有网民说，无良商家、无良加工厂，感谢政府为民办实事。

2. 百色60公里烂路5年没人修致6万多亩芒果滞销受到广泛关切

澎湃新闻网2017年7月26日发表图文报道称，7月20日，本是芒果旺销的季节，广西壮族自治区百色市由于国道323线阳圩段有60公里左右的路面受损严重，车辆通行困难，芒果商收果意愿低下，导致该市右江区阳圩镇数万亩芒果销售受到影响。舆论对此广泛关注。截至2017年12月31日，人民网、新华网、新浪网等108家网络媒体发布或转载相关报道252篇，主要标题有《60公里烂路5年没人修 6万多亩芒果滞销》《60公里烂路5年没人修 车辆通行困难 数万公斤芒果无人收》《百色市阳圩镇：60公里烂路挡了6万亩芒果销路》等。其中凤凰网《广西：60公里烂路致6万亩芒果滞销》一文共有8283人参与，评论1581条。

有媒体对此表示难以置信，国道烂了5年竟无人修，路面大小坑无数，致芒果堆积成山，无处可销。有媒体质问，谁来为60公里烂路导致芒果滞销负责？对涉嫌违法犯罪的相关国家公务人员必须毫不留情地实施责任追究。当地主管部门应通过"互联网+"服务等多种方式，尽快解决芒果销售问题。有媒体报道，据相关负责人解释，这段路由于从国道降为县道，具体的养护部门进行了转移。此举似乎是想表达，路烂失修事出有因，是因为国道与县道在各种标准上均有差别。但该道作为当地发展经济的交通要道，且烂路并非突发事件，相关部门应当严格履职，进行及时养护和维修。相关部门应尽快采取有效措施，解决果农"守着果园望路兴叹"之苦。

网民以新闻跟帖、微博发帖等方式对该事件展开热议。部分网民表示先修好路才能让农民致富。有网民说，要致富先修路。有网民说，筑路搭桥，基础设施不搞好，怎么带领大家致富奔小康，政府部门需要问责。部分网民认为地方政府不作为。凤凰网民说，这政府，路政，公路局等相关部门不作为吧。有网民说，这真挺无语的，上次从南宁去百色西林县30公里路走了将近三个小时！百色那边的办事效率有点不敢恭维，假设是在南宁，不要说烂五年，一个星期不见返修就直接被南宁电视台爆料了。居民可以直接投诉监督。看看百色的路跟南宁的差的不是一丁半点，而是一截。官老爷们快返工吧。部分网民质疑所谓的因为"烂路"导致芒果滞销。有网民说，如果真是路太烂，是不是可以自己运出来，在山外搞个市场？五年了，整天待在原地等人上门来压价？滞销，肯定不止路太烂一个原因。凤凰网民说，路不好固然影响销路，但农产品同质化的低层次竞争是根。古人云：酒好不怕巷子深。部分网民认为农民不应只依靠政府，只靠"等"来解决事情。有网民说，集资修个路有多难？或者行动起来找政府相关部门帮忙。全都怕吃亏，烂了就赖政府不帮？网易网民说，你们往年卖芒果赚钱，来往客商多，才是导致坏路的主要原因；而今路烂了，你们却要等政府来修，是何道理？你们赚钱的时候怎么不想着政府和国家？也有网民表示心疼辛劳的农民们。凤凰网民说，这就是打死不做农民的原因，辛苦一年，竹篮打水。凤凰网民说，最苦最累是农民，最没有权益的最应该受保护的也是农民。

3. "党旗领航·电商扶贫——我为家乡代言"鹿寨县电商大集引发舆论称赞

2017年12月26日,"党旗领航·电商扶贫——我为家乡代言"鹿寨县电商大集暨农特产品品牌推介会在鹿寨县行政中心广场举行,引发舆论积极评价。截至2017年12月31日,《人民日报》、新华网、中国新闻网等45家网络媒体发布或转载相关报道86篇,主要标题有《广西鹿寨举办电商大赛 鹿寨蜜橙走红》《党旗领航·电商扶贫"我为家乡代言"鹿寨站收官》《2017"我为家乡代言"活动鹿寨站圆满收官》等。有舆论评价,鹿寨县活动的成功举办,为2017年"我为家乡代言"系列活动画上圆满句号。有舆论称,该活动让鹿寨蜜橙成功走红,成为活动当天最大的"主角"和焦点。有舆论称,鹿寨蜜橙搭上电商"快车",通过电商渠道面向全国市场进行触网销售。有新型农民代表说,运用"不走寻常路"的蜜橙种植方式让他成功地种植出了一级鹿寨蜜橙。他认为,做农业只要敢创新就一定会有出路。

网民以微博发帖、微信评论等方式对该事件展开热议。部分网民为该项活动点赞。有网民说,真心不错,给个赞。有网民说,挺特别的活动,支持。有网民说,感觉好给力啊,必须支持一下。部分网民认为该活动能够宣传展示农产品,助力农产品销售。有网民说,这样可以把农产品宣传得更好了。有网民说,水果超丰富,农产品越来越多。有网民说,帮助农民做好事。部分网民表示要到活动现场。有网民说,现场试吃超多人,我还是要往里挤,哈哈哈。有网民说,有时间我要去瞧瞧。有网民说,今天长春医学院的两位北方帅哥医学生来我们中医院应聘,欣然前往广场看表演,并现场提了两箱蜜橘回来,乐滋滋打包,说后天从桂林飞回去的时候带回东北去。部分网民表示对该活动的"主角"鹿寨蜜橙十分感兴趣。有网民说,坐等鹿寨蜜橙上市,我一定要买几斤尝一尝。有网民说,挺喜欢吃鹿寨蜜橙的,支持一下。也有网民表示向往鹿寨的自然风光,想到鹿寨旅游。有网民说,鹿寨的自然风光实在是太美了。有网民说,鹿寨这么漂亮的地方,有机会真想去走一走看一看。有网民说,这样的山水才能够生产出美味的蜜橙。少数网民认为该活动仅仅是表面风光。有网民说,就是吹牛,鹿寨蜜橙永远也发展不出去。果农的果都滞销,嘴巴说得好,果农的果为什么没有老板过来采收？

2018年，广西将全面贯彻落实党的十九大精神，积极推进乡村振兴战略实施，认真推动现代特色农业示范区增点扩面提质升级，推动一二三产业融合发展，加快产业扶贫、产业富民等各项工作任务的落实。上述重点工作的落实、基层的创新实践以及成效等或将吸引舆论目光。

参考文献

唐广生、曹丽媛：《广西整县推进土地整治成效显》，《广西日报》2017年9月15日。

黄尚宁、石曼琳、张敏：《给城市画"框"保八桂粮仓》，《中国国土资源报》2017年4月12日。

老广：《科学抢救耕地》，《广西日报》2017年8月6日。

唐广生：《我区上千公顷土地"起死回生"》，《广西日报》2017年8月6日。

韦继川、贺亮军：《九大模式引领广西产业扶贫》，《广西日报》2017年10月31日。

庞革平：《一根杠杆撬动产业脱贫》，《人民日报》2017年7月16日。

童政、周骁骏：《广西：打造富硒农产品品牌》，《经济日报》2017年12月12日。

饶珠阳、贺亮军：《为现代农业装上"数据引擎"》，《农民日报》2017年6月19日。

B.20
陕西省"三农"舆情分析

韩涛 殷华 艾青*

摘 要： 2017年，陕西省"三农"舆情总量较上年小幅减少，其中社交媒体传播量占八成以上。陕西省加大产业扶贫力度，开展产业扶贫技术服务百日大行动、建立产业脱贫技术服务指挥体系等重大举措以及各地富有成效的特色产业扶贫模式受到舆论积极关注。陕西（洛川）国际苹果博览会、陕西果业国际合作高峰论坛等重磅活动以及陕西在北京、深圳等多地推介活动的成功举办，让陕西苹果"嫽扎咧"成为舆论共识。杨凌农业高新科技成果博览会上无土栽培、无人机、VR体验、智能温室等农业"黑科技"纷纷登台亮相，引发舆论聚焦。礼泉县秦冠苹果滞销、米脂县扶贫办官员被集体免职等事件引发网民热议。

关键词： 陕西省 产业扶贫 洛川苹果 杨凌农高会 滞销

一 舆情概况

1. 舆情总量概要分析

2017年，共监测到陕西省"三农"舆情信息10.2万条（含转载），较

---

* 韩涛，陕西省农业厅新闻发言人助理，陕西省农业宣传信息中心主任；殷华，陕西省农业宣传信息中心副主任，经济师；艾青，陕西省农业宣传信息中心舆情分析师，农艺师。

上年减少6.4%。其中,新闻舆情信息2.8万条,占舆情总量的16%;微信信息7.43万条,占42%;微博帖文6.45万条,占36%;论坛、博客帖文分别为8262条、1313条,占5%和1%。

从传播渠道看,《陕西日报》《华商报》等省内新闻媒体表现活跃,积极关注"三农"改革发展动态,成为陕西省"三农"舆情的原创源头。微信、微博等社交媒体账号紧随其后,二者传播量接近舆情总量的4/5,进一步推高了全省"三农"舆情热度(见图1)。

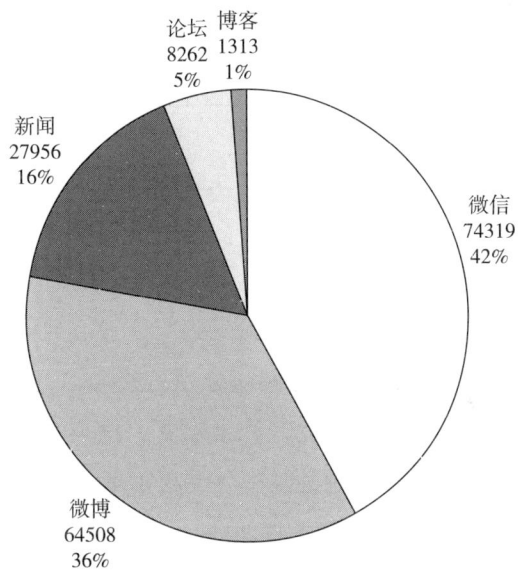

图1　2017年陕西省"三农"舆情传播渠道

从传播趋势看,上半年,受"户县环保局领导集体被免""周至菠菜滞销""央视曝光陕西垃圾围村"等热点事件影响,全省"三农"舆情热度整体呈攀升趋势。尤其是5月,"陕西爆发H7N9疫情""陕西一幼儿园疑用变质食材"等热点引发舆论聚焦,致舆情达到全年峰值;下半年,陕西省"三农"舆情热度总体走低,虽然先后发生"中国杨凌农业高新科技成果博览会""乾县酥梨滞销""礼泉秦冠苹果滞销"等热点舆情事件,但全省"三农"舆论场未再产生较大波动,走势较为平缓(见图2、表1)。

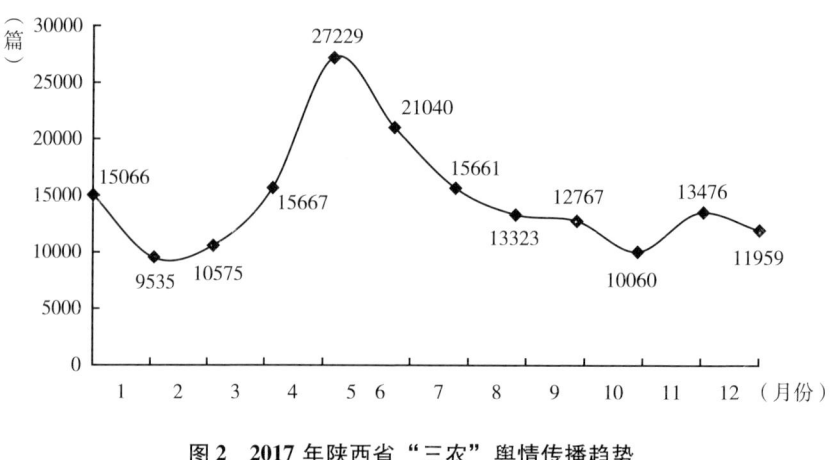

图2 2017年陕西省"三农"舆情传播趋势

2.舆情内容概要分析

从舆情话题分类看,舆论关注点较为集中。其中,产业扶贫和农业生产与粮食安全是排行前2位的舆情话题,分别占全年"三农"舆情总量的30.37%、25.44%,二者合计占比高达55.81%,排第3位的涉农金融保险话题舆情量占7.04%,农产品质量安全、农村土地、农民工话题热度排行分列第4位至第6位,各占5.59%、5.40%、5.01%。其他话题舆情量占比均在5%以内(见图3)。

二 热点舆情分析

1. 40万贫困户受益于产业扶贫 扶贫攻坚"陕西经验"获舆论称赞

近年来,陕西省委、省政府高度重视产业扶贫。2017年,陕西省加大产业扶贫政策扶持力度,据统计,全年有40万贫困户从产业扶贫中受益,相关动态备受舆论关注。有舆论称,陕西省在产业扶贫方面狠下"绣花功夫",创造并向全国展示了扶贫攻坚的"陕西经验"。

陕西省"三农"舆情分析

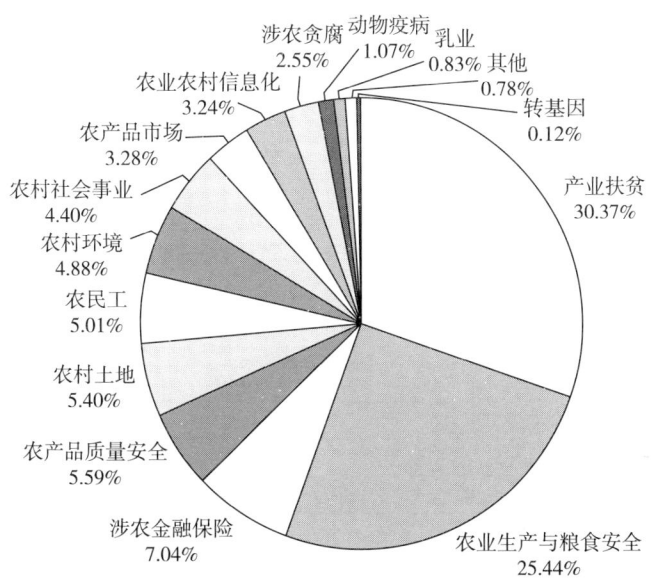

图3 2017年陕西省"三农"舆情话题分类

此外,从2017年陕西省"三农"舆情热点事件TOP 20来看,相关农产品滞销舆情成为媒体关注热点,全年共有6个热点事件进入TOP 20榜单(见表1)。

表1 2017年陕西省"三农"舆情热点事件TOP 20

排名	热点事件	月份	首发媒体	舆情热度
1	第二十四届中国杨凌农业高新科技成果博览会	11	《陕西日报》	5944
2	户县环保局领导集体被免	2	《华商报》	1495
3	乾县酥梨滞销	11	《人民日报》官方微博	1472
4	礼泉秦冠苹果滞销	10	视觉中国网	1269
5	米脂扶贫办被集体免职	6	《财经》	946
6	周至菠菜滞销	3	《华商报》	869
7	陕西一幼儿园疑用变质食材引发舆论食品安全担忧	5	中国新闻网	697
8	世界猕猴桃大会成果多	10	《陕西日报》	620

续表

排名	热点事件	月份	首发媒体	舆情热度
9	陕西H7N9疫情高发	5	央视新闻	471
10	央视曝光陕西"垃圾围村"	2	央视《经济半小时》	470
11	留守儿童进城成为西安出租屋"候鸟"	7	《华商报》	436
12	陕西农民工进城落户意愿不强	2	《三秦都市报》	346
13	西安农民工高温猝死城中村	7	澎湃新闻网	310
14	户县两万斤催熟葡萄被销毁	8	《华商报》	309
15	陕西建立产业脱贫技术服务110	10	《陕西日报》	258
16	大荔西瓜滞销愁哭瓜农	6	陕西广播电视台	204
17	舆论关注洛川国际苹果博览会	10	《陕西日报》	187
18	西安奶农鲜奶现挤现卖引关注	4	中国青年网	184
19	周至果农愁销路盼客商	10	《陕西日报》	174
20	洋县菜花菜贱伤农	4	新华社	166

全年来看，陕西省产业扶贫各项举措及各地实践得到舆论充分肯定。陕西省委、省政府领导积极开展产业扶贫调研，陕西省政府就产业扶贫召开了一系列座谈会、专题会、现场会，相关部门积极出台扶持政策，均引发积极舆情效应。其中，9月，陕西省农业厅在全省开展产业扶贫技术服务百日大行动，[①] 舆论称此举切实提升了贫困户的产业发展能力；10月，陕西省做出规定，要求贫困村退出前必须建立互助资金组织，[②] 舆论称这大大纾解了贫困农户发展产业的资金难题；11月，媒体报道陕西省建立省、市、县三级产业脱贫技术服务110指挥体系，[③] 舆论称这一措施有利于精准把握贫困户的技术需求；12月，陕西省政府出台意见，鼓励北京、天津、江苏、湖北等地社会力量来陕投资兴业参与产业扶贫，舆论称此举汇聚了发达地区和兄弟省市的智力、财力，可谓是"他山之石可以攻玉"。尤其是产业脱贫技

---

① 《陕西省农业厅印发陕西省产业扶贫技术服务百日大行动实施方案的通知》，陕西省农业厅网站，http://www.sxny.gov.cn/www/tzgg1355/20170930/9630267.html。
② 《陕西：今年起贫困村退出前须建立互助资金组织》，中国政府网，http://www.gov.cn/xinwen/2017-10/31/content_5235791.htm。
③ 《陕西省建立产业脱贫技术服务指挥体系》，中国政府网，http://www.gov.cn/xinwen/2017-11/01/content_5236004.htm。

服务，及时解决了农民的"疑难杂症"，得到舆论好评。舆论形容此举"做给农民看，教会农民干，帮着农民赚"，为贫困农户撑起了产业发展的"保护伞"。

舆论对陕西各地涌现的特色产业扶贫模式极为关注。各地行之有效的产业扶贫举措，被舆论形容为"脱贫良方"。在吴起县，当地探索了订单养殖的产业扶贫模式，通过吸引贫困户加入合作社、与龙头企业签订收购协议等举措，让贫困户融入扶贫产业发展链条；在洛南县，当地大力发展产业脱贫联合社，致力于解决传统扶贫合作社小、散、弱难题；在商南县，当地开创了"借还＋N"模式，由政府向企业提供贴息贷款担保、企业向农户"借出"产业发展种苗并负责技术服务和产品回购，有效解决了贫困户的资金、技术和销售难题；在白水县，当地实施"果园托管"帮扶模式，通过全托、半托、入股等多种方式，将贫困户的果园与合作企业联结成紧密的利益共同体；在榆林市，当地采取"资源变资产、资金变股金、农民变股东"方式，激发了贫困户的脱贫斗志，被舆论称为"三变"；在铜川市，当地着力破解产业扶贫等缺资金、缺劳力、缺技术、怕风险及不愿干这5个难点，从精准施策、脱贫方式、风险防范及技术推广4个方面出发，创新培育出"四个五"肉羊养殖产业扶贫模式，被舆论称赞"走出产业扶贫新路"。① 上述扶贫模式被《光明日报》《陕西日报》、中国经济网等诸多权威媒体关注，并引发其他网络媒体转发扩散。这些地区的产业扶贫新理念、新探索对当前我国扶贫攻坚起到了借鉴甚至引领的重要作用，得到舆论广泛关注和称赞。

2. 陕西苹果"嫽扎咧"成为舆论共识　洛川苹果成为中国苹果代表符号

陕西是全国第一水果大省，近年苹果面积超过73.3万公顷、产量超过1100万吨，均位居全国首位。其中，陕西苹果产量约占全国的1/4。2017年，以苹果为代表的陕西果业成为陕西现代农业发展成就的代名词，相关动态备受舆论关注。

---

① 《铜川市羊产业联盟"四个五"模式走出产业扶贫新路》，铜川市人民政府网站，http：// www.tongchuan.gov.cn/html/zxzx/bmdt/201709/176027.html。

全年来看，舆论围绕陕西苹果展开全方位、追踪式关注，一系列黄土高原的"苹果传奇""苹果奇迹"被舆论深度挖掘。陕西省在北京、深圳等多地举办推介活动，让陕西苹果"嫽扎咧"①成为舆论共识。3月，来自兴平市南位镇张马村的周莎成为网络红人，这个"90后"女孩通过网络直播卖出百万斤陕西苹果，令舆论赞服互联网的强大力量；5月，"世界苹果中心"项目在西咸新区落地，令舆论发出"世界苹果看中国 中国苹果看陕西"的赞叹；同月，《西安日报》报道，英国广播公司（BBC）来陕拍摄陕西苹果纪录片，让舆论由衷赞叹："厉害了我的果！"② 7月，《经济参考报》记者深入陕西多地调研，指出陕西苹果亟须突破"好的不多、多的不好"的产业发展瓶颈；9月，在农业部举办的"家乡的味道——我为品牌农产品代言"大型公益活动上，陕西籍农民歌手张静为陕西苹果代言，被多家新闻媒体报道；10月，陕西省接连成功举办陕西（洛川）国际苹果博览会暨第三届中国苹果品牌大会、陕西果业国际合作高峰论坛等重磅活动，其中多方代表共议筹建世界苹果研究院，引发舆论关注；11月，陕西礼泉的秦冠苹果发生卖难滞销现象，引发舆论对陕西果业发展的深刻反思。

作为陕西省农民增收致富的重要支柱、产业扶贫的重要抓手，苹果产业对陕西省脱贫攻坚具有特殊重要意义。据统计，在陕西省全部107个县区中，苹果大县就有45个，其中国家级贫困县22个，苹果成为陕西省逾千万果农及相关从业者的致富首选项。有舆论指出，陕西苹果由昔日的"柴棒棒""小苹果"，变成了今天的致富增收"大产业"，推动了脱贫攻坚"大事业"；有舆论称，陕西苹果由"红苹果"变身为"金苹果"，挑起了脱贫攻坚的大梁；有舆论称，陕西苹果是"红艳艳的苹果实在在的财"，并将其形容为增收致富的"摇钱树""幸福树""扶贫果""金疙瘩"。其中，3月，在全国政协十二届五次会议新闻发布会上，作为产业扶贫典范，洛川苹果的产业发展故事备受全国政协委员们的推崇；6月，央视《新闻联播》节目报

---

① 注：陕西方言，意为好极了，发音分别为：liáo 二声、za 轻声、lie 轻声。
② 《BBC 拍纪录片讲述陕西苹果的故事》，《西安日报》2017 年 5 月 23 日，http://epaper.xiancn.com/newxarb/html/2017-05/23/content_278158.htm?div=-1。

道,延安宝塔区实施精准产业帮扶、改进苹果种植技术,从而带领贫困户走出一条优势产业精准扶贫之路,① 该报道产生积极宣传效应;10月,洛川苹果被农业部称赞为产业扶贫领域中的典型范例,相关报道被媒体竞相转发;11月,在杨凌农高会上,"我脱贫啦""我们感谢您"等"印字苹果"令舆论赞叹。综合全年舆论情况看,舆论对陕西省打"苹果牌"助力陕西省脱贫攻坚表示高度赞许。

从产业发展角度看,伴随着舆论的重点关注,陕西苹果的品牌效应进一步扩大。其中,洛川苹果成为舆论热词,其品牌价值凸显。舆论从多个角度深入挖掘洛川苹果品牌背后的成长故事:70多年前,洛川县阿寺村李新安种下了洛川县第一棵苹果树。经过几代人的努力,洛川的苹果面积已达50万亩,产量达89.5万吨,全县苹果收入超过45亿元,农民每年人均苹果纯收入超过1万元,洛川苹果品牌价值达69.2亿元。李新安因此被称为"苹果之父",其家乡阿寺村被称为"中国苹果第一村",洛川县也被舆论称为"中国苹果之都""苹果之乡""中国苹果第一县"。目前,洛川苹果进入国内半数以上的高端市场,出口20多个国家,已成为中国驰名商标、国际知名农业品牌。舆论称,洛川苹果已成为陕西苹果乃至中国苹果的代表符号。

陕西苹果产业的创新发展也被舆论所关注。12月22日,全球首个鲜果期货——苹果期货在郑州商品交易所上市交易。② 同日,全国首单苹果期货保险落户陕西,来自陕西省宜君县的郭新仓等26户贫困户成为"第一个吃螃蟹的人"。对此,舆论指出,陕西苹果业界对苹果期货既有期待,也有担忧。有舆论表示,苹果期货亮出了苹果避险稳价的"参考价",果农可"看价育果",从此告别"看天吃饭",是果农稳收增收的"定心丸";有舆论表示,期货市场充满诱惑、风险巨大,苹果期货需要谨慎面对期货投机等炒作行为;也有舆论指出,作为新生事物,苹果期货能否给业界带来利益,尚需

---

① 《央视关注陕西扶贫工作 发展优势产业精准扶贫》,西部网,http://news.cnwest.com/content/2017-06/05/content_14979774.htm。
② 《苹果期货22日在郑商所上市交易》,新华网,http://www.xinhuanet.com/fortune/2017-12/22/c_1122154686.htm。

进一步观察。

此外,与整个陕西苹果产业蓬勃发展形成鲜明对照的是,10月底,有媒体曝出,陕西礼泉县多个乡镇的秦冠苹果因品种老化、品质不佳等问题而导致销路不畅。舆论因此发出"谁能帮帮'秦冠'"的呼吁。多家媒体发表分析文章,反思为何都是陕西苹果,礼泉苹果和洛川苹果却同根不同命。①

3. 杨凌农高会获赞"农业奥林匹克" 陕西为世界农业呈上"科技盛宴"

从1994年至今,中国杨凌农业高新科技成果博览会(以下简称杨凌农高会)已经成功举办24届(见图4)。作为我国农业科技领域的品牌盛会,杨凌农高会与北京科博会、上海工博会、深圳高交会并称为我国高新科技领域的"四大展会",并享有"农业奥林匹克"的美誉。2017年11月5~9日,第二十四届杨凌农高会如期举办,吸引了包括新华网、中国网、新浪网、搜狐网、凤凰网、今日头条、西部网、陕西网等在内的20多家国内主流网络媒体参与宣传报道,营造出积极热烈的舆论氛围。微博、微信等社交媒体也予以高度关注。新浪微博设立了#第二十四届杨凌农高会#、#走进农高会#、#2017杨凌农高会#、#农高会#、#农高会正能量#等多个微话题,合计阅读量超过474万次。

总体来看,舆论对一年一度的杨凌农高会予以积极评价。有舆论盛赞杨凌农高会是一场"5A级农科秀",彰显了中国农业的崭新变化;有舆论指出,杨凌农高会具有"国际范儿",向世界传递了中国农业的前沿声音、展现了中国农业的最新成就,是一场名副其实的"科技盛宴";有舆论表示,杨凌农高会显示出较高的市场化和专业化水平,历届交易总额突破9100亿元,人气之旺、让人赞服;有网民称赞,农高会"水平高",农民朋友"得实惠"。本届杨凌农高会上,首次开设的脱贫攻坚主题馆,被舆论誉为是突出亮点。舆论称,脱贫攻坚馆有故事、有温度,用科技来助力脱贫攻坚,这为全国脱贫攻坚贡献了"杨凌力量"。舆论表示,在第二十四届杨凌农高会

---

① 《为何礼泉苹果和洛川苹果同根不同命?》,腾讯·大秦网,http://xian.qq.com/a/20171102/024302.htm。

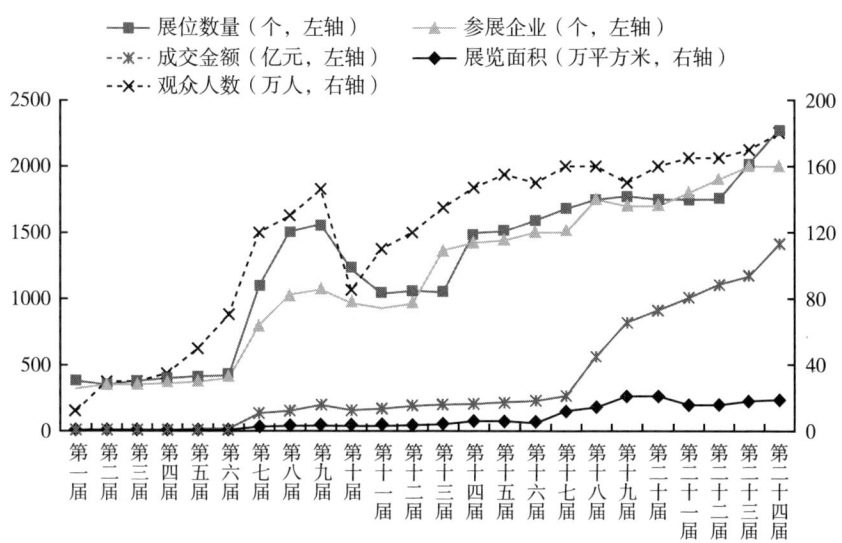

图 4　历届杨凌农高会展览情况统计

上,"脱贫攻坚"话题"热得发烫",成为本届展会的关键词。从媒体报道看,农业高新科技成果是舆论关注的焦点。无土栽培、无人机、VR 体验、智能温室等农业"黑科技"纷纷登台亮相,引发舆论聚焦。《人民日报》、新华社分别发布《高科技让"农"字亮起来》《奇!"农业奥林匹克"上的农业"黑科技"》两篇报道,对本届杨凌农高会的一系列农业高科技成果进行盘点。相关报道引发众多媒体深入杨凌农高会现场,对现场盛况进行高度还原。舆论称,今年的农高会有点"潮",各种"新奇特"的农业新技术、新产品"闪闪惹人爱",农业原来也可以这么"高大上"。舆论表示,杨凌农高会集中向社会各界宣示:最大力量是科技、最美声音是专家。有舆论指出,高科技农业将引领未来发展、成为未来趋势。

杨凌农高会的成功举办也让舆论关注目光聚焦到杨凌和陕西。舆论指出,杨凌是我国第一个以农业科技为主题的高新技术产业示范区,二十多年来,农高会扎根杨凌、立足陕西、辐射全国、影响世界,"杨凌声音""杨凌力量""杨凌符号"不断汇聚和壮大,让越来越多的先进技术走出实验室、展示会,走向我们身边的田间地头、变成农民兜里的真金白银,不愧为"中国农科第一城"。

4. 区域性小批量农产品滞销事件频发　各界积极助农渡难关

2017年,陕西多地发生区域性小批量鲜活农产品滞销事件,引发舆论广泛关注。从监测情况看,农产品滞销在全年各个时间均有不同程度发生,主要集中在蔬菜和水果两大品类。

一季度,周至菠菜滞销被舆论聚焦。3月初,媒体报道周至县终南镇双明村菠菜销售困难。"每公斤低至7分钱""100公斤菠菜卖了26元""菜农痛哭"等成为媒体报道着眼点。新浪微博微话题#100公斤菠菜26元#的阅读量高达953.5万次,@中国新闻周刊官微发布相关消息被网民转发近3000次,评论近7000条。网易新闻跟帖参与人数超过23万次,"心疼""心酸"是网民的主流情绪。

二季度,洋县菜花、华州莴笋、佳县及清涧红枣、大荔西瓜等先后曝出滞销。4月上中旬,洋县马畅镇菜花被媒体曝出滞销,称"五分钱一斤都没人要""贫困户长吁短叹"等细节被舆论所关注。网易发布图片报道,指出大量滞销菜花被扔到垃圾堆里,引发网民围观。新华社记者前往现场对此开展调查,指出菜花地头收购价每斤0.1元,市场零售价却每斤2.5元;4月中下旬,渭南市华州区曝出5000亩莴笋滞销消息。舆论称,当地莴笋上一年能卖到1.3元,今年0.2元却卖不出去,"菜农急得睡不着觉""泪水在眼里直打转";5月,一个名为"追梦自然"的返乡创业大学生团队在网上曝出,陕北地区佳县红枣出现卖难现象,当地枣农甚至"含泪喂牛羊"。为此,有公益组织发起"陕北红枣爱心助农"活动。在全社会关爱支持下,一个月时间,仅清涧县就网销红枣1400多吨,帮助枣农摆脱了困境;6月末,网曝陕西大荔赵渡镇、韦林镇出现西瓜滞销现象,价格从每斤0.8元降到每斤0.15~0.3元,却仍无人问津。

三季度,西瓜、红提、猕猴桃成为农产品滞销事件中的"主角"。7月上旬,网上曝出扶风县、泾阳县、蓝田县、洋县、靖边县等地西瓜滞销。其中,扶风县1.3万亩西瓜滞销,2角钱一斤都没人来买,相关报道指出,瓜农连瓜苗和肥料钱都没能收回。舆论甚至称："瓜农白搞一年，哭都没有眼泪"；9月，媒体曝出礼泉县昭陵镇上万亩红提滞销，一斤才卖4角钱；10月，周至县竹峪镇梅村10万斤猕猴桃被曝销售不畅、急寻客商。

　　四季度，礼泉县苹果、乾县酥梨发生滞销，并演化成备受舆论关注的热点舆情事件。10月底，陕西礼泉县的秦冠苹果曝出遭遇滞销，舆论称礼泉滞销苹果堆积如山、价格探底。该事件迅速引发舆论热议。其中，人民日报相关微博转发近0.7万次，评论超过1.3万条。舆论对礼泉苹果滞销状况进行了文图声像全方位关注：苹果"淹没"农家、田间变成"果山"、滞销愁坏农户等成为媒体报道关键词。舆论还对类似丰产不丰收现象进行深入反思，并积极为果农谋划出路。有舆论指出，礼泉果农应在更新种植理念、提高果品质量、打通经营渠道、防范市场风险方面多下功夫。政府也要扛起责任，积极帮助果农拓宽销路。也有舆论指出，礼泉苹果与洛川苹果同地不同命，前者之所以滞销，是因为其品质存在问题。政府不应保护落后产能，消费者更不应为劣质果买单，一切都应遵循市场规律。11月末，《人民日报》官方微博曝出乾县酥梨出现滞销（见图5），70多岁的郑志龙老人320斤落果梨才卖了10块钱，相关消息引发舆论高度关注，"郑爷爷家的梨"成为网络热点话题。12月27日，微信公众号"有点田儿"发布文章《心痛！320斤酥梨仅卖10元，每斤仅3分钱！陕西乾县请求全国救援！》，阅读量超过10万。网络自媒体平台纷纷发起"爱心助农再行动"，知名主持人孟非在新浪微博呼吁"大家帮陕西农民一把"，拼多多、京东等20多家电商平台以及沃尔玛等多家超市纷纷伸出援助之手。在社会各界支援下，截至2018年2月初，乾县滞销酥梨已卖出超过60%。

　　盘点陕西省全年的农产品滞销事件，其发生范围、数量都较为有限。由于全媒体的介入，这些事件迅速引发舆论关注。其中，爱农助农是舆论主旋律，各种社会力量充分利用电商等平台积极帮助农民销售滞销产品。也有舆论对农产品滞销的成因、解决措施进行深入剖析。值得一提的是，舆论并未因为农产品滞销事件频发就对相关现象予以苛责，而是从农业供给侧结构性改革角度出发，呼吁相关部门、广大农民利用好市场手段、提升技术水平，做好产业转型升级。

图5　《人民日报》微博报道乾县酥梨滞销消息截图

三　网民评论

1. 礼泉县秦冠苹果滞销引发舆论热议

11～12月，礼泉秦冠苹果滞销的消息刷屏网络。网民通过微博、微信、新闻跟帖等方式对该事件展开热烈讨论。根据对抽样选取的500条网民评论进行统计分析，网民主要观点包括以下5个方面（见图6）。

一是吐槽苹果市场零售价格太高（占比75%）。监测分析发现，3/4

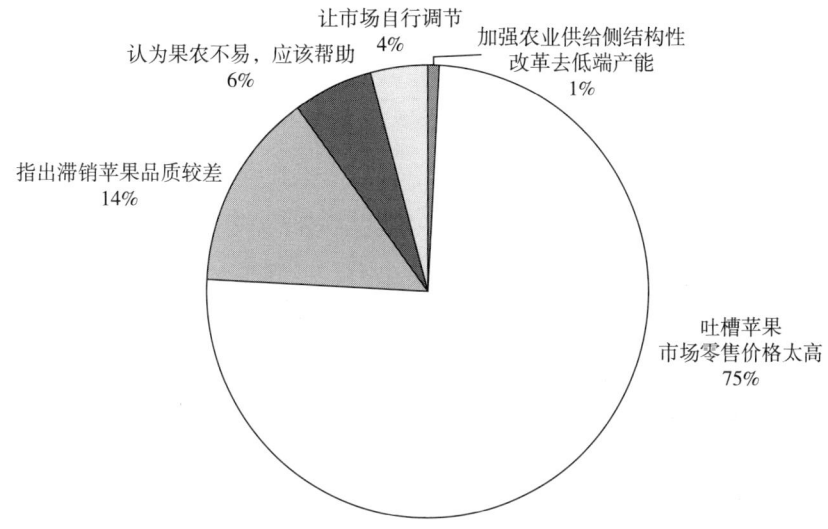

图 6　礼泉秦冠苹果滞销事件网民观点分类图

的网民表示，目前无论是超市，还是农贸市场，苹果的零售价都比较高。网民对苹果产地发生的滞销事件，一方面表示吃惊，另一方面则对较高的苹果零售价格进行吐槽和质疑。甚至有网民表示，市场上的苹果卖得太贵，苹果已经成了"贵族果"，有点"吃不起"。网民"又在晴天"说，我们这里十几块一斤，真是吃不起。网民"萨达玛丽克"说，为何我买到的都是最少5块钱一斤的？网民"mao半仙"说，真是讽刺，我们这6块一斤！网民"cL萝卜荣"说，广州7块钱一斤，我好想买些礼泉的苹果。

二是指出滞销苹果品质较差（占比14%）。部分网民认为，礼泉秦冠苹果滞销的根源在于其品种落后、品质较差。网民"骨傲得一匹狼"说，怨不得市场！秦冠苹果质量还是不行，个头也跟不上，果面也不行，只能卖果汁厂。网民"西亚蝙蝠"说，这种烂苹果、小苹果本来就卖不掉，没人要的，人家是几毛钱一斤收去榨果汁的。网民"墨迹小姐F"说，说到底还是品种问题，秦冠和红富士口味差距太大了！红富士确实皮薄汁甜味美，而且保存时间长。我们家在洛川，红富士三四块钱一斤，在地头就被果商收走了。网民"白袍教父"说，秦冠苹果味道的确一般，属于老品种里面没有特点的，不好卖。网民"海的女儿在北漂"说，秦冠苹果味道不好，市场反馈不好。果农需要改良品种，栽培一些好的树种。

三是认为果农不易，应该帮帮他们（占比6%）。网民认为，尽管引发滞销的原因多种多样，但不容忽视的是，果农的确不易，应该伸出援助之手，给予多方扶持。网民"佩佩要努力"说，我老家也是那里的，爷爷奶奶也在种苹果，卖给果商太便宜了，一年的辛苦就换回一点钱，我帮着开了个淘宝网店，结果还是收效甚微，真的很替他们着急。网民"一枚可爱果"说，农民辛辛苦苦一整年，又是上肥料又是套袋、抹袋的，就为了苹果卖出个好价钱，结果今年苹果价格不好，农民的心都伤了，都不给地里投资了。

四是认为应该让市场自行调节（占比4%）。网民认为，解决农产品滞销难题，政府和社会的帮扶只能"救急"，而不能"除根"。要从根本上解决这一难题，必须重视发挥市场对资源配置的决定性作用，让农产品的品质和品牌说话，让消费者的需求和购买来投票，这样才能让农民真正融入市场，跟着市场风向"淘金"，而不是一年年往复陷入一轮轮滞销之中。网民"保定广迪商贸有限公司"说，外界的帮助替代不了农民的自主努力，市场的事情就让市场去解决吧。网民"湘鄂之子1965"说，鲜活农产品关键在于质量和诚信。每次滞销事件发生时，只听见产地价格低，可消费者却买不到物美质优的产品。农产品生产者要多找找自身的原因，质优价廉的产品不会没有市场。

五是呼吁加大农业供给侧结构性改革力度，去掉低端产能（占比1%）。网民认为，推进农业供给侧结构性改革，就是转变传统生产方式、调整落后生产结构，秦冠苹果品种老化问题不是一两天的事情，长痛不如短痛，当地果农应该借此机会实现生产转型。网民"幽暗城游侠"说，当地老百姓怕是不明白农业供给侧结构性改革的真正含义吧，希望有人帮帮他们，更希望明年他们改良苹果品种、改善种植技术，把苹果的质量提上去。

2. 米脂县扶贫办官员被集体免职引发网民关注

2017年6月下旬,陕西榆林市米脂县扶贫办官员被集体免职的消息引发舆论关注。据媒体报道,该县扶贫工作被指发现存在多项问题,如帮扶措施单一、按比例分配贫困户指标、扶贫新政策传达培训不到位、脱贫台账管理混乱等。对此,舆论指出,"集体免职"向社会传递出强烈警示信号,对扶贫"不走心"的干部,应严肃问责追责,让有作为勇担当的干部上位。网民通过微博、微信、新闻跟帖等方式展开热烈讨论。根据对抽样选取的100条网民评论进行统计分析,网民主要观点包括以下5个方面(见图7)。

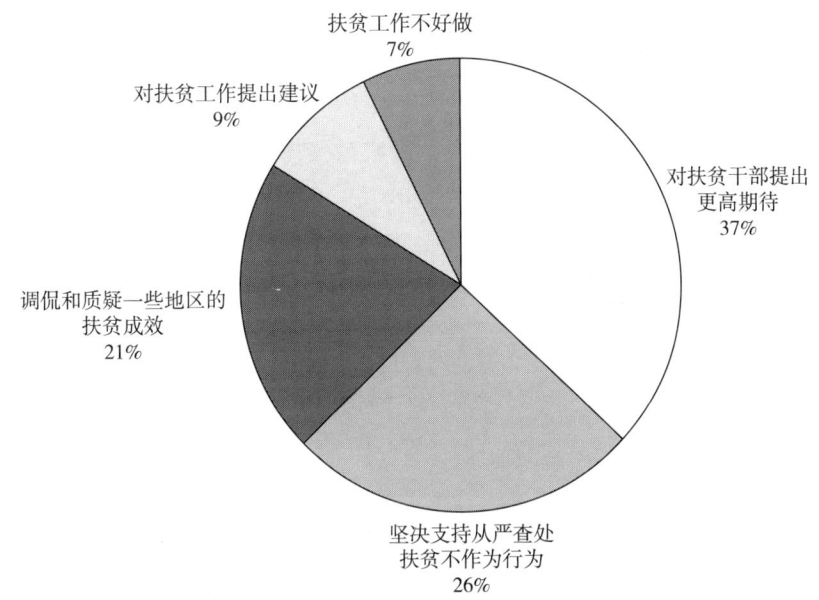

图7 米脂县扶贫办官员被集体免职事件网民观点分类图

一是对扶贫干部提出更高期待(占比37%)。部分网民认为,一些地区的扶贫效果不够显著,扶贫干部需要再努一把力。网民"葭州大红枣"说,扶贫不力是很普遍的问题,各地扶贫干部任重道远。网民"人生驿站无终点"说,吃闲饭的太多,办正事的太少。网民"深海林森景幽幽"说,对扶贫不力的干部来说，有他们比没他们更糟糕，等于白白多了一群白吃饭甚至给民众增添负担的官。

二是坚决支持从严查处扶贫不作为行为（占比26%）。网民"少康999"说，应该加强问责。网民"6148452228"说，免职不作为的扶贫办官员，办得好。网民"mayingjiutadie"说，严格检查，杜绝不作为。网民"张铁汉"说，从严要求干部是完全正确的。网民"清风的傲骨"说，扶贫不精准，就该如此集体崩塌一次。网民"辽阔的原野"说，不作为更可恨。危害更大。网民"Zyl"说，工作不上心、虚假应付、数字造假、文字忽悠等假扶贫现象坚决要不得，支持从严查处。

三是调侃和质疑当前一些地区的扶贫工作成效（占比21%）。部分网民针对一些地区扶贫成效不明显、贫困群众获得感不强等现象予以调侃和质疑，甚至表达不满情绪。网民"好大一个床"说，扶贫？填表扶贫，数字扶贫吧？网民"惊呆的小伙伴"说，国家政策方针到了基层，为什么会变味了呢？网民"有态度网友06KiIC"说，发几只小鸡，发几根树苗，共计不足二百元，农民能脱贫吗领导，别光在上面吼，下来实地考察、仔细提出对策才是真的。网民"水和木啊"说，一些地方未对村组干部进行新政策传达和培训，一些群众对新政策不了解、不理解、啥也不懂，这样怎么扶贫？

四是对扶贫工作提出建议（占比9%）。一些网民围绕扶贫工作展开建议建言。网民"大龙JYX"说，扶贫是个系统工程，只靠扶贫办一家怎么行？网民"思考者3625"说，在市场对经济资源配置起决定性作用的社会中，如果不发挥市场的作用，人为的努力能产生多大的"新动能"？网民"西门勇哥"说，扶贫关键是要授之以渔。

五是认为扶贫工作不好做（占比7%）。一些网民对扶贫干部的工作压力和辛勤付出表示理解和支持，指出集体免职有些过于严厉。网民"一粒沙白分不清"说，只有干了扶贫这个工作，你才知道其中的心酸。网民"我S全村的希望"说，我不是帮他们说话，全县贫困户大约1.43万，知道里面需要付出多大的工作量吗？网民"立0227"说，扶贫涉及很多部门，最重要的是钱，没钱没政策跑来扶贫？米脂县扶贫办官员真的很无奈。网民"Mobius 菌"说，去到农村了解过你就会知道，造成贫困的原因，一个是道路不畅导致农产品运输成本高，另外一个是有些村民太懒。这些让扶贫干部怎么解决？

B.21
甘肃省"三农"舆情分析

高兴明 鲁明 张百 赵婧*

摘 要: 2017年,甘肃省深入推进农业供给侧结构性改革,农业农村经济发展势头良好。全年"三农"舆情走势起伏明显,上半年波动较大,下半年相对平稳。主流新闻媒体是甘肃省"三农"舆情的主要信息来源,微信、微博等社交媒体平台是主要传播渠道。农业结构调精、调优、调强,一大批特色农业品牌知名度不断提升;创新提出发展戈壁农业,昔日"戈壁滩"变身今日"米粮川";特色优势产业助力脱贫攻坚,扶贫作风整顿提供坚强保障;多地党政领导干部争当"网红",积极为本地特色农产品代言等话题受到舆论积极关注。部分地区农村"天价彩礼"现象、景泰县副县长蹭黑豹乐队演唱会推介枸杞等热点事件引发网民热议。

关键词: 天价彩礼 扶贫羊 戈壁农业 景泰枸杞

一 舆情概况

1.舆情总量概要分析

2017年,共监测到甘肃省"三农"舆情信息13.18万条(含转载),同

---

* 高兴明,甘肃省农业信息中心主任,注册会计师,高级会计师;鲁明,甘肃省农业信息中心副主任,高级农艺师;张百,甘肃省农业信息中心网络舆情分析科科长,助理工程师;赵婧,甘肃省农业信息中心网络舆情分析科副科长,助理农经师。

比减少7.8%。其中,微信信息6.8万条,占51.56%;微博帖文3.48万条,占26.39%;新闻报道2.37万条,占17.99%;论坛和博客帖文分别为4047条、613条,各占3.6%、0.46%。

从传播渠道看,社交媒体成为甘肃省重要的"三农"舆论场,微信、微博等社交媒体平台是主要传播渠道,相关信息量超过甘肃省全年"三农"舆情总量的3/4(见图1)。

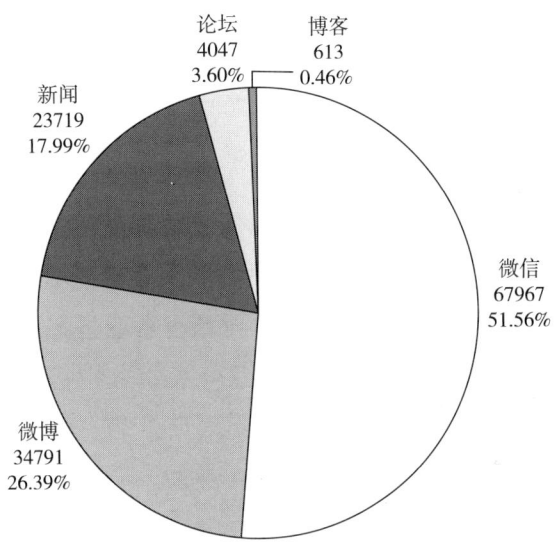

图1　2017年甘肃省"三农"舆情传播渠道

从传播特点看,主流新闻媒体是甘肃"三农"舆情的主要信息来源。新闻报道量虽然仅占甘肃省全年"三农"舆情总量的不到1/5,但其内容多为原创,微信、微博帖文大多是对新闻报道的转发。从这个角度而言,新闻报道是微信、微博的重要信息源,在构建甘肃省"三农"整体舆论生态中起着重要的"风向标"作用。

从传播趋势看,2017年甘肃省"三农"舆情走势起伏明显,上半年波动较大,下半年相对平稳。全年舆情峰值出现在4月,甘肃一些农村家庭因"天价彩礼"债台高筑等高热舆情事件助推舆情上涨(见图2)。

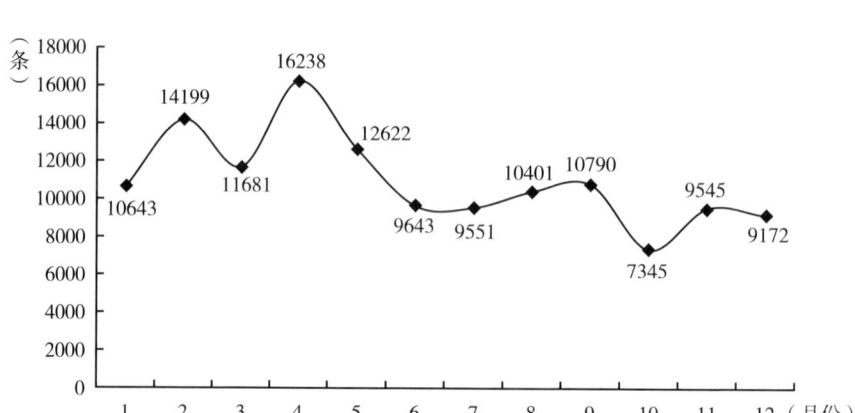

图 2　2017 年甘肃省"三农"舆情传播趋势

2. 舆情内容概要分析

从舆情话题分类看,产业扶贫、农业生产与粮食安全、农村土地是排行前 3 位的舆情话题,分别占全年"三农"舆情总量的 26.36%、18.55%、9.89%,三者累计占比高达 54.8%。农村社会事业、农民工、农村环境、农业农村信息化热度排行分列第 4 至第 7 位,分别占 7.17%、6.93%、6.31%、6.29%。其他话题占比在 6% 以下(见图 3)。

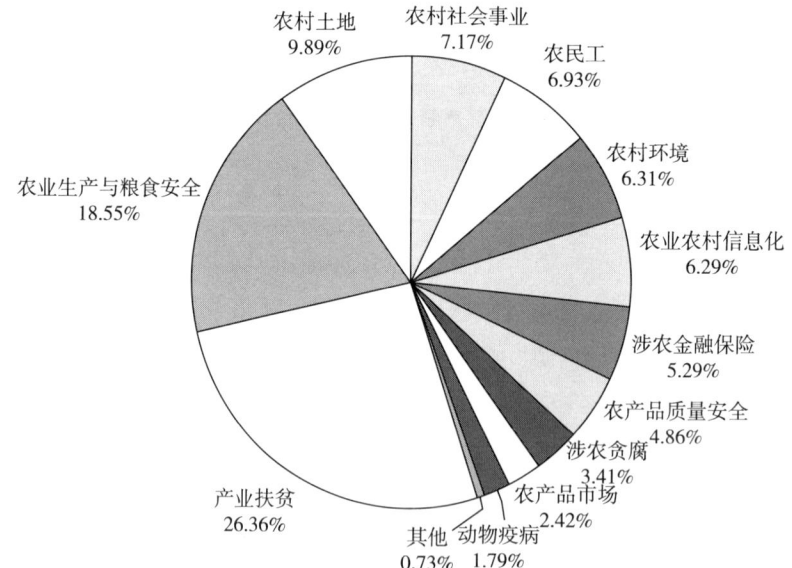

图 3　2017 年甘肃省"三农"舆情话题分类

从本文整理的排行前 20 位的舆情热点事件看,上半年热点事件有 12 个,多于下半年。"消失了的扶贫羊""景泰县副县长借黑豹乐队演唱会推介枸杞""甘肃发展戈壁农业"等事件成为舆论关注焦点;"2017 甘肃农业博览会""甘肃陇南成县 2017 年核桃节暨县域经济发展论坛举行""2017·中国甘肃陇南(礼县)苹果暨农特产品产销对接(电商)洽谈会"等涉农活动也被舆论重点关注(见表1)。

表1　2017年甘肃省"三农"舆情热点事件 TOP 20

排名	热点事件	月份	首发媒体	舆情热度
1	甘肃农村"天价彩礼"现象	1	《甘肃经济日报》	5085
2	2017甘肃农业博览会	7	中国甘肃网	1863
3	消失了的"扶贫羊"	3	新华社	1315
4	景泰县副县长在黑豹乐队演唱会门口推介枸杞	9	中共白银市委外宣办官方微博	999
5	甘肃发展戈壁农业	5	《甘肃日报》	624
6	"迎接党的十九大"系列网络主题活动之"脱贫攻坚看甘肃"在陇南市启动	2	中国甘肃网	563
7	甘肃兰州:49名农民工遭欠薪近200万元	1	央视网	401
8	甘肃陇南成县2017年核桃节暨县域经济发展论坛举行	8	中国甘肃网	291
9	胡中山:"逼"民奔富的产业书记	10	新华社	288
10	甘肃"冬日暖心"行动	12	《甘肃日报》	171
11	甘肃省省长暗访农民当面反映官员从低保金抽成	2	中国新闻网	145
12	2017·中国甘肃陇南(礼县)苹果暨农特产品产销对接(电商)洽谈会	9	中国甘肃网	134
13	甘肃发现H7N9并有3人感染	4	央视新闻	124
14	甘肃推进"放心肉菜示范超市"建设产销全程"严管"	10	中国新闻网	116
15	甘肃多地出现强对流天气农作物受灾严重	6	新华社	111
16	甘肃六旬果农微信朋友圈卖苹果网销近万斤	2	中国新闻网	78
17	甘肃陇南:青山绿水"淌"金银文化润育留乡愁	3	新华网	78
18	甘肃省明察暗访食品安全情况对工作不力者严肃问责	5	《甘肃日报》	74
19	甘肃冷冻猪肉首次进入香港市场	4	中国新闻网	72
20	大山深处春光旖旎康县乡村"风景这边更好"	2	央广网	71

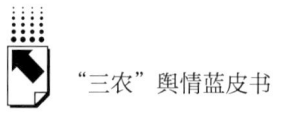
"三农"舆情蓝皮书

二 热点舆情分析

1. 深入推进农业供给侧结构性改革 调精、调优、调强成为主基调

2017年，甘肃省紧紧围绕粮食安全这个关键点，大力推进农业供给侧结构性改革，全省农业农村经济发展势头良好，赢得舆论积极关注。舆论称，甘肃发力农业供给侧，稳粮食、调结构、增效益，强特色、打品牌，迈出了探索新步伐，挖掘了黄土地新潜能。尤其是粮食生产方面，甘肃农业部门确保粮食安全、促进农民增收的一系列举措受到舆论关注。2月，甘肃省全年粮食种植面积将超过4100万亩、产量将超过1000万吨的消息被广泛报道。9月，甘肃省将在3年内划定粮食生产功能区2050万亩、重要农产品生产保护区2200万亩，相关消息一经发布即被大量转发；10月，甘肃省加强秋冬种工作，种植面积超过1160万亩，被媒体大量转载。为粮食生产提供装备保障的农业机械化发展也备受关注，甘肃农机装备化水平、主要农作物全程机械化水平、农机合作社发展状况等方面成为舆论关注焦点。在2018年初的全省农业工作会议上，甘肃省全年粮食生产成绩单发布：2017年全省粮食播种面积4173.8万亩，粮食总产达1128.3万吨，取得"十三连丰"，粮食每亩单产较2016年提高1.8公斤，农作物综合机械化水平达53.9%。

针对农业供给侧结构性改革，舆论积极关注甘肃省各地实践做法及成果。《甘肃农民报》5月接连发表4篇述评文章，分别从调结构、提品质、补短板和发展新业态这四个方面，探讨甘肃省农业供给侧结构性改革如何破题。全年来看，围绕甘肃省农业供给侧结构性改革，舆论营造出一派欣欣向荣的生产和丰收景象：在定西，植保无人机喷药防虫害受到舆论关注，新华社、中国政府网专门做出图文报道；在张掖，十万亩绿色有机谷子成熟，中国新闻网做出"祁连山下金谷飘香"图片报道，引发媒体转载；在白银，人工调配海水搞海鲜养殖让昔日的黄灌区"盐碱地"变成今天的"鱼米乡"，引发舆论点赞；在临夏，农业科技园区充分发挥引领作用，有力促进农业转型升级,被媒体集中报道;在靖远县,智慧农业崭露头角,通过手机终端,当地蔬菜合作社农户可实现自动卷帘、精准喷灌、智能调温等操作,被新华社等媒体报道。在兰州市榆中县,高原夏菜产业继续发展壮大,2017年产值超过20亿元,被舆论称为"脱贫致富的强力引擎";[1] 在庆阳市西峰区,当地农民作别小麦、玉米等传统作物,围绕果品、草畜、瓜菜做文章,被舆论评价为农民种养习惯的革命性转变。舆论形容,农业供给侧结构性改革是甘肃农业农村经济发展的"大考",甘肃省以实际行动交出了一份"调精、调优、调强"的优秀答卷。

值得关注的是,在甘肃省农业供给侧结构性改革推进中,"兰州百合""定西马铃薯""礼县苹果""岷县当归"等一大批特色农业品牌知名度不断提升,成为舆论关注对象。其中,4月,甘肃猪肉首次进入香港市场,被新华网等多家媒体积极报道。有舆论将甘肃省特色农产品誉为"丝路味蕾"。有舆论指出,甘肃省特色农产品既"下江南",又"出国门",成为甘肃省经济发展的一张亮丽"新名片"。

2. 创新提出发展戈壁农业　昔日"戈壁滩"变身今日"米粮川"

2017年4月,甘肃省创新提出发展戈壁农业。8月,甘肃省人民政府出台意见,对戈壁农业发展进行专门部署。作为一种新型的现代综合农业体系,戈壁农业甫一问世就引发舆论关注,成为全年甘肃农业农村经济工作的突出特色和亮点。"甘肃农业生产方式的革命性创举"[2] 成为舆论共识。舆论称,戈壁农业是甘肃省因地制宜开创的新业态,是甘肃农业农村经济工作的重要抓手。有舆论将戈壁农业形容为新型产业的"聚宝盆"、绿洲经济的"金钥匙",也有舆论将戈壁农业形容为"戈壁抢绿,沙海淘金"。

一年来,甘肃省立足嘉峪关等河西走廊地区5个市,大力推进生态、节水、科技、高效的戈壁农业探索和建设,取得重大进展,舆论对相关成果予

---

[1] 《兰州"高原夏菜"成脱贫致富的强力引擎》,每日甘肃网,http://gansu.gansudaily.com.cn/system/2018/01/06/016885472.shtml。

[2] 马振晶:《"戈壁农业"发展理论初探——以酒泉现代农业为例》,中共酒泉市委政策研究室网站,http://www.zgjqswzys.gov.cn/item/show.asp?m=1&d=145。

以积极关注。7月和10月,央视财经频道《经济半小时》两次播出专题节目,对甘肃省探索戈壁农业的实践进行宣传报道。节目称赞戈壁农业"跳出耕地找土地",[①] 利用科技手段点石成金、荒漠掘金。《甘肃经济日报》7月发布三篇系列报道,对河西走廊各地发展戈壁农业的生动实践进行探访。报道指出,戈壁农业将"戈壁滩"变成"米粮川",让昔日的戈壁荒漠长出了金豆子,鼓起了农民的钱袋子,有村民表示这是一辈子都不敢想的事。从整个河西五市发展情况看,戈壁农业给上述地区带来了实实在在的社会效益、经济效益和生态效益:在嘉峪关,当地加强日光温室建设,农民通过果菜大棚走上了致富路、种出了好年景;在张掖,工厂化育苗、冷链物流等戈壁农业项目全年投资额达50亿元;在武威,戈壁农业让缺水少土的戈壁滩变成了菜园子,使当地成为甘肃重要的设施蔬菜供应基地;在金昌,当地加强农技推广和科技下乡,花卉、高原夏菜、食用菌等特色产业让农民尝到了甜头;在酒泉,舆论称当地戈壁农业强势崛起,成为甘肃省现代农业的"新风景"。有舆论总结指出,戈壁农业将"不毛之地"变成"绿色田园",简直就是魔术、就是神话。有舆论称赞,"给我一滴水还你一片田"的戈壁农业发展了大农业,开拓了大市场,令世界惊艳。也有舆论指出,戈壁农业为河西走廊农民增收开辟了新渠道,造福了当地农民。

3. 特色优势产业助力脱贫攻坚　扶贫作风整顿提供坚强保障

甘肃省是我国脱贫攻坚重点省份,历史上有"苦瘠甲于天下"之称。据相关统计,甘肃全省共有86个县(市、区),其中贫困县就占了75个,国家扶贫工作重点县占了43个。近年来,甘肃省农村贫困问题被舆论重点关注,相关领域不时出现热点舆情事件。2017年,甘肃省充分发挥产业扶贫的引领带动作用,大力发展特色优势产业,脱贫攻坚工作取得重要进展,备受舆论瞩目。

政府部门的产业扶贫举措受到舆论关注。2017年,甘肃省推出贫困村

---

① 《甘肃酒泉:戈壁农业点"石"成金》,央视财经频道《经济半小时》栏目,http://tv.cctv.com/2017/07/24/VIDEstupWW6LWclPlEcJRnMK170724.shtml。

整体提升工程等一系列扶贫举措。针对深度贫困地区，甘肃省加大金融扶持力度，专门启动产业扶贫专项贷款，规模高达1000亿元。对此，新华网、中国政府网等媒体予以积极报道，舆论对甘肃省"投入真金白银拔穷根"的力度表示赞叹。特色产业的精准覆盖被舆论赞为甘肃省产业扶贫的一大亮点。2017年，甘肃省针对农业特色产业，创新性开展贫困村"一村一品"产业推进行动，舆论称赞甘肃省在农业产业扶贫方面"再发力"、蹚出了"新路子"。

全年来看，甘肃省脱贫攻坚亮点频出，引发舆论聚焦。2月末，"脱贫攻坚看甘肃"活动在甘肃省陇南市举行，媒体积极报道。陇南市立足自身生态资源禀赋，加强农业特色产业培育，努力打造旅游扶贫、电商扶贫等颇具地方特色的扶贫模式，受到舆论肯定，陇南市康县花桥村等一大批生态旅游扶贫典型成为"明星村"。8月末，全国产业扶贫现场观摩会在甘肃省定西市召开，引发舆论关注。围绕马铃薯产业，定西市大力推动一二三产业融合发展，让"土蛋蛋"变成"金豆豆"，贫困户从马铃薯产业发展中受益良多，农业产业扶贫"定西模式"备受舆论称赞。11月，中国电商扶贫行动甘肃清水专场直播活动在天水市清水县举行。围绕当地脱贫主导产业苹果的网络销售，40多家电商平台和网络直播平台参与活动，舆论称赞"山村小苹果"撬动了"网络大市场"。此外，针对农村贫困妇女，甘肃省探索开展了"就业创富"等活动进行重点帮扶，新华社等权威媒体予以关注，"陇原巧手"等扶贫品牌活动成为媒体报道热点。舆论称赞，小剪刀也有大作为，昔日打发时间的针线活，变成了今天发家致富的金刚钻。CCTV-7推出扶贫纪录片《中国力量》，使得甘肃省临洮市包家山村农妇申韦娟种植百合脱贫的事迹家喻户晓。舆论表示，产业扶贫改变着贫困百姓的命运，彰显着中国力量，传递着中国温度。

2017年，针对扶贫领域腐败问题和作风问题，甘肃省加大处置和通报力度，受到媒体关注。2月，中国新闻网报道称，甘肃省委省政府针对扶贫腐败问题进行暗访，有群众当面向省领导反映个别干部从贫困户低保金中抽成的问题。对此，凤凰网有11324名网民参与，评论达808条。网民为此举点赞,并希望这样的暗访常态化,严查扶贫领域的"吸血鬼"。3月,中央纪委通报了发生在甘肃省漳县的一起骗取扶贫羊事件,漳县金钟镇尖子村原党支部书记将200只扶贫羊"中饱私囊",50户贫困户被欺瞒长达3年之久,连根羊毛都没见着。舆论一方面深究"扶贫羊消失之谜",另一方面对甘肃省加大扶贫领域执纪问责力度予以肯定。

4. 地方党政干部争相推介本地农产品 景泰县副县长蹭黑豹演唱会推介枸杞成"网红"

近年来,甘肃省特色农业产业得到长足发展,但地方性特色农产品的市场销售压力随之而来,农民增收面临较大挑战。为保护农民的"钱袋子",2017年,甘肃省多地密集举办了各类农产品展销推介活动。在这一过程中,多地涌现出党政领导干部争当"网红"、积极为本地特色农产品代言现象,被舆论积极关注。

针对藜麦产业发展,永昌县专门举办全国性推广会,藜麦作为"粮食新贵"的身份得到舆论认可。针对核桃产业发展,成县专门举办核桃节,相关签约资金超过6亿元,"成县核桃"成为舆论宠儿。尤其是在2017甘肃农业博览会上,酒泉市市长卖起了洋葱,平凉市市长卖起了苹果,共有14位市长"放开嗓子、拎起篮子"为当地优质特色农产品"卖力吆喝"。对此,有舆论将市长争当"网红"评价为"新奇现象"。舆论指出,此举"彻底打破了西装革履的严肃干部形象","不仅没有削弱党政干部的权威性,反而极大地拉近了干部与群众的距离,增强了干部与群众之间的联系"①。

值得关注的是,9月初,甘肃省景泰县副县长借黑豹乐队30周年演唱会之机,在现场通过拉横幅等方式"蹭热点",积极推介景泰枸杞,相关视频成为网络热点。总体来看,该事件成功引发舆论对甘肃省政府公务人员的正面评价。舆论关注点主要集中在三个方面。一是为这一推介方式点赞。舆

---

① 《市长争当"网红"背后更是身正不怕影子斜》,搜狐网,http://www.sohu.com/a/191303694_181108。

论表示，这位副县长"非常懂新媒体营销"，称赞这个热度"蹭"得好。有舆论指出，通过这种方式推介产品，是一种"为官智慧"，是一种"创新履职"。还有舆论指出，官员就应该这样"放下身段、扑下身子"为老百姓的事情努力奔波、努力拼搏。二是肯定这一推介方式的效果。舆论认为，通过这一事件的轰动效应，景泰枸杞成功吸引了公众眼球。有舆论称，景泰枸杞借此打响了品牌。三是为景泰枸杞长远发展建言建议。舆论希望，借此机会，景泰枸杞不仅宣传要"走出去"，产品也要"卖出去"。舆论指出，能否占领市场，要靠质量说话，景泰枸杞应做好品牌发展规划，以品质赢得口碑、以质量争取市场。

此外，在甘肃地方性特色农产品推介促销中，互联网的作用不容忽视。在庆阳市秦铺村，67岁的李银星通过微信朋友圈卖掉家中近万斤苹果，被新华网、中国新闻网等媒体积极报道。在临泽县，当地引入"私人订制""众筹"等模式，通过互联网平台破解生产融资和产品销售难题，被舆论形容为"新风尚"。

5. 多地遏制农村"天价彩礼"　先脱贫后脱单给贫困家庭带来生活希望

近年来，农村地区"天价彩礼"现象频发，部分农户因此债台高筑，甚至因婚致贫、因婚返贫。作为"天价彩礼"的重灾区，2017年，针对这一现象，甘肃省大力推进农村地区婚嫁移风易俗工作，受到媒体持续关注。

有舆论对"天价彩礼"现象导致的后果及深层次原因进行了多方面剖析。《人民日报》（海外版）刊文公布了中国"彩礼地图"，甘肃省"榜上有名"。北京工业大学梁伟撰文指出，其家乡陇东地区结婚负担不只"天价彩礼"，除了彩礼，婚娶家庭还要承担挂锁、零花钱、办酒席、买新房、买车等费用，全部加起来超过50万元。《经济参考报》曝光了我国中西部地区的"彩礼经济"，其中将甘肃省庆阳市列为反面案例，指出当地农村彩礼高达20万元，结个婚要花60万元。《甘肃经济日报》报道指出，"天价彩礼"加剧家庭贫困、激化家庭矛盾，成为和谐社会的重大隐患。至于"天价彩礼"现象产生的原因，舆论认为除了男女比例失衡、攀比心理严重、职业婚介推动等原因外，经济落后是重要原因。舆论指出，"天价彩礼"盛行地区多为二、三产业较不发达的贫困县，贫穷是"天价彩礼"的根源所在。有媒体调研甘肃省一些"光棍村"，发现随着扶贫攻坚工作的开展，这些村出现了"先脱贫、后脱单"的现象，村子富了，产业发展了，"天价彩礼"的生存土壤就少了，光棍自然也就少了。

可喜的是，在政府等各方面共同努力下，甘肃省农村婚嫁风俗正在发生积极变化。1月甘肃省2017年"两会"上，省政协委员何瑞莲提出要有力遏制"天价彩礼"风气，并将其提升到保障农村社会稳定的高度。5月，陇南市西和县举办集体婚礼，有50对农村青年参加。8月，在传统七夕佳节，庆阳市庆城县77对青年参加集体婚礼。10月，庆阳市环县22对新人骑自行车举办集体婚礼。针对甘肃省遏制农村"天价彩礼"的上述种种举措，舆论予以积极评价，认为文明婚嫁、节俭婚娶让甘陇大地农民摆脱了"一人结婚、全家背债"的困境，是破陋习、树新风的好事。有农村男青年表示，如果没有政府倡导婚嫁新风俗，自己娶媳妇是遥遥无期的事情。舆论还从健全法律法规、完善养老体制、规范婚介机构等方面，对政府部门相关工作进行建议建言。还有网民希望政府部门再接再厉，让甘肃农村彻底告别"天价彩礼"、结束"娶不起"的历史。

三　网民评论

1. 甘肃省部分地区农村"天价彩礼"现象引发网民热议

2017年，多家媒体曝光甘肃省部分农村地区存在严重的"天价彩礼"现象。对此，网民通过微博、微信、新闻跟帖等方式展开热烈讨论。根据对抽样选取的200条网民评论进行统计分析，网民主要观点包括以下6个方面（见图4）。

一是认为"天价彩礼"确实过高，超出了人们的经济承受能力（占比26%）。网民"夜幕飞漾"说，天水这边两区五县农村彩礼平均在18万元左右，还要有楼房（自家盖的不算），我一同学娶媳妇算下来一共花了差不

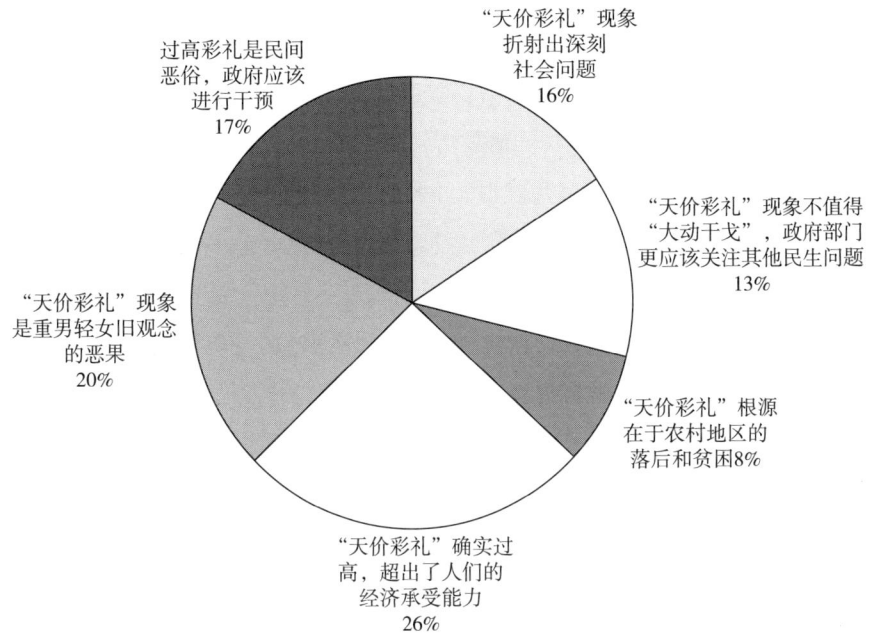

图4 甘肃省农村天价彩礼现象网民观点分类图

多60多万（元）。这还是2014年的价格。我这同学一夜之间变成穷光蛋，现在两口子也经常闹矛盾！网民"W-Answer-L"，我同学是天水市某国家级贫困县的，去年娶媳妇光彩礼就30万（元）。我们哥几个都快哭了。网民"夜来南风"说，现在娶媳妇的成本如同芝麻开花，是节节高哇。

二是认为"天价彩礼"现象是重男轻女旧观念的恶果（占比20%）。网民"zhangkw1285"说，这就叫报应！不是都想要男孩吗？自然界需要平衡，打破这种平衡，必然要承受这种后果。网民"披荆斩棘"说，"天价彩礼"根源在男女比例失调，这是无法从根本上解决的问题；网民"大脚喽喽"说，生的时候都想要男孩，结婚的时候又嫌弃彩礼贵；网民"大清武术协会会长常威"说，支持女方家庭收取"天价彩礼"，让那些重男轻女的家庭尝一尝后果！网民"zhaopianziliufei"说，当初重男轻女，现在恶果出来了，自己酿的苦酒自己咽；网民"花开富贵"说，为何一边对生儿子如

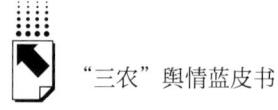

此偏执,一边抱怨彩礼高?网民"guchengnuzi"说,大家都想生儿子不想养女儿,娶不到媳妇怪谁?

三是认为过高彩礼是民间恶俗,政府应该进行干预(占比17%)。网民"有态度网友04chSh"说,"天价彩礼"本就是恶俗,实际就是明码标价卖女儿,这样是不是也算人口买卖呢。网民"恐游老司机-高董"说,说难听点,"天价彩礼"就是在"卖"女儿,这本来就是农村不被提倡的陋习。建立在"天价彩礼"基础之上的婚姻感情太淡。网民"鹤壁嘉宇斯k"说,"天价彩礼"显示出某些农村地区的攀比之风有多盛。网民"阿瓜"说,国家应该针对买卖婚姻立法,婚嫁中强行要礼超3万(元)应该算犯法。网民"心如林枫"说,不是彩礼太高,而是人的思想发生变化了,一个个都不脚踏实地了,失去了踏实勤劳的本性,想发财,想暴富,想不劳而获,想生活安逸。

四是认为"天价彩礼"现象折射出深刻社会问题(占比16%)。网民"我的左眼看见了鬼"说,高彩礼的背后实际折射的是深刻的社会问题,试问有几个女婿会给丈母娘养老送终呢?如果没有,那么嫁女儿时要点彩礼,这个价格不算高。说白了,在农村嫁女就是一锤子买卖,即使一分钱不要男方也不会感激你,也不会给丈母娘养老送终,所以这个钱不要白不要,这就是现实;网民"太湖里的小鱼"说,娶不上老婆往往与好吃懒做有关。一个农村青年如果肯吃苦,建筑工地一年挣十万也是可以的,快递小哥收入也不错,机会很多,关键看是否勤劳肯干;网民"华卿"说,多在各地走走,看看有哪个地方的姑娘愿意因为爱情嫁给你?网民"小张张Criss"说,结婚难道不是因为爱情吗?一些地方嫁女儿要彩礼,不是为了养老,就是为了给儿子结婚做准备。这些年人们的"三观"地动山摇,不知道歪到哪里去了。

五是认为"天价彩礼"现象不值得"大动干戈",政府部门更应该关注其他民生问题(占比13%)。网民"亮晶晶1x64"说,遏制"天价彩礼"没有必要,请多关注医疗、教育、养老,OK?网民"有态度网友06xsa"说,有闲工夫应该研究一下怎么让老百姓的收入和生活水平提高上去。网民"小海脑洞大开"说,干预彩礼?你怎么不去干预房价?网民"金"说,为啥不干预高房价？网民"汽油君"说，政策也干预不了！人家不嫁你还能报警吗？网民"灰机革革"调侃说，为了遏制高价彩礼不正之风，稳定高额彩礼上涨势头，广大群众正热烈讨论征收彩礼税。各位领导，你们看这条建议可好？

六是认为"天价彩礼"根源在于农村地区的落后和贫困（占比8%）。网民"缸中之脑1003在搜狐"说，越是贫穷的地方，嫁女要的彩礼就越多，因为娘家要用女娃换来后半辈子的富裕。网民"用户1447887053"说，我发现越是贫穷落后的地方，彩礼要得越多。现在很多比较发达的城市地区，彩礼只是象征性的。网民"花雨香飘"说，地区越落后，越把嫁女当发财手段。网民"千树万树梨花开2014"说，越穷的地方越重男轻女，越重男轻女男女比例就越失调，男女比例越失调就越难找到老婆，越难找到老婆彩礼就越高。网民"ChengChingkam"说，相比脱单，我更看重的是脱贫，要找到问题的本源。网民"guchengnuzi"说，经济太差谁敢嫁？如果把当地经济搞起来，谁还会在乎彩礼钱？

2. 景泰县副县长在黑豹乐队演唱会门口推介枸杞引发热议

2017年9月，甘肃省景泰县副县长周春材借黑豹乐队30周年演唱会之机，到现场推介景泰枸杞，引发网民热议。根据对抽样选取的350条网民评论进行统计分析，网民主要观点包括以下5个方面（见图5）。

一是对政府官员"蹭热点"表示肯定和支持（占比74%）。网民"奔跑_1717"说，这次蹭热点行为，方式恰当，以带领全县人民脱贫为目的，对于这种行为，我们表示支持和肯定。网民"话少石锤多"说，演唱会现场推介枸杞，就事论事这事情做得既接地气又有创意，这是真正为民办事而蹭热点，大多数人都希望这能蹭成功！网民"只推荐对版花店的花友"说，这样的县长能放下身段走进百姓为全县谋福祉，是个好官！

二是借此机会推介家乡美食美景（占比12%）。网民"泰京悠"说，景泰枸杞的确好，宁夏中卫好多跑去景泰收枸杞。网民"会微笑的长颈鹿i"说，景泰当地还有很多丰富的水果，因为昼夜温差大，所以水分大、

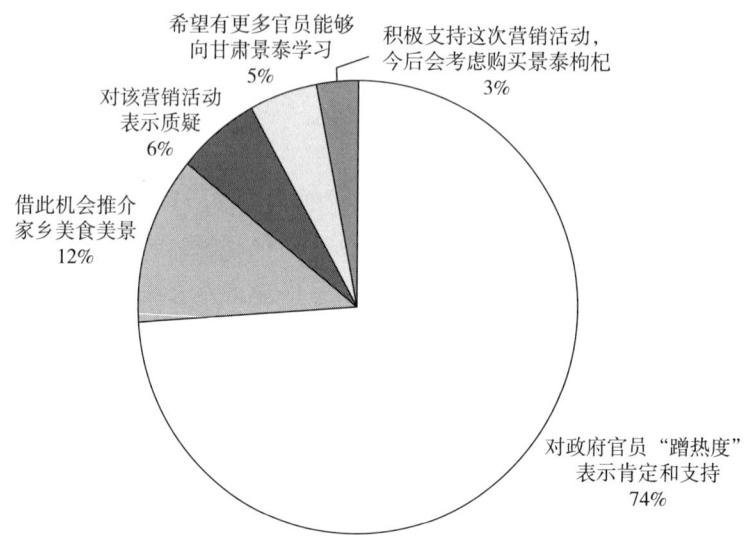

图 5　景泰县副县长在黑豹乐队演唱会门口推介枸杞事件网民观点分类

比较甜,黄河石林也是在这里,奇妙的自然景观让很多人叹为观止。希望更多的人能够关注这里。网民"景泰县五佛乡小曾"说,我大景泰不仅有特色枸杞,还有条山梨、龙湾苹果、景泰大枣、和尚头面粉等等,期待您的品尝。

三是对该营销活动表示质疑(占比6%)。网民"MBeethoven"说,是向上级部门推介自己去了吧!网民"binchownlee"说,为了公费看演唱会,居然想出这招来!网民"fangpapa"说,公款摆拍?网民"KatyPerry_水果姐的葡萄"说,爱作秀的人就是多。

四是希望有更多官员能向周春材副县长学习(占比5%)。网民"胸口碎大琴"说,好县长!如果中国的官员都是和他一样的人,那该多好。网民"Hades_Zo"说,每个城市当官的都能这样就好了。网民"半夏蝉衣"说,这样的县长,我们需要十列车厢。网民"一个卖饰品的胖仙女"说,希望多几个这样的好干部。网民"画在路上"说,说实话,现在就缺这种放下架子而愿意真心做实事的官员!

五是积极支持这次营销活动，今后会考虑购买景泰枸杞（占比3%）。网民"渺渺水上"说，淘宝天猫京东有店没有，贴个二维码啊亲。网民"TheREALazy"说，景泰县政府授权的网络销售渠道，也是县长现场推介同款枸杞，质量有保证，京东独家有售。网民"阿蒙蒙不蒙"说，去买枸杞支持一下。网民"琼琼虫虫飞"说，愣什么？买啊！

境 外 篇

Overseas Public Opinions

B.22 港澳台媒体涉大陆"三农"舆情分析

张笑琪 张 雪*

摘 要： 2017年，对27家港澳台主要媒体监测，共采集整理涉及大陆的"三农"舆情2565条。大陆农业农村改革、农业生产与粮食安全、农业政策等是港澳台媒体关注重点。2017年中央一号文件部署农业供给侧结构性改革、全国"两会"涉农话题、党的十九大提出乡村振兴战略及二轮土地承包到期后延长30年、巨型稻、海水稻试种成功等农业科技成就被港澳台媒体集中报道。中美经济合作"百日计划"推动下的中美农业合作与贸易，"一带一路"合作下中国与沿线国家的农业合作与贸易相关动态也受到港澳台舆论聚焦。此外，大陆与台湾的农业合作保持良好态势，也受到港澳台媒体瞩目。

---

* 张笑琪，环球舆情调查中心舆情分析师，主要研究方向为海外传播；张雪，环球舆情调查中心舆情分析师，主要研究方向为事件专题传播。

关键词： 港澳台媒体　两岸农业合作　台湾农民创业园

一　舆情总体概况

1. 舆情走势分析

2017年，据环球舆情调查中心对27家港澳台主要媒体监测，共采集整理涉及大陆的"三农"舆情信息2565条，数量较上年呈现井喷式增长，增幅高达247%。2017年受到两岸农业合作、中国与国际农业贸易往来等涉农交流增多，热点事件随之增加，故港澳台媒体的舆情报道量实现明显增长。此外，2017年采集范围较为集中、聚焦，故采集获取的有效信息较往年同样有所增加。相关信息平均每月报道量约为214条（见图1）。

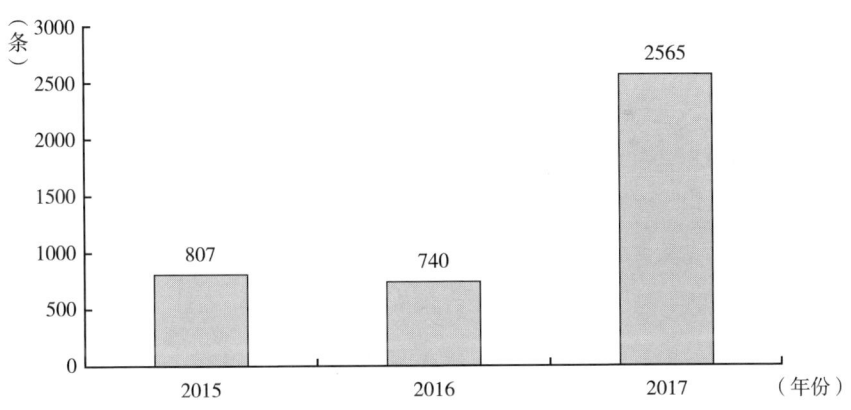

图1　2015～2017年港澳台媒体涉及大陆的"三农"舆情信息量

纵观全年，舆情整体呈现平稳态势，其中，3月和11月出现两次峰值，相关报道量分别达到247条和250条，4月报道量也居高，有240条。全年"三农"的舆情量虽有涨跌，但波动并不剧烈（见图2）。

上半年舆情呈倒V字形走势，3月出现舆情峰值。1月，港澳台媒体涉

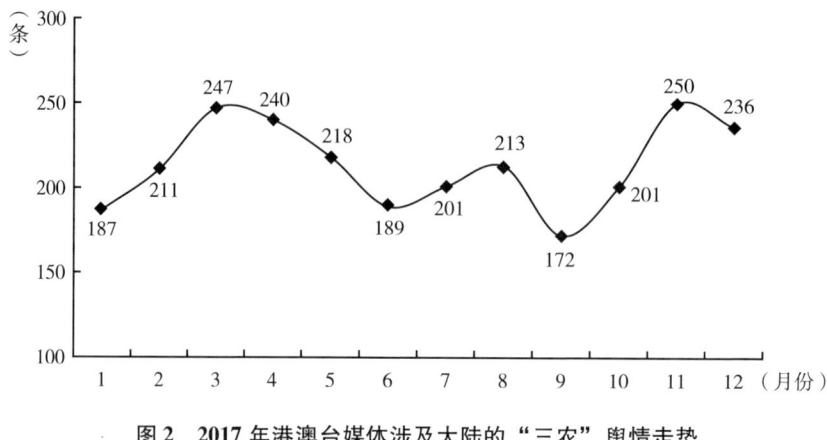

图2 2017年港澳台媒体涉及大陆的"三农"舆情走势

及大陆的"三农"报道关注点比较分散。其中1月24日，习近平总书记在春节前夕前往张家口市张北县农村慰问困难群众，被多家港澳台媒体关注报道。并且香港《明报》等多家媒体关注了春运与农民工话题，表现出浓厚的人文关怀；2月，2017年中央一号文件发布，农业供给侧结构性改革成为港澳台媒体进行深入报道的对象。人感染H7N9流感的相关报道也被港澳台媒体关注；3月，全国"两会"促成2017年第一个舆情峰值，会议中的"三农"话题成为港澳台媒体的关注重点。其中，在3月14日的全国"两会"记者会上，国家质检总局介绍，保障供香港食品安全为政治任务，相关信息被香港《文汇报》等媒体重点报道；国家质检总局同时还介绍了台湾输陆食品、农产品受阻原因，被台湾媒体重点关注。4月，中美两国元首海湖庄园会晤，并制订了推动中美经贸合作的"百日计划"，其中涉农内容被媒体聚焦；而且辽宁辉山乳业集团有限公司（以下简称辉山乳业）陷入财务危机一事也被港澳台媒体重点关注；5月，大陆召开"一带一路"国际合作高峰论坛，农业部等四部委联合发布《共同推进"一带一路"建设农业合作的愿景与行动》，该文件引发了港澳台媒体对"一带一路"涉农内容的讨论。中美经济合作"百日计划"达成包括恢复进口美国牛肉在内的十项共识得到诸多报道，《澳门日报》等多家媒体关注了"史上最严伏季休渔开始"的消息，台湾《中时电子报》等多家台湾媒体关注了"输往大陆农产品金额持续下跌"的消息,首届中国国际茶叶博览会也受到关注;6月,"美国牛肉输华"成为港澳台媒体报道的热点议题。此外,河南新乡疑似出现"镉麦"事件被《澳门日报》等媒体所关注。

下半年,除11~12月舆情热度较高外,其他月份舆情走势相对平稳。7月,台湾《旺报》等媒体报道,中国大陆拒绝了日本提出的2017年秋刀鱼捕捞限额提案。对此,舆论用"秋刀鱼之争两岸同阵线"来形容该事件。舆论指出,在秋刀鱼议题上,两岸联手等于是大陆协助台湾远洋渔业不必受制于日本。两岸之间本来就有很大的合作基础,此次事件说明,两岸合则两利、分则两败。同时,美国大米将实现首次出口中国、中美签订价值50亿美元农业大单等相关信息也被大量报道;台湾5批次输陆芒果被检出溴氰菊酯残留超标,该消息被多家台湾媒体报道;8月,美国正式向世界贸易组织(WTO)提出对中国农产品关税配额进行调查的要求,引发中国台湾《中时电子报》等媒体关注。欧洲"毒鸡蛋"事件爆发后,大陆加强了供港澳禽蛋的检疫排查,被澳门《华侨报》等媒体所关注;9月,国家发改委等15部门出台方案,推广车用乙醇汽油以利于消化过剩的玉米库存,引发众多港澳台媒体报道。袁隆平研发团队宣布海水稻试种成功,被香港《文汇报》等媒体盛赞,舆论认为此举可保证粮食产量和粮食安全。《澳门日报》等媒体关注了我国划定15.5亿亩永久基本农田的消息,并指出这是端牢13亿人饭碗的有效措施;10月,党的十九大首次提出实施"乡村振兴战略",并强调农业农村优先发展。港澳台媒体称"土地承包延30年是'定心丸'",[1]乡村振兴"为近六亿中国农村人口擘画了宏伟而美好的蓝图"。[2] 香港《信报》等媒体还报道了"中国培育出1.8米高的巨型稻""袁隆平超级杂交稻亩产1000公斤破世界纪录"等粮食生产相关的突破性消息;11月,美国总统特朗普访华,中美双方签订包括农业在内的价值超过2500亿美元的破纪

---

[1] 《习近平:土地承包延30年是"定心丸"》,《明报》,https://news.mingpao.com/pns/dailynews/web_ tc/article/20171020/s00013/1508436146171。
[2] 《振兴乡村 实现全面小康》,《澳门日报》,http://www.macaodaily.com/html/2017-10/23/content_ 1216932.htm。

录大单,成为港澳台媒体报道的焦点。中国推进城乡"厕所革命"的相关报道也引发港澳台媒体关注,舆论高度认同,并认为此项工作可被视为乡村振兴战略的重要一环来推进;12月,中央农村工作会议召开,媒体对2018年农业农村工作的规划和实施表现出信心。此外,华北地区开展"煤改气"工程后,多地农村出现"有管无气"的现象,舆论予以关注的同时,期望尽快实现正常供暖、保障民众温暖过冬。

2. 媒体报道概况

在所有2565条报道中,台湾媒体报道量最多,有1201条;其次,香港媒体报道量为1117条,澳门为247条。在报道量排前10位的媒体中,香港媒体有5家,台湾媒体4家,澳门媒体1家。其中,台湾《中时电子报》报道量最多,达到453条。香港《文汇报》报道量342条、台湾《旺报》报道量338条,分列第二、第三位(见图3)。

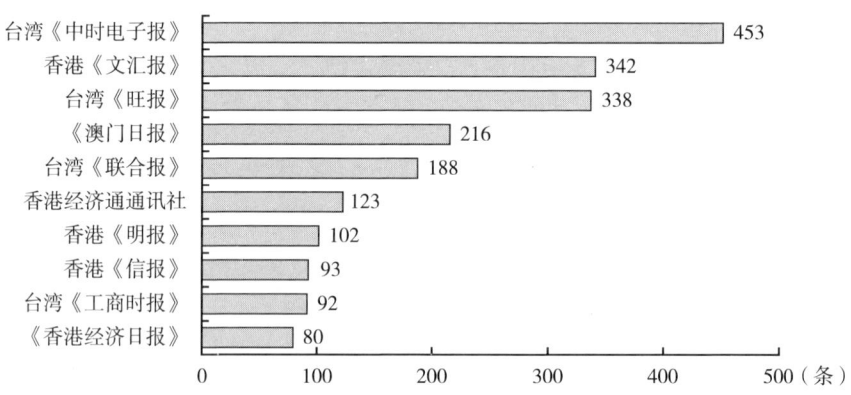

图3 2017年港澳台媒体涉及大陆的"三农"报道量TOP 10

3. 关注内容分析

在所有2565条报道信息中,涉及大陆农业动态的相关信息有1552条,农业农村改革、脱贫攻坚、农业生产与粮食安全等诸多领域是港澳台媒体报道重点;涉及中外农业贸易与农业合作的相关信息有717条,其中仅中美农业相关舆情量就有302条;涉及港澳台与大陆农业贸易与合作的相关信息有296条,其中台湾与大陆涉农舆情是港澳台媒体关注重点。

二 热点话题分析

总体来看，大陆农业对外合作与贸易、农业农村改革、农业生产与粮食安全、农业农村政策、农业信息化、渔业、农村环境、乳业、农业部门工作动态等十个方面是港澳台媒体关注的热点话题。在2017年总舆情信息量中，涉华农业合作信息有722条，占比达28.1%；农业农村改革信息有313条，占12.2%；涉华农业贸易信息有291条，占11.3%；农业生产与粮食安全信息有187条，占7.3%（见图4）。

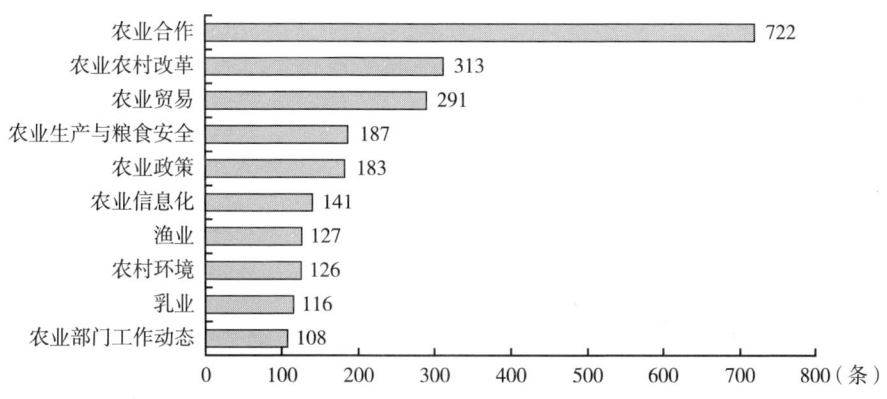

图4 2017年港澳台媒体涉及大陆的"三农"舆情热点话题TOP 10

1.农业合作

2017年港澳台媒体报道的农业合作相关信息包括国际农业合作、港澳台与大陆农业合作两个部分。国际农业合作方面，港澳台媒体对大陆在"一带一路"倡议下进行的农业国际合作展现出浓厚兴趣，中国与俄罗斯、哈萨克斯坦、澳大利亚等国的农业合作动态，以及中美经济合作百日计划等均引发较多报道；港澳台与大陆农业合作方面，大陆与台湾的农业合作保持良好势头，两岸农业合作成就、重大活动等事件备受港澳台媒体瞩目。其中，福建省与台湾的农业合作保持快速发展，成为名副其实的两岸农业合作桥头堡，得到媒体较多报道。据有关部门统计，截至2017年底，福建省累计批办台资农业项目2636个（2017年新增42个），合同利用台资38.3亿美元（2017年合同利用台资1.2亿美元），实际到资21.8亿美元（2017年实际到资0.85亿美元），农业利用台资的数量和规模在大陆各省市中居首位。[①] 9月，第二届"两岸农业旅游发展论坛"在厦门举行，中国国民党前主席洪秀柱为论坛录制贺词视频。舆论认为，此次论坛将成为促进两岸农业往来的重要交流平台；第十五届"中国国际农产品交易会"于9月在北京举行，此次展会专设了海峡两岸农业合作展区，集中展示了"台湾农民创业园""台湾农村好物"等台湾农业发展的各项成果，成为推进两岸农业合作、促进两岸民众情感沟通的良好平台；同在9月，"台湾阿里山乌龙茶入选成为厦门金砖峰会特供茶"的消息引发媒体关注，台湾《联合报》表示，这代表着台湾农民到大陆扎根发展，金砖峰会飘出了"台味儿"。

2. 农业农村改革

2017年，大陆农业农村改革动态及相关成绩引发港澳台媒体重点关注。其中，媒体对大陆农业科技动态及成就、扶贫攻坚动态及成果等十分关心。台湾中评社4月题为《农村改善社保扩大：中国贫富差距缩小》的报道称，中国近几十年的发展可谓"壮观"，大量减少了目前世界上的贫困人口，但随之产生的"不平等现象"也备受外界瞩目，随着发展，该现象"正在改变"。[②] 10月，香港《文汇报》以十九大代表、种粮大户凌继河为例，列举了我国农业供给侧结构性改革所取得的丰硕成果。报道指出，农民代表凌继河介绍，以前种普通大米只能卖每斤2元人民币，通过供给侧改革，种植品质好的大米最多可以卖到每斤18元人民币，甚至还出现供不应求的局面。报道还指出，农业机械化帮助了产量提高、带动了农民致富，更吸引了一批"80后""90后"的年轻人加入一线农业工作中。

[①] 刘深魁：《2017年闽台农业合作亮点纷呈》，《福建日报》2018年2月13日，第5版，http://fjrb.fjsen.com/fjrb/html/2018-02/13/content_1088884.htm?div=-1。

[②] 《农村改善 社保扩大：中国贫富差距缩小》，中国评论新闻网，http://hk.crntt.com/doc/1046/5/4/0/104654071.html?coluid=59&kindid=0&docid=104654071&mdate=0423114543。

3. 农业贸易

2017年港澳台媒体报道的农业贸易相关信息包括国际农业贸易、港澳台与大陆的农业贸易两部分。国际农业贸易方面，中美经济合作"百日计划"确定中国向美国扩大开放农产品市场、美国牛肉及大米输华等引发港澳台媒体集中报道。其中，台湾《旺报》、《中时电子报》、"中央通讯社"，香港《文汇报》、《明报》等20多家港澳台媒体对此事件进行连续性追踪报道；港澳台与大陆的农业贸易方面，大陆与台湾两岸的农业贸易被多家台湾媒体所关注。5月，台湾《中时电子报》同时发布两篇报道，对大陆与台湾农业贸易形势进行分析。报道指出，2017年台湾销往大陆的农产品总金额将持续下跌，可能会跌到8亿美元以下。报道称，有台湾导游表示，当前大陆来台游客少了七成，令岛内各地的多种水果销量均明显减少。有台湾水果从业者表示，大陆今年采购香蕉机会"几近于零"，台湾其他农产品销陆也满布荆棘。部分从业者预测，2017年台湾销往大陆的水果量会"只减不增"。报道还采访了相关人员，其对之前大陆协助台湾解决农产品产能过剩、无处可卖的情形表示怀念。

4. 农业生产与粮食安全

港澳台媒体对大陆采取切实措施、有力保障粮食安全相关动态给予积极关注。全年来看，媒体对"巨型稻和海水稻试种成功""我国农业科技贡献率达56.7%"等消息予以重点报道。针对大陆农村空心化导致的无人种地问题，台湾《旺报》4月报道指出，为保持农地开发、保障粮食安全，大陆将在2020年前培养新型职业农民2000万人，以此来扶持、富裕农民，并借此提高年轻人务农意愿。针对农业科技创新问题，香港《文汇报》10月报道指出，当前中国农业科技有19%在国际上处于领先位置，农业科技进步贡献率更是达56.7%，主要农作物耕种收综合机械化水平超过65%。

5. 农业农村政策

2017年，大陆农业政策依旧是港澳台媒体关注焦点。2017年中央一号文件、全国两会涉农话题、党的十九大涉农话题、中央农村工作会议等成为港澳台媒体报道的重点。从报道内容看，乡村振兴、农业供给侧结构性改革、二轮土地承包到期后延长30年等关键词句成为报道核心。香港《旺报》10月报道指出，近年来，大陆农业农村政策的重心一直置于农村转型升级和产权制度改革上。2017年中央一号文件中，延续2016年中央农村工作会议成果，农村土地征收、集体经营性建设用地入市和宅基地制度改革为代表的"三块地"改革试点，还有农村土地承包经营制度改革以及耕地保护和补偿制度，将持续推动。

三 热点事件解读

2017年港澳台媒体涉及大陆的"三农"舆情热点事件多集中在农业农村政策话题，大陆的农业农村发展成就引发港澳台媒体跟进报道。针对本研究所采集的2565条港澳台媒体关于大陆的"三农"报道标题做词频分析可以看出（见图5），"两会三农"话题、"十九大报告"涉农政策、"中美领导人会晤促农业贸易合作"等大事件成为媒体报道焦点，"中俄会晤"促农业合作、"美大米首次出口中国"等事件亦成为报道热点。此外，"打赢脱

图5 2017年港澳台媒体涉及大陆的"三农"报道标题（2565条）舆情高频词

贫攻坚战""乡村振兴战略""农业供给侧结构性改革"等关键词句也反映出港澳台媒体视角中的大陆"三农"。

2017年，港澳台媒体涉及大陆的"三农"舆情十大热点事件如表1所示。

表1 2017年港澳台媒体涉及大陆的"三农"舆情热点事件TOP 10

序号	事件名称	报道数量（条）	媒体数量（家）	所属领域
1	全国两会召开聚焦"三农"问题	86	13	农业政策
2	中美"百日计划"	73	20	农业合作
3	辉山乳业陷债务危机	68	6	乳业相关
4	中共十九大农业新政策	65	15	农业政策
5	习特会农业合作成果显著	40	14	农业合作
6	"一带一路"峰会	24	13	农业合作
7	美国大米将实现首次对华出口	20	14	农业贸易
8	H7N9禽流感疫情暴发	19	10	兽医及动物卫生
9	俄罗斯总统、总理访华促农业合作	14	9	农业合作
10	美总统会晤马云阿里将助美农产品销往国内	14	8	农业合作

1.乡村振兴战略提出引发热议

10月，党的十九大报告中首次提出实施乡村振兴战略，引发港澳台媒体对十九大涉农政策的高度关注。媒体肯定乡村振兴战略的积极意义。舆论指出，乡村振兴战略被定位为中国现代化强国的七大战略之一，并被写入党章。舆论同时强调，乡村振兴指的是"三农"的全面发展，应包括产业、教育、文化、科技、治理、生态的全面振兴。《澳门日报》10月题为《振兴乡村实现全面小康》的报道称，十九大报告首次提出乡村振兴战略，强调农业农村优先发展，为近六亿中国农村人口擘画了宏伟而美好的蓝图。可以预见，随着乡村振兴战略具体措施的陆续出台，中国农业将成为更有奔头的产业，农民将更体面，农村将成为人们安居乐业的美丽家园。香港《信报》10月题为《"三农"获重视战略有新意》的报道指出，把实施乡村振兴战略列入六大新发展理念,是较有新意的部分,中国农业现代化之路仍很漫长,相信往后会有更多扶持措施出台,令乡村成为未来经济发展的新增长点。舆论还对"第二轮土地承包到期后再延长三十年"给予关注。舆论形容这一政策为"重大利好",指出广大农民对十九大报告提出土地承包期到期后再延长30年的政策十分满意,称这"无疑给农村老百姓吃下了一颗定心丸,可以提振农民信心,让农民甩开膀子加油干"。香港《明报》发文《土地承包延30年是定心丸》,内容转述贵州省六盘水市盘州市淤泥乡岩博村党委书记余留芬发言,称广大农民对十九大报告提出土地承包到期后再延长30年的政策十分满意,不再担心土地有什么变化了。

12月,中央农村工作会议在北京召开,引发港澳台媒体再次聚焦乡村振兴。《香港经济日报》题为《中国乡村振兴有待青年回乡》的报道指出,今次会议有个全新的内容,那就是如何实施中国现代化战略之一的乡村振兴战略,其中关键的问题是中国要实施乡村振兴战略靠什么。报道认为,更为关键的可能是人,特别是"返乡青年"。中国大面积乡村出现了"空洞化",青壮年都走了,这是中国乡村最现实的问题。所以,乡村振兴战略首先要打的一仗,是吸引农民工返乡创业之仗。香港《文汇报》报道对到2050年实现乡村全面振兴的目标予以强调。报道同时指出,实施乡村振兴战略是中国特色社会主义进入新时代做好"三农"工作的总抓手。

2. 全国"两会"涉农话题引发媒体高度关注

3月,一年一度的全国"两会"在北京开幕。其间,涉农话题受到港澳台媒体较高关注,大陆农业供给侧结构性改革、精准扶贫、奶业振兴等关键词成为讨论焦点,被众多媒体转述和解读。据监测,港澳台媒体共发出86条两会涉农报道,涉及13家港澳台媒体,其中香港《文汇报》、台湾《中时电子报》以及《澳门日报》的报道量均在10篇以上。

关于农业供给侧结构性改革话题,港澳台媒体肯定了农业供给侧结构性改革的重大意义,指出2017年农业供给侧结构性改革应围绕改善农产品供求、增加农民收入以及提高农业竞争力这三个方面发力。其中,香港经济通通讯社重点关注了中国乳业改革问题,对"小康社会不能没有自己的奶业"

等观点予以认可,指出2017年把奶业作为农业供给侧结构性改革的重点是有的放矢。

关于脱贫攻坚话题,港澳台媒体对精准扶贫成就予以赞扬,对当前脱贫攻坚任务的艰巨性予以关注。舆论认为,当前扶贫已经到了"啃硬骨头"阶段,将更加考验全国上下的扶贫决心和意志。香港《文汇报》援引两会代表言论称,当前剩余10%的贫困人口群体,大多存在文化程度不高、致富愿望不强、经营办法不多等问题,必须充分依靠组织进行脱贫帮扶;香港《明报》对2017年精准扶贫的一系列数字予以重点关注,"再减少农村贫困人口1000万以上""完成易地扶贫搬迁340万人""中央财政专项扶贫资金增长30%以上"等关键数字被重点报道;台湾《中时电子报》还关注了大陆一些贫困地区的"农村剩男"问题,指出通过发展农村电商等方式帮助农村剩男早日成家。

3. 巨型稻、海水稻等农业科技成就保障粮食安全引发舆论关注

2017年,我国科学家取得了巨型稻、海水稻试种成功等重大农业科技成就,引发港澳台媒体的重点关注,相关报道主要集中在9~10月。舆论高度评价相关农业科技对保障中国粮食安全的重大意义。9月,香港《东方日报》题为《中国神农显威力粮食安全应无忧》的报道指出,水稻专家袁隆平日前宣布在去镉水稻种子、耐盐碱水稻两项技术方面取得重大突破性进展。报道将袁隆平形容为"中国神农""国宝级科学家",指出袁隆平"为中国十三亿人吃得饱、吃得好做出卓越贡献,是中华民族的骄傲"。报道还指出,过去几千年,中华民族一直为吃饱饭发愁,但从此之后,中国粮食安全应该无忧了。只要中国手中掌握水稻高科技,十三亿人的吃饭问题就不是多大的事;香港《文汇报》9月末报道指出,海水稻理论测产取得了最高亩产达到620.95公斤的优异成绩,远超预期。未来5~8年,袁隆平团队计划在全国推广1亿亩海水稻,如果按照亩产400公斤计算,其产量每年可达4000万吨,接近当前全国水稻年产量的1/5,[①] 这将在一定程度上保证粮食

---

① 注:据国家统计局2017年12月发布的统计数据,2017年全国水稻总产量为20856万吨。

安全；香港《信报》10月报道称，巨型稻植株高达1.8米以上，科学家希望将其种在"一带一路"沿线国家，解决这些地区的粮食紧缺难题，为世界粮食安全做出中国贡献；《香港经济日报》10月报道对袁隆平团队超级杂交稻品种创造世界水稻单产最新、最高纪录的消息予以关注。报道指出，"湘两优900（超优千号）"测产达亩均1149.02公斤，即每公顷17.2吨，创造了世界水稻单产的最新、最高纪录。

B.23
国外媒体涉中国"三农"舆情分析

张笑琪 张雪[*]

摘 要: 2017年对110家国外权威媒体进行监测,共采集整理涉及中国的"三农"舆情中英文信息2215条,较上年增长47.7%。中国农业对外贸易与对外合作两大领域是国外媒体关注焦点,涉华乳业、中国国内农业生产与粮食安全、兽医及动物卫生相关动态也是报道量居前五位的热点话题。国外媒体积极关注中国农业农村政策新变化,农业农村改革及精准扶贫成果获得国际舆论称赞。中美经济合作"百日计划"推动中美农业合作进一步深入发展,"一带一路"倡议下中国农业"走出去"与世界各国共建共享发展成果等涉农热点事件引发国际舆论关注。

关键词: "一带一路"倡议 中美经济合作"百日计划" 农业"走出去" 农业合作

一 舆情总体概况

1. 舆情走势分析

2017年,经过对110家国外权威媒体监测,共采集整理涉及中国的

---

[*] 张笑琪,环球舆情调查中心舆情分析师,主要研究方向为海外传播;张雪,环球舆情调查中心舆情分析师,主要研究方向为事件专题传播。

"三农"舆情中英文信息2215条,较上年增加715条,增幅47.7%(见图1)。全年来看,上半年舆情走势波动较大,下半年舆情走势较为平稳。其中,5月出现全年舆情峰值,相关信息量达251条(见图2)。

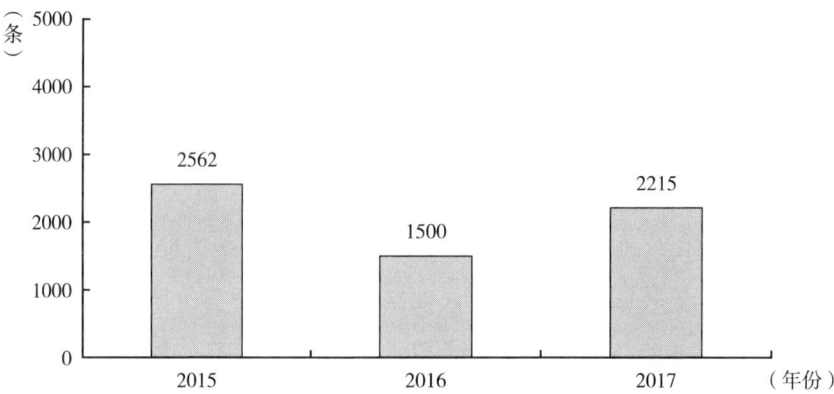

图1 2015~2017年国外媒体涉及中国的"三农"舆情中英文信息量

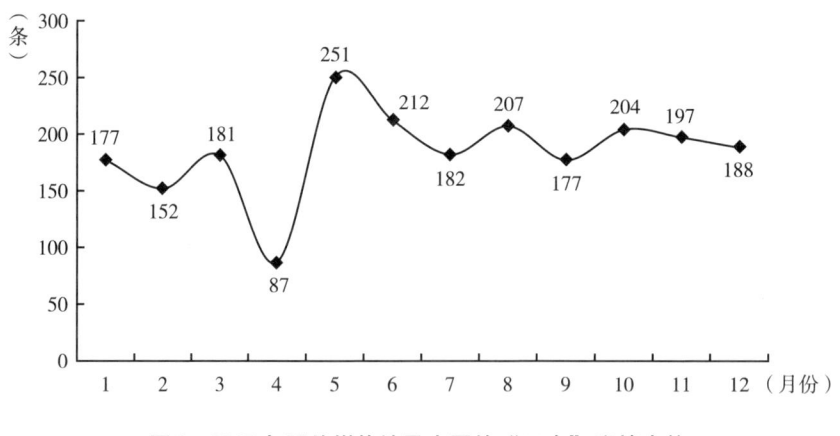

图2 2017年国外媒体涉及中国的"三农"舆情走势

分月来看,1~3月,国外媒体涉及中国的"三农"舆情基本平稳。1月,国外媒体集中关注湖南、武汉等多地的禽流感疫情。澳大利亚乳企贝拉美在华市场遭遇困境也被关注;2月,相关舆情信息量小幅走低,但H7N9流感疫情蔓延致家禽养殖业遭受打击仍被舆论重点关注,英国路透社

2月15日报道,受禽流感影响,中国禽肉价格跌至十多年来最低;3月,信息量小幅回升,国外媒体较为关注巴西肉类丑闻对中巴农业合作的影响,以及辽宁辉山乳业集团有限公司(以下简称辉山乳业)财务危机事件。

4~5月,相关舆情经历剧烈波动。4月信息量只有87条,为全年最低,媒体主要关注点是哈萨克斯坦农业部部长访华推动中哈农业进出口贸易;5月,"一带一路"国际合作峰会促农业合作、中美经济合作"百日计划"达成农业合作共识等事件推动当月舆情信息量升至全年最高点,有251条。

6~12月,相关舆情整体呈现小幅波动态势,走势较为平稳。6月,国外媒体持续关注中美经济合作"百日计划"涉农项目;7月,美国大米将实现首次出口中国、习近平访俄促农业合作等事件较受关注;8月,美国大豆出口中国,以及欧洲"毒鸡蛋"事件波及中国香港、中国台湾等受到关注;9月,澳大利亚乳企在华注册资格大扩容事件受到国外媒体关注;10月,舆情信息较为分散,中英两国科学家培育出低脂转基因小猪获关注;11月,马来西亚国际榴莲文化旅游节促进对华出口贸易受到较多关注;12月,白俄罗斯积极开展与华农业贸易被一些国外媒体报道(见表1)。

表1　2017年国外媒体涉及中国的"三农"舆情热点事件月度分布

月份	热点事件	报道量(篇)
1	中国多地暴发禽流感疫情	35
	澳大利亚乳企贝拉美在华市场遭遇困境	13
2	H7N9禽流感疫情蔓延活禽市场受影响	26
3	巴西肉类丑闻影响中巴农业合作	26
	辉山乳业财务危机事件	23
4	哈农业部部长访华推动中哈进出口贸易	14
5	"一带一路"国际合作高峰论坛	32
	中美经济合作"百日计划"就进口美国牛肉、出口中国禽类达成共识	21
6	中美经济合作"百日计划"农业合作项目最终细节敲定	38
7	美国大米将首次实现对华出口	11
	习近平主席访俄促进中俄农业合作	10
8	美国大豆出口中国	15
	欧洲"毒鸡蛋"事件波及中国	13

续表

月份	热点事件	报道量(篇)
9	澳大利亚乳企在华注册资格大扩容	10
10	中英两国科学家培育出低脂转基因小猪	6
11	2017年马来西亚国际榴莲文化旅游节	11
12	白俄罗斯积极开展与华农业贸易	9

2. 媒体语种及国别分布

在2215条信息中，英文信息有1985条，占比近九成（89.6%）；中文信息有230条，占比仅一成（10.4%）。在参与报道的110家国外媒体中，共有96家媒体做出英文报道，[①] 平均每家媒体报道量20.7条。相较而言，仅有16家中文媒体参与2017年中国"三农"报道，平均每家报道量14.4条。

上述110家媒体共来自39个国家。其中，有15个国家的媒体报道量超过20条。从报道量国别排名情况看，英国排第一，6家媒体共做出673条报道，仅路透社一家就做出报道598条。新西兰和澳大利亚的报道量分居二、三位，分别为236条和181条。哈萨克斯坦、马来西亚、美国的媒体报道量也跨入百条行列。值得注意的是，新西兰的236条报道仅由2家媒体做出，平均每家媒体做出118条报道，该项统计为所有39个国家之最（见表2）。

表2　2017年国外媒体涉及中国"三农"舆情的国别分布及数量统计

所属国家	媒体个数	报道条数	所属国家	媒体个数	报道条数
英国	6	673	新加坡	7	47
新西兰	2	236	日本	5	39
澳大利亚	12	181	巴基斯坦	3	34
哈萨克斯坦	4	113	法国	1	33
马来西亚	5	103	爱尔兰	3	32
美国	11	100	加拿大	4	25
俄罗斯	7	90	菲律宾	3	21
乌克兰	2	56	其他	35	156
所属国家合计	39个		媒体合计	110家	

① 英国路透社和日本共同社2017年同时发布了中、英文两个语种的报道。

从报道量媒体排名情况看，来自7个国家的媒体入选前10位。其中，英国路透社以598条的报道数量，再次位居榜首。受中国农业"走出去"战略以及"一带一路"倡议影响，与上年相比，英国路透社相关报道量增加了4.2倍；新西兰国外事务网居次，有219条报道；马来西亚《星洲日报》和哈萨克斯坦新闻专线分列第三、第四位，各有61条和59条；英国BBC、澳洲中文报业集团、《澳大利亚人报》和乌克兰《全球商业杂志》的报道量也均超过40条；此外，俄罗斯卫星通讯社和哈萨克国际通讯社报道量均达到35条（见图3）。

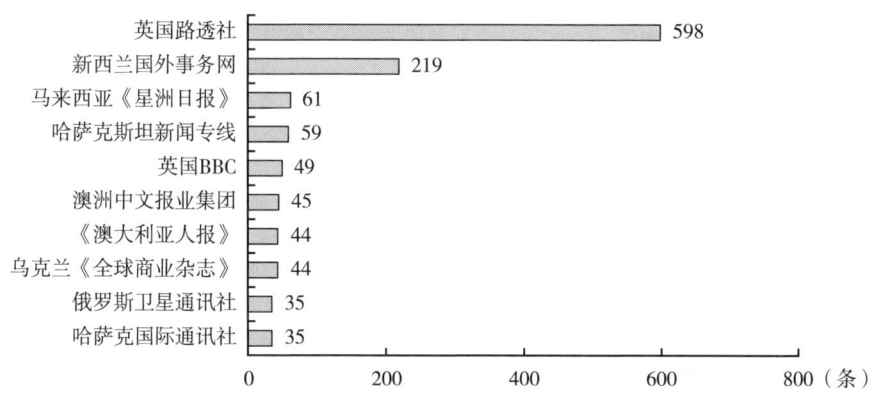

图3　2017年国外媒体涉及中国"三农"的报道量TOP 10

3. 关注话题及国家分析

分析2215条报道所关涉的主要议题，可分为以下三类。一是中外农业贸易类信息，有878条，占信息总量的39.6%。二是中外农业合作类信息，有407条，占18.4%。上述二者合计约占信息总量的3/5，中国同俄罗斯等国家的农业贸易、中美签订并推进经济合作"百日计划"等议题被国外媒体大量报道。三是中国国内涉农动态类信息，有930条，占42%。其中，以辉山乳业财务危机为代表的乳业动态获得较多外媒关注，有254条，占信息总量的11.5%。此外，农业生产与粮食安全171条、兽医及动物卫生117条，关注度均在5%以上，农民工68条、转基因62条（见图4）。

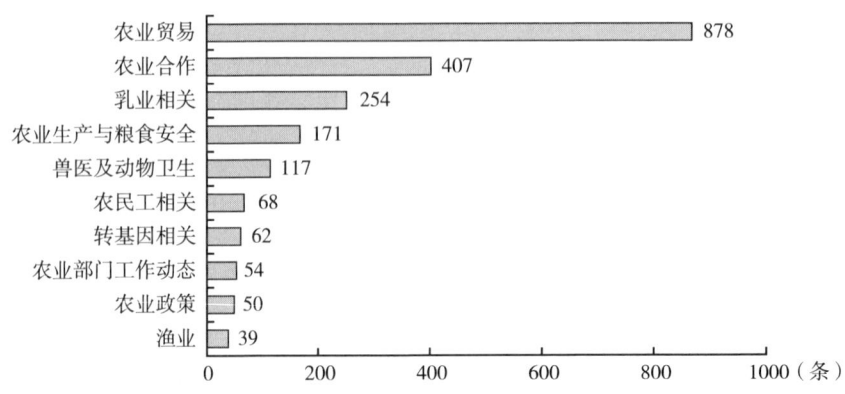

图4 2017年国外媒体涉及中国的"三农"舆情话题排行TOP 10

2215条报道内容共涉及87个国家。其中，涉及美国、澳大利亚、哈萨克斯坦、俄罗斯、马来西亚、白俄罗斯、巴西、新西兰、巴基斯坦和乌克兰（排名分先后）10个国家的报道量居前10位。美国方面，"美国参议员呼吁重启美国猪肉对华出口""中美经济合作'百日计划'推进美国农产品输华""美国大米将实现首次出口中国"等议题都是国外媒体报道的重点；澳大利亚方面，"贝拉美等澳洲乳企在华市场遇到困境""中澳就促进自由贸易达成协议并签署澳洲肉类进口协议""中澳将开展自由贸易使澳洲农产品更多进入中国市场""澳大利亚农场迎来越来越多中国投资者"等被较多关注；哈萨克斯坦方面，受益于"一带一路"建设，"哈萨克斯坦农业部部长访华推动中哈进出口""哈萨克斯坦蜂蜜出口中国""哈萨克斯坦与中国签署价值1.6亿美元农业协议""哈萨克斯坦加入中国'一带一路'倡议以加强农业合作"等被广泛报道；俄罗斯方面，"中俄签署长期食品供应协议""2018年俄罗斯将向中国出口百万吨农产品""习近平访俄促中俄达成重要双边协议"等受到媒体关注；马来西亚方面，2017年马来西亚国际榴莲文化旅游节开幕促进大马榴莲对华出口等得到较多关注；白俄罗斯方面，白俄罗斯将增加对华牛肉与猪肉出口等被较多报道；巴西方面，"巴西发生黑心肉事件致使中国、欧盟等地暂停进口""智利、中国、埃及重新开放巴西肉类进口"等被集中报道；新西兰方面，"新西兰A2乳业在中国战略得当使其利润达到历史最高""中国与新西兰更新自由贸易协定,肉类、乳品等产品出口中国将增多"成为媒体关注内容;巴基斯坦方面,中巴经济走廊计划促进中巴农业合作获得较多关注;乌克兰方面,乌克兰扩大在华农产品市场份额以及签署多项农业投资、合作协议等成为媒体重点报道内容。

二 热点话题分析

由上述报道量数据分析可知,中外农业贸易与合作、中国国内乳业、农业生产与粮食安全、兽医及动物卫生是2017年国外媒体关注度排前五位的热点话题。本文对这五个话题进行关注量、关注角度等舆情分析。

1. 中外农业贸易

2017年中外农业贸易相关信息共有878条,涉及48个国家。其中,中美、中哈涉农贸易分别以139条和66条的报道量居前两位。中澳农业贸易相关报道量列第三位,有58条。

中美农业贸易历来是国外媒体的关注重点。2017年,通过中美经济合作"百日计划",美国牛肉、大米相继获准入华。对此,美国《侨报》报道指出,对于中国庞大的市场份额,美国人表现得充满热情。上至总统特朗普下至普通农民,都竭尽全力希望把美国的农产品卖到中国。[①] 2017年8月,美国向世界贸易组织(WTO)申请调查中国农产品关税配额使用问题,被舆论关注。英国路透社援引美国贸易代表办公室的观点称,小麦、稻米和玉米的全球价格低于中国价格,但中国没有完全使用关税配额。报道还指出,美方称中国未能在透明、可预见以及公平的基础上管理其关税配额。根据关税配额,每年可允许一定数量进口农产品享受较低税率。

在"一带一路"倡议推动下,中哈两国贸易呈现积极向好态势。上半年,哈萨克斯坦小麦首次过境中国发往越南、哈萨克斯坦农业部部长访华拉

---

① 《美中百日计划开花结果牛肉大米相继获准入华》,侨报纽约网,http://ny.uschinapress.com/m/spotlight/2017/07-30/125280.html。

动双边贸易发展等被多家媒体报道；下半年，哈萨克斯坦与中国增加粮食、活牛等进出口贸易进一步提升了中哈农业贸易的热度。舆论指出，中哈农业贸易的走热，显示出"一带一路"倡议的巨大魅力。中国商务部信息显示，哈萨克斯坦等中亚国家农产品到达中国市场的通关时间缩短了90%。[①]

中国是澳大利亚最大的贸易伙伴。特别是2015年中澳签署自由贸易协定以来，两国经贸往来保持良好势头。2017年3月，中国总理李克强与澳大利亚总理特恩布尔举行会晤，其间达成协议，将冷冻肉类市场的准入对象由11家企业扩大到所有合格的澳出口商。澳大利亚新闻网对此报道称，中国不断扩充的中产阶层对澳大利亚牛肉拥有着极大的渴望，新增36家澳大利亚肉类出口商将被授予对华输出牛排的特殊准入许可。对此，澳大利亚媒体表示振奋。澳大利亚《金融评论》网站以《鸡年是袋鼠的幸运之年》为标题对此予以高度评价。

2. 中外农业合作

2017年国际农业合作相关信息共有407条，涉及64个国家。在"一带一路"倡议推动下，中国与"一带一路"沿线国家的交流合作进一步密切，农业合作是其中关键一环。

其中，中国与哈萨克斯坦农业合作相关报道不时见诸报端。6月，中国国家主席习近平对哈萨克斯坦进行国事访问，称赞中哈农业等领域合作取得的显著成就，引发媒体较多报道。哈萨克斯坦世界经济政治研究所中国问题专家伊济莫夫表示，近年来，哈中两国不断加强农业等领域的合作，目前两国正在进行的农业合作项目超过20个，并且正在积极扩大。

中国与俄罗斯农业合作相关举措也受到国外媒体瞩目。7月，习近平主席出访俄罗斯，中俄双方在农业、能源等方面达成多项合作协议，获得俄塔社、俄罗斯卫星网等媒体关注。11月，俄罗斯总理梅德韦杰夫访华，中俄双方签署《中俄总理第二十二次会晤联合公报》，其中涉及农业合作方面的

---

① 中华人民共和国商务部"走出去"公共服务平台，http://fec.mofcom.gov.cn/article/fwydyl/zgzx/201707/20170702611198.shtml。

内容备受关注。俄罗斯卫星网报道指出:"俄罗斯对中国的农产品市场感兴趣。俄高等经济学院东方学部主任马斯洛夫认为,目前,俄农产品在中国市场上的规模还不大,俄罗斯可以与中国合建农业综合体,并向第三国销售产品。"① 俄罗斯与中国黑龙江、吉林等省的农业合作也引发较多国外媒体报道。有媒体认为,俄罗斯土地资源丰富,但缺乏一定的劳动力及农业耕作经验,因此,中俄双方农业合作具有极强的互补性。俄罗斯卫星网12月报道,俄罗斯一份经济状况调查显示,俄未利用的农业土地面积为9720万公顷,占总面积的44%。2017年,在俄罗斯远东地区,仅黑龙江一省,中俄合作建设的农业园区就达20多个。

此外,受益于中国对外开放水平的不断提升,不少国家与中国的农业合作愈加深入。6月,美国全国公共广播电台报道说,中国旺盛的国内需求刺激了对澳大利亚农业投资的迅猛增长。仅过去一年,中国对澳大利亚的农业投资从3亿美元增至10亿美元,这促进了澳大利亚农业的繁荣发展;8月,古巴《格拉玛报》报道称,中国湖北与古巴在生物技术和农业领域展开深度合作,双方在古巴建设了包括一个种子培育中心和一个水稻种植区在内的农牧业示范农场,中方负责提供项目所需设备。

3. 乳业

2017年,在254条涉华乳业报道中,有145条关注国外乳企在华的生存与发展,有109条关注中国乳业的发展。其中,澳大利亚乳企在华市场的表现成为澳大利亚媒体关注重点。2016年,中国施行被称为"史上最严奶粉政策"的《婴幼儿配方乳粉产品配方注册管理办法》。受此影响,2017年中国奶粉市场出现重大变化,其中澳大利亚奶粉企业也受到影响。相关企业的市场营销动态等信息成为澳大利亚媒体关注重点,引发澳媒体思考。有澳大利亚媒体表示,澳大利亚乳企在华工厂存在实验室检验人员资质不符合要求、部分食品安全管理制度落实不到位等欠缺,随着中国奶粉市场将实施更

---

① 《俄专家:俄中为有效合作应考虑彼此经济利益》,俄罗斯卫星网,http://sputniknews.cn/russia_china_relations/201711011023940265。

严新规，澳大利亚乳品在华销售将迎来更大挑战。中国乳业方面，辽宁辉山乳业相关动态成为关注焦点。3月，媒体曝出辉山乳业存在单据造假、大股东挪用30亿元人民币等违规行为，致使其股价暴跌90%。辉山乳业遭勒令停牌、企业计划进行资产重组和债务重组等一系列相关消息被英国路透社等国外媒体所关注。国外媒体对涉华乳业的重视，表明了中国乳业市场对世界乳业，尤其是对一些乳业大国的重要性。

4. 农业生产与粮食安全

2017年，中国农业生产与粮食安全的报道有171条。国外媒体对中国提高粮食产能、消化多余库存的举措予以关注。9月，国家发改委、国家能源局等十五部委联合印发《关于扩大生物燃料乙醇生产和推广使用车用乙醇汽油的实施方案》。根据方案，到2020年，中国将在全国范围内推广使用乙醇汽油。中国汽车将在2020年全改"喝酒精汽油"的消息令不少国外媒体投来关注目光。舆论称，中国汽车用乙醇汽油的初衷是转化过多的粮食，减轻农民"卖粮难"问题。随着油价不断走高，国内环境形势愈发严峻，燃料乙醇作为石油"替代能源"的意义也不断凸显。法新社表示，中国使用乙醇作为燃料，是减少温室气体排放、治理雾霾、对抗空气污染的努力措施，同时还为更好地利用过期或过剩的农产品提供一种有效途径。10月，英国路透社、《印度斯坦时报》等国外媒体对超级稻高产攻关试验基地负责人王化永不断创新水稻品种、持续刷新水稻产量世界纪录的努力进行了报道。

5. 兽医及动物卫生

2017年，中国兽医及动物卫生继续成为国外媒体关注点之一，共有117条相关报道。其中，关于家禽H7N9流感疫情的报道数量最大。2017年伊始，我国接连发生多起家禽H7N9流感疫情，同时多地出现人感染H7N9流感死亡病例，相关消息引发国外媒体关注。2月，英国路透社、美国《纽约时报》报道了中国为防范人感染H7N9流感疫情所做的努力。报道称，中国的国家卫生和计划生育委员会已经禁止在中国东部、南部和西南部的一些地区销售活家禽，东部省份浙江下令关闭了所有的活禽市场。此外，8月，中国贵州省一家鹌鹑农场爆发H5N6禽流感，10月，安徽省马鞍山市爆发H5N6禽流感也得到了一定国外媒体的关注。国外媒体对中国国内动物疫情的关注，既表明中国在全球动物卫生领域的重要地位和重要影响，也表明中国在进一步做好兽医公共卫生工作、保障动物源性食品安全供应等方面仍面临大的挑战。

三 热点事件解读

2017年国外媒体涉及的中国"三农"舆情热点事件多集中在中外农业贸易与合作方面，乳业、动物疫情及农产品质量安全等亦有所涉及。对本文采集的1985条英文报道标题做词频分析可以看出（见图5），中国农业合作与贸易成为国外媒体争相报道的对象，其中，"一带一路""进出口""美国""贸易协议"等围绕"中国农业"的事件成为国外媒体报道涉华农业的高频词，"牛肉、大豆、大米"等农产品、"巴西肉""欧洲'毒鸡蛋'""禽流感"等涉农事件关键词也一定程度上反映了国外媒体的关注倾向和报道热点。

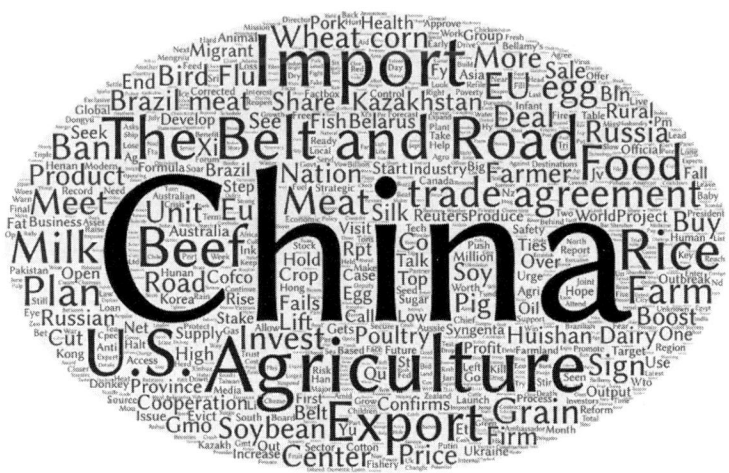

图5 2017年国外媒体涉及中国的"三农"英文报道标题（1985条）词云图

从国外媒体报道量反映的热点事件看（见表3），年内，中国召开"一带一路"国际合作高峰论坛，推进"一带一路"倡议。受此影响，中国与俄罗斯、哈萨克斯坦等"一带一路"沿线国家的农业贸易与合作成为舆论关注重点。"中美农业贸易"相关消息也频频搅动舆论。在经济全球化大背景下，借助互联网，一些看似国别性、地区性的涉农热点事件，往往容易演化成为具有重大国际影响的全球性事件。如重创巴西牛肉产业的"黑心肉"丑闻，在造成其国内相关产业动荡的同时，也严重影响了覆盖全球近160个国家和地区的巴西肉类出口。丑闻曝光后，中国、欧盟等国家和地区都正式要求巴西做出解释。中国上市公司辉山乳业陷入财务危机，被多家国外媒体关注，该事件舆情热度高居2017年十大舆情热点事件第2位。

表3 2017年国外媒体涉及中国的"三农"舆情热点事件 TOP 10

序号	事件名称	报道数量（条）	媒体数量（家）	所属领域
1	中美经济合作"百日计划"就美农产品输华达成共识	63	18	农业合作
2	中国辉山乳业陷入财务危机	63	7	乳业相关
3	中国H7N9流感疫情蔓延致活禽市场受影响	61	7	兽医
4	中国召开"一带一路"国际合作高峰论坛	32	20	农业合作
5	巴西肉类丑闻影响巴西牛肉出口中国	31	11	农业贸易
6	澳大利亚乳企贝拉米在华市场遭遇困境	20	7	乳业相关
7	哈萨克斯坦农业部部长访华推动中哈贸易	14	7	农业贸易
8	欧洲"毒鸡蛋"事件波及中国	13	5	农产品质量安全
9	2018年俄罗斯将扩大对华农业贸易	12	6	农业贸易
10	中美协议达成美国大米实现首次对华出口	11	8	农业合作

1. 国外媒体积极关注中国农业农村政策变化，农业农村改革及精准扶贫成果获赞

综合分析2017年国外媒体涉华"三农"报道情况可以看出，国外媒体对中国农业政策动向表现出浓厚兴趣，对中国农业农村改革发展成就给予称赞，也有个别媒体对一些问题做了针对性分析。

中国农业农村政策的新变化是国外媒体高度关注的对象。2月5日，中国发布了2017年中央一号文件《关于深入推进农业供给侧结构性改革 加快培育农业农村发展新动能的若干意见》。英国路透社2月6日对此做了跟进关注和报道，特别强调了文件中的"粮食生产能力不降低""农民增收势头不逆转""农村稳定不出问题"等内容。针对农民流转土地问题，报道指出，随着大量农民进城打工，中国已放宽农民流转土地的相关规定，以促进更高效的大规模农业经营主体发展。德国之声2月6日题为《一号文件能有啥看头？》的报道指出，和往年一样，中国政府在年初推出了指导农业和农村工作的一号文件。专家分析认为，每年都有一号文件，表明政府对农业的重视，但怎样落实要有具体行动，比如通过政策倾斜、税收优惠、补贴等方式促使一些工业企业把产能转移到农村，在整治环境污染、保护生态方面推出具体举措。拉美社报道则对中国加强耕地保护相关内容予以关注，指出中国日益加速的城镇化进程增大了粮食自给压力，中国做出守住耕地红线的承诺，以确保谷物基本自给、口粮绝对安全。

中国推进农业农村改革相关动态受到国外媒体重点关注。新加坡《联合早报》1月4日题为《既考虑市场又照顾农民 中国推进农村资产改革》的报道指出，为盘活农村经济和提高农民收入，中国正在推动农村集体产权制度改革。中国农村长期存在的产权不清、权责不明等问题，使农村集体资产难以平等进入市场，而这也导致农民无法如市民一样从近年火爆的房地产市场中累积财富。因此，政府为农村进入市场提供政策支持是好事，但同时也应警惕农民伤害市场和市场伤害农民的潜在风险。对此，新加坡南洋理工大学拉惹勒南国际关系学院副研究员张宏洲表示，改革如果成功，农民可以把土地转为现金，便能有收入进城买房，推动城镇化发展。

对于中国国内正在进行的农业供给侧结构性改革，国外媒体也投来关注目光。3月，英国《金融时报》网站报道称，中国正想方设法减少玉米等农产品库存过剩的问题，并对国有农业领域进行大重组。报道认为，政府暂停玉米托市收购政策，导致玉米种植面积下降。这一举措激活国内私人玉米交易的同时，因玉米收购价高于市场亦造成政府留存玉米的质量越来越差。中国农业生产方式的现代化转变也受到国外媒体关注。4月，美国彭博新闻社采访海南农民张佑荣（音译）后表示，中国政府近年来鼓励农业从依赖人工向自动化转型，农业无人机正在风靡中国，"中国农民要走向天空"。

对于中国在精准扶贫、精准脱贫方面所做的努力，国外媒体给予高度评价。2月，俄新社报道《中国很快将没有穷人》指出，中国在脱贫方面创造了世界纪录——近30年里中国7亿人口摆脱了贫困；6月，新加坡《联合早报》网站报道称，中国成为全球减贫"火车头"，贡献率超过70%。联合国秘书长古特雷斯评价说"中国是为全球减贫做出最大贡献的国家"；7月，新加坡《联合早报》网站报道了四川省凉山彝族自治州昭觉县解放乡火普村的可喜变化，指出"中国精准扶贫让凉山火普村现生机"。对于中国的扶贫成就，津巴布韦《先驱报》报道指出，中国的扶贫战略非同寻常，被盛赞为全世界最佳范例之一，这说明，只要齐心协力，任何国家都能成功解决脱贫问题。针对中国开展扶贫领域贪污腐败、弄虚作假等专项整治行动，国外媒体也给予高度关注。俄新社2月报道，中国的检察机关正在严厉打击那些被称为"苍蝇"的用扶贫资金中饱私囊的地方官员。新加坡《联合早报》网站12月报道，中国未来三年将在扶贫领域加码反腐，严打脱贫数据弄虚作假。

2. "一带一路"合作促进中国农业"走出去"与世界各国共建共享发展成果

近年来，伴随着"一带一路"合作的快速推进，我国积极实施农业"走出去"战略，与"一带一路"沿线国家的农业经贸活动日益频繁，受到国外媒体较高关注。从报道情况看，国外舆论对中国农业农村发展认同度不断提升，相关报道以中立及正面报道为主。2017年，共有16个国家、32家国外媒体报道"一带一路"合作涉农信息，肯定"一带一路"合作推进的意义以及涉农合作成果。

5月，"一带一路"国际合作高峰论坛在北京召开，会议涉农内容备受国外媒体关注。国外舆论认为，"一带一路"已经从中国倡议变成世界共识，峰会对于推进涉农合作效果显著，众多国家从中受益。同月，农业部、国家发改委、商务部、外交部联合发布《共同推进"一带一路"建设农业合作的愿景与行动》，介绍了加强"一带一路"农业合作的时代背景、合作原则、框架思路、合作重点以及合作机制等，受到国外媒体关注。此外，中国在非洲布隆迪种植杂交水稻，创下最高亩产924公斤的纪录，引发外媒点赞。

中国农业海外投资也引发舆论关注。美国彭博社5月报道，美国企业研究所和美国传统基金会数据显示，自2005年以来，中国企业在海外农业投资额达到520亿美元。从非洲的莫桑比克到美国的密苏里，中国在发展中国家建立大量农场的同时，中国食品企业也正在全世界寻找高质量农产品，中国正打造全球食品网络；澳大利亚《悉尼先驱晨报》网站9月报道，过去1年里，中国人在澳大利亚农场的份额增至1440万英亩，同比增加了146万英亩。澳大利亚国库部长斯科特·莫里森说，最新土地登记数据显示，截至2017年6月30日，澳大利亚农场中，外国投资者占比约为13.6%。而在澳大利亚的外资农场中，英国投资者占27%，中国投资者占25%；日本《富士产经商报》10月报道指出，随着人口增加和收入水平提高，中国企业在海外收购农场和食品业务的活动很可能进一步提速。将来要想获得廉价的食物，中国还需要进一步在海外扩大粮食来源，以满足今后日益增长的人口消费需求。

3. 中美经济合作"百日计划"推动中美农业合作进一步深入

2017年4月6~7日，中美两国元首在美国佛罗里达州海湖庄园会晤，双方取得重要共识，表示支持推进中方建议的中美经济合作"百日计划"。总体来看，从4月7日到7月16日，在短短三个多月时间内，中美经济合作"百日计划"从达成意向到确定细节并付诸实施，呈现持续快速推进态势，相关合作成果显著。国外媒体对该计划的关注度颇高，美联社、英国路透社、德国之声以及俄罗斯新闻网等18家国外主流媒体做了权威报道。

国外媒体普遍对"百日计划"的提出予以肯定。有舆论指出，此次事件不仅意味着中美两国贸易合作实现突破，也成为全球贸易保护主义复苏背景下的年度最大亮点。英国路透社、马来西亚《星洲日报》引述美国专家观点称，协议的达成将减少美国的赤字，能够做到这一点可以说是一个巨大的成就。新加坡《海峡时报》预测，"百日计划"将大力推动中美间的贸易往来。美国《华尔街日报》称，中美关系达到了一个新高度，尤其是在贸易领域。

"百日计划"提出之后，中方履行承诺，迅速与美国达成有关协议。国外媒体对"百日计划"中准许美国牛肉进口等涉农内容给予称赞。5月，中国商务部表示，中美双方达成包括牛肉、天然气、银行等在内的十项初步协议。对此，美国商务部长罗斯（Wilbur Ross）充分肯定合作成果，表示中国承诺对美迅速开放金融、农业市场，其意义和价值超过中美贸易史上所有成果的总和。十项初步协议中，第一项就是在7月16日前重新开放美国牛肉进口。对此，国际舆论普遍认为，时隔14年之后，美国牛肉再次进入中国市场，其意义非比寻常。美国农业部部长佩杜（Sunny Perdue）表示，除了牛肉以外，更多的美国低价优质农产品未来也将进入中国市场，在两国领导人协议的"百日计划"下，农产品将有机会为两国经贸关系开道。

在"百日计划"截止日到来之际，有舆论指出，中美将延续良好对话交流态势，将"百日计划"延伸扩展为"一年计划"。舆论用"诚意满满""成绩斐然""任重道远"来形容中美经济合作"百日计划"。美国彭博新闻社7月14日报道，随着中美两大经济体之间历时100天的贸易会谈接近尾声，中国官员和高管们一直在艾奥瓦州的农田间奔走，并签订协议（这是美国总统特朗普最喜欢的事情）。7月13日，中美签订进口约1250万吨美国大豆和371吨猪肉及牛肉的合同。国际舆论认为，中国推进"百日计划"有诚意、有行动，言出必行，兑现了承诺。日本《阳光导报》7月19日刊发报道《中美"百日计划"期限已满中国兑现了承诺》对上述观点予以认同，但报道同时指出，部分美国公司声称虽然中国履行了承诺，但态度不够积极，其认为"百日计划"只是令中国部分行业的准入情况得到适度改善，但对于其他行业来说，长期存在的障碍仍将在未来持续阻碍外企进入中国市场。

此外,"百日计划"之后仅一个多月,世界贸易组织 8 月 22 日表示,美国已向其提出申请,要求调查中国针对小麦、稻米和玉米农产品关税配额的使用问题。针对类似"不和谐声音",舆论指出,这体现了中美关系的复杂性和艰巨性,中美关系发展既面临挑战、又充满希望,中美不是零和博弈的对手,"百日计划"是中美新一轮合作的起点。

Abstract

Based on the comprehensive surveillance of media data on Internet media, forums, blogs, Weibo, WeChat and client APPs, the Report has extensively summarized the online public opinions related to China's agriculture, rural areas and farmers throughout 2017, reviewed the annual hot topics, comprehensively analyzed the features and rules of the occurrence and development of public opinion cases from different perspectives according to different topics and regions, presented the voices of overseas media, and provided an outlook on the potential hotspots of online public opinions related to agriculture, rural areas and farmers in 2018.

The report points out that in 2017, agricultural and rural reforms caught public attention, heating up the public opinions concerning agriculture, rural areas and farmers throughout the year. The rural vitalization strategy initiated at the 19th Nation Congress of the CPC was particularly highlighted in public opinions on agriculture, rural areas and farmers. Monitoring data showed that public opinions concerning agriculture, rural areas and farmers in 2017 had drawn more public attention. The total volume of news and reports related to agriculture reached 2.452 million pieces, with a 31.2% year-on-year increase. The volume of news coverage rose 22.9% and the amount of social media posts increased by 35.9%. Media and netizens laid emphasis on different aspects of topics related to agriculture, rural areas and farmers, but both focused on agricultural production and food security, rural land, agricultural product markets, migrant workers, development-oriented poverty alleviation and agricultural product quality and safety.

The report analyzes public opinions concerning 7 hot topics, including agricultural production and food security, rural land, agricultural product quality and safety, IT application in agriculture and rural areas, development-oriented poverty alleviation, rural environment and migrant workers, interpreting the viewpoints, hot spots and focuses of the media and netizens. As for agricultural production and food security, agricultural invigoration through improving quality and green development caught public attention, agricultural mechanization and smart agriculture became hot topics throughout the production season, and new types of agricultural businesses and new types of farmers in various areas also drew positive attention. Cadmium elimination in rice parental stock, giant rice and seawater rice were hailed by hundreds of thousands of people on Weibo. When it came to rural lands, public opinions positively focused on the extension of the second-round of land contracts for another 30 years upon expiration proposed in the report of the 19th National Congress of the CPC, and recognized the success in the contracted rural land registration; reform policies such as the expanded pilot scope of the rural collective property rights system reform and the extended reform of "three types of rural land" continued drawing public attention, so did reform practices in various areas. As to agricultural product quality and safety, there was no major public opinion events throughout the year, and the general development of online public opinions maintained stable; the law-based regulation and science-based management of agricultural product quality and safety drew public attention, and illegal uses of prohibited or limited pesticides and veterinary drugs was still the central issue of public opinions; the communication mode based on "WeChat, Weibo, micro-video plus client APPs (1 + 3)" gradually took its shape, which deserved our attention. In terms of IT application in agriculture and rural areas, media reports tended to be detailed and concrete, and WeChat public opinions had quickly emerged as a vital factor influencing the development of public opinions. Public opinions positively focused on events such as mobile phone application skills training programme for farmers, the E-commerce Poverty Reduction Conference and the First National Expo for New Farmers' Entrepreneurship and New Technology Innovation. As for the development-oriented poverty alleviation, media actively reported on development-oriented poverty alleviation modes with distinctive regional features, and focused on the role of e-commerce to integrate with agriculture-related industries and to increase farmers' incomes. Besides, problems such as product homogenization and oversupply faced by the development-oriented poverty alleviation also aroused thinking and comments. In terms of rural environment, non-point pollution control in agriculture made breakthroughs in various aspects, the keynote of "green development" was largely recognized, and the comprehensive utilization of agricultural wastes received extensive attention. Rural industrial and mining pollution frequently occurred, arousing heated public discussions. As for migrant workers, public opinions mainly concentrated on government supporting measures to guarantee payment for migrant workers' salary and to build enabling environment for migrant workers returning to their hometown for business start-ups and employment. What's more, accidental injuries of left-behind children in rural areas and their physical and mental health also aroused discussions on the Internet.

The report focuses on the following online hot issues in 2017, including "the accusation of crop stalk burning in Harbin by actor Sun Yizhou", "the death of over 100 sheep in Shouguang due to contaminated onions from Shenyang", "secretly burying dead pigs in Huzhou, Zhejiang province", "cadmium-contaminated rice in Jiu Jiang, Jiang Xi Province", "fipronil-contaminated eggs in Europe" etc. reviewing the development of the incidents, summarizing the main opinions of the media and netizens, making brief comments and summing up relevant inspirations.

The report analyzes online public opinions concerning agriculture, rural areas and farmers in 8 provinces/cities/autonomous regions in 2017, including Beijing, Jilin, Shanghai, Jiangsu, Shandong, Guangxi, Shaanxi and Gansu, and reviews online hot issues and events about agriculture, rural areas and farmers in various areas.

The report also focuses on media reports from foreign countries and Hong Kong, Macao and Taiwan.

Contents

I General Report

B. 1 Analysis of Online Public Opinions Concerning Agriculture,
Rural Areas and Farmers in 2017 and Outlook for 2018
Zhong Yongling, Zhang Zuoben and Li Tingting / 001

  1. Overview of Online Public Opinions Over Agriculture, Rural
     Areas and Farmers in 2017 / 002
  2. Communication Characteristics of Online Public Opinions
     Over Agriculture, Rural Areas and Farmers in 2017 / 013
  3. Analysis of the Annual Hot Topics on Agriculture, Rural
     Areas and Farmers in 2017 / 019
  4. Outlook on the Potential Hot Spots of Online Public Opinions
     Over Agriculture, Rural Areas and Farmers in 2018 / 027

Abstract: The total volume of online public opinions over China's agriculture, rural areas and farmers in 2017 grew significantly. Topics such as rural vitalization strategy, green agriculture development, reform of rural land system and development-oriented poverty alleviation caught extensive public attention. Government department released agriculture-related information and set related agenda in a more proactive manner, and became more scientific and efficient in response to and guidance for public opinions. News media were still essential to public opinions over China's agriculture, rural areas and farmers, because their communication modes were more vivid and popular. The setting of Weibo / Micro-blog related to agricultural topics highlighted care and support for agriculture, and "short-video" plus "live-show" helped to deliver favorable public opinion effects. Public opinions concerning agriculture, farmers and rural areas on WeChat platforms gained robust momentum, as those platforms gradually became powerful topic makers as well as disseminators. In 2018, the following topics are expected to be hot spots of public opinions: agricultural and rural development topics in the implementation of rural vitalization strategy, invigoration of agriculture by improving its quality, environmental protection and branding amid supply-side structural reform on agriculture, entrepreneurship and innovation during the process of fostering new drivers for agricultural and rural development, development-oriented poverty alleviation as part of efforts to eliminate poverty, and agri-food safety against the backdrop of globalization.

Keywords: Public Opinions Over China's Agriculture, Rural Areas and Farmers; Rural Vitalization; Agricultural Invigoration through Quality Improvement; Green Agriculture; Entrepreneurship and Innovation in Rural Areas

Ⅱ Sub-report

B.2 Report on Public Opinions Concerning Agricultural Production and Food Security   *Zhong Yongling*, *Zhang Wenjing* / 031

Abstract: The total volume of public opinions concerning agricultural production and food security in 2017 tripled on the previous year. Hot issues of the second half of 2017 outnumbered that of the first half; local media actively gave their voices, making initial reports on more hot issues than the previous year. Public interests focused on the agricultural supply-side reform with its requirement on invigoration of agriculture by improving its quality and green agriculture. Besides, quality and green development of agriculture production also attracted public attention throughout the year. Agricultural science and technology innovation was widely recognized, with hundreds of thousands of people hailing the achievements in rice technology, including breakthroughs in cadmium elimination technology in rice parental stock, 9000 kilograms/hm^2 yield of seawater rice and the successful trial planting of "giant rice". Top-level design and supportive documents related to new types of agricultural business and skilled farmers were consecutively introduced to solve the problem of "who will farm", regarded as policy dividend, which had continuously received public attention.

Keywords: Agricultural Production; Food Security; Green Development; Science and Technology Innovation; New Types of Agricultural Business

B. 3 Report on Public Opinions Concerning Rural Land
Zhang Zuoben, Zhao Jinsong / 046

Abstract: In 2017, the volume of public opinions concerning rural land went upward on the previous year. Contracted rural land registration witnessed full-scale acceleration and the extension of the second-round of land contracts for another 30 years upon expiration was in the focus of attention; the expanded pilot scope of the rural collective property rights system reform and dividend of reform also became the focus of attention; the extended reform of "three types of rural land" and "house sites for leasing and elderly care" aroused hated debates. The reform of rural land system continued attracting public interest, and the combined use of a wide range of media contributed to desirable publicity effect; public opinions concerning rural land disputes cooled down, but there emerged new development that needed additional attention.

Keywords: Reform of Rural Land System; Contracted Land Right; Rural Collective Property Right; Reform of "Three Types of Rural Land"

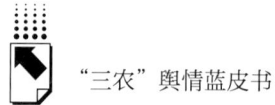

B.4 Report on Public Opinions Concerning Agricultural Product Quality and Safety

Li Xiangzhou, Qian Yongzhong, Deng Yu, Liao Jiafu,
Song Weiguo, Dai Fen, Zhao Shancang and Lian Yali / 061

Abstract: Combining machine retrieval and human analysis, there were over 2.09 million pieces of messages related to agricultural product quality and safety being monitored and 1081 public opinion samples being collected. After analyzing the source, attitudes, time sequence, causes, related industries, links and other features of those samples, we found that online public opinions concerning China's agricultural product quality and safety showed a steady trend. This also reflected that the law-based regulation and science-based management of agricultural product quality and safety had entered a new era. Illegal uses of prohibited or restricted pesticides and veterinary drugs were still focuses of public opinions. Besides, the communication mode based on "WeChat, Weibo, micro-video plus client (1 + 3)" gradually took its shape, which deserves our attention. We should keep monitoring public opinions concerning agricultural product quality and safety and attach importance to the risk management of public opinions. What's more, we should further enhance the communication of public opinion risks and popularization of scientific knowledge, and handle the aftermath of hot issues.

Keywords: Agricultural Products; Quality and Safety; Online Public Opinions; Public Opinions Monitoring; Analysis of Public Opinions

B.5 Report on Public Opinions Concerning IT Application in Agriculture and Rural Areas *Wei Ke / 078*

Abstract: In the year of 2017, public opinions concerning the IT application in agriculture and rural areas remained stable in general, and media reports tended to be detailed and concrete; WeChat public opinions had quickly emerged as a decisive factor in the development of public opinions. Public opinions actively focused on events such as mobile phone application skills training programme for farmers, the Poverty Reduction Conference by E-commerce and the First National Expo for New Farmers' Entrepreneurship and New Technology Innovation. Public opinions reflected that the IT application in agriculture and rural areas had been fully put into effect and transformed from policy deployment to universal practices.

Keywords: IT Application in Agriculture and Rural Areas; Agricultural Information Services for Rural Residents E-Commerce

B. 6 Report on Public Opinions Concerning Development-Oriented Poverty Alleviation

Zhang Zuoben, Zhao Juan and Li Dongdong / 089

Abstract: In 2017, the volume of public opinions concerning development-oriented poverty alleviation drooped markedly. The attention of media and netizens differed from each other. News coverage rose 36.2% on a year-on-year basis, while the amount of social media posts witnessed 51% year-on-year decrease. Both domestic and foreign media spoke highly of the achievement in China's poverty alleviation, and focused on the strategic thinking and institutional guarantee of "targeted poverty alleviation". Development-oriented poverty alleviation boasted prominent characteristics, and various areas had developed a range of "replicable, practical and adaptive" development-oriented poverty alleviation modes for agriculture. Suggestions from different perspectives were proposed as the development-oriented poverty alleviation confronted market risks and troubles of misconduct. From the perspective of public opinion communication characteristics, achievements in China's poverty reduction boosted the confidence in public opinion dissemination, and comprehensive reports created favorable public opinion environment. We must spare no efforts to improve the content and form of reports concerning poverty alleviation, and to stimulate public attention and participating enthusiasm by sharing good stories.

Keywords: Poverty Alleviation; Development-Oriented Poverty Alleviation; Targeted Poverty Alleviation; E-Commerce Poverty Alleviation

B.7 Report on Public Opinions Concerning Rural Environment

Li Tingting, Zhang Bai / 102

Abstract: Compared with 2016, public opinions concerning rural environment received more attention this year. Non-point pollution control in agriculture made breakthroughs in various aspects, and the keynote of "green development" was largely recognized. The comprehensive utilization of agricultural wastes, with "turning waste into resources" as its core, received extensive attention. Rural industrial and mining pollution frequently occurred, thus hot issues related to cadmium-contaminated wheat and rice drew great public attention. The effect of rural environment governance positively interacted with media publicity, which laid the foundation of public opinions concerning ecological environment improvement in rural areas. Certain common problems were revealed in environmental pollution cases in some rural areas, and the key to cooling down public opinions was to understand people's expectations regarding those problems.

Keywords: Agricultural Environment; Non-Point Pollution in Agriculture; Comprehensive Utilization of Livestock Faeces and Wastes; Comprehensive Utilization of Crop Stalk; Industrial and Mining Pollution

B.8 Report on Public Opinions About Migrant Workers

Li Tingting, Zhao Jing / 116

Abstract: The volume of public opinions related to migrant workers slightly decreased in 2017 compared with the previous year. Progress was made in guaranteeing payment of migrant workers' wage, which received continuous and positive media reports. Unlike previous years, migrant workers' demands for their overdue salary only drew attention at the beginning of this year and have not become a hot topic. As migrant workers became the main force of rural innovation and entrepreneurship, their "back-to-hometown trend" for employment and entrepreneurship became hot spots of public opinion. Besides, accidental injuries and violent crimes against left-behind children in rural areas were deeply concerned and discussed by the society. The image of migrant workers was trapped in stereotypes, and fixed labels like "disadvantaged group" were unconducive to correctly understanding them. In the context of rural vitalization, we should build sound business environment for back-to-hometown migrant workers. Meanwhile, we should give migrant workers new media image, so that they can play the role of "opinion leaders" in interpersonal communication after they returned to their hometowns.

Keywords: Migrant Workers; Unpaid Wages Management and Payment Guarantee; Return Home to Start a Business; Left-Behind Children

Ⅲ Hot Topics

B.9 Analysis of Public Opinions Following the Accusation of Crop Stalk Burning in Harbin by Actor Sun Yizhou

Zhang Wenjing, Zhang Shan / 130

Abstract: On November 1 −3, 2017, Actor Sun Yizhou released a series of posts on his Sina Weibo account concerning air pollution in Harbin city. He accused the practice of burning crop stalk as the leading causes of the worsening local air pollution, which has aroused heated discussion on the internet. On November 4, local environmental protection authoriy of Harbin released 3 posts on the official Weibo responding to this event, with the first peak of public opinions. On November 6, the Papers, Sina Entertainment channel and other media conducted sum-up reports regarding this event, heating up the public interest once again, with the public opinions reaching its peak on November 7. The public opinions emphasized the responsibility of government in environment administration, and made constructive recommendations regarding the comprehensive utilization of crop residues. On November 8, the public opinions cooled down.

Keywords: Sun Yizhou; Harbin; Burning of Crop Stalk; Haze

B.10　Analysis of Public Opinions Concerning the Death of over 100 Sheep in Shouguang due to Contaminated Onions from Shenyang　　　　*Zou Dejiao* / 140

Abstract: On August 24, over 100 sheep died after fed onion leaves from Shenyang City, Liaoning Province. Local authority of Shouguang detected high toxicity pesticide phorate in the onion leaves, and follow-up measures were undertaken. On August 28, this incident was released through social media WeChat. On August 31, Beijing Youth Daily and Xinhua News Agency reported the incident and the follow-up measures by the local authority, catching public attention, focusing on agricultural product quality and safety supervision. On September 1 and 2, the local governments of Shouguang and Shenyang released official information regarding the handling of this incident and testing report of agricultural products. The public opinions cooled down consequently.

Keywords: Agricultural Product Quality and Safety Supervision; Highly Toxic Pesticides; Pesticide Residue Exceeding MRLs

B. 11　Analysis of Public Opinions Concerning Secretly Buried Dead
　　　　Pigs in Huzhou, Zhejiang Province　　　　*Wang Minghui* / 150

Abstract: As requested by the central inspectorate for environment protection, local authority of Huzhou in Zhejiang province dug out a number of dead pigs buried in Dayin Mountain on August 30, 2017. This event immediately aroused public attention on September 10 after media report. Huzhou Municipal Government consecutively released circulars on this event and launched follow-up investigations. The investigations found out that "the dead pigs were buried in 2013", and that "villagers' reports for years were futile", among others, which gave rise to hot public debate. Meanwhile, failure in fulfilling supervisory duties on environment protection and bio-safe disposal aroused reflection. Huzhou initiated related accountability procedure on September 11, and the public opinions reached its peak. On September 12, public opinions started to cool down.

Keywords: Huzhou; Dead Pigs; Bio-Safe Disposal

B. 12　Analysis of Public Opinions Related to Cadmium-Contaminated
　　　　Rice in Jiu Jiang, Jiang Xi Province　*Ma Yan, Liu Wenshuo* / 161

Abstract: On November 6, 2017, environmental protection volunteers broke the news on Wechat platform that there appeared cadmium-contaminated rice in Gangkoujie Town, Chaisang District, Jiujiang City, Jiangxi Province, due to pollution of Jiujiang Mining Co. Ltd. The environmental protection agency in Chaisang District responded to the cadmium-contaminated rice issue on November 10 and November 14 respectively. Reports of news media from November 11 caught public attention and the issue quickly became the focus of public opinions. The failure of related local authorities in fulfilling their supervisory duties on environment control and cadmium-contaminated rice detection aroused hot debates. Related departments of Jiujiang released a circular on December 24, initiating the accountability procedure to claim responsibility of 11 related duty officers. And public opinions gradually cooled down on December 27.

Keywords: Soil Contamination; Heavy Metal Pollation; Farmland Protection

B.13　Analysis of Public Opinions Concerning Fipronil-contaminated Eggs in Europe　　　　　　　　　　*Ye Qing, Zhang Weili* / 172

Abstract: Since late July in 2017, pesticide fipronil had been detected in eggs from Netherlands, Germany, Belgium and other European countries. Subsequently, precarious public opinions lasting for over a month evolved into food safety crisis that affected Europe and Asia. Eggs and egg products from 45 countries and areas, including Hong Kong and Taiwan, China, were influenced by this crisis. As fresh eggs and egg products from EU were not permitted to enter the Chinese mainland market, China's layer poultry farms and broiler chicken quality were not affected so far. Related public opinions started to cool down since mid-September, but the crisis had aroused public attention towards regulatory mechanism for food safety in Europe. Besides, this event also inspired China in layer poultry farming and regulation.

Keywords: Fipronil; Eggs; Food Safety; Regulatory Mechanism

Ⅳ　Regional Public Opinions

B.14　Analysis of Public Opinions Concerning Agriculture, Rural Areas and Farmers in Beijing

Bai Chen, Zhu Lin, Wang Xiaoli and Han Jiao / 185

Abstract: The public opinions concerning agriculture, rural areas and farmers in Beijing in 2017 exhibit a trend of mild fluctuation, with social media account for over 70% of the flow of public opinions. Following topics have got public attention; progress in green urban agriculture development of Beijing featuring "readjusting structure, transforming development patterns and promoting water-efficient agriculture", coordination between Beijing, Tianjin and Hebei province in developing non-staple agri-food production, joint efforts to promote IT application and integrated development of agriculture and rural areas, construction of houses for leasing on collectively owned land, achievements in rural environmental improvement, implementation of rural vitalization strategy and progress in developing beautiful countryside, among others. The inconvenience of urban residents in buying food and groceries and other problems related to people's daily life arising from the efforts to transfer non-capital functions and low-end industries in a bid to transform and upgrade urban development have aroused heated discussion.

Keywords: Urban Agriculture; Agricultural Carnival; Beautiful Countryside; Transferring Non-Capital Functions

B.15 Analysis of Public Opinions Concerning Agriculture, Rural Areas and Farmers in Jilin Province

Guo Feng, Jiao Tiefeng, Zhao Jinsong,
Li Huiying, Xu Ying, Yu Haizhu and Lei Zhengda / 198

Abstract: In 2017, the development of public opinions concerning agriculture, rural areas and farmers in Jilin province demonstrated obvious seasonal characteristics. Public attention positively focused on the agricultural supply-side structural reform that prioritized the adjustment of corn production, multiple measures to build agri-brands featuring "made in Jilin", popularity of comprehensive utilization of crop stalk, policy mix for poverty alleviation and improvements on farmers' loan access through rural financial services and products innovation. Substantially increased incidents of burning crop stalk and high-price corn also aroused heated discussions.

Keywords: Agricultural Supply-Side Structural Reform; Greenhouse Agriculture Economy; Comprehensive Utilization of Crop Stalk; Rural Financial Reform

B.16 Analysis of Public Opinions Concerning Agriculture, Rural Areas and Farmers in Shanghai *Zhang Xiangfei* / 213

Abstract: The public opinions concerning agriculture, rural areas and farmers in Shanghai in 2017 was stable in general, with WeChat and Weibo account for over 60% of the public opinions. Following aspects have got sustained attention of the public: Shanghai intensified the agricultural supply-side structural reform; took multiple measures to promote the development of modern urban green agriculture, facilitate the development of agricultural brands, transform agricultural product circulation patterns, pilot income insurances, explore new pathways of financial support to agriculture, intensify rural reform to boost the sense of happiness of farmers, and continue conducting comprehensive rectification "Five Illegals and Four Musts", namely "rectification of illegal land use, illegal construction, illegal businesses, illegal discharge of wastes, illegal residence; potential safety risks must be eradicated, illegal and uncertified constructions must be demolished, dirtiness and disorder must be corrected, and illegal businesses must be banned". Agriculture-related topics such as Shanghai Municipal Government put forward the most stringent food safety regulations in history, new generations of migrant workers have strong willingness to stay in Shanghai have been heatedly discussed.

Keywords: Green Agriculture; Food Safety City; Income Insurances; Rural Reform

B.17 Analysis of Public Opinions Concerning Agriculture, Rural
　　　Areas and Farmers in Jiangsu Province
　　　　　　　　　　Fu Mingxin, Wang Pingtao, Zhao Xia and Xu Yuejie / 224

Abstract: In 2017, agriculture and rural economy in Jiangsu province made steady progress and opened up new prospects. Public attention positively focused on topics such as promoting the ready sale of agricultural products on domestic and foreign markets by strengthening brand building, integrating "Internet +" with modern agriculture, controlling pollution in livestock sector and releasing the 10 - chapterAction Planon Soil Pollution of Jiangsu. Problems faced by new types of business triggered public thinking and comments, including increased land transfer costs, nearly saturated agricultural machinery market, unreasonable prohibition against livestock-keeping and violent demolition. Some topics heated up the public interests. For example, Liu Qiangdong queried that paddy fields for shrimp cultivation contained pesticides and migrant workers gave subway seats to office workers.

Keywords: Modern Agriculture; Jiangsu Rice; Demolition of Livestock Farms; the 10 - Chapter Soil Pollution Action Plan of Jiangsu

B.18 Analysis of Public Opinions Concerning Agriculture,
　　　Rural Areas and Farmers in Shandong Province
　　　　　　　　　　Pu Biwen, Wang Jun, Huang Sha and Li Zhi / 238

Abstract: In 2017, agriculture and rural economy in Shandong province made steady progress, and great importance was attached to the work concerning agricultural and rural reform and development. Hot topics includes production, grain output, agricultural products quality &safety and agricultural products market. Besides, some initiatives were positively covered and applauded by the media, including dual-certificate system for agri-food (certificate of edible agricultural products and agricultural products marketing), "pesticide regulation map", business start-ups by people back to rural areas, and incentives for agricultural technicians to take roots in rural communities and support the development of agriculture, rural areas and farmers. Some agriculture-related issues caught high public attention, such as online rumors about preservative on Linyi peach and crop damages in Xiashan District in Weifang caused by locust plague. Agricultural Department of Shandong Province proactively responded to eliminate negative consequences and guide public opinions, providing an effective public opinion environment for the healthy development of agriculture and rural economy in Shandong province.

Keywords: Shandong Province; Public Opinions on Agriculture, Rural Areas, and Farmers; Quality Safety; Industry Integration

B.19 Analysis of Public Opinions Concerning Agriculture, Rural Areas and Farmers in Guangxi

Wu Bingke, Rao Zhuyang, Zeng Yuan and Liang Yiling / 256

Abstract: In 2017, 90000 pieces of information concerning agriculture, rural areas and farmers were monitored and analysed in Guangxi, in which information transmitted by social media comprises 80%. Development-oriented poverty alleviation caught the highest attention, with relevant public opinions accounting for 30%. Substantive progress was made in supply-side structural reform in the field of agriculture in Guangxi, with modern specialty agriculture demonstration areas spreading across the Autonomous Region. Special agricultural product brands become highlights, and GI products earned good reputation. Poverty alleviation work featured "precision", and was transformed from "blood transfusion" to "blood forming". Agricultural and rural modernization was promoted by IT application, and E-commerce was playing effective role in helping farmers increase income. These topics had caught positive attention of the public.

Besides, the incident of 200000 kg of illegal lard oil entering the market aroused public concern; the story of a broken road stretching 60 km unattended for five years resulting in unmarketable mangoes from over 4000 hectares of orchards caught broad attention; and the E-commerce fair in Luzhai County received much public praise.

Keywords: Guangxi; Modern Specialty Agriculture Demonstration Areas; Development-Oriented Poverty Alleviation; Selenium-Rich Agricultural Products

B.20 Analysis of Public Opinions Concerning Agriculture, Rural Areas and Farmers in Shaanxi Province

Han Tao, Yin Hua and Ai Qing / 270

Abstract: Compared with the previous year, the total volume of public opinions concerning agriculture, rural areas and farmers in Shaanxi province slightly dropped in 2017, over 80% of which were disseminated by social media. Shaanxi province was committed to promoting development-oriented poverty alleviation. Public opinions positively focused on major policies such as The Hundred-day Action and command system designed to provide technical service for development-oriented poverty alleviation, and development-oriented poverty alleviation modes with distinctive local features. The success of influential activities such as The International Apple Expo of (Luochuan) Shaanxi, China, and Shaanxi Fruit Industry International Cooperation Summit and promotion activities in Beijing, Shenzhen and other cities made the excellence of Shaanxi apple consensus of public opinions. Soilless culture, drones, VR experience, intelligent greenhouse and other "black technologies" were exhibited on Yangling Agricultural Hi-Tech Fair. Hot topics such as the dull sale of Qinguan apple of Liquan county and collective removal of officials in Poverty Relief Office of Mizhi county aroused heated discussions on the Internet.

Keywords: Shaanxi Province; Development-Oriented Poverty Alleviation; Luochuan Apple; Yangling Agricultural Hi-Tech Fair; Dull Sale

B.21 Analysis of Public Opinions Concerning Agriculture, Rural Areas and Farmers in Gansu Province

Gao Xingming, Lu Ming, Zhang Bai and Zhao Jing / 288

Abstract: Gansu province vigorously pressed ahead with the agricultural supply-side structural reform in 2017, and its agriculture and rural economy developed with robust momentum. The development of public opinions concerning agriculture, rural areas and farmers in 2017 experienced ups and downs. Compared with the first half year, the latter half maintained relatively stable. Mainstream media served as the main source of public opinions concerning agriculture, rural areas and farmers in Gansu province, and social media such as WeChat and Weibo were main communication channels. Public opinions actively focused on some topical issues. For example, the agricultural structure was optimized and strengthened, and a wide range of distinctive agricultural brands gained their popularity; the Gobi agriculture was ingeniously proposed and the former Gobi deserts turned into rich rice-producing areas; distinctive and competitive industries were developed to alleviate poverty, and the rectification of conducts concerning poverty alleviation provided strong support; local government officials striven to be "online celebrity" to market local agricultural products. Besides, events such as the deputy chief of Jingtai county marketing Chinese wolfberry on the concert of Black Panther and prohibitive betrothal gifts in some rural areas also aroused heated discussion on the Internet.

Keywords: Prohibitive Betrothal Gifts; Sheep Paid by Poverty Alleviation Funds; Gobi Agriculture; Jingtai Chinese Wolfberry

V Overseas Public Opinions

B. 22 Analysis of the Public Opinions Concerning Agriculture,
Rural Areas and Farmers of the Mainland in the Media
From Hong Kong, Macao and Taiwan

Zhang Xiaoqi, Zhang Xue / 304

Abstract: In 2017, in the surveillance of 26 media from Hong Kong, Macao and Taiwan, the total volume of public opinions concerning agriculture, rural areas and farmers of the mainland grows by 2.5 times compared to the previous year. Focuses of the media include agricultural and rural reform of the mainland, agricultural production and food security, agricultural policy, etc. The media coverage focused on the deployment of agricultural supply-side structural reform in the Document No. 1 of 2017, agricultural topics during the NPC and CPPCC sessions, the Rural Vitalization strategy and the renewal of rural land contract for another 30 years after the second round of land contract proposed at the 19th National Congress of the CPC, giant rice, success of the trial planting of sea-water rice and other achievements in agricultural science and technology. The media coverage also includes China-US agricultural trade and cooperation promoted by the "100 – day plan" of China-US economic cooperation, and the agricultural cooperation and trade between China and countries along the Belt and Road under the Belt and Road Initiative. Besides, the agricultural cooperation across the Taiwan Strait has maintained very good momentum, which has also caught the attention of the media from Hong Kong, Macao and Taiwan.

Keywords: Media from Hong Kong, Macao and Taiwan; Agricultural Cooperation across the Taiwan Strait; Business Park for Farmers from Taiwan

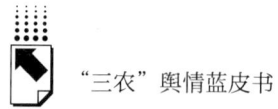

B.23 Analysis of the Public Opinions in Foreign Media Concerning China's Agriculture, Rural Areas and Farmers

Zhang Xiaoqi, Zhang Xue / 317

Abstract: After monitoring 110 foreign representative media in 2017, 2,215 pieces of Chinese and English public opinions concerning China's agriculture, rural areas and farmers had been collected, with 47.7% increase compared with the previous year. Foreign media highly focused on agricultural trade and international cooperation. The top − 5 hot topics covered by foreign media included domestic dairy industry, agricultural production, food security, veterinary sector and animal health. Foreign media positively focused on new changes in China's policies concerning agriculture and rural areas, and the success of agricultural and rural areas reform and targeted poverty alleviation won applause from international community. Some hot issues caught public attention, including the 100 − Day Action Plan of Sino-US Economic Cooperation that furthered the agricultural cooperation between China and US, China's agricultural "going global" strategy under the framework of the Belt and Road Initiative which aimed to jointly construct and share the fruit of development with other countries.

Keywords: the Belt and Road Initiative; the 100 − Day Action Plan of Sino-US Economic Cooperation; Agricultural "Going Global" Strategy; Agricultural Cooperation

声 明

基于"三农"舆情分析和研究的公益性需要,本书对舆论在相关问题上所阐述的内容及观点进行了如实引用和客观呈现。这并不代表编者赞同其内容或观点,也不代表编者对上述内容或观点的真实性予以保证和负责。对于直接引用文字,谨向有关单位和个人表示衷心感谢。如有关单位及个人认为本书引用文字涉及著作权等问题,请与本书编者联系解决。

联系电话 010 - 59191597。

本书编委会

权威报告·一手数据·特色资源

皮书数据库
ANNUAL REPORT(YEARBOOK) DATABASE

当代中国经济与社会发展高端智库平台

所获荣誉

- 2016年,入选"'十三五'国家重点电子出版物出版规划骨干工程"
- 2015年,荣获"搜索中国正能量 点赞2015""创新中国科技创新奖"
- 2013年,荣获"中国出版政府奖·网络出版物奖"提名奖
- 连续多年荣获中国数字出版博览会"数字出版·优秀品牌"奖

成为会员

通过网址www.pishu.com.cn访问皮书数据库网站或下载皮书数据库APP,进行手机号码验证或邮箱验证即可成为皮书数据库会员。

会员福利

- 使用手机号码首次注册的会员,账号自动充值100元体验金,可直接购买和查看数据库内容(仅限PC端)。
- 已注册用户购书后可免费获赠100元皮书数据库充值卡。刮开充值卡涂层获取充值密码,登录并进入"会员中心"—"在线充值"—"充值卡充值",充值成功后即可购买和查看数据库内容(仅限PC端)。
- 会员福利最终解释权归社会科学文献出版社所有。

卡号:142428419778
密码:

数据库服务热线:400-008-6695
数据库服务QQ:2475522410
数据库服务邮箱:database@ssap.cn
图书销售热线:010-59367070/7028
图书服务QQ:1265056568
图书服务邮箱:duzhe@ssap.cn

基本子库 SUB DATABASE

中国社会发展数据库（下设 12 个子库）

全面整合国内外中国社会发展研究成果，汇聚独家统计数据、深度分析报告，涉及社会、人口、政治、教育、法律等 12 个领域，为了解中国社会发展动态、跟踪社会核心热点、分析社会发展趋势提供一站式资源搜索和数据分析与挖掘服务。

中国经济发展数据库（下设 12 个子库）

基于"皮书系列"中涉及中国经济发展的研究资料构建，内容涵盖宏观经济、农业经济、工业经济、产业经济等 12 个重点经济领域，为实时掌控经济运行态势、把握经济发展规律、洞察经济形势、进行经济决策提供参考和依据。

中国行业发展数据库（下设 17 个子库）

以中国国民经济行业分类为依据，覆盖金融业、旅游、医疗卫生、交通运输、能源矿产等 100 多个行业，跟踪分析国民经济相关行业市场运行状况和政策导向，汇集行业发展前沿资讯，为投资、从业及各种经济决策提供理论基础和实践指导。

中国区域发展数据库（下设 6 个子库）

对中国特定区域内的经济、社会、文化等领域现状与发展情况进行深度分析和预测，研究层级至县及县以下行政区，涉及地区、区域经济体、城市、农村等不同维度。为地方经济社会宏观态势研究、发展经验研究、案例分析提供数据服务。

中国文化传媒数据库（下设 18 个子库）

汇聚文化传媒领域专家观点、热点资讯，梳理国内外中国文化发展相关学术研究成果、一手统计数据，涵盖文化产业、新闻传播、电影娱乐、文学艺术、群众文化等 18 个重点研究领域。为文化传媒研究提供相关数据、研究报告和综合分析服务。

世界经济与国际关系数据库（下设 6 个子库）

立足"皮书系列"世界经济、国际关系相关学术资源，整合世界经济、国际政治、世界文化与科技、全球性问题、国际组织与国际法、区域研究 6 大领域研究成果，为世界经济与国际关系研究提供全方位数据分析，为决策和形势研判提供参考。

法律声明

"皮书系列"(含蓝皮书、绿皮书、黄皮书)之品牌由社会科学文献出版社最早使用并持续至今,现已被中国图书市场所熟知。"皮书系列"的相关商标已在中华人民共和国国家工商行政管理总局商标局注册,如 LOGO( )、皮书、Pishu、经济蓝皮书、社会蓝皮书等。"皮书系列"图书的注册商标专用权及封面设计、版式设计的著作权均为社会科学文献出版社所有。未经社会科学文献出版社书面授权许可,任何使用与"皮书系列"图书注册商标、封面设计、版式设计相同或者近似的文字、图形或其组合的行为均系侵权行为。

经作者授权,本书的专有出版权及信息网络传播权等为社会科学文献出版社享有。未经社会科学文献出版社书面授权许可,任何就本书内容的复制、发行或以数字形式进行网络传播的行为均系侵权行为。

社会科学文献出版社将通过法律途径追究上述侵权行为的法律责任,维护自身合法权益。

欢迎社会各界人士对侵犯社会科学文献出版社上述权利的侵权行为进行举报。电话:010-59367121,电子邮箱:fawubu@ssap.cn。

社会科学文献出版社

皮书系列

2018年

智库成果出版与传播平台

社会科学文献出版社

SOCIAL SCIENCES ACADEMIC PRESS (CHINA)

社长致辞

蓦然回首,皮书的专业化历程已经走过了二十年。20年来从一个出版社的学术产品名称到媒体热词再到智库成果研创及传播平台,皮书以专业化为主线,进行了系列化、市场化、品牌化、数字化、国际化、平台化的运作,实现了跨越式的发展。特别是在党的十八大以后,以习近平总书记为核心的党中央高度重视新型智库建设,皮书也迎来了长足的发展,总品种达到600余种,经过专业评审机制、淘汰机制遴选,目前,每年稳定出版近400个品种。"皮书"已经成为中国新型智库建设的抓手,成为国际国内社会各界快捷、便捷地了解真实中国的最佳窗口。

20年孜孜以求,"皮书"始终将自己的研究视野与经济社会发展中的前沿热点问题紧密相连。600个研究领域,3万多位分布于800余个研究机构的专家学者参与了研创写作。皮书数据库中共收录了15万篇专业报告,50余万张数据图表,合计30亿字,每年报告下载量近80万次。皮书为中国学术与社会发展实践的结合提供了一个激荡智力、传播思想的入口,皮书作者们用学术的话语、客观翔实的数据谱写出了中国故事壮丽的篇章。

20年跬步千里,"皮书"始终将自己的发展与时代赋予的使命与责任紧紧相连。每年百余场新闻发布会,10万余次中外媒体报道,中、英、俄、日、韩等12个语种共同出版。皮书所具有的凝聚力正在形成一种无形的力量,吸引着社会各界关注中国的发展,参与中国的发展,它是我们向世界传递中国声音、总结中国经验、争取中国国际话语权最主要的平台。

皮书这一系列成就的取得,得益于中国改革开放的伟大时代,离不开来自中国社会科学院、新闻出版广电总局、全国哲学社会科学规划办公室等主管部门的大力支持和帮助,也离不开皮书研创者和出版者的共同努力。他们与皮书的故事创造了皮书的历史,他们对皮书的拳拳之心将继续谱写皮书的未来!

现在,"皮书"品牌已经进入了快速成长的青壮年时期。全方位进行规范化管理,树立中国的学术出版标准;不断提升皮书的内容质量和影响力,搭建起中国智库产品和智库建设的交流服务平台和国际传播平台;发布各类皮书指数,并使之成为中国指数,让中国智库的声音响彻世界舞台,为人类的发展做出中国的贡献——这是皮书未来发展的图景。作为"皮书"这个概念的提出者,"皮书"从一般图书到系列图书和品牌图书,最终成为智库研究和社会科学应用对策研究的知识服务和成果推广平台这整个过程的操盘者,我相信,这也是每一位皮书人执着追求的目标。

"当代中国正经历着我国历史上最为广泛而深刻的社会变革,也正在进行着人类历史上最为宏大而独特的实践创新。这种前无古人的伟大实践,必将给理论创造、学术繁荣提供强大动力和广阔空间。"

在这个需要思想而且一定能够产生思想的时代,皮书的研创出版一定能创造出新的更大的辉煌!

社会科学文献出版社社长
中国社会学会秘书长

2017年11月

社会科学文献出版社简介

社会科学文献出版社(以下简称"社科文献出版社")成立于1985年,是直属于中国社会科学院的人文社会科学学术出版机构。成立至今,社科文献出版社始终依托中国社会科学院和国内外人文社会科学界丰厚的学术出版和专家学者资源,坚持"创社科经典,出传世文献"的出版理念、"权威、前沿、原创"的产品定位以及学术成果和智库成果出版的专业化、数字化、国际化、市场化的经营道路。

社科文献出版社是中国新闻出版业转型与文化体制改革的先行者。积极探索文化体制改革的先进方向和现代企业经营决策机制,社科文献出版社先后荣获"全国文化体制改革工作先进单位"、中国出版政府奖·先进出版单位奖、中国社会科学院先进集体、全国科普工作先进集体等荣誉称号。多人次荣获"第十届韬奋出版奖""全国新闻出版行业领军人才""数字出版先进人物""北京市新闻出版广电行业领军人才"等称号。

社科文献出版社是中国人文社会科学学术出版的大社名社,也是以皮书为代表的智库成果出版的专业强社。年出版图书2000余种,其中皮书400余种,出版新书字数5.5亿字,承印与发行中国社科院院属期刊72种,先后创立了皮书系列、列国志、中国史话、社科文献学术译库、社科文献学术文库、甲骨文书系等一大批既有学术影响又有市场价值的品牌,确立了在社会学、近代史、苏东问题研究等专业学科及领域出版的领先地位。图书多次荣获中国出版政府奖、"三个一百"原创图书出版工程、"五个'一'工程奖"、"大众喜爱的50种图书"等奖项,在中央国家机关"强素质·做表率"读书活动中,入选图书品种数位居各大出版社之首。

社科文献出版社是中国学术出版规范与标准的倡议者与制定者,代表全国50多家出版社发起实施学术著作出版规范的倡议,承担学术著作规范国家标准的起草工作,率先编撰完成《皮书手册》对皮书品牌进行规范化管理,并在此基础上推出中国版芝加哥手册——《社科文献出版社学术出版手册》。

社科文献出版社是中国数字出版的引领者,拥有皮书数据库、列国志数据库、"一带一路"数据库、减贫数据库、集刊数据库等4大产品线11个数据库产品,机构用户达1300余家,海外用户百余家,荣获"数字出版转型示范单位""新闻出版标准化先进单位""专业数字内容资源知识服务模式试点企业标准化示范单位"等称号。

社科文献出版社是中国学术出版走出去的践行者。社科文献出版社海外图书出版与学术合作业务遍及全球40余个国家和地区,并于2016年成立俄罗斯分社,累计输出图书500余种,涉及近20个语种,累计获得国家社科基金中华学术外译项目资助76种、"丝路书香工程"项目资助60种、中国图书对外推广计划项目资助71种以及经典中国国际出版工程资助28种,被五部委联合认定为"2015-2016年度国家文化出口重点企业"。

如今,社科文献出版社完全靠自身积累拥有固定资产3.6亿元,年收入3亿元,设置了七大出版分社、六大专业部门,成立了皮书研究院和博士后科研工作站,培养了一支近400人的高素质与高效率的编辑、出版、营销和国际推广队伍,为未来成为学术出版的大社、名社、强社,成为文化体制改革与文化企业转型发展的排头兵奠定了坚实的基础。

 宏观经济类 | 皮书系列 重点推荐

宏观经济类

经济蓝皮书

2018年中国经济形势分析与预测

李平 / 主编　2017年12月出版　定价：89.00元

◆ 本书为总理基金项目，由著名经济学家李扬领衔，联合中国社会科学院等数十家科研机构、国家部委和高等院校的专家共同撰写，系统分析了2017年的中国经济形势并预测2018年中国经济运行情况。

城市蓝皮书

中国城市发展报告No.11

潘家华　单菁菁 / 主编　2018年9月出版　估价：99.00元

◆ 本书是由中国社会科学院城市发展与环境研究中心编著的，多角度、全方位地立体展示了中国城市的发展状况，并对中国城市的未来发展提出了许多建议。该书有强烈的时代感，对中国城市发展实践有重要的参考价值。

人口与劳动绿皮书

中国人口与劳动问题报告No.19

张车伟 / 主编　2018年10月出版　估价：99.00元

◆ 本书为中国社会科学院人口与劳动经济研究所主编的年度报告，对当前中国人口与劳动形势做了比较全面和系统的深入讨论，为研究中国人口与劳动问题提供了一个专业性的视角。

宏观经济类 · 区域经济类

中国省域竞争力蓝皮书
中国省域经济综合竞争力发展报告（2017～2018）

李建平　李闽榕　高燕京/主编　2018年5月出版　估价：198.00元

◆ 本书融多学科的理论为一体，深入追踪研究了省域经济发展与中国国家竞争力的内在关系，为提升中国省域经济综合竞争力提供有价值的决策依据。

金融蓝皮书
中国金融发展报告（2018）

王国刚/主编　2018年6月出版　估价：99.00元

◆ 本书由中国社会科学院金融研究所组织编写，概括和分析了2017年中国金融发展和运行中的各方面情况，研讨和评论了2017年发生的主要金融事件，有利于读者了解掌握2017年中国的金融状况，把握2018年中国金融的走势。

区域经济类

京津冀蓝皮书
京津冀发展报告（2018）

祝合良　叶堂林　张贵祥/等著　2018年6月出版　估价：99.00元

◆ 本书遵循问题导向与目标导向相结合、统计数据分析与大数据分析相结合、纵向分析和长期监测与结构分析和综合监测相结合等原则，对京津冀协同发展新形势与新进展进行测度与评价。

皮书系列
重点推荐

 社会政法类

社会政法类

社会蓝皮书

2018年中国社会形势分析与预测

李培林　陈光金　张翼 / 主编　2017年12月出版　定价：89.00元

◆ 本书由中国社会科学院社会学研究所组织研究机构专家、高校学者和政府研究人员撰写，聚焦当下社会热点，对2017年中国社会发展的各个方面内容进行了权威解读，同时对2018年社会形势发展趋势进行了预测。

法治蓝皮书

中国法治发展报告 No.16（2018）

李林　田禾 / 主编　2018年3月出版　定价：128.00元

◆ 本年度法治蓝皮书回顾总结了2017年度中国法治发展取得的成就和存在的不足，对中国政府、司法、检务透明度进行了跟踪调研，并对2018年中国法治发展形势进行了预测和展望。

教育蓝皮书

中国教育发展报告（2018）

杨东平 / 主编　2018年3月出版　定价：89.00元

◆ 本书重点关注了2017年教育领域的热点，资料翔实，分析有据，既有专题研究，又有实践案例，从多角度对2017年教育改革和实践进行了分析和研究。

皮书系列 重点推荐　社会政法类

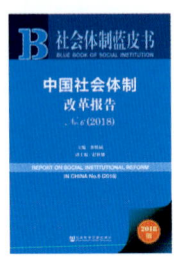

社会体制蓝皮书
中国社会体制改革报告 No.6（2018）

龚维斌 / 主编　2018年3月出版　定价：98.00元

◆ 本书由国家行政学院社会治理研究中心和北京师范大学中国社会管理研究院共同组织编写，主要对2017年社会体制改革情况进行回顾和总结，对2018年的改革走向进行分析，提出相关政策建议。

社会心态蓝皮书
中国社会心态研究报告（2018）

王俊秀　杨宜音 / 主编　2018年12月出版　估价：99.00元

◆ 本书是中国社会科学院社会学研究所社会心理研究中心"社会心态蓝皮书课题组"的年度研究成果，运用社会心理学、社会学、经济学、传播学等多种学科的方法进行了调查和研究，对于目前中国社会心态状况有较广泛和深入的揭示。

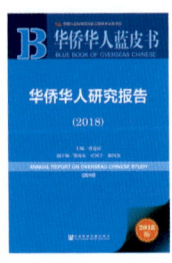

华侨华人蓝皮书
华侨华人研究报告（2018）

贾益民 / 主编　2017年12月出版　估价：139.00元

◆ 本书关注华侨华人生产与生活的方方面面。华侨华人是中国建设21世纪海上丝绸之路的重要中介者、推动者和参与者。本书旨在全面调研华侨华人，提供最新涉侨动态、理论研究成果和政策建议。

民族发展蓝皮书
中国民族发展报告（2018）

王延中 / 主编　2018年10月出版　估价：188.00元

◆ 本书从民族学人类学视角，研究近年来少数民族和民族地区的发展情况，展示民族地区经济、政治、文化、社会和生态文明"五位一体"建设取得的辉煌成就和面临的困难挑战，为深刻理解中央民族工作会议精神、加快民族地区全面建成小康社会进程提供了实证材料。

产业经济类·行业及其他类

皮书系列
重点推荐

产业经济类

房地产蓝皮书

中国房地产发展报告 No.15（2018）

李春华 王业强 / 主编　2018年5月出版　估价：99.00元

◆ 2018年《房地产蓝皮书》持续追踪中国房地产市场最新动态，深度剖析市场热点，展望2018年发展趋势，积极谋划应对策略。对2017年房地产市场的发展态势进行全面、综合的分析。

新能源汽车蓝皮书

中国新能源汽车产业发展报告（2018）

中国汽车技术研究中心　日产（中国）投资有限公司
东风汽车有限公司 / 编著　2018年8月出版　估价：99.00元

◆ 本书对中国2017年新能源汽车产业发展进行了全面系统的分析，并介绍了国外的发展经验。有助于相关机构、行业和社会公众等了解中国新能源汽车产业发展的最新动态，为政府部门出台新能源汽车产业相关政策法规、企业制定相关战略规划，提供必要的借鉴和参考。

行业及其他类

旅游绿皮书

2017～2018年中国旅游发展分析与预测

中国社会科学院旅游研究中心 / 编　2018年1月出版　定价：99.00元

◆ 本书从政策、产业、市场、社会等多个角度勾画出2017年中国旅游发展全貌，剖析了其中的热点和核心问题，并就未来发展作出预测。

行业及其他类

民营医院蓝皮书
中国民营医院发展报告（2018）

薛晓林/主编　　2018年11月出版　　估价：99.00元

◆ 本书在梳理国家对社会办医的各种利好政策的前提下，对我国民营医疗发展现状、我国民营医院竞争力进行了分析，并结合我国医疗体制改革对民营医院的发展趋势、发展策略、战略规划等方面进行了预估。

会展蓝皮书
中外会展业动态评估研究报告（2018）

张敏/主编　　2018年12月出版　　估价：99.00元

◆ 本书回顾了2017年的会展业发展动态,结合"供给侧改革"、"互联网＋"、"绿色经济"的新形势分析了我国展会的行业现状，并介绍了国外的发展经验，有助于行业和社会了解最新的展会业动态。

中国上市公司蓝皮书
中国上市公司发展报告（2018）

张平　王宏淼/主编　　2018年9月出版　　估价：99.00元

◆ 本书由中国社会科学院上市公司研究中心组织编写的，着力于全面、真实、客观反映当前中国上市公司财务状况和价值评估的综合性年度报告。本书详尽分析了2017年中国上市公司情况，特别是现实中暴露出的制度性、基础性问题，并对资本市场改革进行了探讨。

工业和信息化蓝皮书
人工智能发展报告（2017～2018）

尹丽波/主编　　2018年6月出版　　估价：99.00元

◆ 本书国家工业信息安全发展研究中心在对2017年全球人工智能技术和产业进行全面跟踪研究基础上形成的研究报告。该报告内容翔实、视角独特，具有较强的产业发展前瞻性和预测性，可为相关主管部门、行业协会、企业等全面了解人工智能发展形势以及进行科学决策提供参考。

国际问题与全球治理类

国际问题与全球治理类

世界经济黄皮书
2018年世界经济形势分析与预测

张宇燕 / 主编　2018年1月出版　定价：99.00元

◆ 本书由中国社会科学院世界经济与政治研究所的研究团队撰写，分总论、国别与地区、专题、热点、世界经济统计与预测等五个部分，对2018年世界经济形势进行了分析。

国际城市蓝皮书
国际城市发展报告（2018）

屠启宇 / 主编　2018年2月出版　定价：89.00元

◆ 本书作者以上海社会科学院从事国际城市研究的学者团队为核心，汇集同济大学、华东师范大学、复旦大学、上海交通大学、南京大学、浙江大学相关城市研究专业学者。立足动态跟踪介绍国际城市发展时间中，最新出现的重大战略、重大理念、重大项目、重大报告和最佳案例。

非洲黄皮书
非洲发展报告 No.20（2017～2018）

张宏明 / 主编　2018年7月出版　估价：99.00元

◆ 本书是由中国社会科学院西亚非洲研究所组织编撰的非洲形势年度报告，比较全面、系统地分析了2017年非洲政治形势和热点问题，探讨了非洲经济形势和市场走向，剖析了大国对非洲关系的新动向；此外，还介绍了国内非洲研究的新成果。

国别类

美国蓝皮书
美国研究报告（2018）

郑秉文 黄平 / 主编　2018 年 5 月出版　估价：99.00 元

◆ 本书是由中国社会科学院美国研究所主持完成的研究成果，它回顾了美国 2017 年的经济、政治形势与外交战略，对美国内政外交发生的重大事件及重要政策进行了较为全面的回顾和梳理。

德国蓝皮书
德国发展报告（2018）

郑春荣 / 主编　2018 年 6 月出版　估价：99.00 元

◆ 本报告由同济大学德国研究所组织编撰，由该领域的专家学者对德国的政治、经济、社会文化、外交等方面的形势发展情况，进行全面的阐述与分析。

俄罗斯黄皮书
俄罗斯发展报告（2018）

李永全 / 编著　2018 年 6 月出版　估价：99.00 元

◆ 本书系统介绍了 2017 年俄罗斯经济政治情况，并对 2016 年该地区发生的焦点、热点问题进行了分析与回顾；在此基础上，对该地区 2018 年的发展前景进行了预测。

 文化传媒类 | 皮书系列 重点推荐

文化传媒类

新媒体蓝皮书
中国新媒体发展报告 No.9（2018）
唐绪军 / 主编　2018 年 6 月出版　估价：99.00 元

◆ 本书是由中国社会科学院新闻与传播研究所组织编写的关于新媒体发展的最新年度报告，旨在全面分析中国新媒体的发展现状，解读新媒体的发展趋势，探析新媒体的深刻影响。

移动互联网蓝皮书
中国移动互联网发展报告（2018）
余清楚 / 主编　2018 年 6 月出版　估价：99.00 元

◆ 本书着眼于对 2017 年度中国移动互联网的发展情况做深入解析，对未来发展趋势进行预测，力求从不同视角、不同层面全面剖析中国移动互联网发展的现状、年度突破及热点趋势等。

文化蓝皮书
中国文化消费需求景气评价报告（2018）
王亚南 / 主编　2018 年 3 月出版　定价：99.00 元

◆ 本书首创全国文化发展量化检测评价体系，也是至今全国唯一的文化民生量化检测评价体系，对于检验全国及各地"以人民为中心"的文化发展具有首创意义。

地方发展类

北京蓝皮书
北京经济发展报告（2017～2018）

杨松/主编　2018年6月出版　估价：99.00元

◆ 本书对2017年北京市经济发展的整体形势进行了系统性的分析与回顾，并对2018年经济形势走势进行了预测与研判，聚焦北京市经济社会发展中的全局性、战略性和关键领域的重点问题，运用定量和定性分析相结合的方法，对北京市经济社会发展的现状、问题、成因进行了深入分析，提出了可操作性的对策建议。

温州蓝皮书
2018年温州经济社会形势分析与预测

蒋儒标　王春光　金浩/主编　2018年6月出版　估价：99.00元

◆ 本书是中共温州市委党校和中国社会科学院社会学研究所合作推出的第十一本温州蓝皮书，由来自党校、政府部门、科研机构、高校的专家、学者共同撰写的2017年温州区域发展形势的最新研究成果。

黑龙江蓝皮书
黑龙江社会发展报告（2018）

王爱丽/主编　2018年1月出版　定价：89.00元

◆ 本书以千份随机抽样问卷调查和专题研究为依据，运用社会学理论框架和分析方法，从专家和学者的独特视角，对2017年黑龙江省关系民生的问题进行广泛的调研与分析，并对2017年黑龙江省诸多社会热点和焦点问题进行了有益的探索。这些研究不仅可以为政府部门更加全面深入了解省情、科学制定决策提供智力支持，同时也可以为广大读者认识、了解、关注黑龙江社会发展提供理性思考。

宏观经济类

城市蓝皮书
中国城市发展报告(No.11)
著(编)者:潘家华 单菁菁
2018年9月出版 / 估价:99.00元
PSN B-2007-091-1/1

城乡一体化蓝皮书
中国城乡一体化发展报告(2018)
著(编)者:付崇兰
2018年9月出版 / 估价:99.00元
PSN B-2011-226-1/2

城镇化蓝皮书
中国新型城镇化健康发展报告(2018)
著(编)者:张占斌
2018年8月出版 / 估价:99.00元
PSN B-2014-396-1/1

创新蓝皮书
创新型国家建设报告(2018~2019)
著(编)者:詹正茂
2018年12月出版 / 估价:99.00元
PSN B-2009-140-1/1

低碳发展蓝皮书
中国低碳发展报告(2018)
著(编)者:张希良 齐晔
2018年6月出版 / 估价:99.00元
PSN B-2011-223-1/1

低碳经济蓝皮书
中国低碳经济发展报告(2018)
著(编)者:薛进军 赵忠秀
2018年11月出版 / 估价:99.00元
PSN B-2011-194-1/1

发展和改革蓝皮书
中国经济发展和体制改革报告No.9
著(编)者:邹东涛 王再文
2018年1月出版 / 估价:99.00元
PSN B-2008-122-1/1

国家创新蓝皮书
中国创新发展报告(2017)
著(编)者:陈劲 2018年5月出版 / 估价:99.00元
PSN B-2014-370-1/1

金融蓝皮书
中国金融发展报告(2018)
著(编)者:王国刚
2018年6月出版 / 估价:99.00元
PSN B-2004-031-1/7

经济蓝皮书
2018年中国经济形势分析与预测
著(编)者:李平 2017年12月出版 / 定价:89.00元
PSN B-1996-001-1/1

经济蓝皮书春季号
2018年中国经济前景分析
著(编)者:李扬 2018年5月出版 / 估价:99.00元
PSN B-1999-008-1/1

经济蓝皮书夏季号
中国经济增长报告(2017~2018)
著(编)者:李扬 2018年9月出版 / 估价:99.00元
PSN B-2010-176-1/1

农村绿皮书
中国农村经济形势分析与预测(2017~2018)
著(编)者:魏后凯 黄秉信
2018年4月出版 / 定价:99.00元
PSN B-1998-003-1/1

人口与劳动绿皮书
中国人口与劳动问题报告No.19
著(编)者:张车伟 2018年11月出版 / 估价:99.00元
PSN G-2000-012-1/1

新型城镇化蓝皮书
新型城镇化发展报告(2017)
著(编)者:李伟 宋敏
2018年3月出版 / 定价:98.00元
PSN B-2005-038-1/1

中国省域竞争力蓝皮书
中国省域经济综合竞争力发展报告(2016~2017)
著(编)者:李建平 李闽榕
2018年2月出版 / 定价:198.00元
PSN B-2007-088-1/1

中小城市绿皮书
中国中小城市发展报告(2018)
著(编)者:中国城市经济学会中小城市经济发展委员会
　　　　　中国城镇化促进会中小城市发展委员会
　　　　　《中国中小城市发展报告》编纂委员会
　　　　　中小城市发展战略研究院
2018年11月出版 / 估价:128.00元
PSN G-2010-161-1/1

皮书系列 2018全品种 区域经济类・社会政法类

区域经济类

东北蓝皮书
中国东北地区发展报告（2018）
著(编)者：姜晓秋　2018年11月出版／估价：99.00元
PSN B-2006-067-1/1

金融蓝皮书
中国金融中心发展报告（2017～2018）
著(编)者：王力　黄育华　2018年11月出版／估价：99.00元
PSN B-2011-186-6/7

京津冀蓝皮书
京津冀发展报告（2018）
著(编)者：祝合良　叶堂林　张贵祥
2018年6月出版／估价：99.00元
PSN B-2012-262-1/1

西北蓝皮书
中国西北发展报告（2018）
著(编)者：王福生　马廷旭　董秋生
2018年1月出版／定价：99.00元
PSN B-2012-261-1/1

西部蓝皮书
中国西部发展报告（2018）
著(编)者：章勇　任保平　2018年8月出版／估价：99.00元
PSN B-2005-039-1/1

长江经济带产业蓝皮书
长江经济带产业发展报告（2018）
著(编)者：吴传清　2018年11月出版／估价：128.00元
PSN B-2017-666-1/1

长江经济带蓝皮书
长江经济带发展报告（2017～2018）
著(编)者：王振　2018年11月出版／估价：99.00元
PSN B-2016-575-1/1

长江中游城市群蓝皮书
长江中游城市群新型城镇化与产业协同发展报告（2018）
著(编)者：杨刚强　2018年11月出版／估价：99.00元
PSN B-2016-578-1/1

长三角蓝皮书
2017年创新融合发展的长三角
著(编)者：刘飞跃　2018年5月出版／估价：99.00元
PSN B-2005-038-1/1

长株潭城市群蓝皮书
长株潭城市群发展报告（2017）
著(编)者：张萍　朱有志　2018年6月出版／估价：99.00元
PSN B-2008-109-1/1

特色小镇蓝皮书
特色小镇智慧运营报告（2018）：顶层设计与智慧架构标准
著(编)者：陈劲　2018年1月出版／定价：79.00元
PSN B-2018-692-1/1

中部竞争力蓝皮书
中国中部经济社会竞争力报告（2018）
著(编)者：教育部人文社会科学重点研究基地南昌大学中国
中部经济社会发展研究中心
2018年12月出版／估价：99.00元
PSN B-2012-276-1/1

中部蓝皮书
中国中部地区发展报告（2018）
著(编)者：宋亚平　2018年12月出版／估价：99.00元
PSN B-2007-089-1/1

区域蓝皮书
中国区域经济发展报告（2017～2018）
著(编)者：赵弘　2018年5月出版／估价：99.00元
PSN B-2004-034-1/1

中三角蓝皮书
长江中游城市群发展报告（2018）
著(编)者：秦尊文　2018年9月出版／估价：99.00元
PSN B-2014-417-1/1

中原蓝皮书
中原经济区发展报告（2018）
著(编)者：李英杰　2018年6月出版／估价：99.00元
PSN B-2011-192-1/1

珠三角流通蓝皮书
珠三角商圈发展研究报告（2018）
著(编)者：王先庆　林至颖　2018年7月出版／估价：99.00元
PSN B-2012-292-1/1

社会政法类

北京蓝皮书
中国社区发展报告（2017～2018）
著(编)者：于燕燕　2018年9月出版／估价：99.00元
PSN B-2007-083-5/8

殡葬绿皮书
中国殡葬事业发展报告（2017～2018）
著(编)者：李伯森　2018年6月出版／估价：158.00元
PSN G-2010-180-1/1

城市管理蓝皮书
中国城市管理报告（2017-2018）
著(编)者：刘林　刘承水　2018年5月出版／估价：158.00元
PSN B-2013-336-1/1

城市生活质量蓝皮书
中国城市生活质量报告（2017）
著(编)者：张连城　张平　杨春学　郎丽华
2017年12月出版／定价：89.00元
PSN B-2013-326-1/1

社会政法类

皮书系列 2018全品种

城市政府能力蓝皮书
中国城市政府公共服务能力评估报告（2018）
著(编)者：何艳玲　2018年5月出版／估价：99.00元
PSN B-2013-338-1/1

创业蓝皮书
中国创业发展研究报告（2017~2018）
著(编)者：黄群慧　赵卫星　钟宏武
2018年11月出版／估价：99.00元
PSN B-2016-577-1/1

慈善蓝皮书
中国慈善发展报告（2018）
著(编)者：杨团　2018年6月出版／估价：99.00元
PSN B-2009-142-1/1

党建蓝皮书
党的建设研究报告No.2（2018）
著(编)者：崔建民　陈东平　2018年6月出版／估价：99.00元
PSN B-2016-523-1/1

地方法治蓝皮书
中国地方法治发展报告No.3（2018）
著(编)者：李林　田禾　2018年6月出版／估价：118.00元
PSN B-2015-442-1/1

电子政务蓝皮书
中国电子政务发展报告（2018）
著(编)者：李季　2018年8月出版／估价：99.00元
PSN B-2003-022-1/1

儿童蓝皮书
中国儿童参与状况报告（2017）
著(编)者：苑立新　2017年12月出版／定价：89.00元
PSN B-2017-682-1/1

法治蓝皮书
中国法治发展报告No.16（2018）
著(编)者：李林　田禾　2018年3月出版／定价：128.00元
PSN B-2004-027-1/3

法治蓝皮书
中国法院信息化发展报告No.2（2018）
著(编)者：李林　田禾　2018年2月出版／估价：118.00元
PSN B-2017-604-3/3

法治政府蓝皮书
中国法治政府发展报告（2017）
著(编)者：中国政法大学法治政府研究院
2018年3月出版／定价：158.00元
PSN B-2015-502-1/2

法治政府蓝皮书
中国法治政府评估报告（2018）
著(编)者：中国政法大学法治政府研究院
2018年9月出版／估价：168.00元
PSN B-2016-576-2/2

反腐倡廉蓝皮书
中国反腐倡廉建设报告No.8
著(编)者：张英伟　2018年12月出版／估价：99.00元
PSN B-2012-259-1/1

扶贫蓝皮书
中国扶贫开发报告（2018）
著(编)者：李培林　魏后凯　2018年12月出版／估价：128.00元
PSN B-2016-599-1/1

妇女发展蓝皮书
中国妇女发展报告No.6
著(编)者：王金玲　2018年9月出版／估价：158.00元
PSN B-2006-069-1/1

妇女教育蓝皮书
中国妇女教育发展报告No.3
著(编)者：张李玺　2018年10月出版／估价：99.00元
PSN B-2008-121-1/1

妇女绿皮书
2018年：中国性别平等与妇女发展报告
著(编)者：谭琳　2018年12月出版／估价：99.00元
PSN G-2006-073-1/1

公共安全蓝皮书
中国城市公共安全发展报告（2017~2018）
著(编)者：黄育华　ศ文明　赵建辉
2018年6月出版／估价：99.00元
PSN B-2017-628-1/1

公共服务蓝皮书
中国城市基本公共服务力评价（2018）
著(编)者：钟君　刘志昌　吴正昊
2018年12月出版／估价：99.00元
PSN B-2011-214-1/1

公民科学素质蓝皮书
中国公民科学素质报告（2017~2018）
著(编)者：李群　陈雄　马宗文
2017年12月出版／估价：89.00元
PSN B-2014-379-1/1

公益蓝皮书
中国公益慈善发展报告（2016）
著(编)者：朱健刚　胡小军　2018年6月出版／估价：99.00元
PSN B-2012-283-1/1

国际人才蓝皮书
中国国际移民报告（2018）
著(编)者：王辉耀　2018年6月出版／估价：99.00元
PSN B-2012-304-3/4

国际人才蓝皮书
中国留学发展报告（2018）No.7
著(编)者：王辉耀　苗绿　2018年12月出版／估价：99.00元
PSN B-2012-244-2/4

海洋社会蓝皮书
中国海洋社会发展报告（2017）
著(编)者：崔凤　宋宁而　2018年3月出版／定价：99.00元
PSN B-2015-478-1/1

行政改革蓝皮书
中国行政体制改革报告No.7（2018）
著(编)者：魏礼群　2018年6月出版／估价：99.00元
PSN B-2011-231-1/1

皮书系列 2018全品种

社会政法类

华侨华人蓝皮书
华侨华人研究报告（2017）
著(编)者：张禹东 庄国土　　2017年12月出版 / 定价：148.00元
PSN B-2011-204-1/1

互联网与国家治理蓝皮书
互联网与国家治理发展报告（2017）
著(编)者：张志安　　2018年1月出版 / 定价：98.00元
PSN B-2017-671-1/1

环境管理蓝皮书
中国环境管理发展报告（2017）
著(编)者：李金惠　　2017年12月出版 / 定价：98.00元
PSN B-2017-678-1/1

环境竞争力绿皮书
中国省域环境竞争力发展报告（2018）
著(编)者：李建平 李闽榕 王金南
2018年11月出版 / 估价：198.00元
PSN G-2010-165-1/1

环境绿皮书
中国环境发展报告（2017~2018）
著(编)者：李波　　2018年6月出版 / 估价：99.00元
PSN G-2006-048-1/1

家庭蓝皮书
中国"创建幸福家庭活动"评估报告（2018）
著(编)者：国务院发展研究中心"创建幸福家庭活动评估"课题组
2018年12月出版 / 估价：99.00元
PSN B-2015-508-1/1

健康城市蓝皮书
中国健康城市建设研究报告（2018）
著(编)者：王鸿春 盛继洪　　2018年12月出版 / 估价：99.00元
PSN B-2016-564-2/2

健康中国蓝皮书
社区首诊与健康中国分析报告（2018）
著(编)者：高和荣 杨叔禹 姜杰
2018年6月出版 / 估价：99.00元
PSN B-2017-611-1/1

教师蓝皮书
中国中小学教师发展报告（2017）
著(编)者：曾晓东 鱼霞
2018年6月出版 / 估价：99.00元
PSN B-2012-289-1/1

教育扶贫蓝皮书
中国教育扶贫报告（2018）
著(编)者：司树杰 王文静 李兴洲
2018年12月出版 / 估价：99.00元
PSN B-2016-590-1/1

教育蓝皮书
中国教育发展报告（2018）
著(编)者：杨东平　　2018年3月出版 / 定价：89.00元
PSN B-2006-047-1/1

金融法治建设蓝皮书
中国金融法治建设年度报告（2015~2016）
著(编)者：朱小黄　　2018年6月出版 / 估价：99.00元
PSN B-2017-633-1/1

京津冀教育蓝皮书
京津冀教育发展研究报告（2017~2018）
著(编)者：方中雄　　2018年6月出版 / 估价：99.00元
PSN B-2017-608-1/1

就业蓝皮书
2018年中国本科生就业报告
著(编)者：麦可思研究院　　2018年6月出版 / 估价：99.00元
PSN B-2009-146-1/2

就业蓝皮书
2018年中国高职高专生就业报告
著(编)者：麦可思研究院　　2018年6月出版 / 估价：99.00元
PSN B-2015-472-2/2

科学教育蓝皮书
中国科学教育发展报告（2018）
著(编)者：王康友　　2018年10月出版 / 估价：99.00元
PSN B-2015-487-1/1

劳动保障蓝皮书
中国劳动保障发展报告（2018）
著(编)者：刘燕斌　　2018年9月出版 / 估价：158.00元
PSN B-2004-415-1/1

老龄蓝皮书
中国老年宜居环境发展报告（2017）
著(编)者：党俊武 周燕珉　　2018年6月出版 / 估价：99.00元
PSN B-2013-320-1/1

连片特困区蓝皮书
中国连片特困区发展报告（2017~2018）
著(编)者：游俊 冷志明 丁建军
2018年6月出版 / 估价：99.00元
PSN B-2013-321-1/1

流动儿童蓝皮书
中国流动儿童教育发展报告（2017）
著(编)者：杨东平　　2018年6月出版 / 估价：99.00元
PSN B-2017-600-1/1

民调蓝皮书
中国民生调查报告（2018）
著(编)者：谢耘耕　　2018年12月出版 / 估价：99.00元
PSN B-2014-398-1/1

民族发展蓝皮书
中国民族发展报告（2018）
著(编)者：王延中　　2018年10月出版 / 估价：188.00元
PSN B-2006-070-1/1

女性生活蓝皮书
中国女性生活状况报告No.12（2018）
著(编)者：高博燕　　2018年7月出版 / 估价：99.00元
PSN B-2006-071-1/1

社会政法类

皮书系列 2018全品种

汽车社会蓝皮书
中国汽车社会发展报告（2017~2018）
著（编）者：王俊秀　2018年6月出版　估价：99.00元
PSN B-2011-224-1/1

青年蓝皮书
中国青年发展报告（2018）No.3
著（编）者：廉思　2018年6月出版　估价：99.00元
PSN B-2013-333-1/1

青少年蓝皮书
中国未成年人互联网运用报告（2017~2018）
著（编）者：李为民　李文革　沈杰
2018年11月出版　估价：99.00元
PSN B-2010-156-1/1

人权蓝皮书
中国人权事业发展报告No.8（2018）
著（编）者：李君如　2018年9月出版　估价：99.00元
PSN B-2011-215-1/1

社会保障绿皮书
中国社会保障发展报告No.9（2018）
著（编）者：王延中　2018年6月出版　估价：99.00元
PSN G-2001-014-1/1

社会风险评估蓝皮书
风险评估与危机预警报告（2017~2018）
著（编）者：唐钧　2018年8月出版　估价：99.00元
PSN B-2012-293-1/1

社会工作蓝皮书
中国社会工作发展报告（2016~2017）
著（编）者：民政部社会工作研究中心
2018年8月出版　估价：99.00元
PSN B-2009-141-1/1

社会管理蓝皮书
中国社会管理创新报告No.6
著（编）者：连玉明　2018年11月出版　估价：99.00元
PSN B-2012-300-1/1

社会蓝皮书
2018年中国社会形势分析与预测
著（编）者：李培林　陈光金　张翼
2017年12月出版　定价：89.00元
PSN B-1998-002-1/1

社会体制蓝皮书
中国社会体制改革报告No.6（2018）
著（编）者：龚维斌　2018年3月出版　定价：98.00元
PSN B-2013-330-1/1

社会心态蓝皮书
中国社会心态研究报告（2018）
著（编）者：王俊秀　2018年12月出版　估价：99.00元
PSN B-2011-199-1/1

社会组织蓝皮书
中国社会组织报告（2017-2018）
著（编）者：黄晓勇　2018年6月出版　估价：99.00元
PSN B-2008-118-1/2

社会组织蓝皮书
中国社会组织评估发展报告（2018）
著（编）者：徐家良　2018年12月出版　估价：99.00元
PSN B-2013-366-2/2

生态城市绿皮书
中国生态城市建设发展报告（2018）
著（编）者：刘举科　孙伟平　胡文臻
2018年9月出版　估价：158.00元
PSN G-2012-269-1/1

生态文明绿皮书
中国省域生态文明建设评价报告（ECI 2018）
著（编）者：严耕　2018年12月出版　估价：99.00元
PSN G-2010-170-1/1

退休生活蓝皮书
中国城市居民退休生活质量指数报告（2017）
著（编）者：杨一帆　2018年6月出版　估价：99.00元
PSN B-2017-618-1/1

危机管理蓝皮书
中国危机管理报告（2018）
著（编）者：文学国　范正青
2018年8月出版　估价：99.00元
PSN B-2010-171-1/1

学会蓝皮书
2018年中国学会发展报告
著（编）者：麦可思研究院　2018年12月出版　估价：99.00元
PSN B-2016-597-1/1

医改蓝皮书
中国医药卫生体制改革报告（2017~2018）
著（编）者：文学国　房志武
2018年11月出版　估价：99.00元
PSN B-2014-432-1/1

应急管理蓝皮书
中国应急管理报告（2018）
著（编）者：宋英华　2018年9月出版　估价：99.00元
PSN B-2016-562-1/1

政府绩效评估蓝皮书
中国地方政府绩效评估报告No.2
著（编）者：贠杰　2018年12月出版　估价：99.00元
PSN B-2017-672-1/1

政治参与蓝皮书
中国政治参与报告（2018）
著（编）者：房宁　2018年8月出版　估价：128.00元
PSN B-2011-200-1/1

政治文化蓝皮书
中国政治文化报告（2018）
著（编）者：邢瓦敏　魏大鹏　龚克
2018年8月出版　估价：128.00元
PSN B-2017-615-1/1

中国传统村落蓝皮书
中国传统村落保护现状报告（2018）
著（编）者：胡彬彬　李向军　王晓波
2018年12月出版　估价：99.00元
PSN B-2017-663-1/1

皮书系列 2018全品种 | 社会政法类·产业经济类

中国农村妇女发展蓝皮书
农村流动女性城市生活发展报告（2018）
著(编)者：谢丽华　2018年12月出版 / 估价：99.00元
PSN B-2014-434-1/1

宗教蓝皮书
中国宗教报告（2017）
著(编)者：邱永辉　2018年8月出版 / 估价：99.00元
PSN B-2008-117-1/1

产业经济类

保健蓝皮书
中国保健服务产业发展报告 No.2
著(编)者：中国保健协会　中共中央党校
2018年7月出版 / 估价：198.00元
PSN B-2012-272-3/3

保健蓝皮书
中国保健食品产业发展报告 No.2
著(编)者：中国保健协会
　　　　中国社会科学院食品药品产业发展与监管研究中心
2018年8月出版 / 估价：198.00元
PSN B-2012-271-2/3

保健蓝皮书
中国保健用品产业发展报告 No.2
著(编)者：中国保健协会
　　　　国务院国有资产监督管理委员会研究中心
2018年6月出版 / 估价：198.00元
PSN B-2012-270-1/3

保险蓝皮书
中国保险业竞争力报告（2018）
著(编)者：保监会　2018年12月出版 / 估价：99.00元
PSN B-2013-311-1/1

冰雪蓝皮书
中国冰上运动产业发展报告（2018）
著(编)者：孙承华　杨占武　刘戈　张鸿俊
2018年9月出版 / 估价：99.00元
PSN B-2017-648-3/3

冰雪蓝皮书
中国滑雪产业发展报告（2018）
著(编)者：孙承华　伍斌　魏庆华　张鸿俊
2018年9月出版 / 估价：99.00元
PSN B-2010-559-1/3

餐饮产业蓝皮书
中国餐饮产业发展报告（2018）
著(编)者：邢颖
2018年6月出版 / 估价：99.00元
PSN B-2009-151-1/1

茶业蓝皮书
中国茶产业发展报告（2018）
著(编)者：杨江帆　李闽榕
2018年10月出版 / 估价：99.00元
PSN B-2010-164-1/1

产业安全蓝皮书
中国文化产业安全报告（2018）
著(编)者：北京印刷学院文化产业安全研究院
2018年12月出版 / 估价：99.00元
PSN B-2014-378-12/14

产业安全蓝皮书
中国新媒体产业安全报告（2016~2017）
著(编)者：肖丽　2018年6月出版 / 估价：99.00元
PSN B-2015-500-14/14

产业安全蓝皮书
中国出版传媒产业安全报告（2017~2018）
著(编)者：北京印刷学院文化产业安全研究院
2018年6月出版 / 估价：99.00元
PSN B-2014-384-13/14

产业蓝皮书
中国产业竞争力报告（2018）No.8
著(编)者：张其仔　2018年12月出版 / 估价：168.00元
PSN B-2010-175-1/1

动力电池蓝皮书
中国新能源汽车动力电池产业发展报告（2018）
著(编)者：中国汽车技术研究中心
2018年8月出版 / 估价：99.00元
PSN B-2017-639-1/1

杜仲产业绿皮书
中国杜仲橡胶资源与产业发展报告（2017~2018）
著(编)者：杜红岩　胡文臻　俞锐
2018年6月出版 / 估价：99.00元
PSN G-2013-350-1/1

房地产蓝皮书
中国房地产发展报告No.15（2018）
著(编)者：李春华　王业强
2018年5月出版 / 估价：99.00元
PSN B-2004-028-1/1

服务外包蓝皮书
中国服务外包产业发展报告（2017~2018）
著(编)者：王晓红　刘德军
2018年6月出版 / 估价：99.00元
PSN B-2013-331-2/2

服务外包蓝皮书
中国服务外包竞争力报告（2017~2018）
著(编)者：刘春生　王力　黄育华
2018年12月出版 / 估价：99.00元
PSN B-2011-216-1/2

产业经济类 — 皮书系列 2018全品种

工业和信息化蓝皮书
世界信息技术产业发展报告（2017~2018）
著(编)者：尹丽波　2018年6月出版／估价：99.00元
PSN B-2015-449-2/6

工业和信息化蓝皮书
战略性新兴产业发展报告（2017~2018）
著(编)者：尹丽波　2018年6月出版／估价：99.00元
PSN B-2015-450-3/6

海洋经济蓝皮书
中国海洋经济发展报告（2015~2018）
著(编)者：殷克东　高金田　方胜民
2018年3月出版／定价：128.00元
PSN B-2018-697-1/1

康养蓝皮书
中国康养产业发展报告（2017）
著(编)者：何莽　2017年12月出版／定价：88.00元
PSN B-2017-685-1/1

客车蓝皮书
中国客车产业发展报告（2017~2018）
著(编)者：姚蔚　2018年10月出版／估价：99.00元
PSN B-2013-361-1/1

流通蓝皮书
中国商业发展报告（2018~2019）
著(编)者：王雪峰　林诗慧
2018年7月出版／估价：99.00元
PSN B-2009-152-1/2

能源蓝皮书
中国能源发展报告（2018）
著(编)者：崔民选　王军生　陈义和
2018年12月出版／估价：99.00元
PSN B-2006-049-1/1

农产品流通蓝皮书
中国农产品流通产业发展报告（2017）
著(编)者：贾敬敦　张东科　张玉玺　张鹏毅　周伟
2018年6月出版／估价：99.00元
PSN B-2012-288-1/1

汽车工业蓝皮书
中国汽车工业发展年度报告（2018）
著(编)者：中国汽车工业协会
　　　　　中国汽车技术研究中心
　　　　　丰田汽车公司
2018年5月出版／估价：168.00元
PSN B-2015-463-1/2

汽车工业蓝皮书
中国汽车零部件产业发展报告（2017~2018）
著(编)者：中国汽车工业协会
　　　　　中国汽车工程研究院深圳市沃特玛电池有限公司
2018年9月出版／估价：99.00元
PSN B-2016-515-2/2

汽车蓝皮书
中国汽车产业发展报告（2018）
著(编)者：中国汽车工程学会
　　　　　大众汽车集团（中国）
2018年11月出版／估价：99.00元
PSN B-2008-124-1/1

世界茶业蓝皮书
世界茶业发展报告（2018）
著(编)者：李闽榕　冯廷佺
2018年5月出版／估价：168.00元
PSN B-2017-619-1/1

世界能源蓝皮书
世界能源发展报告（2018）
著(编)者：黄晓勇　2018年6月出版／估价：168.00元
PSN B-2013-349-1/1

石油蓝皮书
中国石油产业发展报告（2018）
著(编)者：中国石油化工集团公司经济技术研究院
　　　　　中国国际石油化工联合有限责任公司
　　　　　中国社会科学院数量经济与技术经济研究所
2018年2月出版／定价：98.00元
PSN B-2018-690-1/1

体育蓝皮书
国家体育产业基地发展报告（2016~2017）
著(编)者：李颖川　2018年6月出版／估价：168.00元
PSN B-2017-609-5/5

体育蓝皮书
中国体育产业发展报告（2018）
著(编)者：阮伟　钟秉枢
2018年12月出版／估价：99.00元
PSN B-2010-179-1/5

文化金融蓝皮书
中国文化金融发展报告（2018）
著(编)者：杨涛　金巍
2018年6月出版／估价：99.00元
PSN B-2017-610-1/1

新能源汽车蓝皮书
中国新能源汽车产业发展报告（2018）
著(编)者：中国汽车技术研究中心
　　　　　日产（中国）投资有限公司
　　　　　东风汽车有限公司
2018年8月出版／估价：99.00元
PSN B-2013-347-1/1

薏仁米产业蓝皮书
中国薏仁米产业发展报告No.2（2018）
著(编)者：李发耀　石明　秦礼康
2018年8月出版／估价：99.00元
PSN B-2017-645-1/1

邮轮绿皮书
中国邮轮产业发展报告（2018）
著(编)者：汪泓　2018年10月出版／估价：99.00元
PSN G-2014-419-1/1

智能养老蓝皮书
中国智能养老产业发展报告（2018）
著(编)者：朱勇　2018年10月出版／估价：99.00元
PSN B-2015-488-1/1

中国节能汽车蓝皮书
中国节能汽车发展报告（2017~2018）
著(编)者：中国汽车工程研究院股份有限公司
2018年9月出版／估价：99.00元
PSN B-2016-565-1/1

皮书系列 2018全品种

产业经济类·行业及其他类

中国陶瓷产业蓝皮书
中国陶瓷产业发展报告（2018）
著(编)者：左和平 黄速建
2018年10月出版 / 估价：99.00元
PSN B-2016-573-1/1

装备制造业蓝皮书
中国装备制造业发展报告（2018）
著(编)者：徐东华
2018年12月出版 / 估价：118.00元
PSN B-2015-505-1/1

行业及其他类

"三农"互联网金融蓝皮书
中国"三农"互联网金融发展报告（2018）
著(编)者：李勇坚 王弢
2018年8月出版 / 估价：99.00元
PSN B-2016-560-1/1

SUV蓝皮书
中国SUV市场发展报告（2017~2018）
著(编)者：靳军 2018年9月出版 / 估价：99.00元
PSN B-2016-571-1/1

冰雪蓝皮书
中国冬季奥运会发展报告（2018）
著(编)者：孙承华 伍斌 魏庆华 张鸿俊
2018年9月出版 / 估价：99.00元
PSN B-2017-647-2/3

彩票蓝皮书
中国彩票发展报告（2018）
著(编)者：益彩基金 2018年6月出版 / 估价：99.00元
PSN B-2015-462-1/1

测绘地理信息蓝皮书
测绘地理信息供给侧结构性改革研究报告（2018）
著(编)者：库热西·买合苏提
2018年12月出版 / 估价：168.00元
PSN B-2009-145-1/1

产权市场蓝皮书
中国产权市场发展报告（2017）
著(编)者：曹和平
2018年5月出版 / 估价：99.00元
PSN B-2009-147-1/1

城投蓝皮书
中国城投行业发展报告（2018）
著(编)者：华景斌
2018年11月出版 / 估价：300.00元
PSN B-2016-514-1/1

城市轨道交通蓝皮书
中国城市轨道交通运营发展报告（2017~2018）
著(编)者：崔学忠 贾文峥
2018年3月出版 / 定价：89.00元
PSN B-2018-694-1/1

大数据蓝皮书
中国大数据发展报告（No.2）
著(编)者：连玉明 2018年5月出版 / 估价：99.00元
PSN B-2017-620-1/1

大数据应用蓝皮书
中国大数据应用发展报告No.2（2018）
著(编)者：陈军君 2018年8月出版 / 估价：99.00元
PSN B-2017-644-1/1

对外投资与风险蓝皮书
中国对外直接投资与国家风险报告（2018）
著(编)者：中债资信评估有限责任公司
中国社会科学院世界经济与政治研究所
2018年6月出版 / 估价：189.00元
PSN B-2017-606-1/1

工业和信息化蓝皮书
人工智能发展报告（2017~2018）
著(编)者：尹丽波 2018年6月出版 / 估价：99.00元
PSN B-2015-448-1/6

工业和信息化蓝皮书
世界智慧城市发展报告（2017~2018）
著(编)者：尹丽波 2018年6月出版 / 估价：99.00元
PSN B-2017-624-6/6

工业和信息化蓝皮书
世界网络安全发展报告（2017~2018）
著(编)者：尹丽波 2018年6月出版 / 估价：99.00元
PSN B-2015-452-5/6

工业和信息化蓝皮书
世界信息化发展报告（2017~2018）
著(编)者：尹丽波 2018年6月出版 / 估价：99.00元
PSN B-2015-451-4/6

工业设计蓝皮书
中国工业设计发展报告（2018）
著(编)者：王晓红 于炜 张立群 2018年9月出版 / 估价：168.00元
PSN B-2014-420-1/1

公共关系蓝皮书
中国公共关系发展报告（2017）
著(编)者：柳斌杰 2018年1月出版 / 定价：89.00元
PSN B-2016-579-1/1

行业及其他类

皮书系列 2018全品种

公共关系蓝皮书
中国公共关系发展报告（2018）
著（编）者：柳斌杰　2018年11月出版／估价：99.00元
PSN B-2016-579-1/1

管理蓝皮书
中国管理发展报告（2018）
著（编）者：张晓东　2018年10月出版／估价：99.00元
PSN B-2014-416-1/1

轨道交通蓝皮书
中国轨道交通行业发展报告（2017）
著（编）者：仲建华　李闽榕
2017年12月出版／定价：98.00元
PSN B-2017-674-1/1

海关发展蓝皮书
中国海关发展前沿报告（2018）
著（编）者：于春晖　2018年6月出版／估价：99.00元
PSN B-2017-616-1/1

互联网医疗蓝皮书
中国互联网健康医疗发展报告（2018）
著（编）者：芮晓武　2018年6月出版／估价：99.00元
PSN B-2016-567-1/1

黄金市场蓝皮书
中国商业银行黄金业务发展报告（2017~2018）
著（编）者：平安银行　2018年6月出版／估价：99.00元
PSN B-2016-524-1/1

会展蓝皮书
中外会展业动态评估研究报告（2018）
著（编）者：张敏　任中峰　聂鑫焱　牛盼强
2018年12月出版／估价：99.00元
PSN B-2013-327-1/1

基金会蓝皮书
中国基金会发展报告（2017~2018）
著（编）者：中国基金会发展报告课题组
2018年6月出版／估价：99.00元
PSN B-2013-368-1/1

基金会绿皮书
中国基金会发展独立研究报告（2018）
著（编）者：基金会中心网　中央民族大学基金会研究中心
2018年6月出版／估价：99.00元
PSN G-2011-213-1/1

基金会透明度蓝皮书
中国基金会透明度发展研究报告（2018）
著（编）者：基金会中心网
清华大学廉政与治理研究中心
2018年9月出版／估价：99.00元
PSN B-2013-339-1/1

建筑装饰蓝皮书
中国建筑装饰行业发展报告（2018）
著（编）者：葛道顺　刘晓一
2018年10月出版／估价：198.00元
PSN B-2016-553-1/1

金融监管蓝皮书
中国金融监管报告（2018）
著（编）者：胡滨　2018年3月出版／定价：98.00元
PSN B-2012-281-1/1

金融蓝皮书
中国互联网金融行业分析与评估（2018~2019）
著（编）者：黄国平　伍旭川　2018年12月出版／估价：99.00元
PSN B-2016-585-7/7

金融科技蓝皮书
中国金融科技发展报告（2018）
著（编）者：李扬　孙国峰　2018年10月出版／估价：99.00元
PSN B-2014-374-1/1

金融信息服务蓝皮书
中国金融信息服务发展报告（2018）
著（编）者：李平　2018年5月出版／估价：99.00元
PSN B-2017-621-1/1

金蜜蜂企业社会责任蓝皮书
金蜜蜂中国企业社会责任报告研究（2017）
著（编）者：殷格非　于志宏　管竹笋
2018年1月出版／定价：99.00元
PSN B-2018-693-1/1

京津冀金融蓝皮书
京津冀金融发展报告（2018）
著（编）者：王爱俭　王璟怡　2018年10月出版／估价：99.00元
PSN B-2016-527-1/1

科普蓝皮书
国家科普能力发展报告（2018）
著（编）者：王康友　2018年5月出版／估价：138.00元
PSN B-2017-632-4/4

科普蓝皮书
中国基层科普发展报告（2017~2018）
著（编）者：赵立新　陈玲　2018年9月出版／估价：99.00元
PSN B-2016-568-3/4

科普蓝皮书
中国科普基础设施发展报告（2017~2018）
著（编）者：任福君　2018年6月出版／估价：99.00元
PSN B-2010-174-1/3

科普蓝皮书
中国科普人才发展报告（2017~2018）
著（编）者：郑念　任嵘嵘　2018年7月出版／估价：99.00元
PSN B-2016-512-2/4

科普能力蓝皮书
中国科普能力评价报告（2018~2019）
著（编）者：李富强　李群　2018年8月出版／估价：99.00元
PSN B-2016-555-1/1

临空经济蓝皮书
中国临空经济发展报告（2018）
著（编）者：连玉明　2018年9月出版／估价：99.00元
PSN B-2014-421-1/1

皮书系列 2018全品种
行业及其他类

旅游安全蓝皮书
中国旅游安全报告（2018）
著(编)者：郑向敏 谢朝武　2018年5月出版 / 估价：158.00元
PSN B-2012-280-1/1

旅游绿皮书
2017～2018年中国旅游发展分析与预测
著(编)者：宋瑞　2018年1月出版 / 定价：99.00元
PSN G-2002-018-1/1

煤炭蓝皮书
中国煤炭工业发展报告（2018）
著(编)者：岳福斌　2018年12月出版 / 估价：99.00元
PSN B-2008-123-1/1

民营企业社会责任蓝皮书
中国民营企业社会责任报告（2018）
著(编)者：中华全国工商业联合会
2018年12月出版 / 估价：99.00元
PSN B-2015-510-1/1

民营医院蓝皮书
中国民营医院发展报告（2017）
著(编)者：薛晓林　2017年12月出版 / 定价：89.00元
PSN B-2012-299-1/1

闽商蓝皮书
闽商发展报告（2018）
著(编)者：李闽榕 王日根 林琛
2018年12月出版 / 估价：99.00元
PSN B-2012-298-1/1

农业应对气候变化蓝皮书
中国农业气象灾害及其灾损评估报告（No.3）
著(编)者：矫梅燕　2018年6月出版 / 估价：118.00元
PSN B-2014-413-1/1

品牌蓝皮书
中国品牌战略发展报告（2018）
著(编)者：汪同三　2018年10月出版 / 估价：99.00元
PSN B-2016-580-1/1

企业扶贫蓝皮书
中国企业扶贫研究报告（2018）
著(编)者：钟宏武　2018年12月出版 / 估价：99.00元
PSN B-2016-593-1/1

企业公益蓝皮书
中国企业公益研究报告（2018）
著(编)者：钟宏武 汪杰 黄晓娟
2018年12月出版 / 估价：99.00元
PSN B-2015-501-1/1

企业国际化蓝皮书
中国企业全球化报告（2018）
著(编)者：王辉耀 苗绿　2018年11月出版 / 估价：99.00元
PSN B-2014-427-1/1

企业蓝皮书
中国企业绿色发展报告No.2（2018）
著(编)者：李红玉 朱光辉
2018年8月出版 / 估价：99.00元
PSN B-2015-481-2/2

企业社会责任蓝皮书
中资企业海外社会责任研究报告（2017～2018）
著(编)者：钟宏武 叶柳红 张蒽
2018年6月出版 / 估价：99.00元
PSN B-2017-603-2/2

企业社会责任蓝皮书
中国企业社会责任研究报告（2018）
著(编)者：黄群慧 钟宏武 张蒽 汪杰
2018年11月出版 / 估价：99.00元
PSN B-2009-149-1/2

汽车安全蓝皮书
中国汽车安全发展报告（2018）
著(编)者：中国汽车技术研究中心
2018年8月出版 / 估价：99.00元
PSN B-2014-385-1/1

汽车电子商务蓝皮书
中国汽车电子商务发展报告（2018）
著(编)者：中华全国工商业联合会汽车经销商商会
　　　　　北方工业大学
　　　　　北京易观智库网络科技有限公司
2018年10月出版 / 估价：158.00元
PSN B-2015-485-1/1

汽车知识产权蓝皮书
中国汽车产业知识产权发展报告（2018）
著(编)者：中国汽车工程研究院股份有限公司
　　　　　中国汽车工程学会
　　　　　重庆长安汽车股份有限公司
2018年12月出版 / 估价：99.00元
PSN B-2016-594-1/1

青少年体育蓝皮书
中国青少年体育发展报告（2017）
著(编)者：刘扶民 杨桦　2018年6月出版 / 估价：99.00元
PSN B-2015-482-1/1

区块链蓝皮书
中国区块链发展报告（2018）
著(编)者：李伟　2018年9月出版 / 估价：99.00元
PSN B-2017-649-1/1

群众体育蓝皮书
中国群众体育发展报告（2017）
著(编)者：刘国永 戴健　2018年5月出版 / 估价：99.00元
PSN B-2014-411-1/3

群众体育蓝皮书
中国社会体育指导员发展报告（2018）
著(编)者：刘国永 王欢　2018年6月出版 / 估价：99.00元
PSN B-2016-520-3/3

人力资源蓝皮书
中国人力资源发展报告（2018）
著(编)者：余兴安　2018年11月出版 / 估价：99.00元
PSN B-2012-287-1/1

融资租赁蓝皮书
中国融资租赁业发展报告（2017～2018）
著(编)者：李光荣 王力　2018年8月出版 / 估价：99.00元
PSN B-2015-443-1/1

行业及其他类 — 皮书系列 2018全品种

商会蓝皮书
中国商会发展报告No.5（2017）
著(编)者：王钦敏　2018年7月出版／估价：99.00元
PSN B-2008-125-1/1

商务中心区蓝皮书
中国商务中心区发展报告No.4（2017~2018）
著(编)者：李国红　单菁菁　2018年9月出版／估价：99.00元
PSN B-2015-444-1/1

设计产业蓝皮书
中国创新设计发展报告（2018）
著(编)者：王晓红　张立群　于炜
2018年11月出版／估价：99.00元
PSN B-2016-581-2/2

社会责任管理蓝皮书
中国上市公司社会责任能力成熟度报告No.4（2018）
著(编)者：肖红军　王晓光　李伟阳
2018年12月出版／估价：99.00元
PSN B-2015-507-2/2

社会责任管理蓝皮书
中国企业公众透明度报告No.4（2017~2018）
著(编)者：黄速建　熊梦　王晓光　肖红军
2018年6月出版／估价：99.00元
PSN B-2015-440-1/2

食品药品蓝皮书
食品药品安全与监管政策研究报告（2016~2017）
著(编)者：唐民皓　2018年6月出版／估价：99.00元
PSN B-2009-129-1/1

输血服务蓝皮书
中国输血行业发展报告（2018）
著(编)者：孙俊　2018年12月出版／估价：99.00元
PSN B-2016-582-1/1

水利风景区蓝皮书
中国水利风景区发展报告（2018）
著(编)者：董建文　兰思仁
2018年10月出版／估价：99.00元
PSN B-2015-480-1/1

数字经济蓝皮书
全球数字经济竞争力发展报告（2017）
著(编)者：王振　2017年12月出版／定价：79.00元
PSN B-2017-673-1/1

私募市场蓝皮书
中国私募股权市场发展报告（2017~2018）
著(编)者：曹和平　2018年12月出版／估价：99.00元
PSN B-2010-162-1/1

碳排放权交易蓝皮书
中国碳排放权交易报告（2018）
著(编)者：孙永平　2018年11月出版／估价：99.00元
PSN B-2017-652-1/1

碳市场蓝皮书
中国碳市场报告（2018）
著(编)者：定金彪　2018年11月出版／估价：99.00元
PSN B-2014-430-1/1

体育蓝皮书
中国公共体育服务发展报告（2018）
著(编)者：戴健　2018年12月出版／估价：99.00元
PSN B-2013-367-2/5

土地市场蓝皮书
中国农村土地市场发展报告（2017~2018）
著(编)者：李光荣　2018年6月出版／估价：99.00元
PSN B-2016-526-1/1

土地整治蓝皮书
中国土地整治发展研究报告（No.5）
著(编)者：国土资源部土地整治中心
2018年7月出版／估价：99.00元
PSN B-2014-401-1/1

土地政策蓝皮书
中国土地政策研究报告（2018）
著(编)者：高延利　张建平　吴次芳
2018年1月出版／定价：98.00元
PSN B-2015-506-1/1

网络空间安全蓝皮书
中国网络空间安全发展报告（2018）
著(编)者：惠志斌　覃庆玲
2018年11月出版／估价：99.00元
PSN B-2015-466-1/1

文化志愿服务蓝皮书
中国文化志愿服务发展报告（2018）
著(编)者：张永新　良警宇　2018年11月出版／估价：128.00元
PSN B-2016-596-1/1

西部金融蓝皮书
中国西部金融发展报告（2017~2018）
著(编)者：李忠民　2018年8月出版／估价：99.00元
PSN B-2010-160-1/1

协会商会蓝皮书
中国行业协会商会发展报告（2017）
著(编)者：景朝阳　李勇　2018年6月出版／估价：99.00元
PSN B-2015-461-1/1

新三板蓝皮书
中国新三板市场发展报告（2018）
著(编)者：王力　2018年8月出版／估价：99.00元
PSN B-2016-533-1/1

信托市场蓝皮书
中国信托业市场报告（2017~2018）
著(编)者：用益金融信托研究院
2018年6月出版／估价：198.00元
PSN B-2014-371-1/1

信息化蓝皮书
中国信息化形势分析与预测（2017~2018）
著(编)者：周宏仁　2018年8月出版／估价：99.00元
PSN B-2010-168-1/1

信用蓝皮书
中国信用发展报告（2017~2018）
著(编)者：章政　田侃　2018年6月出版／估价：99.00元
PSN B-2013-328-1/1

皮书系列 2018全品种 — 行业及其他类

休闲绿皮书
2017~2018年中国休闲发展报告
著(编)者：宋瑞　2018年7月出版 / 估价：99.00元
PSN G-2010-158-1/1

休闲体育蓝皮书
中国休闲体育发展报告（2017~2018）
著(编)者：李相如　钟秉枢
2018年10月出版 / 估价：99.00元
PSN B-2016-516-1/1

养老金融蓝皮书
中国养老金融发展报告（2018）
著(编)者：董克用　姚余栋
2018年9月出版 / 估价：99.00元
PSN B-2016-583-1/1

遥感监测绿皮书
中国可持续发展遥感监测报告（2017）
著(编)者：顾行发　汪克强　潘教峰　李闽榕　徐东华　王琦安
2018年6月出版 / 估价：298.00元
PSN B-2017-629-1/1

药品流通蓝皮书
中国药品流通行业发展报告（2018）
著(编)者：佘鲁林　温再兴
2018年7月出版 / 估价：198.00元
PSN B-2014-429-1/1

医疗器械蓝皮书
中国医疗器械行业发展报告（2018）
著(编)者：王宝亭　耿鸿武
2018年10月出版 / 估价：99.00元
PSN B-2017-661-1/1

医院蓝皮书
中国医院竞争力报告（2017~2018）
著(编)者：庄一强　2018年3月出版 / 定价：108.00元
PSN B-2016-528-1/1

瑜伽蓝皮书
中国瑜伽业发展报告（2017~2018）
著(编)者：张永建　徐华锋　朱泰余
2018年6月出版 / 估价：198.00元
PSN B-2017-625-1/1

债券市场蓝皮书
中国债券市场发展报告（2017~2018）
著(编)者：杨农　2018年10月出版 / 估价：99.00元
PSN B-2016-572-1/1

志愿服务蓝皮书
中国志愿服务发展报告（2018）
著(编)者：中国志愿服务联合会
2018年11月出版 / 估价：99.00元
PSN B-2017-664-1/1

中国上市公司蓝皮书
中国上市公司发展报告（2018）
著(编)者：张鹏　张平　黄胤英
2018年9月出版 / 估价：99.00元
PSN B-2014-414-1/1

中国新三板蓝皮书
中国新三板创新与发展报告（2018）
著(编)者：刘平安　闻召林
2018年8月出版 / 估价：158.00元
PSN B-2017-638-1/1

中国汽车品牌蓝皮书
中国乘用车品牌发展报告（2017）
著(编)者：《中国汽车报》社有限公司
　　　　　博世（中国）投资有限公司
　　　　　中国汽车技术研究中心数据资源中心
2018年1月出版 / 定价：89.00元
PSN B-2017-679-1/1

中医文化蓝皮书
北京中医药文化传播发展报告（2018）
著(编)者：毛嘉陵　2018年6月出版 / 估价：99.00元
PSN B-2015-468-1/2

中医文化蓝皮书
中国中医药文化传播发展报告（2018）
著(编)者：毛嘉陵　2018年7月出版 / 估价：99.00元
PSN B-2016-584-2/2

中医药蓝皮书
北京中医药知识产权发展报告No.2
著(编)者：汪洪　屠志涛　2018年6月出版 / 估价：168.00元
PSN B-2017-602-1/1

资本市场蓝皮书
中国场外交易市场发展报告（2016~2017）
著(编)者：高峦　2018年6月出版 / 估价：99.00元
PSN B-2009-153-1/1

资产管理蓝皮书
中国资产管理行业发展报告（2018）
著(编)者：郑智　2018年7月出版 / 估价：99.00元
PSN B-2014-407-2/2

资产证券化蓝皮书
中国资产证券化发展报告（2018）
著(编)者：沈炳熙　曹彤　李哲平
2018年4月出版 / 定价：98.00元
PSN B-2017-660-1/1

自贸区蓝皮书
中国自贸区发展报告（2018）
著(编)者：王力　黄育华
2018年6月出版 / 估价：99.00元
PSN B-2016-558-1/1

国际问题与全球治理类

"一带一路"跨境通道蓝皮书
"一带一路"跨境通道建设研究报(2017~2018)
著(编)者：余鑫 张秋生　2018年1月出版／定价：89.00元
PSN B-2016-557-1/1

"一带一路"蓝皮书
"一带一路"建设发展报告(2018)
著(编)者：李永全　2018年3月出版／定价：98.00元
PSN B-2016-552-1/1

"一带一路"投资安全蓝皮书
中国"一带一路"投资与安全研究报告(2018)
著(编)者：邹统钎 梁昊光　2018年4月出版／定价：98.00元
PSN B-2017-612-1/1

"一带一路"文化交流蓝皮书
中阿文化交流发展报告(2017)
著(编)者：王辉　2017年12月出版／定价：89.00元
PSN B-2017-655-1/1

G20国家创新竞争力黄皮书
二十国集团(G20)国家创新竞争力发展报告(2017~2018)
著(编)者：李建平 李闽榕 赵新力 周天勇
2018年7月出版／估价：168.00元
PSN Y-2011-229-1/1

阿拉伯黄皮书
阿拉伯发展报告(2016~2017)
著(编)者：罗林　2018年6月出版／估价：99.00元
PSN Y-2014-381-1/1

北部湾蓝皮书
泛北部湾合作发展报告(2017~2018)
著(编)者：吕余生　2018年12月出版／估价：99.00元
PSN B-2008-114-1/1

北极蓝皮书
北极地区发展报告(2017)
著(编)者：刘惠荣　2018年7月出版／估价：99.00元
PSN B-2017-634-1/1

大洋洲蓝皮书
大洋洲发展报告(2017~2018)
著(编)者：喻常森　2018年10月出版／估价：99.00元
PSN B-2013-341-1/1

东北亚区域合作蓝皮书
2017年"一带一路"倡议与东北亚区域合作
著(编)者：刘亚政 金美花
2018年5月出版／估价：99.00元
PSN B-2017-631-1/1

东盟黄皮书
东盟发展报告(2017)
著(编)者：杨静林 庄国土　2018年6月出版／估价：99.00元
PSN Y-2012-303-1/1

东南亚蓝皮书
东南亚地区发展报告(2017~2018)
著(编)者：王勤　2018年12月出版／估价：99.00元
PSN B-2012-240-1/1

非洲黄皮书
非洲发展报告No.20(2017~2018)
著(编)者：张宏明　2018年7月出版／估价：99.00元
PSN Y-2012-239-1/1

非传统安全蓝皮书
中国非传统安全研究报告(2017~2018)
著(编)者：潇枫 罗中枢　2018年8月出版／估价：99.00元
PSN B-2012-273-1/1

国际安全蓝皮书
中国国际安全研究报告(2018)
著(编)者：刘慧　2018年7月出版／估价：99.00元
PSN B-2016-521-1/1

国际城市蓝皮书
国际城市发展报告(2018)
著(编)者：屠启宇　2018年2月出版／定价：89.00元
PSN B-2012-260-1/1

国际形势黄皮书
全球政治与安全报告(2018)
著(编)者：张宇燕　2018年1月出版／定价：99.00元
PSN Y-2001-016-1/1

公共外交蓝皮书
中国公共外交发展报告(2018)
著(编)者：赵启正 雷蔚真　2018年6月出版／估价：99.00元
PSN B-2015-457-1/1

海丝蓝皮书
21世纪海上丝绸之路研究报告(2017)
著(编)者：华侨大学海上丝绸之路研究院
2017年12月出版／定价：89.00元
PSN B-2017-684-1/1

金砖国家黄皮书
金砖国家综合创新竞争力发展报告(2018)
著(编)者：赵新力 李闽榕 黄茂兴
2018年8月出版／估价：128.00元
PSN Y-2017-643-1/1

拉美黄皮书
拉丁美洲和加勒比发展报告(2017~2018)
著(编)者：袁东振　2018年6月出版／估价：99.00元
PSN Y-1999-007-1/1

澜湄合作蓝皮书
澜沧江-湄公河合作发展报告(2018)
著(编)者：刘稚　2018年9月出版／估价：99.00元
PSN B-2011-196-1/1

皮书系列 2018全品种 — 国际问题与全球治理类

欧洲蓝皮书
欧洲发展报告（2017~2018）
著(编)者：黄平 周弘 程卫东
2018年6月出版 / 估价：99.00元
PSN B-1999-009-1/1

葡语国家蓝皮书
葡语国家发展报告（2016~2017）
著(编)者：王成安 张敏 刘金兰
2018年6月出版 / 估价：99.00元
PSN B-2015-503-1/2

葡语国家蓝皮书
中国与葡语国家关系发展报告·巴西（2016）
著(编)者：张曙光
2018年8月出版 / 估价：99.00元
PSN B-2016-563-2/2

气候变化绿皮书
应对气候变化报告（2018）
著(编)者：王伟光 郑国光
2018年11月出版 / 估价：99.00元
PSN G-2009-144-1/1

全球环境竞争力绿皮书
全球环境竞争力报告（2018）
著(编)者：李建平 李闽榕 王金南
2018年12月出版 / 估价：198.00元
PSN G-2013-363-1/1

全球信息社会蓝皮书
全球信息社会发展报告（2018）
著(编)者：丁波涛 唐涛　2018年10月出版 / 估价：99.00元
PSN B-2017-665-1/1

日本经济蓝皮书
日本经济与中日经贸关系研究报告（2018）
著(编)者：张季风　2018年6月出版 / 估价：99.00元
PSN B-2008-102-1/1

上海合作组织黄皮书
上海合作组织发展报告（2018）
著(编)者：李进峰　2018年6月出版 / 估价：99.00元
PSN Y-2009-130-1/1

世界创新竞争力黄皮书
世界创新竞争力发展报告（2017）
著(编)者：李建平 李闽榕 赵新力
2018年6月出版 / 估价：168.00元
PSN Y-2013-318-1/1

世界经济黄皮书
2018年世界经济形势分析与预测
著(编)者：张宇燕　2018年1月出版 / 定价：99.00元
PSN Y-1999-006-1/1

世界能源互联互通蓝皮书
世界能源清洁发展与互联互通评估报告（2017）：欧洲篇
著(编)者：国网能源研究院
2018年1月出版 / 定价：128.00元
PSN B-2018-695-1/1

丝绸之路蓝皮书
丝绸之路经济带发展报告（2018）
著(编)者：任宗哲 白宽犁 谷孟宾
2018年1月出版 / 定价：89.00元
PSN B-2014-410-1/1

新兴经济体蓝皮书
金砖国家发展报告（2018）
著(编)者：林跃勤 周文
2018年8月出版 / 估价：99.00元
PSN B-2011-195-1/1

亚太蓝皮书
亚太地区发展报告（2018）
著(编)者：李向阳　2018年5月出版 / 估价：99.00元
PSN B-2001-015-1/1

印度洋地区蓝皮书
印度洋地区发展报告（2018）
著(编)者：汪戎　2018年6月出版 / 估价：99.00元
PSN B-2013-334-1/1

印度尼西亚经济蓝皮书
印度尼西亚经济发展报告（2017）：增长与机会
著(编)者：左志刚　2017年11月出版 / 定价：89.00元
PSN B-2017-675-1/1

渝新欧蓝皮书
渝新欧沿线国家发展报告（2018）
著(编)者：杨柏 黄淼
2018年6月出版 / 估价：99.00元
PSN B-2017-626-1/1

中阿蓝皮书
中国-阿拉伯国家经贸发展报告（2018）
著(编)者：张廉 段庆林 王林聪 杨巧红
2018年12月出版 / 估价：99.00元
PSN B-2016-598-1/1

中东黄皮书
中东发展报告No.20（2017~2018）
著(编)者：杨光　2018年10月出版 / 估价：99.00元
PSN Y-1998-004-1/1

中亚黄皮书
中亚国家发展报告（2018）
著(编)者：孙力
2018年3月出版 / 定价：98.00元
PSN Y-2012-238-1/1

皮书系列
2018全品种

国别类·文化传媒类

国别类

澳大利亚蓝皮书
澳大利亚发展报告（2017-2018）
著(编)者：孙有中 韩锋　2018年12月出版／估价：99.00元
PSN B-2016-587-1/1

巴西黄皮书
巴西发展报告（2017）
著(编)者：刘国枝　2018年5月出版／估价：99.00元
PSN Y-2017-614-1/1

德国蓝皮书
德国发展报告（2018）
著(编)者：郑春荣　2018年6月出版／估价：99.00元
PSN B-2012-278-1/1

俄罗斯黄皮书
俄罗斯发展报告（2018）
著(编)者：李永全　2018年6月出版／估价：99.00元
PSN Y-2006-061-1/1

韩国蓝皮书
韩国发展报告（2017）
著(编)者：牛林杰 刘宝全　2018年6月出版／估价：99.00元
PSN B-2010-155-1/1

加拿大蓝皮书
加拿大发展报告（2018）
著(编)者：唐小松　2018年9月出版／估价：99.00元
PSN B-2014-389-1/1

美国蓝皮书
美国研究报告（2018）
著(编)者：郑秉文 黄平　2018年5月出版／估价：99.00元
PSN B-2011-210-1/1

缅甸蓝皮书
缅甸国情报告（2017）
著(编)者：祝湘辉
2017年11月出版／定价：98.00元
PSN B-2013-343-1/1

日本蓝皮书
日本研究报告（2018）
著(编)者：杨伯江　2018年4月出版／定价：99.00元
PSN B-2002-020-1/1

土耳其蓝皮书
土耳其发展报告（2018）
著(编)者：郭长刚 刘义　2018年9月出版／估价：99.00元
PSN B-2014-412-1/1

伊朗蓝皮书
伊朗发展报告（2017~2018）
著(编)者：冀开运　2018年10月／估价：99.00元
PSN B-2016-574-1/1

以色列蓝皮书
以色列发展报告（2018）
著(编)者：张倩红　2018年8月出版／估价：99.00元
PSN B-2015-483-1/1

印度蓝皮书
印度国情报告（2017）
著(编)者：吕昭义　2018年6月出版／估价：99.00元
PSN B-2012-241-1/1

英国蓝皮书
英国发展报告（2017~2018）
著(编)者：王展鹏　2018年12月出版／估价：99.00元
PSN B-2015-486-1/1

越南蓝皮书
越南国情报告（2018）
著(编)者：谢林城　2018年11月出版／估价：99.00元
PSN B-2006-056-1/1

泰国蓝皮书
泰国研究报告（2018）
著(编)者：庄国土 张禹东 刘文正
2018年10月出版／估价：99.00元
PSN B-2016-556-1/1

文化传媒类

"三农"舆情蓝皮书
中国"三农"网络舆情报告（2017~2018）
著(编)者：农业部信息中心
2018年6月出版／估价：99.00元
PSN B-2017-640-1/1

传媒竞争力蓝皮书
中国传媒国际竞争力研究报告（2018）
著(编)者：李本乾 刘强 王大可
2018年8月出版／估价：99.00元
PSN B-2013-356-1/1

传媒蓝皮书
中国传媒产业发展报告（2018）
著(编)者：崔保国
2018年5月出版／估价：99.00元
PSN B-2005-035-1/1

传媒投资蓝皮书
中国传媒投资发展报告（2018）
著(编)者：张向东 谭云明
2018年6月出版／估价：148.00元
PSN B-2015-474-1/1

皮书系列 2018全品种

文化传媒类

非物质文化遗产蓝皮书
中国非物质文化遗产发展报告（2018）
著(编)者：陈平　2018年6月出版 / 估价：128.00元
PSN B-2015-469-1/2

非物质文化遗产蓝皮书
中国非物质文化遗产保护发展报告（2018）
著(编)者：宋俊华　2018年10月出版 / 估价：128.00元
PSN B-2016-586-2/2

广电蓝皮书
中国广播电影电视发展报告（2018）
著(编)者：国家新闻出版广电总局发展研究中心
2018年7月出版 / 估价：99.00元
PSN B-2006-072-1/1

广告主蓝皮书
中国广告主营销传播趋势报告No.9
著(编)者：黄升民　杜国清　邵华冬　等
2018年10月出版 / 估价：158.00元
PSN B-2005-041-1/1

国际传播蓝皮书
中国国际传播发展报告（2018）
著(编)者：胡正荣　李继东　姬德强
2018年12月出版 / 估价：99.00元
PSN B-2014-408-1/1

国家形象蓝皮书
中国国家形象传播报告（2017）
著(编)者：张昆　2018年6月出版 / 估价：128.00元
PSN B-2017-605-1/1

互联网治理蓝皮书
中国网络社会治理研究报告（2018）
著(编)者：罗昕　支庭荣
2018年9月出版 / 估价：118.00元
PSN B-2017-653-1/1

纪录片蓝皮书
中国纪录片发展报告（2018）
著(编)者：何苏六　2018年10月出版 / 估价：99.00元
PSN B-2011-222-1/1

科学传播蓝皮书
中国科学传播报告（2016~2017）
著(编)者：詹正茂　2018年6月出版 / 估价：99.00元
PSN B-2008-120-1/1

两岸创意经济蓝皮书
两岸创意经济研究报告（2018）
著(编)者：罗昌智　董泽平
2018年10月出版 / 估价：99.00元
PSN B-2014-437-1/1

媒介与女性蓝皮书
中国媒介与女性发展报告（2017~2018）
著(编)者：刘利群　2018年5月出版 / 估价：99.00元
PSN B-2013-345-1/1

媒体融合蓝皮书
中国媒体融合发展报告（2017~2018）
著(编)者：梅宁华　支庭荣
2017年12月出版 / 定价：98.00元
PSN B-2015-479-1/1

全球传媒蓝皮书
全球传媒发展报告（2017~2018）
著(编)者：胡正荣　李继东　2018年6月出版 / 估价：99.00元
PSN B-2012-237-1/1

少数民族非遗蓝皮书
中国少数民族非物质文化遗产发展报告（2018）
著(编)者：肖远平（彝）　柴立（满）
2018年10月出版 / 估价：118.00元
PSN B-2015-467-1/1

视听新媒体蓝皮书
中国视听新媒体发展报告（2018）
著(编)者：国家新闻出版广电总局发展研究中心
2018年7月出版 / 估价：118.00元
PSN B-2011-184-1/1

数字娱乐产业蓝皮书
中国动画产业发展报告（2018）
著(编)者：孙立军　孙平　牛兴侦
2018年10月出版 / 估价：99.00元
PSN B-2011-198-1/2

数字娱乐产业蓝皮书
中国游戏产业发展报告（2018）
著(编)者：孙立军　刘跃军　2018年10月出版 / 估价：99.00元
PSN B-2017-662-2/2

网络视听蓝皮书
中国互联网视听行业发展报告（2018）
著(编)者：陈鹏　2018年2月出版 / 定价：148.00元
PSN B-2018-688-1/1

文化创新蓝皮书
中国文化创新报告（2017·No.8）
著(编)者：傅才武　2018年6月出版 / 估价：99.00元
PSN B-2009-143-1/1

文化建设蓝皮书
中国文化发展报告（2018）
著(编)者：江畅　孙伟平　戴茂堂
2018年5月出版 / 估价：99.00元
PSN B-2014-392-1/1

文化科技蓝皮书
文化科技创新发展报告（2018）
著(编)者：于平　李凤亮　2018年10月出版 / 估价：99.00元
PSN B-2013-342-1/1

文化蓝皮书
中国公共文化服务发展报告（2017~2018）
著(编)者：刘新成　张永新　张旭
2018年12月出版 / 估价：99.00元
PSN B-2007-093-2/10

文化蓝皮书
中国少数民族文化发展报告（2017~2018）
著(编)者：武翠英　张晓明　任乌晶
2018年9月出版 / 估价：99.00元
PSN B-2013-369-9/10

文化蓝皮书
中国文化产业供需协调检测报告（2018）
著(编)者：王亚南　2018年3月出版 / 定价：99.00元
PSN B-2013-323-8/10

28 ｜ 权威·前沿·原创

文化传媒类 · 地方发展类-经济

皮书系列 2018全品种

文化蓝皮书
中国文化消费需求景气评价报告（2018）
著（编）者：王亚南　　2018年3月出版／定价：99.00元
PSN B-2011-236-4/10

文化蓝皮书
中国公共文化投入增长测评报告（2018）
著（编）者：王亚南　　2018年3月出版／定价：99.00元
PSN B-2014-435-10/10

文化品牌蓝皮书
中国文化品牌发展报告（2018）
著（编）者：欧阳友权　　2018年5月出版／估价：99.00元
PSN B-2012-277-1/1

文化遗产蓝皮书
中国文化遗产事业发展报告（2017～2018）
著（编）者：苏杨　张颖岚　卓杰　白海峰　陈晨　陈叙图
2018年8月出版／估价：99.00元
PSN B-2008-119-1/1

文学蓝皮书
中国文情报告（2017～2018）
著（编）者：白烨　　2018年5月出版／估价：99.00元
PSN B-2011-221-1/1

新媒体蓝皮书
中国新媒体发展报告No.9（2018）
著（编）者：唐绪军　　2018年7月出版／估价：99.00元
PSN B-2010-169-1/1

新媒体社会责任蓝皮书
中国新媒体社会责任研究报告（2018）
著（编）者：钟瑛　　2018年12月出版／估价：99.00元
PSN B-2014-423-1/1

移动互联网蓝皮书
中国移动互联网发展报告（2018）
著（编）者：余清楚　　2018年6月出版／估价：99.00元
PSN B-2012-282-1/1

影视蓝皮书
中国影视产业发展报告（2018）
著（编）者：司若　陈鹏　陈锐
2018年6月出版／估价：99.00元
PSN B-2016-529-1/1

舆情蓝皮书
中国社会舆情与危机管理报告（2018）
著（编）者：谢耘耕
2018年9月出版／估价：138.00元
PSN B-2011-235-1/1

中国大运河蓝皮书
中国大运河发展报告（2018）
著（编）者：吴欣　　2018年2月出版／估价：128.00元
PSN B-2018-691-1/1

地方发展类-经济

澳门蓝皮书
澳门经济社会发展报告（2017～2018）
著（编）者：吴志良　郝雨凡
2018年7月出版／估价：99.00元
PSN B-2009-138-1/1

澳门绿皮书
澳门旅游休闲发展报告（2017～2018）
著（编）者：郝雨凡　林广志
2018年5月出版／估价：99.00元
PSN G-2017-617-1/1

北京蓝皮书
北京经济发展报告（2017～2018）
著（编）者：杨松　　2018年6月出版／估价：99.00元
PSN B-2006-054-2/8

北京旅游绿皮书
北京旅游发展报告（2018）
著（编）者：北京旅游学会
2018年7月出版／估价：99.00元
PSN G-2012-301-1/1

北京体育蓝皮书
北京体育产业发展报告（2017～2018）
著（编）者：钟秉枢　陈杰　杨铁黎
2018年9月出版／估价：99.00元
PSN B-2015-475-1/1

滨海金融蓝皮书
滨海新区金融发展报告（2017）
著（编）者：王爱俭　李向前　　2018年4月出版／估价：99.00元
PSN B-2014-424-1/1

城乡一体化蓝皮书
北京城乡一体化发展报告（2017～2018）
著（编）者：吴宝新　张宝秀　黄序
2018年5月出版／估价：99.00元
PSN B-2012-258-2/2

非公有制企业社会责任蓝皮书
北京非公有制企业社会责任报告（2018）
著（编）者：宋贵伦　冯培
2018年6月出版／估价：99.00元
PSN B-2017-613-1/1

皮书系列 2018全品种 — 地方发展类-经济

福建旅游蓝皮书
福建省旅游产业发展现状研究（2017~2018）
著(编)者：陈敏华 黄远水　2018年12月出版／估价：128.00元
PSN B-2016-591-1/1

福建自贸区蓝皮书
中国(福建)自由贸易试验区发展报告(2017~2018)
著(编)者：黄茂兴　2018年6月出版／估价：118.00元
PSN B-2016-531-1/1

甘肃蓝皮书
甘肃经济发展分析与预测（2018）
著(编)者：安文华 罗哲　2018年1月出版／定价：99.00元
PSN B-2013-312-1/6

甘肃蓝皮书
甘肃商贸流通发展报告（2018）
著(编)者：张应华 王福生 王晓芳
2018年1月出版／定价：99.00元
PSN B-2016-522-6/6

甘肃蓝皮书
甘肃县域和农村发展报告（2018）
著(编)者：包东红 朱智文 王建兵
2018年1月出版／定价：99.00元
PSN B-2013-316-5/6

甘肃农业科技绿皮书
甘肃农业科技发展研究报告（2018）
著(编)者：魏胜文 乔德华 张东伟
2018年12月出版／估价：198.00元
PSN B-2016-592-1/1

甘肃气象保障蓝皮书
甘肃农业对气候变化的适应与风险评估报告（No.1）
著(编)者：鲍文中 周广胜
2017年12月出版／定价：108.00元
PSN B-2017-677-1/1

巩义蓝皮书
巩义经济社会发展报告（2018）
著(编)者：丁同民 朱军　2018年6月出版／估价：99.00元
PSN B-2016-532-1/1

广东外经贸蓝皮书
广东对外经济贸易发展研究报告（2017~2018）
著(编)者：陈万灵　2018年6月出版／估价：99.00元
PSN B-2012-286-1/1

广西北部湾经济区蓝皮书
广西北部湾经济区开放开发报告（2017~2018）
著(编)者：广西壮族自治区北部湾经济区和东盟开放合作办公室
　　　　广西社会科学院
　　　　广西北部湾发展研究院
2018年5月出版／估价：99.00元
PSN B-2010-181-1/1

广州蓝皮书
广州城市国际化发展报告（2018）
著(编)者：张跃国　2018年8月出版／估价：99.00元
PSN B-2012-246-11/14

广州蓝皮书
中国广州城市建设与管理发展报告（2018）
著(编)者：张其学 陈小钢 王宏伟　2018年8月出版／估价：99.00元
PSN B-2007-087-4/14

广州蓝皮书
广州创新型城市发展报告（2018）
著(编)者：尹涛　2018年6月出版／估价：99.00元
PSN B-2012-247-12/14

广州蓝皮书
广州经济发展报告（2018）
著(编)者：张跃国 尹涛　2018年7月出版／估价：99.00元
PSN B-2005-040-1/14

广州蓝皮书
2018年中国广州经济形势分析与预测
著(编)者：魏明海 谢博能 李华
2018年6月出版／估价：99.00元
PSN B-2011-185-9/14

广州蓝皮书
中国广州科技创新发展报告（2018）
著(编)者：于欣伟 陈爽 邓佑满　2018年8月出版／估价：99.00元
PSN B-2006-065-2/14

广州蓝皮书
广州农村发展报告（2018）
著(编)者：朱名宏　2018年7月出版／估价：99.00元
PSN B-2010-167-8/14

广州蓝皮书
广州汽车产业发展报告（2018）
著(编)者：杨再高 冯兴亚　2018年7月出版／估价：99.00元
PSN B-2006-066-3/14

广州蓝皮书
广州商贸业发展报告（2018）
著(编)者：张跃国 陈杰 荀振英
2018年7月出版／估价：99.00元
PSN B-2012-245-10/14

贵阳蓝皮书
贵阳城市创新发展报告No.3（白云篇）
著(编)者：连玉明　2018年5月出版／估价：99.00元
PSN B-2015-491-3/10

贵阳蓝皮书
贵阳城市创新发展报告No.3（观山湖篇）
著(编)者：连玉明　2018年5月出版／估价：99.00元
PSN B-2015-497-9/10

贵阳蓝皮书
贵阳城市创新发展报告No.3（花溪篇）
著(编)者：连玉明　2018年5月出版／估价：99.00元
PSN B-2015-490-2/10

贵阳蓝皮书
贵阳城市创新发展报告No.3（开阳篇）
著(编)者：连玉明　2018年5月出版／估价：99.00元
PSN B-2015-492-4/10

贵阳蓝皮书
贵阳城市创新发展报告No.3（南明篇）
著(编)者：连玉明　2018年5月出版／估价：99.00元
PSN B-2015-496-8/10

贵阳蓝皮书
贵阳城市创新发展报告No.3（清镇篇）
著(编)者：连玉明　2018年5月出版／估价：99.00元
PSN B-2015-489-1/10

地方发展类-经济

贵阳蓝皮书
贵阳城市创新发展报告No.3（乌当篇）
著（编）者：连玉明　2018年5月出版　估价：99.00元
PSN B-2015-495-7/10

贵阳蓝皮书
贵阳城市创新发展报告No.3（息烽篇）
著（编）者：连玉明　2018年5月出版　估价：99.00元
PSN B-2015-493-5/10

贵阳蓝皮书
贵阳城市创新发展报告No.3（修文篇）
著（编）者：连玉明　2018年5月出版　估价：99.00元
PSN B-2015-494-6/10

贵阳蓝皮书
贵阳城市创新发展报告No.3（云岩篇）
著（编）者：连玉明　2018年5月出版　估价：99.00元
PSN B-2015-498-10/10

贵州房地产蓝皮书
贵州房地产发展报告No.5（2018）
著（编）者：武廷方　2018年7月出版　估价：99.00元
PSN B-2014-426-1/1

贵州蓝皮书
贵州册亨经济社会发展报告（2018）
著（编）者：黄德林　2018年6月出版　估价：99.00元
PSN B-2016-525-8/9

贵州蓝皮书
贵州地理标志产业发展报告（2018）
著（编）者：李发耀　黄其松　2018年8月出版　估价：99.00元
PSN B-2017-646-10/10

贵州蓝皮书
贵安新区发展报告（2017~2018）
著（编）者：马长青　吴大华　2018年6月出版　估价：99.00元
PSN B-2015-459-4/10

贵州蓝皮书
贵州国家级开放创新平台发展报告（2017~2018）
著（编）者：申晓庆　吴大华　季泓
2018年11月出版　估价：99.00元
PSN B-2016-518-7/10

贵州蓝皮书
贵州国有企业社会责任发展报告（2017~2018）
著（编）者：郭丽　2018年12月出版　估价：99.00元
PSN B-2015-511-6/10

贵州蓝皮书
贵州民航业发展报告（2017）
著（编）者：申振东　吴大华　2018年6月出版　估价：99.00元
PSN B-2015-471-5/10

贵州蓝皮书
贵州民营经济发展报告（2017）
著（编）者：杨静　吴大华　2018年6月出版　估价：99.00元
PSN B-2016-530-9/9

杭州都市圈蓝皮书
杭州都市圈发展报告（2018）
著（编）者：洪庆华　沈翔　2018年4月出版　定价：98.00元
PSN B-2012-302-1/1

河北经济蓝皮书
河北省经济发展报告（2018）
著（编）者：马树强　金浩　张贵　2018年6月出版　估价：99.00元
PSN B-2014-380-1/1

河北蓝皮书
河北经济社会发展报告（2018）
著（编）者：康振海　2018年1月出版　定价：99.00元
PSN B-2014-372-1/3

河北蓝皮书
京津冀协同发展报告（2018）
著（编）者：陈璐　2017年12月出版　定价：79.00元
PSN B-2017-601-2/3

河南经济蓝皮书
2018年河南经济形势分析与预测
著（编）者：王世炎　2018年3月出版　估价：89.00元
PSN B-2007-086-1/1

河南蓝皮书
河南城市发展报告（2018）
著（编）者：张占仓　王建国　2018年5月出版　估价：99.00元
PSN B-2009-131-3/9

河南蓝皮书
河南工业发展报告（2018）
著（编）者：张占仓　2018年5月出版　估价：99.00元
PSN B-2013-317-5/9

河南蓝皮书
河南金融发展报告（2018）
著（编）者：喻新安　谷建全
2018年6月出版　估价：99.00元
PSN B-2014-390-7/9

河南蓝皮书
河南经济发展报告（2018）
著（编）者：张占仓　完世伟
2018年6月出版　估价：99.00元
PSN B-2010-157-4/9

河南蓝皮书
河南能源发展报告（2018）
著（编）者：国网河南省电力公司经济技术研究院
　　　　　河南省社会科学院
2018年6月出版　估价：99.00元
PSN B-2017-607-9/9

河南商务蓝皮书
河南商务发展报告（2018）
著（编）者：焦锦淼　穆荣国　2018年5月出版　估价：99.00元
PSN B-2014-399-1/1

河南双创蓝皮书
河南创新创业发展报告（2018）
著（编）者：喻新安　杨雪梅
2018年8月出版　估价：99.00元
PSN B-2017-641-1/1

黑龙江蓝皮书
黑龙江经济发展报告（2018）
著（编）者：朱宇　2018年1月出版　定价：89.00元
PSN B-2011-190-2/2

皮书系列 2018全品种
地方发展类-经济

湖南城市蓝皮书
区域城市群整合
著(编)者：童中贤 韩未名　2018年12月出版／估价：99.00元
PSN B-2006-064-1/1

湖南蓝皮书
湖南城乡一体化发展报告（2018）
著(编)者：陈文胜 王文强 陆福兴
2018年8月出版／估价：99.00元
PSN B-2015-477-8/8

湖南蓝皮书
2018年湖南电子政务发展报告
著(编)者：梁志峰　2018年5月出版／估价：128.00元
PSN B-2014-394-6/8

湖南蓝皮书
2018年湖南经济发展报告
著(编)者：卞鹰　2018年5月出版／估价：128.00元
PSN B-2011-207-2/8

湖南蓝皮书
2016年湖南经济展望
著(编)者：梁志峰　2018年5月出版／估价：128.00元
PSN B-2011-206-1/8

湖南蓝皮书
2018年湖南县域经济社会发展报告
著(编)者：梁志峰　2018年5月出版／估价：128.00元
PSN B-2014-395-7/8

湖南县域绿皮书
湖南县域发展报告（No.5）
著(编)者：袁准 周小毛 黎仁寅
2018年6月出版／估价：99.00元
PSN G-2012-274-1/1

沪港蓝皮书
沪港发展报告（2018）
著(编)者：尤安山　2018年9月出版／估价：99.00元
PSN B-2013-362-1/1

吉林蓝皮书
2018年吉林经济社会形势分析与预测
著(编)者：邵汉明　2017年12月出版／定价：89.00元
PSN B-2013-319-1/1

吉林省城市竞争力蓝皮书
吉林省城市竞争力报告（2017~2018）
著(编)者：崔岳春 张磊
2018年3月出版／定价：89.00元
PSN B-2016-513-1/1

济源蓝皮书
济源经济社会发展报告（2018）
著(编)者：喻新安　2018年6月出版／估价：99.00元
PSN B-2014-387-1/1

江苏蓝皮书
2018年江苏经济发展分析与展望
著(编)者：王庆五 吴先满
2018年7月出版／估价：128.00元
PSN B-2017-635-1/3

江西蓝皮书
江西经济社会发展报告（2018）
著(编)者：陈石俊 龚建文　2018年10月出版／估价：128.00元
PSN B-2015-484-1/2

江西蓝皮书
江西设区市发展报告（2018）
著(编)者：姜玮 梁勇
2018年10月出版／估价：99.00元
PSN B-2016-517-2/2

经济特区蓝皮书
中国经济特区发展报告（2017）
著(编)者：陶一桃　2018年1月出版／估价：99.00元
PSN B-2009-139-1/1

辽宁蓝皮书
2018年辽宁经济社会形势分析与预测
著(编)者：梁启东 魏红江　2018年6月出版／估价：99.00元
PSN B-2006-053-1/1

民族经济蓝皮书
中国民族地区经济发展报告（2018）
著(编)者：李曦辉　2018年7月出版／估价：99.00元
PSN B-2017-630-1/1

南宁蓝皮书
南宁经济发展报告（2018）
著(编)者：胡建华　2018年9月出版／估价：99.00元
PSN B-2016-569-2/3

内蒙古蓝皮书
内蒙古精准扶贫研究报告（2018）
著(编)者：张志东　2018年1月出版／定价：89.00元
PSN B-2017-681-2/2

浦东新区蓝皮书
上海浦东经济发展报告（2018）
著(编)者：周小平 徐美芳
2018年1月出版／定价：89.00元
PSN B-2011-225-1/1

青海蓝皮书
2018年青海经济社会形势分析与预测
著(编)者：陈玮　2018年1月出版／估价：98.00元
PSN B-2012-275-1/2

青海科技绿皮书
青海科技发展报告（2017）
著(编)者：青海省科学技术信息研究所
2018年8月出版／定价：98.00元
PSN G-2018-701-1/1

山东蓝皮书
山东经济形势分析与预测（2018）
著(编)者：李广杰　2018年7月出版／估价：99.00元
PSN B-2014-404-1/5

山东蓝皮书
山东省普惠金融发展报告（2018）
著(编)者：齐鲁财富网
2018年9月出版／估价：99.00元
PSN B2017-676-5/5

地方发展类–经济

皮书系列 2018全品种

山西蓝皮书
山西资源型经济转型发展报告（2018）
著(编)者：李志强　2018年7月出版　估价：99.00元
PSN B-2011-197-1/1

陕西蓝皮书
陕西经济发展报告（2018）
著(编)者：任宗哲　白宽犁　裴成荣
2018年1月出版　定价：89.00元
PSN B-2009-135-1/6

陕西蓝皮书
陕西精准脱贫研究报告（2018）
著(编)者：任宗哲　白宽犁　王建康
2018年4月出版　定价：89.00元
PSN B-2017-623-6/6

上海蓝皮书
上海经济发展报告（2018）
著(编)者：沈开艳　2018年2月出版　定价：89.00元
PSN B-2006-057-1/7

上海蓝皮书
上海资源环境发展报告（2018）
著(编)者：周冯琦　胡静　2018年2月出版　定价：89.00元
PSN B-2006-060-4/7

上海蓝皮书
上海奉贤经济发展分析与研判（2017~2018）
著(编)者：张兆安　朱平芳　2018年3月出版　定价：99.00元
PSN B-2018-698-8/8

上饶蓝皮书
上饶发展报告（2016~2017）
著(编)者：廖其志　2018年6月出版　估价：128.00元
PSN B-2014-377-1/1

深圳蓝皮书
深圳经济发展报告（2018）
著(编)者：张骁儒　2018年6月出版　估价：99.00元
PSN B-2008-112-3/7

四川蓝皮书
四川城镇化发展报告（2018）
著(编)者：侯水平　陈炜　2018年6月出版　估价：99.00元
PSN B-2015-456-7/7

四川蓝皮书
2018年四川经济形势分析与预测
著(编)者：杨钢　2018年1月出版　定价：158.00元
PSN B-2007-098-2/7

四川蓝皮书
四川企业社会责任研究报告（2017~2018）
著(编)者：侯水平　盛毅　2018年5月出版　估价：99.00元
PSN B-2014-386-4/7

四川蓝皮书
四川生态建设报告（2018）
著(编)者：李晟之　2018年5月出版　估价：99.00元
PSN B-2015-455-6/7

四川蓝皮书
四川特色小镇发展报告（2017）
著(编)者：吴志强　2017年11月出版　定价：89.00元
PSN B-2017-670-8/8

体育蓝皮书
上海体育产业发展报告（2017~2018）
著(编)者：张林　黄海燕
2018年10月出版　估价：99.00元
PSN B-2015-454-4/5

体育蓝皮书
长三角地区体育产业发展报（2017~2018）
著(编)者：张林　2018年6月出版　估价：99.00元
PSN B-2015-453-3/5

天津金融蓝皮书
天津金融发展报告（2018）
著(编)者：王爱俭　孔德昌
2018年5月出版　估价：99.00元
PSN B-2014-418-1/1

图们江区域合作蓝皮书
图们江区域合作发展报告（2018）
著(编)者：李铁　2018年6月出版　估价：99.00元
PSN B-2015-464-1/1

温州蓝皮书
2018年温州经济社会形势分析与预测
著(编)者：蒋儒标　王春光　金浩
2018年6月出版　估价：99.00元
PSN B-2008-105-1/1

西咸新区蓝皮书
西咸新区发展报告（2018）
著(编)者：李扬　王军
2018年6月出版　估价：99.00元
PSN B-2016-534-1/1

修武蓝皮书
修武经济社会发展报告（2018）
著(编)者：张占仓　袁凯声
2018年10月出版　估价：99.00元
PSN B-2017-651-1/1

偃师蓝皮书
偃师经济社会发展报告（2018）
著(编)者：张占仓　袁凯声　何武周
2018年7月出版　估价：99.00元
PSN B-2017-627-1/1

扬州蓝皮书
扬州经济社会发展报告（2018）
著(编)者：陈扬
2018年12月出版　估价：108.00元
PSN B-2011-191-1/1

长垣蓝皮书
长垣经济社会发展报告（2018）
著(编)者：张占仓　袁凯声　秦保建
2018年10月出版　估价：99.00元
PSN B-2017-654-1/1

遵义蓝皮书
遵义发展报告（2018）
著(编)者：邓彦　曾征　龚永育
2018年9月出版　估价：99.00元
PSN B-2014-433-1/1

地方发展类-社会

安徽蓝皮书
安徽社会发展报告（2018）
著（编）者：程桦　2018年6月出版 / 估价：99.00元
PSN B-2013-325-1/1

安徽社会建设蓝皮书
安徽社会建设分析报告（2017～2018）
著（编）者：黄家海　蔡宪
2018年11月出版 / 估价：99.00元
PSN B-2013-322-1/1

北京蓝皮书
北京公共服务发展报告（2017～2018）
著（编）者：施昌奎　2018年6月出版 / 估价：99.00元
PSN B-2008-103-7/8

北京蓝皮书
北京社会发展报告（2017～2018）
著（编）者：李伟东
2018年7月出版 / 估价：99.00元
PSN B-2006-055-3/8

北京蓝皮书
北京社会治理发展报告（2017～2018）
著（编）者：殷星辰　2018年7月出版 / 估价：99.00元
PSN B-2014-391-8/8

北京律师蓝皮书
北京律师发展报告 No.4（2018）
著（编）者：王隽　2018年12月出版 / 估价：99.00元
PSN B-2011-217-1/1

北京人才蓝皮书
北京人才发展报告（2018）
著（编）者：敏华　2018年12月出版 / 估价：128.00元
PSN B-2011-201-1/1

北京社会心态蓝皮书
北京社会心态分析报告（2017～2018）
著（编）者：北京市社会心理服务促进中心
2018年10月出版 / 估价：99.00元
PSN B-2014-422-1/1

北京社会组织管理蓝皮书
北京社会组织发展与管理（2018）
著（编）者：黄江松
2018年6月出版 / 估价：99.00元
PSN B-2015-446-1/1

北京养老产业蓝皮书
北京居家养老发展报告（2018）
著（编）者：陆杰华　周明明
2018年8月出版 / 估价：99.00元
PSN B-2015-465-1/1

法治蓝皮书
四川依法治省年度报告No.4（2018）
著（编）者：李林　杨天宗　田禾
2018年3月出版 / 定价：118.00元
PSN B-2015-447-2/3

福建妇女发展蓝皮书
福建省妇女发展报告（2018）
著（编）者：刘群英　2018年11月出版 / 估价：99.00元
PSN B-2011-220-1/1

甘肃蓝皮书
甘肃社会分析与预测（2018）
著（编）者：安文华　谢增虎　包晓霞
2018年1月出版 / 定价：99.00元
PSN B-2013-313-2/6

广东蓝皮书
广东全面深化改革研究报告（2018）
著（编）者：周林生　涂成林
2018年12月出版 / 估价：99.00元
PSN B-2015-504-3/3

广东蓝皮书
广东社会工作发展报告（2018）
著（编）者：罗观翠　2018年6月出版 / 估价：99.00元
PSN B-2014-402-2/3

广州蓝皮书
广州青年发展报告（2018）
著（编）者：徐柳　张强
2018年8月出版 / 估价：99.00元
PSN B-2013-352-13/14

广州蓝皮书
广州社会保障发展报告（2018）
著（编）者：张跃国　2018年8月出版 / 估价：99.00元
PSN B-2014-425-14/14

广州蓝皮书
2018年中国广州社会形势分析与预测
著（编）者：张强　郭志勇　何镜清
2018年6月出版 / 估价：99.00元
PSN B-2008-110-5/14

贵州蓝皮书
贵州法治发展报告（2018）
著（编）者：吴大华　2018年5月出版 / 估价：99.00元
PSN B-2012-254-2/10

贵州蓝皮书
贵州人才发展报告（2017）
著（编）者：于杰　吴大华
2018年9月出版 / 估价：99.00元
PSN B-2014-382-3/10

贵州蓝皮书
贵州社会发展报告（2018）
著（编）者：王兴骥　2018年6月出版 / 估价：99.00元
PSN B-2010-166-1/10

杭州蓝皮书
杭州妇女发展报告（2018）
著（编）者：魏颖
2018年10月出版 / 估价：99.00元
PSN B-2014-403-1/1

皮书系列 2018全品种

地方发展类-社会

河北蓝皮书
河北法治发展报告（2018）
著（编）者：康振海　2018年6月出版 / 估价：99.00元
PSN B-2017-622-3/3

河北食品药品安全蓝皮书
河北食品药品安全研究报告（2018）
著（编）者：丁锦霞
2018年10月出版 / 估价：99.00元
PSN B-2015-473-1/1

河南蓝皮书
河南法治发展报告（2018）
著（编）者：张林海　2018年7月出版 / 估价：99.00元
PSN B-2014-376-6/9

河南蓝皮书
2018年河南社会形势分析与预测
著（编）者：牛苏林　2018年5月出版 / 估价：99.00元
PSN B-2005-043-1/9

河南民办教育蓝皮书
河南民办教育发展报告（2018）
著（编）者：胡大白　2018年9月出版 / 估价：99.00元
PSN B-2017-642-1/1

黑龙江蓝皮书
黑龙江社会发展报告（2018）
著（编）者：王爱丽　2018年1月出版 / 定价：89.00元
PSN B-2011-189-1/2

湖南蓝皮书
2018年湖南两型社会与生态文明建设报告
著（编）者：卞鹰　2018年5月出版 / 估价：128.00元
PSN B-2011-208-3/8

湖南蓝皮书
2018年湖南社会发展报告
著（编）者：卞鹰　2018年5月出版 / 估价：128.00元
PSN B-2014-393-5/8

健康城市蓝皮书
北京健康城市建设研究报告（2018）
著（编）者：王鸿春　盛继洪
2018年9月出版 / 估价：99.00元
PSN B-2015-460-1/2

江苏法治蓝皮书
江苏法治发展报告No.6（2017）
著（编）者：蔡道通　龚廷泰
2018年8月出版 / 估价：99.00元
PSN B-2012-290-1/1

江苏蓝皮书
2018年江苏社会发展分析与展望
著（编）者：王庆五　刘旺洪
2018年8月出版 / 估价：128.00元
PSN B-2017-636-2/3

民族教育蓝皮书
中国民族教育发展报告（2017·内蒙古卷）
著（编）者：陈中永
2017年12月出版 / 定价：198.00元
PSN B-2017-669-1/1

南宁蓝皮书
南宁法治发展报告（2018）
著（编）者：杨维超　2018年12月出版 / 估价：99.00元
PSN B-2015-509-1/3

南宁蓝皮书
南宁社会发展报告（2018）
著（编）者：胡建华　2018年10月出版 / 估价：99.00元
PSN B-2016-570-3/3

内蒙古蓝皮书
内蒙古反腐倡廉建设报告No.2
著（编）者：张志华　2018年6月出版 / 估价：99.00元
PSN B-2013-365-1/1

青海蓝皮书
2018年青海人才发展报告
著（编）者：王宇燕　2018年9月出版 / 估价：99.00元
PSN B-2017-650-2/2

青海生态文明建设蓝皮书
青海生态文明建设报告（2018）
著（编）者：张西明　高华　2018年12月出版 / 估价：99.00元
PSN B-2016-595-1/1

人口与健康蓝皮书
深圳人口与健康发展报告（2018）
著（编）者：陆杰华　傅崇辉
2018年11月出版 / 估价：99.00元
PSN B-2011-228-1/1

山东蓝皮书
山东社会形势分析与预测（2018）
著（编）者：李善峰　2018年6月出版 / 估价：99.00元
PSN B-2014-405-2/5

陕西蓝皮书
陕西社会发展报告（2018）
著（编）者：任宗哲　白宽犁　牛昉
2018年1月出版 / 定价：89.00元
PSN B-2009-136-2/6

上海蓝皮书
上海法治发展报告（2018）
著（编）者：叶必丰　2018年9月出版 / 估价：99.00元
PSN B-2012-296-6/7

上海蓝皮书
上海社会发展报告（2018）
著（编）者：杨雄　周海旺
2018年2月出版 / 定价：89.00元
PSN B-2006-058-2/7

皮书系列 2018全品种

地方发展类-社会 · 地方发展类-文化

社会建设蓝皮书
2018年北京社会建设分析报告
著(编)者：宋贵伦 冯虹　　2018年9月出版 / 估价：99.00元
PSN B-2010-173-1/1

深圳蓝皮书
深圳法治发展报告（2018）
著(编)者：张骁儒　　2018年6月出版 / 估价：99.00元
PSN B-2015-470-6/7

深圳蓝皮书
深圳劳动关系发展报告（2018）
著(编)者：汤庭芬　　2018年8月出版 / 估价：99.00元
PSN B-2007-097-2/7

深圳蓝皮书
深圳社会治理与发展报告（2018）
著(编)者：张骁儒　　2018年6月出版 / 估价：99.00元
PSN B-2008-113-4/7

生态安全绿皮书
甘肃国家生态安全屏障建设发展报告（2018）
著(编)者：刘举科 喜文华
2018年10月出版 / 估价：99.00元
PSN G-2017-659-1/1

顺义社会建设蓝皮书
北京市顺义区社会建设发展报告（2018）
著(编)者：王学武　　2018年9月出版 / 估价：99.00元
PSN B-2017-658-1/1

四川蓝皮书
四川法治发展报告（2018）
著(编)者：郑泰安　　2018年6月出版 / 估价：99.00元
PSN B-2015-441-5/7

四川蓝皮书
四川社会发展报告（2018）
著(编)者：李羚　　2018年6月出版 / 估价：99.00元
PSN B-2008-127-3/7

四川社会工作与管理蓝皮书
四川省社会工作人力资源发展报告（2017）
著(编)者：边慧敏　　2017年12月出版 / 定价：89.00元
PSN B-2017-683-1/1

云南社会治理蓝皮书
云南社会治理年度报告（2017）
著(编)者：晏雄 韩全芳
2018年5月出版 / 估价：99.00元
PSN B-2017-667-1/1

地方发展类-文化

北京传媒蓝皮书
北京新闻出版广电发展报告（2017~2018）
著(编)者：王志　　2018年11月出版 / 估价：99.00元
PSN B-2016-588-1/1

北京蓝皮书
北京文化发展报告（2017~2018）
著(编)者：李建盛　　2018年5月出版 / 估价：99.00元
PSN B-2007-082-4/8

创意城市蓝皮书
北京文化创意产业发展报告（2018）
著(编)者：郭万超 张京成　　2018年12月出版 / 估价：99.00元
PSN B-2012-263-1/7

创意城市蓝皮书
天津文化创意产业发展报告（2017~2018）
著(编)者：谢思全　　2018年6月出版 / 估价：99.00元
PSN B-2016-536-7/7

创意城市蓝皮书
武汉文化创意产业发展报告（2018）
著(编)者：黄永林 陈汉桥　　2018年12月出版 / 估价：99.00元
PSN B-2013-354-4/7

创意上海蓝皮书
上海文化创意产业发展报告（2017~2018）
著(编)者：王慧敏 王兴全　　2018年8月出版 / 估价：99.00元
PSN B-2016-561-1/1

非物质文化遗产蓝皮书
广州市非物质文化遗产保护发展报告（2018）
著(编)者：宋俊华　　2018年12月出版 / 估价：99.00元
PSN B-2016-589-1/1

甘肃蓝皮书
甘肃文化发展分析与预测（2018）
著(编)者：马廷旭 戚晓萍　　2018年1月出版 / 定价：99.00元
PSN B-2013-314-3/6

甘肃蓝皮书
甘肃舆情分析与预测（2018）
著(编)者：王俊莲 张谦元　　2018年1月出版 / 定价：99.00元
PSN B-2013-315-4/6

广州蓝皮书
中国广州文化发展报告（2018）
著(编)者：屈哨兵 陆志强　　2018年6月出版 / 估价：99.00元
PSN B-2009-134-7/14

广州蓝皮书
广州文化创意产业发展报告（2018）
著(编)者：徐咏虹　　2018年7月出版 / 估价：99.00元
PSN B-2008-111-6/14

海淀蓝皮书
海淀区文化和科技融合发展报告（2018）
著(编)者：陈名杰 孟景伟　　2018年5月出版 / 估价：99.00元
PSN B-2013-329-1/1

皮书系列 2018全品种

地方发展类-文化

河南蓝皮书
河南文化发展报告（2018）
著(编)者：卫绍生　2018年7月出版 / 估价：99.00元
PSN B-2008-106-2/9

湖北文化产业蓝皮书
湖北省文化产业发展报告（2018）
著(编)者：黄晓华　2018年9月出版 / 估价：99.00元
PSN B-2017-656-1/1

湖北文化蓝皮书
湖北文化发展报告（2017~2018）
著(编)者：湖北大学高等人文研究院
　　　　　中华文化发展湖北省协同创新中心
2018年10月出版 / 估价：99.00元
PSN B-2016-566-1/1

江苏蓝皮书
2018年江苏文化发展分析与展望
著(编)者：王庆五　樊和平　2018年9月出版 / 估价：128.00元
PSN B-2017-637-3/3

江西文化蓝皮书
江西非物质文化遗产发展报告（2018）
著(编)者：张圣才　傅安平　2018年12月出版 / 估价：128.00元
PSN B-2015-499-1/1

洛阳蓝皮书
洛阳文化发展报告（2018）
著(编)者：刘福兴　陈启明　2018年7月出版 / 估价：99.00元
PSN B-2015-476-1/1

南京蓝皮书
南京文化发展报告（2018）
著(编)者：中共南京市委宣传部
2018年12月出版 / 估价：99.00元
PSN B-2014-439-1/1

宁波文化蓝皮书
宁波"一人一艺"全民艺术普及发展报告（2017）
著(编)者：张爱琴　2018年11月出版 / 估价：128.00元
PSN B-2017-668-1/1

山东蓝皮书
山东文化发展报告（2018）
著(编)者：涂可国　2018年5月出版 / 估价：99.00元
PSN B-2014-406-3/5

陕西蓝皮书
陕西文化发展报告（2018）
著(编)者：任宗哲　白宽犁　王长寿
2018年1月出版 / 定价：89.00元
PSN B-2009-137-3/6

上海蓝皮书
上海传媒发展报告（2018）
著(编)者：强荧　焦雨虹　2018年2月出版 / 定价：89.00元
PSN B-2012-295-5/7

上海蓝皮书
上海文学发展报告（2018）
著(编)者：陈圣来　2018年6月出版 / 估价：99.00元
PSN B-2012-297-7/7

上海蓝皮书
上海文化发展报告（2018）
著(编)者：荣跃明　2018年6月出版 / 估价：99.00元
PSN B-2006-059-3/7

深圳蓝皮书
深圳文化发展报告（2018）
著(编)者：张骁儒　2018年7月出版 / 估价：99.00元
PSN B-2016-554-7/7

四川蓝皮书
四川文化产业发展报告（2018）
著(编)者：向宝云　张立伟　2018年6月出版 / 估价：99.00元
PSN B-2006-074-1/7

郑州蓝皮书
2018年郑州文化发展报告
著(编)者：王哲　2018年9月出版 / 估价：99.00元
PSN B-2008-107-1/1

社会科学文献出版社　**皮书系列**

✦ 皮书起源 ✦

"皮书"起源于十七、十八世纪的英国,主要指官方或社会组织正式发表的重要文件或报告,多以"白皮书"命名。在中国,"皮书"这一概念被社会广泛接受,并被成功运作、发展成为一种全新的出版形态,则源于中国社会科学院社会科学文献出版社。

✦ 皮书定义 ✦

皮书是对中国与世界发展状况和热点问题进行年度监测,以专业的角度、专家的视野和实证研究方法,针对某一领域或区域现状与发展态势展开分析和预测,具备原创性、实证性、专业性、连续性、前沿性、时效性等特点的公开出版物,由一系列权威研究报告组成。

✦ 皮书作者 ✦

皮书系列的作者以中国社会科学院、著名高校、地方社会科学院的研究人员为主,多为国内一流研究机构的权威专家学者,他们的看法和观点代表了学界对中国与世界的现实和未来最高水平的解读与分析。

✦ 皮书荣誉 ✦

皮书系列已成为社会科学文献出版社的著名图书品牌和中国社会科学院的知名学术品牌。2016年,皮书系列正式列入"十三五"国家重点出版规划项目;2013~2018年,重点皮书列入中国社会科学院承担的国家哲学社会科学创新工程项目;2018年,59种院外皮书使用"中国社会科学院创新工程学术出版项目"标识。

中国皮书网

（网址：www.pishu.cn）

发布皮书研创资讯，传播皮书精彩内容
引领皮书出版潮流，打造皮书服务平台

栏目设置

关于皮书：何谓皮书、皮书分类、皮书大事记、皮书荣誉、
皮书出版第一人、皮书编辑部

最新资讯：通知公告、新闻动态、媒体聚焦、网站专题、视频直播、下载专区

皮书研创：皮书规范、皮书选题、皮书出版、皮书研究、研创团队

皮书评奖评价：指标体系、皮书评价、皮书评奖

互动专区：皮书说、社科数托邦、皮书微博、留言板

所获荣誉

2008年、2011年，中国皮书网均在全国新闻出版业网站荣誉评选中获得"最具商业价值网站"称号；

2012年,获得"出版业网站百强"称号。

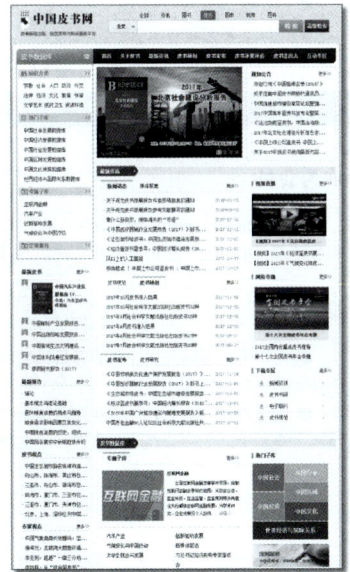

网库合一

2014年，中国皮书网与皮书数据库端口合一，实现资源共享。

权威报告·一手数据·特色资源

皮书数据库
ANNUAL REPORT(YEARBOOK) DATABASE

当代中国经济与社会发展高端智库平台

所获荣誉

- 2016年,入选"'十三五'国家重点电子出版物出版规划骨干工程"
- 2015年,荣获"搜索中国正能量 点赞2015""创新中国科技创新奖"
- 2013年,荣获"中国出版政府奖·网络出版物奖"提名奖
- 连续多年荣获中国数字出版博览会"数字出版·优秀品牌"奖

成为会员

通过网址www.pishu.com.cn或使用手机扫描二维码进入皮书数据库网站,进行手机号码验证或邮箱验证即可成为皮书数据库会员(建议通过手机号码快速验证注册)。

会员福利

- 使用手机号码首次注册的会员,账号自动充值100元体验金,可直接购买和查看数据库内容(仅限使用手机号码快速注册)。
- 已注册用户购书后可免费获赠100元皮书数据库充值卡。刮开充值卡涂层获取充值密码,登录并进入"会员中心"—"在线充值"—"充值卡充值",充值成功后即可购买和查看数据库内容。

数据库服务热线:400-008-6695　　图书销售热线:010-59367070/7028
数据库服务QQ:2475522410　　　　图书服务QQ:1265056568
数据库服务邮箱:database@ssap.cn　　图书服务邮箱:duzhe@ssap.cn

更多信息请登录

皮书数据库
http://www.pishu.com.cn

中国皮书网
http://www.pishu.cn

皮书微博
http://weibo.com/pishu

皮书微信"皮书说"

请到当当、亚马逊、京东或各地书店购买,也可办理邮购

咨询/邮购电话:010-59367028 59367070
邮　　箱:duzhe@ssap.cn
邮购地址:北京市西城区北三环中路甲29号院3号楼
　　　　　华龙大厦13层读者服务中心
邮　编:100029
银行户名:社会科学文献出版社
开户银行:中国工商银行北京北太平庄支行
账　　号:0200010019200365434